新编统计学原理

XINBIAN TONGJIXUE YUANLI

（第八版）

主编 ◎ 陈嗣成

首都经济贸易大学出版社
Capital University of Economics and Business Press
·北 京·

图书在版编目(CIP)数据

新编统计学原理/陈嗣成主编. --8版. --北京:首都经济贸易大学出版社,2020.1

ISBN 978-7-5638-2960-6

Ⅰ.①新… Ⅱ.①陈… Ⅲ.①统计学—高等学校—教材 Ⅳ.①C8

中国版本图书馆CIP数据核字(2019)第253835号

新编统计学原理(第八版)

主编 陈嗣成

Xinbian Tongjixue Yuanli

责任编辑 薛晓红

封面设计 砚祥志远·激光照排 TEL: 010-65976003

出版发行 首都经济贸易大学出版社

地　　址 北京市朝阳区红庙(邮编100026)

电　　话 (010)65976483　65065761　65071505(传真)

网　　址 http://www.sjmcb.com

E-mail publish@cueb.edu.cn

经　　销 全国新华书店

照　　排 北京砚祥志远激光照排技术有限公司

印　　刷 北京市泰锐印刷有限责任公司

开　　本 710毫米×1000毫米　1/16

字　　数 426千字

印　　张 24.25

版　　次 1994年9月第1版　**2020年1月第8版**

2020年1月总第28次印刷

印　　数 203 001~206 000

书　　号 ISBN 978-7-5638-2960-6

定　　价 39.00元

“数”说中国，堪称奇迹

——第八版序

伟大的中华民族，上下求索五千年，争分夺秒，珍惜光阴，永葆韶华。在中华民族砥砺前行的历史长河中，1978—2018 年的 40 年，是历史进程的一小段，却堪称世界经济发展史上的辉煌。

统计数据显示，中国过去 40 年的发展令人震惊，1978 年，国内生产总值仅有 3 679亿元，而今达到 82.7 万亿元，年均增长 9.5%，远远高于同期世界经济 2.9% 的年均增长速度。从经济总量只占全球 1.8% 的贫穷国家，发展到占全球 14.8% 的世界第二大经济体！

2017 年，中国人均国内生产总值 59 660 元，扣除价格因素，比 1978 年增长 22.8 倍，年均增长率达到 8.5%。中国人均国民总收入由 1978 年的 200 美元提升到 2016 年的 8 250 美元，超过世界中等偏上收入国家的平均水平。

中国外汇储备现在是第一位，40 年前排在世界第 38 位。

2017 年，中国粮食总产量突破 1.2 万亿斤，比 1978 年翻了一番。

“数”说中国，中国创造了人间奇迹，用几十年时间走完了发达国家几百年走过的工业化历程。中国人民在富起来、强起来的征程上迈出了决定性的步伐。诺贝尔经济学奖获得者斯科说，“中国经济的发展无法用西方制度经济学来解释，其成功是人类行为的意外后果”。难怪香港《明报》赞称，“中国过去 40 年的经验十分独特，甚至可以说是独一无二的”。

“数”说中国，凸显了统计是认识社会的有力武器的职能。在改革开放的 40 年中，历史的变革促进了统计的发展，随着社会经济活动新情况、新趋向的不断出现，统计也更新和拓宽了研究范围，如对民营经济或典型事例的研究、对国民经济核算体系的修订与完善等，先进的计算与分析技术在统计中的运用日益普及，丰富了统计理论并活跃了统计工作内容。

这次修订遵循与时俱进的原则，注入了许多鲜活资料和案例，修改了过时的提法，引进了新的概念与主张，增添了反映改革开放 40 年的成果资料，扼要介绍了中国国民经济核算体系 2016 年版本情况等。本版继续保持可读性和趣味性，注重连续性和逻辑性，造词用语继续走平民化道路，让读者喜欢与感到亲切。

大千世界五彩缤纷，时与空在持续转圜，让我们坚定信念，顺应潮流，加倍努力，迎接灿烂美好的明天！

目　录

第一章　概　论

内容提要

• 统计作为收集、整理数据资料的社会实践活动，源远流长，而作为理论的统计学说，却是在17世纪后期才产生和发展起来的。

• 统计学有广义与狭义之分。社会经济统计学是以大量社会经济现象的数量表现和数量关系为其研究内容的。

• 统计学是一门方法论学科。统计学的研究方法除了认识方法外，其具体方法主要有：大量观察法、统计分组法和综合指标法等。

• 统计学研究的基本概念。

• 统计的认识作用和管理作用。统计的基本职能是服务。

第一节　统计的由来

一、远古的计数活动

在人类社会的早期，由于生产力水平的极端低下，人们过着采集、渔猎的生活，不存在劳动剩余和积蓄，无所谓计数或不计数。因此，原始人的计数意识相当淡薄。随着时间的推移、劳动的发展与交往的日渐频繁，计数和记数的需要日增，原始人逐步能分辨出少许简单的数字。人类最初的一般计数活动，已包含对社会经济现象的数量进行统计的萌芽。所以，揭示统计的由来，就要从人类的计数活动开始。

计数和记数都是具体的活动，须凭借一定的工具与程序才能运作。远古的人类是通过以下这些主要形式实现的：第一，人类的十个灵活手指，充当了计数的工具；第二，他们经常借助石子、贝壳和小棍等自然实物；第三，有些部落利用绳索的颜色、长短、粗细和绳结的多少、大小来表现和储存数字；第四，他们利用树木、石块、泥坯等，通过刻痕画线来表达和计算数字。其中，第四种计数形式，为以后的计数发展做出了巨大的贡献。

到了原始社会后期，那种原来只是少数人做的一些简单粗略的计算活动，逐渐演变成了比较普遍、又比较讲究的经济计数活动。人类社会经济生活越向纵深发展，这种计数活动就越是频繁，并且日益复杂。其发展历程，大体是从无意识的单纯处理集体劳动成果的计数开始，演变成一种有意识地比较自己与他人劳动成果的计数。

二、统计的产生

随着人类社会组织机构的不断发展与健全，逐渐产生了一种专为全社会所需要的、共同一致的计数活动，即出现了一种有总体性特点的计数实践，特别是建立了国家之后，统治者为了实现其对内对外的职能，需要进行征兵和课税，于是开始普遍地对全国人口、财产、军事等方面进行清查和计数，而且将这些关乎国家命运的重大清查计数活动逐步上升为一种强制性的政治任务。我国春秋初期的著名政治家管仲(卒于公元前645年)说过："刚柔也、轻重也、大小也、实虚也、远近也、多少也，谓之计数。""不明于计数，而欲举大事，犹无舟楫而欲经于水险也。"他还说："举事必成，不知计数不可。"

随着时代的变迁，一种具有特定目的、特殊程序和一定组织形式的总体计数活动——统计便开始出现。这样，从人类起初仅仅为了直接满足个人劳动与生活需要的计数活动中，产生出了一种专为国家管理与统治所需的统计活动。

在公元前21世纪建立的夏朝，中国的统计不仅详尽记录了重大历史活动成果，而且明显地被新兴的奴隶制国家用作治国的手段。在《后汉书》中记载着："禹平水土，还为九州，今禹贡是也。是以其时九州之地凡二千四百三十万八千二十四顷，定垦者九百三十万六千二十四顷，不垦者千五百万二千顷，民口千三百五十五万三千九百二十三人。"[①]表现中国统计活动最早的直接历史资料是商代殷墟甲骨文，甲骨文中有各种计数的痕迹。如"十牛又五""十犬又五犬""曶千牛千人""鹿五十又六""五百四旬又七日""俘人十又六人"，等等。到了西周时期，人口调查开始确立了一些制度。由于当时的统治者分派赋税和徭役是以户为依据的，因此，出现了户籍登记的记载。

三、统计的发展

中国在由奴隶社会向封建社会经济大变革的过程中，统计计数活动充当着重要的角色。在《商君书·去强篇》中，商鞅提出了一个重要思想，即作为一个强国应了解13个方面的数字资料："强国知十三数：竟内仓、口之数，壮男、壮女之数，

① 《后汉书·群国一》第12册，中华书局，1965年版，第3387页。

老、弱之数，官、士之数，以言说取食者之数，利民之数，马、牛、刍藁（指饲料）之数。欲强国，不知国十三数，地虽利，民虽众，国愈弱至削。”①商鞅劝秦国国君掌握人口分类数、粮草牛马的基本数据，以其作为富国强兵的重要手段，足见古人对统计的重视。到了汉代，已有关于全国郡县、疆界、货币数量的详细记载。明朝初期编制黄册，统计全国人口，编制鱼鳞册，绘制全国的土地分布统计图表，形成相当规模的统计调查活动，建立了比较完备的人口统计登记制度。

世界各国在历史发展进程中，也都有各自的统计发展历史。古埃及建造金字塔，进行全国人口与财产普查；古罗马时代，人口出生与死亡都要到寺院登记；在反映公元前2000年印度经济生活的历史文献《梨俱吠陀》中，已提到大量土地的活动；公元前7世纪，印度已估算出本国的人口数目，等等。从奴隶社会到封建社会几千年的漫长岁月中，统计活动也随当时的社会生产力而缓慢地发展。作为国家的一种管理职能，统计由政府包办，统计的主要内容为收集人口、土地、军队、财产等有关数字资料。

资本主义的工场手工业兴起后，工业革命推动了生产力的迅猛发展，生产方式也发生了重大改变。激烈的商品竞争、市场争夺和资本输出，对统计发展提出了新的要求，原有的国家统计活动已无法满足资产阶级追逐利润、争夺市场的需求。在新形势下，欧美资本主义国家相继将统计活动从行政记录和会计记录中分离出来，成立专门的独立部门，以强化国家统计的职能。为适应私人企业参与市场竞争和进行企业内部管理的需要，各种公司、财团与民间私人的统计机构也纷纷成立，开展各种类型的社会经济统计调查活动，为企业经济管理和经营决策提供数字资料与信息情报，统计的内容空前扩展。此间发展了包括工业、农业、财贸、税收、银行、保险、海关等专业统计的经济统计，开展了公用事业、教育、劳工、失业、救济、犯罪等社会统计，科技统计、环境统计也相继建立，形成了众多的统计分类。随着新大陆的发现以及世界市场的扩大与国际贸易的开展，有远见的统治者，不仅要掌握本国的政治经济情况与数据，而且更重要的是要了解他国的动态，由此引起了对统计工作又一新的需求，世界性的统计组织应运而生。国际统计会议促进了统计经验的交流，编印的世界统计资料促进了各国的统计交流，统计方法和统计口径逐渐协调统一。至此，统计活动由原来的简单计数，发展为内容丰富、门类齐全和涉及广泛的工作过程。

伴随资本主义生产方式成长起来的无产阶级，在夺取和巩固人民政权的斗争中，认识到统计是认识社会的有力武器，学会了运用统计资料揭露资本主义制度的本质、特征和基本矛盾，将统计用作团结群众、鼓舞群众斗志的有力工具。1949年

① 荆实，《〈商君书〉经济论述选注》，中国财政经济出版社，1975年版，第70页。

新中国成立以来,我国根据国家管理和实行计划经济的需要,在全国范围内从无到有地建立和发展了社会主义统计工作,基本上满足了社会经济管理和各方面对统计信息的要求,取得了骄人的成绩。20 世纪 70 年代末期实行改革开放以后,统计现代化建设得到了长足发展。新的国民经济核算体系的建立,电子计算技术的运用,适合社会主义市场经济和与国际统计接轨的统计指标体系的修订,加速了我国统计制度、方法和手段的根本变革,统计在社会主义市场经济中的作用愈益显著。进入 21 世纪,我国加入世界贸易组织,经济全球化加速推进,我国社会经济发展结构方式面临转型,这些都为统计学与统计工作的提升展现了广阔的前景。

四、国势学派和政治算术学派

统计活动历经几千年的演进,客观上要求从理论上加以概括与总结。统计学说的产生和发展是近 300 多年的事。各种统计学派的观点在世界范围内传播、交流、碰撞和相互渗透,使统计理论得到了极大的丰富与提升。

(一)国势学派

统计学孕育于当时欧洲经济发展较早的意大利,而最终是在 17 世纪的德意志率先破土冒芽。德国国势学派的早期代表人物是塞凯道夫(Seekendorff,1626—1692),他是德国计臣学(即官房学)派的前期代表。计臣学是为封建君主管理公私财务和行政的需要而产生的一门学问,对统计学的产生影响很大。塞凯道夫的《德意志封建国家》一书的内容与观点,常被后来的国势学派所引用,所以,塞凯道夫被后人称为国势学的先驱。

最早讲授国势学的代表是德国著名学者海门·康令(Hermam Conring,1606—1681),他开设了一门国势学课程,用对比的方法讲授当时欧洲各国国势,他把国情的一般叙述变成了一种系统学问的研究,并认为国势学是一门政治家必备的治国知识的学问。由于康令奠定了国势学的基础,并具有开创统计学的功劳,在德国历史上被称为"统计学之父"。

国势学派中功绩最大的学者阿亨瓦尔(Gottfried Achenwall,1719—1772),在统计学的研究对象和研究方法上,继承和发展了康令的观点。他认为,统计学是研究一国或多国显著事项的学问,即关于国家组织、人口、军队、领土、财产、地面和地下资源等事实的学问。国势学派采用记述的方法,用文字罗列各国状况,进行比较分析,所以,又被称为记述学派或格廷根学派。特别要指出的是,阿亨瓦尔在其 1749 年的《欧洲最主要各国新国势学概要》中,为自己所研究的这门学科首创了一个新的德文词汇 Statistik,即统计学,以代替康令的"国势学"(Staatenkunde)。尽管如此,他讲述的国势学与后来意义上的统计学相比仍有明显的区别。国势学徒有统计学之名,而无统计学之实。

（二）政治算术学派

统计学说在英国与德国几乎同时产生。在英国从事统计研究的人，被称为政治算术学派。虽然政治算术学派与国势学派的研究，都与各国的国力和国情有关，但国势学派主要采用文字记述的方法，而政治算术学派则采用数量分析的方法。

威廉·配第（William Petey，1623—1687）是英国政治算术学派的主要创始人。配第的名著是《政治算术》和《爱尔兰的政治解剖》。它们是配第以数字资料为基础，独创地在研究政治经济问题的同时阐述统计方法论的两本著作。在著作中，配第以一系列分析手段和大量计算手段，清晰地描述了英格兰、荷兰、法兰西和爱尔兰等地的经济、军事、政治等方面的情况，为英国称霸世界提供了各种有说服力的实证性分析资料。这些数字资料不仅实际价值很大，而且对于政治算术、政治经济学的产生也有着重要的理论价值。配第在阐述过程中，经常将经济理论与统计方法混合在一起，形成其特有的表达方式。因此，后来人们在评论他的著作（特别是《政治算术》）到底是统计学还是政治经济学时，总是见仁见智。马克思在专门议及配第时指出："配第创造《政治算术》，即一般所说的统计。"[①]《政治算术》在英国影响巨大，配第的支持者们就以"政治算术"为该学派的名称。

政治算术学派的另一创始人是约翰·格朗特（John Graunt，1620—1674）。他曾是商人，担任过英国议会议员，因撰写《关于死亡表的自然与政治观察》一书而一举成名。格朗特在书中收集整理了英国1603年以来的死亡情况，用数字分析推算，证实了人口出生、死亡存在着自然变动与非自然变动的规律，打消了伦敦市民对当时疫病流行的恐慌。这本著作以数量对比的方法形成其写作特点，被认为是政治算术学派的又一名著。由于其著作比《政治算术》早发表近30年，所以，有人认为格朗特是政治算术学派的开创者。

政治算术学派，用数量对比的方法研究社会经济现象及其发展变化规律，认为这是研究社会经济现象的一门实质性的社会科学。1787年，英国人齐麦曼（E. A. Zimmeman）把德语"Statistik"译成英文"Statistics"，"统计学"一词便逐渐被国际社会所接受，并被作为政治算术的代名词，用来研究社会经济现象的数量关系。

五、数理统计学派和社会统计学派

（一）数理统计学派

18世纪末19世纪初，资本主义进入了一个新的历史阶段，统计学有了突飞猛进的发展。比利时著名统计学家阿道夫·凯特勒（Adolphe Quetelet，1796—1874）对此做出了卓越贡献。凯特勒学识渊博，努力探索，由他倡导召开了第一届国际统

① 《反杜林论》，《马克思恩格斯全集》第20卷，人民出版社，1971年版，第256页。

计会议。凯特勒一生统计著作颇丰,有65种之多,其中,流传最广、影响最大的有:《论人类》(1835年)、《概率论书简》(1846年)、《论社会制度》(1848年)、《社会物理学》(1869年)。凯特勒对统计理论最大的贡献是把概率论引进了统计学,他将统计学发展中的三个主要源泉,即德国的国势学、英国的政治算术和意大利及法国的古典概率论加以统一,改造并融合成具有近代意义的统计学,促使统计科学向新的阶段发展。日本统计学者冈崎文规评价道:"近代统计学的发展,可以说有赖于凯特勒者甚大。"所以,到了凯特勒时代,"统计"一词才由国家统计资料的含义,扩充为近代的三种主要意义(统计工作、统计资料、统计理论)的"统计"。

应当指出的是,凯特勒虽然提出了把概率论与统计学相结合的观点,并为统计学的发展开创了新局面,但他并未建立起概率统计的完整体系。概率统计的基本理论是在凯特勒之后的数十年时间里,经过许多学者的努力而逐步形成的。其中,著名的学者有:高尔登(1822—1911)、皮尔生(1857—1936)、戈塞特(1876—1937)、费雪(1890—1962)等。德国数学家韦特斯坦,在1867年把这门既是数学又是统计学的独立新学科命名为数理统计学,被世人所接受。

数理统计学理论体系的完善和其在自然科学领域的成功应用,逐步使数理统计学在统计学理论体系中占据了领先地位,该学派的观点在国际统计学界的影响日益扩大。数理统计学以随机现象为本学科的研究对象,组成了以概率论为基础方法论的学科体系。数理统计学派坚持统计学就是数理统计学的观点,否认其他统计学科的独立存在。这是不足效法的。

(二)社会统计学派

数理统计学派的蓬勃兴起,并没有限制住统计学其他派别的发展。与数理统计学派同时存在,在19世纪中叶到20世纪初一度占优势地位的社会统计学派也取得了一系列研究成果。德国经济学家克尼斯(K. G. A. Knies,1821—1897)是社会统计学派的先驱,其《作为独立科学的统计学》一书,平息了国势学派和政治算术学派对统计学研究对象长达100余年的争论,恢复了国势学的原来名称,最终确定了政治算术为统计学。德国的乔治·冯·梅尔(Georg Von Mayr,1841—1925)是社会统计学派的主要代表人物。梅尔明确指出,统计学的研究对象是社会经济现象的规律,统计学不仅是记述事实数量的统计学,还是分析社会经济现象发展规律的分析统计学。他还认为统计学是一门实质性的社会科学,研究范围包括政治统计、道德统计、文教统计等。社会统计学派的另一著名代表人物,德国的恩斯特·恩格尔(Ernest Engel,1821—1896)认为统计学是一门独立的科学与方法,包括统计科学与统计方法。恩格尔根据对欧洲工人阶级社会状况的调查,发现可以用工人家庭生活费支出占工人收入的比例关系来衡量一个国家居民生活水平的高低,评价居民生活的贫富程度。这就是后来著名的"恩格尔系数"。

因为整个社会统计学派的体系基本上是由梅尔建立的，所以，该学派被人称为“梅尔学派”；又因为这个学派在当时欧洲占有相当大的优势，所以人称“大陆学派”。尽管这一学派遭到了数理统计学派的挤压，在 20 世纪 20 年代日趋解体，但其影响依然很广、很久，特别是对那些经济后起的国家。

六、我国的统计理论

长期以来，我国的统计理论，新中国成立前先受日本社会统计学派的影响，后又受欧美数理统计学派的左右，新中国成立后则受苏联社会经济统计学的影响。20 世纪 70 年代末期实行改革开放以后，我国的统计科学摆脱了过去形成的僵化沉闷的局面，理论研究呈现出新的生机与活力：统计理论百家争鸣，理论学术界对社会经济统计学方法论的科学性质的认识趋同，对借鉴数理统计学的有用成果、丰富并发展社会经济统计学的内容大体取得了一致意见，对社会经济统计学和数理统计学不同的研究对象、内容、方法以及两门课程的合理分工进行了充分讨论。这些成果，极大地充实了我国统计学的内涵，推动了统计实践活动的顺利健康发展。

第二节　统计研究的内容和方法

一、统计的含义

统计发展到今天，人们在不同场合，赋予统计一词的含义是多种多样的。通常，统计有三种含义：统计工作、统计数据和统计理论。

（一）统计工作

统计工作就是统计实践活动。统计工作指的是统计数据的采集、整理和描述，以及根据经过整理的统计数据进行分析和推断的整个过程。我国的各级政府机构大都设有统计部门，其主要职能是从事统计数据的收集；绝大多数企业都有从事统计工作的专业人员，他们负责企业生产经营活动数据的记录、整理和积累。实际从事统计工作的人员，在提到统计一词时多是指统计工作这层含义。

统计实践活动，乃是人们为认识客观事物，通过实验或调查搜集有关资料和数据，并加以分类、归纳和分析，然后对客观事物规律性的数量表现给予统计解释。所以，统计实践活动的过程，实质上就是人们认识世界的过程。

（二）统计数据

统计数据是统计工作的结果，是依靠大量实际观测取得或根据既定要求搜集的、反映客观事物或现象的数据和资料。它是统计工作的成果。例如，公布的我国国内快递业务量，由 2007 年的 12 亿件上升至 2017 年的 400.6 亿件，比十年前增长 32 倍多，2017 年信件业务量为 31.5 亿件，比十年前减少 55% 左右等统计数据，就是统计工作成果的体现。“据统计……”中“统计”的含义，一般是指统计数据。

统计数据必须具有客观性，即反映的事实是客观的，不受任何偏见的影响或人为的干扰；必须具有准确性，即统计数据的偏差应在根据统计研究目的规定的允许误差的范围内；必须强调及时性，即统计数据一定要及时搜集、及时加工和及时公布。

统计数据与统计工作的关系，是工作成果和工作过程的关系。

（三）统计理论

统计理论或称统计学，是一门搜集、整理和分析统计数据的方法论科学。从事统计教学或统计研究活动，都会将“统计”理解为统计学。

统计理论研究的是如何进行数据的搜集、加工和整理，如何从纷繁复杂的数据中得出结论，科学地解释结论，通过观察客观现象与事物，得到正确而深刻的认识。

统计理论与统计工作的关系是理论和实践的关系，理论源于实践、高于实践，又指导实践。

二、统计研究的范畴

（一）广义统计学和狭义统计学

从统计学的历史发展和其现代意义来品视，统计学可以分为广义统计学与狭义统计学。广义统计学是研究社会现象、经济现象和自然现象的数量表现和数量关系，以通用统计理论和方法为主要研究内容。通用的统计理论和方法，既包括在长期统计实践活动中形成并得到普遍应用的大量观察、统计分组和比较分析等传统的社会统计理论与方法，也包括以概率论和抽样技术为基础，在近现代科学技术不断发展推动下所形成的数理统计理论和方法。

从科学性质分析，广义统计学是一门跨多学科的独立的通用方法论科学。狭义统计学依据研究客体的不同，有多种不同的解释，其中包括数理统计学以及由其派生的应用统计学，社会经济统计学及其派生的专业统计学或部门统计学等。无论各种统计学研究领域、研究特点和论述侧重点有何不同，作为统计学的方法论特性都融现于各类统计学之中。

（二）社会经济统计学

社会经济统计学以大量社会经济现象的数量表现与数量关系为研究范畴，通过对社会经济现象的数量表现、数量界限、数量变化以及数量关系的研究，阐述和概括出对社会经济现象数量方面所进行的观察、收集、整理归纳、分析推断及预测的原理、原则和基本方法。

社会经济现象的数量表现和数量关系，主要是指规模、结构、水平、速度、比例以及普遍程度等形态。规模说明社会经济现象的总量和其外延范围，比如，全国人口的总量表明一国人口的规模，我国 2014 年国内生产总值突破 10 万亿美元，仅次于美国，显示了我国的国民经济总量等。结构表明社会经济现象的内部组成，例如，2017 年，我国第三产业在国民经济中的比重为 51. 6%。水平如劳动者的平均报酬，居民的可支配收入的一般水平，粮食的每亩平均产量等。速度表示社会经济现象的发展快慢，如我国 2017 年比上年，国内生产总值增长 6. 9%，全员年劳动生产率提高 6. 7%。比例关系如人口的男女性别比例关系，各类劳动者之间收入的比例关系等。普遍程度，诸如社会保险的覆盖程度，新农村合作医疗的实施面，城镇居民基本医疗保险的覆盖面等。

因此，社会经济统计的研究特点可归纳为，①社会性。社会经济现象是极为复杂的，有关政治、经济、思想以及伦理等方面混合在一起，呈现错综复杂的状态，所以，如何正确观察社会经济现象，辨别其真伪，还其本来面目，把握正确的立场观点尤显重要。引起社会反响强烈的房地产价格的膨胀，社会分配的悬殊等，与改革开放是什么关系，如何应对，怎样化解等，都涉及一个正确的观点和视角的问题。②数量性。对于描述社会经济现象，社会经济统计采用以数字为语言的方式。社会经济统计的数量特征，都是通过各种统计指标的数值表现出来的。例如，反映我国研究生报考规模的持续扩大，用“2010 年的 141 万人增长到 2019 年的突破 290 万人”表示。社会经济统计是以数字形式反映事实的，然而事实却不能都用数字反映。须注意这点不足。③整体性。社会经济统计研究社会经济现象，是以整体观察，揭示其真实状况，洞察其本质特征。客观现象的全体由个别现象与事实所组成，通过对个别事物的多个与反复观察，形成其整体观察，达到其研究的目的。个别观察服从于整体观察，是须臾不可偏离的。④具体性和抽象性。统计研究所反映的事实中，具体性与抽象性是同时存在的。与经济理论表明事实的概念化相比，统计所反映的客观事实以数字形式表示，比经济学的概念更加具体。然而统计资料的具体是有一定限度的，统计数字与实际状况相比，它是抽象的概括，与实际存在一定的差别。比如，劳动者的平均报酬是每个劳动者具体报酬数额的概括和抽象，表现了劳动者报酬的一般水平，但各个劳动者报酬的差异被抽象掉了，这一点我们必须正视。

（三）社会经济统计学与经济学的关系

研究社会经济现象的学科，除了社会经济统计学以外，还包括诸如社会学、历史学、经济学和法学等。尽管研究的内容同属于社会经济现象，然而，经济学等学科是研究认识社会经济某方面发展规律的实质性科学，社会经济统计学是研究认识社会经济现象发展及其过程的方法论科学。两者在学科性质上存在着明显的差别。

就与经济学的具体关系而言,社会经济统计学研究社会经济现象必须以经济学理论为指导。因为经济学理论阐明了客观经济现象的本质和内在规律,所以,统计研究一定要在质的联系中研究其量的体现,定量分析必须和定性分析相结合。

(四)社会经济统计学与数学的关系

同样是研究客观现象的数量关系,社会经济统计学和数学所研究的内容依然存在差异。数学是研究客观世界中数和形及其规律的科学,包括基础数学和应用数学。社会经济统计学研究的虽然也是数,但其涉及的内容不是单纯的数量计算方法,而是强调经过人类社会活动的,在社会经济发展过程中产生的,且受到社会经济方方面面因素影响,而又相互制约的种种数量关系。

社会经济统计研究要处理各种数字,就须运用数学方法,然而,不能搞数字形式主义。社会经济统计要使用数学,而数字不能代替社会经济统计来认识社会。

(五)社会经济统计学与统计工作

统计学与统计工作的研究,各有侧重,各有特点,且既有联系又存在着区别。统计工作是一种社会实践活动,是依据统计学的基本理论、基本原则和基本方法,对客观社会经济现象进行认识并给予科学解释;统计工作是统计理论的认识源泉。统计学是统计实践活动的理论概括与方法的科学总结。统计学和统计工作的研究都着眼于大量社会经济现象的数量方面,都以客观现象的总体性、数量性和差异性为其研究的落脚点。不同的是,统计学作为方法论的科学性质,与数学相类似,它对各种数量关系的研究方法是通用的,研究内容是相对稳定的。统计工作从其出现之日至今,都是为统治者服务的,因而,统计工作不仅受统计学理论的指导,还会受到社会制度、法律和方针政策的制约与影响。

三、统计研究的方法

(一)统计研究的一般方法

唯物辩证法是指导认识客观现象的科学观,因此,要正确运用唯物辩证法的观点,认识统计研究的特点和一般规律性。

1. 统计研究要在质和量的辩证统一中,认识客观事物发展变化的规律性。统计研究事物的数量表现,反映事物的规模、结构、水平、速度、比例和普遍程度,而在数量差异、数量界限、数量变化中,事物质的规定性也显现出来。统计研究是一种定量研究,但必须以定性认识为前提,并以定性认识为结果。在对社会经济现象的性质、特点和运动过程有一定了解和认识的基础上,才可能开展统计研究工作。通过对现象的定量研究,揭示现象潜在或酝酿着的根本性的质的演变。因此,正确认识量和质的辩证统一,定量认识和定性认识的紧密结合,是统计研究的一基本点。

2. 统计研究须注意到现象发展由个别到一般、由偶然到必然、由普遍联系到不断运动发展变化的规律性。统计调查离不开对个案的调查,只有通过对每一个别单位的各个调查,才有可能汇集出总体的数量特征。在统计研究中,对每一个别单位资料的收集、整理和对总体进行判断分析的步骤与方法,应坚持科学性,以保证统计数据资料的真实与可靠。在掌握总体一般水平的基础上,注意个别数据反映的典型事例的代表性是否形成现象发展趋势的前导或先兆。客观事物是必然性与偶然性的对立统一,必然性反映事物的本质特征和规律,偶然性反映事物表现形式的差异。统计数据作为客观事物的一种数量表现,是事物必然性与偶然性共同作用的结果。通过统计方法,我们可以尽可能地去掉数据所呈现的偶然性,而找出统计数据中所隐含的内在规律性。统计学强调总体总量指标和相对指标的结合应用,典型调查与大量观察的结合应用,总平均指标与变异指标的结合应用等,这些都体现了统计对现象普遍联系和一般发展变化规律的认识和研究。

(二)统计研究的基本方法

贯穿于统计工作全过程的研究,其基本方法有大量观察法、统计分组法和综合指标法等。

1. 大量观察法。大量观察法是统计研究的特有方法。构成社会经济现象总体的每个个别单位,由于各种因素的影响,彼此之间存在着数量上的种种差异。差异大小不同,差异原因各异且主次有别,只有在大量观察的基础上,综合各单位的统计数据和各个调查单位表现出来的偶然差异,才能相互抵消,也只有在大量观察基础上形成的总体平均数,才能显示总体的一般水平和发展变化规律。比如,观察我国社会经济发展的宏观经济指标,它们每年都在不断变化,时而增长,时而下降,时而徘徊,即使都增长,幅度也会有差别。但是,综合观察新中国成立后 70 年的数据变化,我们可以清楚地看到,我国国民经济以向上的线性发展为主要变化趋势,同时,又存在着若干个循环变动周期。

2. 统计分组法。统计分组法在统计研究中占有重要地位,它不仅是统计资料整理阶段的重要方法,而且是整个统计工作全过程不可或缺的。从统计工作过程开始,方案的设计,资料数据的采集、整理分类与汇总,统计数据的分析等,无一不涉及统计分组方法。采用不同分组标志实施分组,可以展现事物的类型,揭示现象的内部结构,以及探索事物之间的相互影响和制约关系。

3. 综合指标法。综合指标法就是运用表明社会经济现象不同侧面的统计指标,对现象总体展开全面、细致、深入地分析研究的方法。每个个别单位的某种类数值,不可能反映总体的数量特征,而只有对由无数多的个别单位的原始资料加工整理、汇总计算所取得的综合数值进行分析,才能真切地反映出统计总体的综合情况。统计分析过程,就是运用经过综合的统计指标来反映社会经济现象的数量关系,不仅分析现象的总体数量水平,而且分析现象的结构关系、比例关系、平衡关系、投入产出关系等。无论是宏观研究分析,还是微观研究分析,一种统计指标通常仅能反映总体的某一侧面,要了解现象的全貌,统计研究就须将几个、十几个或几十个统计指标集合在一起,组成统计指标体系,从不同侧面反映现象和事物的综合情况。

综合指标的基本形式是总量指标、相对指标和平均指标等,要在这三类指标的基础上展开综合统计分析。统计分析的主要形式有:对比分析、平均分析、差异分析、动态分析、因素分析、相关分析、平衡分析、统计推断以及预测分析等。

四、统计数据

统计数据是对现象进行计量的结果。统计是研究数据的科学,所以,了解统计数据的计量尺度和数据的类型是很有必要的。

(一)数据的计量尺度

根据对研究对象计量的不同精确程度,可将所采用的计量尺度由低级到高级、由粗略到精确分为四个层次:定类尺度、定序尺度、定距尺度和定比尺度。

1. 定类尺度。定类尺度又称类别尺度或列名尺度,它是最粗略、计量层次最低的计量尺度。这种计量尺度,只能按照事物的一定属性对其进行平行分类,假如用数字表示,该数字仅为各类的代码,度量各类之间的类差别,不表明各类的大小、顺序或优劣。例如:人口按性别区分男女,用“1”表示男性,用“0”表示女性。由于定类尺度只能区分事物是同类或不同类,因此,它具有等于或不等于的数学特性。在统计运作中,它可以计算单位数,但表明不了第一类的一个单位可以相当于第二类的几个单位。

2. 定序尺度。定序尺度,又名顺序尺度,它是事物之间等级差或顺序差的一种测度,是比定类尺度更高一级的计量尺度。定序尺度不仅可以将事物分成不同的类别,而且可以确定各类的优劣、量的大小或顺序。比如,产品质量级别,可分为一级品、二级品、三级品和等外品,这就是对产品质量优劣的次序排列。在这里,虽然定序尺度无法表明一个一级品相当于几个二级品,但可以相当明确地表明一级品高于二级品,二级品高于三级品。定序尺度具有大于或小于的数学特性。

3. 定距尺度。定距尺度亦称间隔尺度,它不仅能将事物区分为不同类型并进行排列,而且可以准确地指出类别之间的差距是多少,并用确切的数值反映现象之间在量方面的差异。定距尺度是对事物类别或次序之间间距的测度,通常采用自然或度量衡单位作为计量尺度。由于定距尺度的计量结果表现为数值,并可以计算差值,因而,它同时具有定类尺度和定序尺度的特性。定距尺度的数学特征主要是加或减。定距尺度在统计数据中占有重要地位,统计中的总量指标就是以其为计量尺度的。

4. 定比尺度。定比尺度亦名比率尺度,它是在定距尺度的基础上,确定相应的比较基数,将两个相关的数进行对比而形成的结果。这个结果表现为一定的数值。除了具备前述三种尺度的特性外,定比尺度还有一个特性,即可以计算两个测度值之间的比值。比如,将一国的男性人口数与女性人口数对比,计算出人口性别比例值,以此表明该国人口的男女比例关系状况。定比尺度的主要数学特征是乘或除。统计的对比分析就广泛采用定比尺度进行计量。

在统计分析中,一般要求测量的层次越高越好,因为计量尺度的层次越高,其包含的数学特性越多,所用的统计分析方法也越多,分析就更得心应手。因此,高层次计量尺度的运用前景十分广阔。

(二)数据的类型

区分测量的层次和数据的类型十分重要,因为对不同类型的数据,将采用不同的统计方法进行处理和分析。

1. 统计数据按所采用的计量尺度分类。按所采用的计量尺度不同,统计数据的类型可分为:

(1)分类数据,它是由定类尺度计量形成的。这样分类的结果是数据表现的类别是用文字来表述的。例如,人口按性别分为男与女两类等。

(2)顺序数据,它是由定序尺度计量形成的。这种分类的结果是数据表现的类别是有顺序的,且也是用文字来表述的。例如,产品按质量标准分为合格品和非合格品或废品等。

(3)数值型数据,它分别是由定距尺度或定比尺度计量形成的。这是采用自然或度量衡单位对事物进行计量的结果,其结果表现为具体的数值。比如,用货币单位表示工资收入或生活费支出等。

2. 统计数据按采用的收集方式分类。按所采用数据收集方式的不同,统计数据的类型可分为:

(1)观测数据,是通过调查或观测而收集到的数据,有关社会经济现象的数据几乎都是观测数据。

(2)实验数据,是在实验中通过控制实验对象而收集到的数据。

3. 统计数据按时间性质的分类。按其描述的对象与时间的关系不同,统计数据的类型可分为:

(1)横截面数据,是指在同一时间对不同单位的数量表现进行观察而取得的数据,因此,又称为静态数据。

(2)时间序列数据,是指对同一总体在不同时间的数量表现进行观察而取得的数据,所以,又称为动态数据。

4. 统计数据按其表现形式的分类。按其表现形式不同,统计数据可以分为绝对数、相对数和平均数等。此部分内容在后面的有关章节论述。

第三节 统计学的基本概念

探讨统计学的认识过程和认识方法，将涉及许多重要概念，这里着重廓清其基本概念。

一、统计总体和总体单位

（一）统计总体

统计总体一般简称总体，它是依据研究目的确定的所要观察对象的全体。统计总体是由客观存在的、在某些性质上相同的众多个体集合形成的一个整体。例如，北京民营企业总体，是由每家北京民营企业集合形成的统计总体；全国人口总体，是由每个中国居民集合组成的统计总体等。

统计总体主要有两类：一是以客观存在的实体为单位集合形成的总体，称为“实体总体”，如以个人、居民户、企业、生产设备、商品等为单位组成的统计总体；二是以某种行为或事件为单位组成的统计总体，称为“行为总体”，如以工伤事故、购销行为、劳动争议、犯罪事件等为单位组成的统计总体。

此外，统计总体又可分为有限总体和无限总体。若构成统计总体的个别单位是有限的，则称其为“有限总体”，如人口总体、经济活动人口总体、在校学生总体等；若构成统计总体的个别单位是无限的，则称其为“无限总体”，如处于产品质量检测状况的产品总体和时间序列总体等。

统计总体的形成，必须具备一定的条件。

从客观条件考虑，主要是：①客观性，即统计总体和总体单位一定是客观存在的，并且是可以实际观察的；②同质性，即组成统计总体的所有总体单位必须具有共同的性质；③差异性，即构成统计总体的每个总体单位，除了有共性外，还应有差别。这些特性，就是统计调查研究的前提。

从主观条件考虑，主要是：①统计研究的目的，统计研究的目的是不同的，作为认识对象的统计总体当然会五花八门；②统计工作机构的现状、研究取向、持有的观点、工作条件、了解实际的深入程度等，这些都必然会对统计总体的形成产生一定的制约和施以某种影响。

（二）总体单位

总体单位是构成统计总体的每一个个体单位，所以又称“个体”或“单位”。依据统计研究目的和任务的不同，总体单位可以是人、物、机构等实物单位，也可以是一种现象或活动过程等非实物单位。

统计总体与总体单位，在运用时是相对的，随着研究目的的变化或范围的不同而发生相互转移，因此，作为同一研究对象，时而可能是统计总体，时而又可能转化成总体单位。例如，研究某一工业企业的职工状况，这时，工业企业是统计总体，而企业的每一名职工则是总体单位；若要研究某一地区的工业企业职工状况，则每一个工业企业是总体单位，整个地区的工业企业就是统计总体了。

（三）样本

样本是居于统计总体和总体单位之间的一概念实体。样本是从统计总体中抽取部分总体单位的集合体，构成样本的总体单位数目，称为样本容量。在抽样推断中，统计总体又称为“母体”，对应的样本被称为“子样”。抽取样本时，必须确保样本的组成单位取自同一统计总体，样本单位的抽取，必须排除主观因素的干扰，以保证样本的客观性和代表性。

二、标志和变量

（一）标志

标志是反映统计内容的基本概念。总体单位所具有的属性或特征，称为标志，换言之，标志是表现总体单位的特征和属性的名称。例如，以每个居民为总体单位时，性别、年龄、民族、职业和收入等都是每个居民具有的特征或属性，这就是标志。统计总体是由众多总体单位构成的，总体单位是标志的承担者。对总体的统计研究，就是从观察、登记标志的具体表现入手的，同时，还应对标志的种种表现进行综合，以揭示总体的数量特征。因而，标志是统计研究的基础。

标志按其表现形式不同，分为品质标志和数量标志两类。品质标志即属性标志，用于表明总体单位质的属性与特征，一般只能以文字表述，如居民的性别、民族、职业等。品质标志主要用作分组的依据。数量标志反映总体单位的量的特征，通常都用具体数值显示，如居民的年龄、收入等。数量标志可用于统计分组，还可以用来计算有关综合指标，如平均指标等。

按照标志在各总体单位的具体表现是否一样，标志有不变标志和可变标志之分。在同一统计总体中，如各总体单位的某一标志表现是相同的，则这个标志称为不变标志，它是由形成统计总体的客观条件之一的“同质性”所决定的。例如，公务员总体中，各总体单位（每一名公务员）的职业标志的具体表现都是“公务员”，这里的公务员就是不变标志。可变标志是总体中各单位的某一类标志的具体表现是不相同的。例如，公务员的年龄标志，在每名公务员身上的具体表现是有大有小的，这个年龄标志就是可变标志。可变标志的属性或特征的具体表现是由一种状态变为另一种状态，统计研究将其称为变异，所以，可变标志又叫作变异标志，这是由形成统计总体的另一客观条件——差异性所决定的。可变标志是统计调查研究的主要内容,在统计实践中将其称为调查项目。

(二)变量

变量是指可变标志中的可变数量标志。例如,居民的年龄、收入等数量标志,在每个居民身上具体表现出来是不尽相同的,因此,称之为可变数量标志,即变量。

变量值是可变数量标志的具体数值,如年龄标志显示出每个居民的具体岁数,这就是变量值,又称为标志值。

变量根据其具体取值的方式不同,可分为离散变量和连续变量。离散变量可以取有限个值,并且取值都以整数表示,可以一一列举,如人口数目、企业个数、设备台数等都是离散变量;连续变量可以取无穷多个值,其取值是连续不断的,一般难以一一列举,可以取小数值,如居民年龄、收入等都是连续变量。在实际研究活动中,当离散变量具体取值很多时,可以将离散变量按连续变量来处理。

三、统计指标

统计指标是统计学中最重要的基本概念,在统计研究中处于中心地位,相当多的统计方法都是依统计指标而产生和存在的。

(一)统计指标的含义

对于统计指标含义的理解有两种情况。

1. 研究统计理论时,统计指标是表明统计总体数量特征的名称,统计指标包括两个要素:定性范围与定量方法。定性范围是指标名称和指标含义,指标含义须明确总体现象的质的规定性、时间标准与空间标准。定量方法包括计量单位和计量方法,是统计指标含义的量化规范。

2. 统计工作活动过程中,统计指标是表明统计总体数量特征的名称及具体数值表现。统计指标,除了包括定性范围和定量方法外,还包括统计指标具体数值要素,即根据定性范围和定量方法,经过实际调查和数据处理,所取得的具体时间、具体空间的统计数值。例如,2018 年“十一”黄金周,北京全市旅游收入 124 亿元。这就是统计指标的完整形态。

(二)统计指标的特点

统计指标的特点主要是可量性与综合性。

1. 同质事物的可量性。没有质的规定性,成不了统计指标,有了质量的规定性而不能用数量来表示,同样成不了统计指标。统计指标是个数量化的概念。

2. 量的综合性。统计指标反映的是统计总体的量,它是许多个体现象的数量汇总综合的结果,显示的是统计总体的综合数量特征。

(三)统计指标的种类

统计指标按其所说明的现象总体的内容,有数量统计指标和质量统计指标之别。数量统计指标简称数量指标，它是外延指标，表明事物总体的范围大小，反映事物总体的总量的多少，是认识客观现象总体数量特征的出发点。比如，全国人口数目、国家外汇储备总量、国内生产总值等指标，就是数量统计指标。质量统计指标简称质量指标，它是内涵指标，反映客观现象总体内部的结构、比例和水平等数量关系，表明社会经济生活的质量状况。如一、二、三产业的比例，就业人员的平均报酬，居民平均每人可支配的生活费收入，农民平均每人占有耕地面积等指标，就是质量统计指标。

四、统计指标体系

（一）什么是统计指标体系

社会经济现象错综复杂，各种现象和事物之间有着相互联系、相互制约的依存关系，景象缤纷，盘根错节，荣损与共，互偎互存。单个统计指标只能表现客观事物的某一侧面，若欲展示事物的多侧面及其发展变化的整个进程，就必然要依赖许许多多统计指标的显示。这些统计指标的集合，不是杂乱无章、偶然撮合，而是有序有机的客观必然的组合。因而，由若干个相互联系、相互依存和相互制约的统计指标形成的一整套统计指标系统，被称为统计指标体系。

（二）统计指标体系的建立原则

建立科学合理的统计指标体系，是统计活动中相当重要的环节之一。因此，正确地建立统计指标体系，必然遵循如下原则：①建立统计指标体系的目的十分明确；②统计指标体系的内容一定要完整且有系统；③统计指标的构成层次应清晰且联系相当紧密；④统计指标体系必须切合实际、有针对性；⑤统计指标要具有很好的可操作性。

（三）统计指标体系的分类

统计指标体系有各自具体的形态和内容。主要分类方法有以下两种。

1. 统计指标体系按其反映的内容不同，分为基本统计指标体系和专题统计指标体系两类。基本统计指标体系是反映全社会经济和社会发展的基本情况的统计指标体系；专题统计指标体系是对某一类社会经济问题进行调查研究而专门设置的统计指标体系。

2. 统计指标体系按其实施范围不同，分为国家统计指标体系、地方统计指标体系和基本单位统计指标体系三类。国家统计指标体系，是国家有关业务主管部门制定的，在全国范围内实施的统计指标体系；地方统计指标体系，是各地区在国家统计指标体系的基础上，结合本地区具体情况，补充或增加有关内容，为满足各地区管理地方社会经济需要而设置的统计指标体系；基本单位统计指标体系，必须以宏观统计指标体系为核心，结合本单位生产经营管理的实际需要，具体进行补充和细化，从而形成基本单位统计指标体系。

五、统计描述和统计推断

统计描述和统计推断是统计研究方式的两个组成部分。统计研究过程的起点是资料与数据的搜集，终点是利用已加工处理好的资料与数据，认识总体的数量特征，把握现象的变化规律。在统计研究过程中，视不同情况，分别采用统计描述的方式，或者统计推断的方式，达到认识统计总体数量特征的目的。

（一）统计描述

统计描述是对由调查或实验所获得的数据与资料进行整理，并描述统计数据的一般原理和方法。这些主要方式或方法有：统计数据的搜集方法，数据的加工处理方法，数据的显示方法，数据分布特征揭示与分析方法等。

（二）统计推断

统计推断是运用概率论的理论，依据调查和实验所取得的样本资料和信息，科学地推断总体的数量特征的方法。统计推断是在对样本数据进行描述的基础上，对现象的特征、趋势、相互关系和规律性作出推测、预示和判断。

统计推断是统计学研究的核心内容。在对客观现象的研究中，所能取得的数据多数为样本数据，欲窥其全貌，则统计推断法的运用日趋广泛，其在现代统计中的地位也愈显重要。

统计推断法，包括参数估计法和假设检验法两种。

六、流量和存量

流量和存量是国民经济核算与分析的基础，是经常使用的两个重要概念。

（一）流量

流量是在一定时期内生产的产品和服务（或劳务）而取得的收入或支出的总量。它是按一定时期（如一年、一个月）核算出来的数量。比如，反映社会产品和服务的生产、分配和使用情况的国内生产总值、劳动者收入总额、投资总额、流动资金增加额、社会消费品零售总额和社会产品与服务、生活消费总量等皆为流量。

（二）存量

存量是在某一时点上，以往生产与积累起来的产品、货物、储备、资产负债等的结存数量。它是按一定时点（如年末、季末、月末）核算出来的数量。比如，资产负债表中的期末固定资产、存货、存款、保险储备金和储备资产等的结存额等皆为存量。

（三）流量与存量的关系

流量与存量之间联系密切，互动明显。其关系表现为如下几种形式。

1. 有相当多的经济现象，其流量与存量是相对应而并存的，有流量必然出现存量。例如，固定资产投资额是流量，其对应的固定资产总值是存量；货币支出总额是流量，其对应的期末货币结存是存量。

2. 在流量与存量并存的经济现象中，流量与存量是相互影响的。一方面，流量来自存量，存量越多，流量也会越多；另一方面，流量又会在一定程度上决定存量的大小。例如，对于一个国家或一个地区而言，固定资产总值越多，在一定时期内固定资产折旧也越多；当然，固定资产折旧的增长，也会影响到固定资产总值。

3. 在流量与存量并存的经济现象中，期初存量与流量之和等于期末存量。

4. 有些经济现象只有流量，而没有相对应的存量。例如，一定时期内的海关进口总额或海关出口总额，一定时期内的工资总额、奖金总额等，这些都是流量，但无对应的存量。

5. 流量与存量是对总量指标而言的。这是因为，两个存量或两个流量的对比，或者一个流量与一个存量的对比，计算出的相对指标或平均指标，既不是流量，当然也不是存量。

第四节 统计的职能

一、统计的一般作用

统计是“社会认识的最有力的武器之一”，列宁对统计职能的这一精辟论断，高度概括了统计对社会认识作用的要义，至今，仍闪烁着不可磨灭的光芒。随着社会实践的演化，为了客观全面地了解社会和认识社会，统计是不可或缺的。经济发展的日益社会化，促进了社会经济各部门、各行业的分工协作；经济基础与上层建筑、生产力与生产关系的作用与反作用，以及生产力诸要素的合理配置，使整个社会经济的运转构成了一个庞大的现代化网络系统。这充分印证了列宁所说的，“有许多问题，而且是涉及现代国家的经济制度和这种制度发展的最根本的材料问题，过去是根据一般的估计和大致的材料加以解决的。现在如果不根据某一个一定的纲要收集并经统计专家综合的某一国家全国情况的浩繁材料，就无法加以比较认真的研究”①。只有统计，并经统计专家的努力，才能用数字和符号将各种浩繁的社会经济活动微缩成一幅幅清晰、抽象的部件构造图和线路连接图，罗列出一帧帧连续、动态的屏幕画面，便于人们清楚地了解社会，并通过各种数字扩展人们的视野，提高人们对社会的认识能力。

统计的另一重要作用，就是参与社会管理和经济管理，构成国家管理系统的重

① 《列宁全集》第16卷，人民出版社，1959年版，第420页。

大构件之一。统计提供的社会发展和国民经济运行中的各种分析数据,是政府形成决策、政策和规划的重要依据。对于基本单位,诸如企业等,统计在其经营管理活动中的重要作用是不可低估的,它帮助基本单位的决策者或领导者抓住重点、寻求突破点、不断改进工作。

二、统计的基本职能

统计是认识社会的有力武器,是管理社会的有用工具,因而,统计机构是获取国民经济和社会发展各种信息的主体部门,是国家重要的咨询和监督机构。所以,在社会主义市场经济的运行中,统计机构要充分发挥其信息、咨询、监督和决策服务的职能。

(一)统计信息服务

统计信息是各种社会经济信息来源的重要组成部分。统计资料并不等同于统计信息。统计信息是指在统计资料中,经反复筛选而提炼出来的、具有价值的、信息接收者尚未掌握的数字情报资料。统计信息服务要努力走社会化、产业化和国际化的道路。

1. 统计信息是为宏观调控和宏观决策提供服务的。社会主义市场经济运用价值规律,促进社会资源的平衡配置,当然也会有自发盲目的消极作用。为了健康发展社会主义市场经济,必须搞好社会经济的宏观调控。为此,统计机构提供科学丰富的统计信息,把握好国民经济的运行态势,协调与处理好个中错综复杂的关系,就显得极为重要了。

2. 企业应顺应市场,充分了解市场及其变化趋势,科学地组织企业的生产经营运作,在市场竞争中处于不败之地,利用统计部门的信息优势,展开统计调查,广泛收集商品市场、资本市场、劳动力市场、技术市场和信息市场的有价值信息,为企业的经营决策提供最佳的统计信息服务。

3. 统计信息服务应顺应社会经济一体化的客观变化,利用多种形式、通过多种渠道,将统计信息公示于众,使之为全社会共享、人人关注,发挥最好的社会效益。

(二)统计咨询服务

统计咨询服务有异于一般的统计信息发布,它是将统计无偿服务和有偿服务相结合,将统计信息推向市场的重要方式。统计信息以有偿服务推向市场,不仅有利于建立统计工作的良性循环,而且有助于提高统计信息质量,确立其在各种信息咨询中的重要地位。

统计咨询水平的高低是全面衡量统计工作水平的重要标志之一。统计咨询服务,除了提供有效有用的信息外,还须着力于提供有真知灼见的统计咨询报告。这样的统计咨询报告具有很好的量化特征，时效性与针对性较强，对策建议十分切合实际，能真正杜绝空谈。

（三）统计监督服务

统计监督服务是更高层次的社会服务，作为观察社会和经济发展的“测量仪”，统计用特定的数字语汇全面、准确和及时地反映社会主义市场经济的运行和改革开放的成果，敏锐地跟踪法律法规、方针政策的贯彻实施情况，时刻关注事关人民群众切身利益的种种事件，维护社会的正义和公理，扬善抑恶。

统计监督服务始终坚持实事求是原则，以真实可靠的统计数据为依据，敢于讲真话，善于讲真话，切中时弊，真正发挥其独特的作用。

（四）统计决策服务

随着社会经济的飞速发展，统计在管理中扮演的角色日益突出和备受重视。建立和健全社会主义市场经济体制，统计无疑是极为重要的有效手段之一。无论宏观调控或是微观管理，只有根据现实状况，综合内部和外部各方面的条件及其发展变化态势，进行认真科学地辨析，才能有正确的决策、制定出有力措施并付诸实施，以保证取得最佳效益。在这一过程中，统计能提供客观公正的数据，积极主动地参与决策，它的这种职能是其他手段无法替代的。

思考题

1. 试述社会统计学的研究内容。
2. 统计研究的基本方法是什么？
3. 统计总体和总体单位的关系怎样？
4. 标志和统计指标的区别与联系是什么？
5. 数据的计量尺度有几种？
6. 统计的基本职能是什么？

第二章 统计调查

内容提要

• 统计调查是统计工作活动的重要环节和必经步骤。

• 统计调查的基本要求为准确性、及时性和系统完整性。

• 统计调查的分类。

• 统计调查方案。

• 统计调查的种类主要包括普查、抽样调查、报表制度、空间遥感调查、重点调查、典型调查和民意调查等。

• 统计调查问卷。

第一节 统计调查的分类

一、统计调查的意义

统计调查是按统计研究的目的和基本任务要求，采用科学的方法，对所要研究的社会经济现象总体，进行有计划与系统地搜集大量原始统计资料的工作过程。

原始统计资料，是指从各调查单位搜集的，等待经过整理将显示总体状况的个体资料。它是原始的统计信息，是进行统计整理、统计分析的基础，是决定整个统计工作质量的基本环境。毛泽东在《实践论》中强调了搜集资料的重要性："只有感觉的材料十分丰富（不是零碎不全）和合乎实际（不是错觉），才能根据这样的材料造出正确的概念和理论来。"[①]如果调查搞得不好，搜集到的资料不实，数字不准确或残缺不全，那么，根据这种资料与数据进行整理和分析的结果，就不能如实反映客观事物的真实状况，甚至可能得出相悖的结论。只有搞好统计调查，才能保障统计工作活动得出预期的结果。

人们的认识是由社会存在决定的，一旦脱离社会实践，远离对社会情况的调

① 《毛泽东选集》第1卷，人民出版社，1991年版，第290页。

查,人们的认识就成了无源之水、无本之木,决然得不到正确的结论。所以,统计调查必须依循准确、及时和系统完整等原则的客观要求。

二、统计调查的基本要求

统计调查在统计研究全过程中,至关重要,攸关全局,因此,必须遵循统计调查的基本要求。

(一)准确性

统计调查工作的运行,必须遵循实事求是的原则,搜集的调查资料应符合客观实际情况,数据或计算合规合矩、真实可靠,绝对排除主观臆测与弄虚掺假,这是最基本的要求。统计工作活动离不开数字,因而,统计工作的质量如何,相当大的程度上取决于所搜集的资料和数据的真实性与准确性。

在统计调查工作中,造成情况失实与数据不真,有主观和客观的原因,然而,我们能做的最重要的是对主观因素的防范和杜绝。

(二)及时性或时效性

统计调查在时间上要求迅速搜集和反馈资料,必须严格按照统计调查方案中规定的时间,快捷地提供调查资料,如果统计资料的搜集或登记拖时,将贻误统计整理的时间,统计资料的使用价值就会大大缩水,甚至全无用处,影响决策者适时获得统计信息,统计的作用可能丧失殆尽。

(三)系统完整性

所谓系统完整性要求,就是指统计调查不重复、不遗漏,调查项目的资料搜集齐全系统。统计资料的系统完整,在对研究对象进行全貌的科学分析中极为重要。若统计资料残缺不全,无法正确反映社会经济现象总体的完整表现和特征,就会影响人们对客观现象的规律性作出明晰的判断,从而干扰决策的正确性、有效性和科学性。

三、统计调查的分类

统计所研究的社会经济现象是错综复杂的,存在着千差万别的态势,并且统计研究的目的任务也是多元化的,因而进行统计调查时,应该因时因地制宜,灵活运用多种多样的调查方式方法,完成资料的搜集工作。

(一)全面调查与非全面调查

根据调查对象包括的范围大小,统计调查有全面调查和非全面调查之分。

全面调查是对被研究对象的所有组成单位无一例外地进行调查。例如,我国每十年进行一次的全国人口普查、每五年一次的全国经济普查和全国的耕地普查等,都是全面调查。

非全面调查是对被研究对象总体的部分单位进行调查,以取得部分单位的数据与资料,据此来反映或推断现象总体的相关状况。例如,我国每两次人口普查年份中“逢五”年度的人口抽样调查、城乡居民的生活情况调查等,都属于非全面调查。

(二)经常性调查与一时性调查

根据调查资料登记时间的连续程度不同,统计调查有经常性调查和一时性调查之分。

经常性调查,一般指登记资料的时间是连续性的,比如,按日、按月、按季度对客观现象的数据或资料连续进行登记或搜集,人口的出生、死亡、迁出、迁入的登记皆是连续登记取得的。

一时性调查,亦称一次性调查,指对客观现象的观察是非连续的,搜集或登记资料是间断的,多数情况是时点性质的数据或资料。比如,每隔若干年不定期的耕地面积调查,全国性的经济普查等。一时性调查,可以是周期性的,十年或五年搞一次;一般情况下,多为不定期的,如森林情况调查、民营经济调查。

(三)统计报表与专门调查

根据调查组织方式的不同,统计调查有统计报表和专门调查之分。

统计报表方式的调查,是按照统一规定的表式要求,自上而下地统一布置、自下而上地逐级汇报汇总的一种调查组织方式。我国建立的统计报表制度,要求相关企业、事业单位责无旁贷地按规定的表式、项目、日期和程序,向主管机构提交报表。

专门调查,是为了研究一些专门问题,由主持调查的机构专门组织的搜集或登记资料的调查。如,我国每隔十年进行的全国人口普查,逢5的年度搞的人口抽样调查,环境污染源调查,等等。

四、统计调查方案的制定

统计调查是一项复杂而细致的工作,往往由成千上万人把成千上万个单位的情况搜集起来。因而在统计调查工作过程中,必须统一认识、统一内容、统一方法、统一时间和统一步调,才会顺利实现统计调查的目的。所以,在开展此项工作之前,要制定统计调查方案,解决一些基本问题。

一个完善的有指导意义的统计调查方案,必须包括六个方面的基本内容。

(一)确定统计调查目的

确定调查目的是统计调查中带有根本性的问题。无论做什么事,都要有目的。这个问题不明确,就会失去方向,调查工作就无从开展。目的明确,才能有的放矢,即确定向谁调查、调查些什么、用什么方式调查,以及调查经费和调查时间等一系列问题。确定调查目的,就是明确调查要解决什么问题。所以,统计调查的目的应尽可能规定得具体些,要抓住主要矛盾,突出中心问题,切忌轻重不分,“撒胡椒面”。只有如此,统计调查的质量才会有保证。

统计调查的目的是根据国家的法律、法规、方针、政策、社会经济管理的需要而确定的。统计调查目的的确定,一般需满足下列要求:第一,从研究工作的需要出发,抓住实际生活中最为重要的迫切问题;第二,从调查对象的实际出发,把需要和可能结合起来。

(二)确定调查对象和调查单位

调查对象是指要调查的那些社会经济现象的总体,它是由性质相同的许多调查单位组成的集合体。调查单位,就是组成调查对象总体的所有个别单位,即标志的承担者,调查单位的标志是调查时所要登记的资料。比如,调查的目的是为了取得民营企业的产品产量、成本和从业人数等资料,那么,民营企业的全部是总体,即调查对象,而每个民营企业则是调查单位。

调查对象是统计研究的对象,是用统计指标和指标体系说明的对象,即统计认识的客体;说明调查对象的资料来自每个调查单位,是在每个调查单位资料的基础上进行汇总和计算取得的。

确定调查对象的重要问题在于明确调查对象的界限是什么。调查对象的确定以及总体界限的规定,必须对有关现象进行全面的质的分析,这种分析要多角度说明所有使一种对象有别于其他对象的本质和特征。调查对象的选择首先要服从于调查的目的,只有明确了调查需解决什么问题,而后才可确定向谁做调查;其次,必须考虑到调查的可行性,即调查时不能妨碍被调查者的正常活动;最后,必须明确调查的范围。

统计调查时常常使用填报(或报告)单位的概念。填报单位是负责报告调查资料的单位。一般情况下,总体单位就是填报单位。但当总体单位是“物”的时候,填报单位当然就应由所在单位的“人”来担任。明确了填报单位,即可知道调查表应发给谁,以及由谁来填报。

填报单位和调查单位是两个概念,但填报单位和调查单位关系密切。调查单位是能取得调查单位资料的单位;填报单位本身的标志就是需要调查的资料,这时填报单位和调查单位一致,两者合二为一。

(三)拟订调查提纲

调查提纲也称调查纲要,它是根据调查目的所确定的调查项目。调查提纲要解决的问题是向调查单位调查什么。调查提纲必须依据调查目的,从现象之间的相互联系,从现象的过去、现在和发展等方面出发,提出所要调查的项目。调查项目就是调查时所要登记的调查单位标志和有关情况。

正确拟订调查提纲应注意如下几个问题。

1. 调查提纲的项目应该与设计的统计指标和指标体系相适应。统计总体是用统计指标作为工具,进行分析研究而形成认识的。统计综合指标对总体量的度量,必须建立在对个体量了解的基础上,所以,综合指标是确定调查项目的依据。

2. 调查提纲中的项目应该按照需要与可能的原则来规定。有的项目虽然需要,但实际无法取得,对此提纲则不应包括。列入的项目应是既需要又能取得的项目。

3. 列入调查提纲中的项目只限于调查目的所必需的项目,可有可无或备而不用的项目则坚决舍弃。

4. 列入调查提纲的项目,相互之间应彼此衔接、有机联系,便于互相核对、检查资料的正确性;同时,也要注意和过去同类调查项目的关系,以便进行纵向比较,观察现象的演变。

5. 项目的提法应十分明确,只能有一种理解,不能有其他的解释。理解一致,才能保证资料的可靠性。

(四)设计调查表

有了调查提纲,便可以设计调查表。调查表是搜集原始资料的基本工具。把调查提纲中的各个调查项目,按照一定的顺序排列在一定表格内,就构成了调查表。利用调查表,既便于清晰地登记资料,又便于日后的加工整理与汇总。按包括调查单位的多少,调查表有单一表和一览表之分。单一表只登记一个调查单位,它可以容纳较多的调查项目,取得比较详尽、丰富的资料,例如表 2－1;一览表是登记几个调查单位的资料,表中调查项目不能太多,例如表 2－2。

调查表通常由表头、表体和表尾三部分组成。表头是用来表明调查表的名称以及调查单位(或填报单位)的名称、性质、隶属关系的。这些资料一般不用于统计分析,但在复查和核实各调查单位时是必须用到的。表体是调查表的主要部分,它包括:统计调查所要说明的现象的项目以及这些项目的具体表现;项目的栏号,它是为了整理或编写说明时引用方便;计算单位等。表尾包括调查者的签名和日期等,以便明确责任,若发现问题,方便及时查询和弄清情况。

(五)规定调查时间

调查时间的规定有两层意思:一是规定调查资料所属的时间;二是调查工作的期限。就调查资料的时间性质而言,有时期资料和时点资料之分。如果所要调查的是时期资料,就应明确规定所反映的是调查对象从何年何月何日起到何年何月何日止的资料;如果所要调查的是时点资料,就应明确规定统一的标准调查登记时点。

调查工作期限,就是从开始搜集资料到报送资料全部工作所需的时间。规定

表 2－1　**2005 年全国 1% 人口抽样调查表（部分）**

本户地址：

________县（市、区）________乡（镇、街道）________村（居）委会________调查小区________户编号

申报人（签字）：

调查员（签字）：

填报日期：2005 年 11 月　日

H1. 户编号	H2. 户别	H3. 本户应登记人口	
________号	1. 家庭户 2. 集体户	2005 年 10 月 31 日晚居住在本户的人数：________人	户口在本户，2005 年 10 月 31 日晚未居住在本户的人数：________人
H4. 本户 2004 年 11 月 1 日至 2005 年 10 月 31 日出生人口	H5. 本户 2004 年 11 月 1 日至 2005 年 10 月 31 日死亡人口	H6. 住房用途	H7. 建筑层数
男________ 女________	男________ 女________	1. 生活住房 2. 兼作生产经营用房 3. 无住房（结束）	1. 平房 2. 六层及以下楼房 3. 七层及以上楼房

续表

H8. 本座住宅建筑结构	H9. 本座住宅建成时间	H10. 住房间数	H11. 住房建筑面积
1. 钢筋混凝土结构 2. 混合结构 3. 砖木结构 4. 木、竹、草结构 5. 其他结构	________年	________间	________平方米

H12. 本住房中有否其他合住房	H13. 是否饮用自来水	H14. 住房内有无厨房	H15. 主要炊事燃料	H16. 住房内有无厕所
1. 有 2. 没有	1. 是 2. 否	1. 本户独立使用 2. 本户与其他户合用 3. 无	1. 燃气 2. 电 3. 煤炭 4. 柴草 5. 其他	1. 独立使用抽水式 2. 邻居合用抽水式 3. 独立使用其他方式 4. 邻居合用其他方式 5. 无
H17. 住房内有无洗澡设施	H18. 住房来源	H19. 购建住房费用	H20. 月租房费用	
1. 统一供热水 2. 家庭自装热水器 3. 其他 4. 无	1. 自建住房 2. 购买商品房 3. 购买经济适用房 4. 购买原公有住房 5. 租赁公有住房 } H20 6. 租赁商品住房 } H20 7. 其他(结束)	________万 ________千元	________元	

表 2－2　**2005 年全国 1% 人口抽样调查死亡人口调查表（部分）**

（2004. 11. 1—2005. 10. 31 死亡的人口登记）

地址：________县（市、区）________乡（镇、街道）________村（居）委会________调查小区

地址码：

每个死亡人口都登记						死亡时满 6 周岁的人登记	死亡时满 15 周岁的人登记
S1. 户编号	S2. 姓名	S3. 性别	S4. 出生时间	S5. 死亡时间	S6. 民族	S7. 受教育程度	S8. 婚姻状况
		1. 男 2. 女	出生于： ____年 ____月	（____周岁） 死亡于： ____月	____族	1. 未上过学 2. 小学 3. 初中 4. 高中 5. 大学专科 6. 大学本科 7. 研究生及以上	1. 未婚 2. 初婚有配偶 3. 再婚有配偶 4. 离婚 5. 丧偶
		1. 男 2. 女	出生于： ____年 ____月	（____周岁） 死亡于： ____月	____族	1. 未上过学 2. 小学 3. 初中 4. 高中 5. 大学专科 6. 大学本科 7. 研究生及以上	1. 未婚 2. 初婚有配偶 3. 再婚有配偶 4. 离婚 5. 丧偶

调查员（签字）：

这个工作期限,可以保证工作步调的一致,及时汇总资料,及时见效。

(六)调查工作的组织实施

大规模的统计调查必须有严密细致的组织工作,以保证统计调查的顺利实施。统计调查的组织工作,其主要内容有:建立领导机构和确定调查人员,规定调查的方式与方法,宣传教育工作,工作人员培训,文件的编印,调查资料的报送办法与程序,调查经费的预算和开支办法,提供和公布调查结果的时间,以及组织调查的试点工作等。

五、搜集资料的方法

统计调查登记资料的方法是调查者向被调查者搜集调查答案的方法。其主要的方法有调查和业务记录等。

(一)调查

调查主要是搜集初级资料的一种方法。一般有访问法、登记法和报告法(或通信法)等。

1. 访问法。此法是由调查者亲自到现场进行调查、观察和询问,并登记资料的一种调查方法。这种方法仅适用于规模较小的调查,取得的资料比较准确可靠。

2. 登记法。此法一是要求调查者到被调查者住地,对所需资料逐一地进行登记填写;二是要求被调查者到有关机构,按调查要求登记填写所需资料。

3. 报告法(或通信法)。此法一般由调查者将调查登记表分发或邮寄或借助互联网传输给被调查者,被调查者根据填写登记要求将登记表填好返回调查者。这种搜集资料的方法适用于大范围的调查和资料的搜集。

(二)业务记录

业务记录是统计调查搜集资料的一种方法,是调查登记资料的重要来源之一。业务记录广泛存在于各部门和各单位,所以是统计调查搜集资料最为节省和方便的途径,可以大大减轻调查者或调查单位的负担,并且能够在许多情况下使登记误差达到最小限度。

业务记录并不是为统计而调查的,而是行政管理部门所规定的日常工作。它存在着较大的局限性,即它的指标定义、登记范围、起止时间等往往和统计工作的要求不同。更何况由于受到登记者利害关系的影响或其他原因,免不了会有较大的误差,因而业务记录在使用时是有条件的,并且有一定的范围。

根据各种业务记录的不同情况,它在统计工作中发挥的作用是有差别的:有的业务记录可以代替某些全面调查或抽样调查;有的业务记录可以用来校正某些全面调查或抽样调查资料;有的业务记录可以核对和评价全面调查和抽查资料。

第二节　统计调查的种类

一、普查

（一）普查的意义

普查是专门组织的一次性全面调查，是用来调查一定时点上的社会经济现象总量的。普查是国家为了详尽地了解某项重要的国情国力而组织的一次性全面统计调查，以搞清国家的基本状况，如人口普查、农业耕地普查和经济普查等。普查的对象通常涉及基本的国情国力，搜集到的这些全面资料能为国家制定重大方针政策、编制社会经济发展规划提供重要的依据。如每五年进行的全国经济普查，其目的是全面掌握我国第二、第三产业的发展规模结构和效益等情况，建立健全基本单位名录库及其数据库系统，为研究制定国民经济和社会发展规划，提高决策和受理水平奠定基础。普查的规模大、任务重、质量要求高，需要由政府动员组织各方面的力量配合进行。如全国经济普查，国务院专门制定了《全国经济普查条例》，从法律法规上给予有力保障。

普查有较突出的特点：第一，普查比其他任何调查方式所取得的资料都更全面、更系统；第二，普查主要是调查一定时点上的情况，内容要求详尽；第三，一次重大的国情国力调查，其调查登记时间虽然不长，但复杂细微的准备工作和数量庞大的数据处理工作都需要较长的时间；第四，普查所需人力、物力和财力是较大的，因而调查的周期不能太短。

（二）普查的组织方式

普查的组织方式有两种：一是组织专门的普查工作机构，配备相当数量的工作人员，对被调查者直接进行调查登记。这种调查能取得其他调查难以搜集到的资料。比如，新中国成立后进行过的多次全国人口普查便属于此种方式。二是利用调查单位的日常核算资料和报表资料，分发一定的调查表格，由调查单位填报。比如，清产核资调查即属于此种方式。诚然，这种方式的调查，依然应配置一定数量的专门工作人员进行组织领导和实施运作。另外，为了某项特殊的紧急需要、争取时间和尽快取得资料，可以组织简易快速普查。快速普查由普查工作机构越过中间环节，直接向调查单位搜集资料。这种普查由于登记项目较少、指标不多，所以花费时间很短、出成果快。

（三）普查的组织原则

普查对调查的内容有较高的准确性和时效性要求。普查涉及的人多面广，所以，普查的组织工作十分关键，特别需要强调统一领导、统一要求和统一行动，因而在组织普查时应遵循如下原则：

1. 标准时点原则。普查要规定统一的调查时点,即标准时点。普查是为了取得一定时点上的总量资料,统一确定资料所属的标准时点,可以免除因调查时点的不一致而出现的重复或遗漏。例如,我国第六次全国人口普查的标准时点为2010年11月1日0时。经济普查的标准时点为普查年份的12月31日。

2. 短期完成原则。在普查范围内,各调查单位或调查点要同时行动,尽可能在短时间内完成,以保证调查资料的时效性和真实性;否则,会影响资料的汇总与分析,并且容易出错。

3. 项目统一原则。调查项目须统一,项目一经确定,不能任意改变或增删,以免影响汇总和综合。同一普查,各次的项目和指标的规定也应力求一致,便于历史比较。

4. 周期调查原则。普查工作应尽可能按一定的周期进行,以利于历次普查资料的对比分析,便于研究现象的发展变化趋势和规律性。比如,我国人口普查从1990年起,每10年进行一次。全国经济普查,规定每5年进行一次。

二、抽样调查

(一)抽样调查的意义

抽样调查是非全面调查中的主要组织形式之一。该调查是严格按照随机原则,从现象总体中抽选一部分单位作为样本进行调查,然后依据所取得的样本数据,对调查总体的数量特征作出具有一定可靠程度的推算和估计。比如,对城乡居民生活情况的调查、农业产量的调查等都是抽样调查。抽样调查的目的在于推算调查现象总体的数值,所以,在一定意义上起到了全面调查的作用。

抽样调查具有与其他调查相区别的特点:第一,遵循随机原则。在抽选样本单位时,排除了人们的主观意志,使现象总体中的每一个单位都有被抽中的机会。这样,就有可能使所选出的样本结构和总体结构保持一致,并且能进一步计算和控制抽样误差。实行随机原则是抽样推断的先决条件。第二,抽样调查取得的实际资料用于推断与估计总体的数量特征。抽样调查的任务在于通过对样本单位的调查,计算出综合指标,然后以此来推算总体的总量和水平指标。数理统计论证中,样本指标和总体指标之间存在着内在联系,样本和总体之间的误差分布是有规律可循的,因而,从部分推断总体的方法会在很大程度上提高统计的认识能力和预见性。第三,抽样误差可以事先计算和进行控制。抽样调查结果用以推算总体,免不了会出现误差,然而,这种抽样误差可以借助于现有的有关资料预先计算出来,并且通过某种途径来控制误差范围,使抽样推断尽量达到预期的可靠程度。

自改革开放以来,在国家统计报表制度中,以抽样调查方式取得资料的年报、季报、月报已占有相当大的比重。对某些没有必要或不可能全面调查的客观现象,可通过抽样调查来认识和掌握其属性;抽样调查的资料还可对普查资料进行修正和补充。因为普查的涉及面广、工作量大,且容易出现登记性误差,或者重复,或者遗漏,所以一般要在普查工作告一段落后,进行一次小规模的抽样调查,将抽样调查的结果同普查资料加以比较核对,计算出差错(重复或遗漏)率,以此作为修正系数,对普查资料进行必要的校正。

(二)组织抽样调查的原则

保证样本选择的随机性,才能使抽样方法符合概率论和数理统计的有关科学要求,并据此实现正确推断。因此,组织实施时应遵循如下原则。

1. 所研究的变量一定是随机变量。毋庸置疑,只有按随机原则抽取的样本单位,才会保证所研究的变量是随机变量。

2. 最大抽样效果原则。通常情况下,提高抽样结果的准确程度与节约调查费用是相矛盾的,抽样误差要求越小,所需费用就会越多。但值得注意的是,并非任何一种抽样误差最小的方案都是最优方案,一般是在一定误差要求下,力争选择费用最少的抽样方法。所以,应在一定调查费用的范围内使抽样估计的误差最小。换言之,在给定的精确度下,使调查费用最少,即能保证实现最好的抽样效果。

(三)抽样调查的组织形式

抽样调查的主要组织形式有:纯随机抽样、机械抽样、分类抽样和整群抽样等。

1. 纯随机抽样,又称简单随机抽样。它是按随机原则,直接从总体 N 个单位中抽选 n 个单位组成样本,保证总体的 N 个单位在抽选时都有可能被抽中。在此,最重要的是确定总体的范围,对总体单位编号,形成明确的“抽样框”,然后用抽签的方式或根据“随机数表”来抽取必要的单位数。

2. 机械抽样,又称系统随机抽样或等距抽样。这是将总体单位按某一标志排队,然后按固定顺序和一定间隔抽取调查单位构筑抽样总体(即样本)。设总体有 N 个单位,从中抽取 n 个单位组成样本,先将总体单位按某一标志排队,将 N 个单位划分为 n 个部分(包括的单位数都一样),每个部分的单位数为 f,即 $f=N/n$。f 为抽样距离或抽样间隔。在实施抽样时,先从第一部分抽取一个单位 i,再从第二部分抽取第 $i+f$ 个单位,依次继续抽取,至最后一部分抽取第 $i+(n-1)f$ 个单位为止,共抽取 n 个单位组成样本。需要注意的是:为消除系统性偏差,保证样本的代表性,应尽量避免抽样间隔与现象本身的周期性波动的重合。在系统随机抽样中,作为总体单位顺序排列的标志,可以是无关标志,也可以是有关标志。无关标志是指依据排列的标志与总体单位的标志值大小无关或前者对后者不发生主要影响。采用机械抽样可以使样本单位在总体中保持均匀分布,因而它的抽样误差比纯随机抽样的误差小。

3. 分类抽样,又称分层抽样或类型抽样。它是先将总体按主要标志分组,然后在各组中按随机抽样原则抽选一定单位组成样本。分类抽样是统计分组方法和纯随机抽样的结合运用形式。按现象的某种特征进行分组,可以使各组的分布较均匀,各标志值之间的差异相对缩小,因而在同一组内抽取的单位的代表性会好一些。所以,在现象总体中,各单位的分布较分散,各标志值大小悬殊,此种情况下,采用分类抽样比纯随机抽样的样本的代表程度会更高一些,效果会更好一些,因而分类抽样方法运用得相当广泛。采用一定标志进行分组,各组的单位会有多有少,为了保持各组抽样的比例一致,应按各组单位数占总体单位数的比重来抽取样本单位,单位数多的组多抽,单位数少的组少抽。

4. 整群抽样。它是将总体单位分为若干群,然后以“群”为单位,从中抽取若干群,对抽中的群的全部单位进行调查。比如,按日期抽查数天的产品的质量,按片抽查森林资源等。整群抽样是以“群”为单位进行抽选,抽选的单位较集中,明显地影响了各单位在总体中分布的均匀性。在抽样单位数量相同的情况下,整群抽样比前述三种抽样方式的抽样误差会大一些,代表性低一些。所以,在实际操作时,整群抽样所抽选的样本单位要尽量多一些,以减小误差,提高准确程度。

三、定期统计报表

(一)定期统计报表的含义

定期统计报表,简称统计报表,它是我国搜集资料的一种重要组织形式,是按照国家有关规定,自上而下统一布置,自下而上逐级提供基本统计资料的一种统计调查组织形式。统计报表要以一定的原始记录为基础,按照统一的表式、统一的指标、统一的报送时间和报送程序填报。

统计报表可以在统计调查开展之前往下布置,以便调查单位提前做好准备,尽量将统计调查建立在可靠的基础上,保证其效果。

(二)定期统计报表的特点

统计报表有其自身的特点:

1. 统计报表要求各单位填报时必须依据原始记录,因此,只要各基层单位认真执行,建立健全原始记录,统计资料的来源和准确性就有了可靠的基础。

2. 由于调查内容、表式、时间都是统一规定的,就保证了统计资料的统一性和及时性。

3. 各单位在规定期限内按期填报,保证了统计资料的全面性和连续性。

4. 统计报表有助于完善资料的积累工作,利于历史比较。

5. 定期统计报表是逐级汇总上报,可以满足各级政府部门掌握有关统计资料的需要。当然,由于经济利益的多元化,可能会出现某些单位为了本单位利益而虚报或瞒报的现象,从而影响统计资料的质量。

（三）定期统计报表的种类

1. 按照统计报表内容的实施范围不同，有国家的、部门的和地方的统计报表。国家统计报表在全国范围内实施，包括了有关社会经济状况的基本项目。部门统计报表在各自部门范围内实施，包括各部门本身所需要的专业统计资料。地方统计报表是在各地区范围内实施的。无论是部门还是地方的统计报表，均是国家统计报表的补充。

2. 按照统计报表填报的周期不同，有定期报表和年报两类。定期报表包括日报、旬报、月报、季报和半年报等。一般而言，报告周期的长短与其指标的繁简有密切关系。报告周期较短的报表，指标应力求简明；报告周期较长的报表，指标可以多一些；年报则可以更详尽一些。在及时性方面，报送周期短的报表要求强一些，年报相对可以宽松一点。在准确性、全面性和系统性方面，报送周期短的要求低一些，而年报则必须严格要求。

3. 按照统计报表填报单位区分，有基层报表和综合报表。基层单位（如企业等）填报的统计报表，反映了基层单位的各项活动情况，称为基层报表；由各级主管部门根据基层或下一级提供的报表而填报的统计报表，则称为综合报表。

四、重点调查

（一）重点调查的含义

重点调查就是在被研究现象总体的所有组成单位中，选择出其中的重点单位进行调查的方法。重点单位是客观存在的，它们在总体的全部单位中虽然只是少数，但在研究总体的总量里却占有绝大部分的比例，能够反映现象总体的基本情况。例如，欲了解全国煤炭的生产情况，只需重点对若干统配煤矿的生产状况展开调查，就可以基本掌握全国煤炭的生产情况。

重点单位可以是基层单位的企业，亦可以是某些地区、某些行业或部门。统计研究的任务不同或者调查对象不同，就会有不同的重点。比如，当需要掌握棉花生产的基本情况时，可以将主要产棉区作为重点来进行调查。

重点调查的调查单位少，调查时花费少，节省人力、物力，并且能及时提供所需资料，对各级领导部门及时了解和掌握社会经济形势、适时解决问题、指挥各项工作的运行起着很大的作用。

（二）重点单位的选择

进行重点调查，需选择好重点单位。重点单位是指在调查对象中具有较大标志值的那一部分调查单位。因此，在选择重点单位时，必须对现象总体有较全面的认识和了解。重点单位不是一成不变的，随着社会经济形势的发展和工作重点的转移，不同时期的重点是会变化的，即使是相同的问题，由于侧重角度的不同，重点也会发生某种转变。

重点单位毕竟是少数,一次重点调查应包括多少重点单位,要考虑到重点单位的标志值合计,以能够反映所研究对象的基本情况为度。若调查对象中调查单位的标志值都差不多,没有什么明显的差别,则重点单位就较难界定。

重点单位的运用有两个前提:一是调查对象中确实存在着可以作为重点的单位;二是调查单位所取得的资料能够满足推断总体基本情况的需要。

重点调查可以是专门组织的调查,也可以通过统计报表取得资料,或者两者兼而有之。

五、典型调查

(一)典型调查的含义

典型调查属于非全面调查,是从调查对象中选择出具有代表性的调查单位,将其作为典型单位开展调查的一种方法。典型调查是一种比较灵活的调查方法,根据认识的需要,典型调查可以侧重于现象的量的方面和数量关系的研究,也可从质的研究入手,分析数量和数量关系形成的深层次原因;可以从纵的方向展开研究,深入少数单位了解问题的历史和现状,也可以从横的方面进行分析,了解问题在不同情况下各自的表现。

典型调查有如下特点:其一,调查单位少,可以深入实际、深入群众开展调查研究,将对情况的了解和细致分析密切结合起来。其二,调查单位是根据调查目的对调查对象进行初步的定性分析,并有意识地加以选择的,因而调查的结果能很好地满足需要。其三,典型调查机动灵活,节省人力和物力,可以提高调查的时效性。

(二)典型调查的作用

1. 典型调查能够对所研究的问题作具体深入的分析。普查、统计报表等对客观事物仅做出一般的说明,而典型调查可以具体揭示事物发生和发展的过程,以及因果关系,做到有数据、有情况、有思想、有过程、有措施、有结果,有利于对事物发展的一般规律进行具体深入地认识与分析。

2. 典型调查可以用来研究新生事物。社会经济现象是错综复杂的，各方面的情况瞬息万变，新情况、新问题层出不穷，这些都需要研究解决。统计工作需从事物的萌芽状态和典型经验中抓住真谛、抓住主流，探究出事物发展的方向和规律，与此同时，要抓住新问题，深入调查分析，提出解决问题的建议，为指导工作提供依据。

3. 在一定条件下,验证全面调查数据与情况的真实性。

4. 典型调查可以测算和推断有关总体的数据。通过典型调查,掌握有足够代表性的典型情况,据此,可推断总体的有关情况。虽然这种推断不一定能得到完整的详细的数值,却可以描绘出事物的基本轮廓或走势,便于把握事物的本质，以指导实际。

（三）如何进行典型调查

1. 从实际需要出发，确定调查题目。这关系到调查单位的选择，调查内容、调查范围的确定，具体调查方法的规定等。若调查题目不明确，将会使调查陷入盲目的泥淖，难以收到预期的效果。

2. 正确选择典型单位。这是决定调查成败的关键，一定要审慎从事。正确地选择典型单位，需注意如下几点。

（1）事前要对研究的现象进行全面分析。

（2）选择典型单位要充分考虑到被调查事物的特点，从而确定典型是一个或多个。

（3）选择的典型因目的而异。如果为了近似地估算总体的数值，可以在大概了解总体情况的基础上，把总体分成若干类型，从每一类型中，按它在总体内所占比重的大小，选出若干典型单位进行调查；如果为了了解总体的一般数量表现，则可以选择中等的典型作为调查单位；如果为了研究成功的经验与失败的教训，则可以选出先进的和后进的典型，或选择出上、中、下等典型进行调查对比。

3. 开好调查会。邀请熟悉情况或有丰富经验的人士座谈，搜集情况，展开讨论，共同分析，求得共识，找出办法。为此，开调查会应注意以下几点。

（1）要搞讨论式调查。

（2）与会者须深入地了解情况。

（3）吸收较多的人与会。

（4）调查提纲要有的放矢。

（5）要深入，勿浅尝辄止。

（6）自己动手，不假手于人。

除了开调查会这个基本方法外，还有个别访问法、直接观察法等。

六、空间遥感调查

（一）空间遥感调查的含义

空间遥感调查，又称卫星遥感调查。它是现代高科技用于统计调查的一种形式。具体而言，空间遥感调查是依靠现代测量手段，以地理信息系统和全球定位系统为基础，再根据不同的调查对象，加载不同的卫星遥感信息，最后通过计算机处理，得到所需要的图形及调查数据的一种调查形式。

我国开始对地观测卫星遥感技术的应用是在 20 世纪 70 年代，目前已成功地发射了十几颗对地观测卫星。到 20 世纪 80 年代，又先后引进研制了气象卫星、陆地卫星地面接收站，使卫星遥感技术得以充分应用。在我国的统计工作中，利用卫星遥感技术对地面农作物进行观测来估计农作物产量已形成一定的规模，取得了一定的成效。

（二）空间遥感调查的主要特点

卫星遥感调查与其他统计调查相比，具有更强的科学性，具体表现在以下几方面。

1. 很强的时效性。借助卫星获取地面上的信息后，数据立即形成，并及时传送到地面接收站，再经过电脑的相应处理，就可迅速得到所需图形和数据。

2. 极高的准确性。人工统计调查在工作量大、时间紧的情况下，难以达到调查的及时和准确两方面的要求，免不了顾此失彼。而卫星遥感技术可对全球的陆地进行精确测量，最高的精确度可达到毫米级。因此，卫星遥感调查既可保证时效性，同时又可确保准确性。

3. 真正的客观性。如何保证统计数据的客观性，真正如实地反映实际，这是统计工作难以解决的问题。在人工统计中，往往存在人为产生差错的因素，有些是无意的，但相当多的情况下可能是故意的，因而导致统计数据的失真。卫星遥感调查在技术安排上完全避开了人为的干扰，所以具有绝对的客观性。

4. 满足需要的多层面性。因为通过卫星遥感图片，可以按大小不同的行政区域对村、乡、县、地区、省进行统计调查研究和分析，所以，卫星遥感调查资料可以满足各级政府的需要。

（三）空间遥感调查的应用

我国空间遥感调查从农作物产量的估计起步，日益得到了广泛的应用，遥感统计的研究也得到了很好的发展，具有很强的现实意义和相当的可行性。1998 年国家统计局正式组建“空间统计研究室”，其任务是研究空间统计及卫星遥感技术和方法，满足与适应国家对统计信息的需求，利用空间统计和卫星遥感技术，调查、监测、统计、分析与国民经济相关的地表及地球信息，为国民经济持续、健康和快速发展提供更加准确和快捷的服务。

空间遥感调查的应用范围与内容，主要是对所需调查了解的地球资源、灾害、环境、耕地和农作物等情况进行调查和分析。例如，20 世纪末，中国科学院与国家统计局合作的《全国县级农业土地资源遥感调查》项目，以 98% 左右的精确度，对全国土地的使用和土地质量情况进行了全面的调查和掌握。

七、民意调查

（一）民意调查的概念

民意调查的出现是在 20 世纪初，美国在 1936 年总统竞选时，盖洛普和克罗斯利等人，以抽样调查方法，预测出罗斯福当选美国总统，同年创办盖洛普民意研究所。随着时间的推进，盖洛普的自主民调涉及普通美国人关心的经济、就业、健康花费等问题。中国从1922年开始出现现代意义的民意调查，由于历史的局限，谈不上什么影响力。改革开放以后，特别是从1988年至2002年的14年间，中国政府进行了大量的民意测验，允许民间组织从事民意调查工作。最早创立的民间社调组织之一的广州社情民意研究中心，打出了社情民意的“化验师”旗号。至如今20余年的发展，中国的民意调查机构从无到有，呈现出多元化发展的特点，有政府型、高校科研机构型、民营型、外资型、媒体型等。

民意调查是了解公众意见和倾向的社会调查，即了解真实民意的调查。民意调查力求广泛而准确地反映、表达和传递民意，为各类公共政策制定、政府的事务决策及人文科学研究提供基础性公共资讯。

（二）民意调查的基本要求

民意调查的关键是还原其本来意图。民意调查是了解真实民意的过程，绝不是决策应付公众参与要求的形式，或者沦为操纵民意的手段。因此，民意调查，必须遵循科学性、真实性和公信力等基本要求。

满足这三性的基本要求，调查机构和人员必须保持“中立”。这个“中立”是民意调查程序的中立，即民意调查的立项、审批、执行和发布等过程，必须是开放透明的，避免人为因素的干扰而导致走偏，杜绝滥用民意；另一是调查技术上的中立，确保采用科学的调查手段，诸如计算机辅助电话调查、面访、信访、留置访问和网络调查等，都是行之有效的民意调查技术手段。

要想提高民意调查的科学性、真实性和公信力，必须规范民意调查委托方和执行方的行为，确保长效的约束机制。

（三）民意调查在行进中

随着国民公平和公正意识的不断增强，依法行政、依法治国持续深入民心，因而，民意在政府决策中的分量日趋凸显，促进民意调查业务在中国蓬勃兴起。

国家统计局在2003年年末，就民意调查召开专题会议，责成各省市自治区统计部门，加速建立“计算机辅助电话调查（CATI）系统”，主动开展社情民意调查。国家统计局社情民意调查中心于2004年年末宣告成立，各地区统计系统内的民意调查机构陆续建立。至此，我国政府民意调查机构开始自成体系。

具有更多的中性和公正立场的高校、科研单位民意调查机构相继出现，以咨询公司、研究中心、调查公司、信息中心等名义注册的民营调查机构接踵而至，一派生气勃勃的景象。国内较活跃的民营调查机构有零点研究咨询集团、北京美兰德信息公司等。主流媒体也设立了民意调查机构，其中活跃异常的当数中国青年报社会调查中心和人民论坛问卷调查中心等。国外的民调机构也悄悄进入中国开展业务活动，如著名的“盖洛普”，受官方委托，在2001年2月做北京申奥民意调查，2010年做上海世博会民意支持率调查等。

“民意不可违”,中国当政者心知肚明,有着深刻认识。习近平严肃指出:“要坚持工作重心下移,深入实际、深入基层、深入群众,做到知民情、解民忧、纾民怨、暖民心,多干让人民满意的好事实事,充分调动人民群众的积极性、主动性、创造性。”(“庆祝中国人民政治协商会议成立65周年大会”的讲话)

民意调查的理论深化与实践发展,遭遇到中国的最佳历史时期。民意调查行业的健康发展,民意调查科学性与公信力的提高,执政者对民意调查结果的充分尊重及切实应用于决策过程,当使全体社会公众的参与积极性提高,从而,推进中国国家治理现代化。

第三节　统计调查问卷

对市场的了解和社情民意的掌握,在现代社会管理和经济管理中,其重要性日益显著。市场调查和社情调查是获得相关信息的必要手段,而采用统计调查问卷则是调查的主要工具之一。因此,统计调查问卷的策划与实施如何,直接关系到有关资料数据质量的高低。

一、统计调查问卷的格式

设计统计调查问卷,必须严格遵循统计调查目的和要求,适合调查对象的特点。实际运作中,不同内容的问卷调查,其问卷的具体格式、结构、题型、用语和版式安排等会千差万别,但在格式上通常会由起始部分、主体部分和必要说明部分等组成。

(一)起始部分

调查问卷的起始部分,一般包括见面语、问卷说明和问卷编号等内容。

1. 见面语。见面语在问卷中,特别是在须由被问者自填时,其如何表述就显得极为重要。见面问候,语气委婉,礼貌亲切,很容易拉近与被问者的距离,缓和陌生感,消除顾虑,引起被问者对调查的兴趣,激发其参与意识,使之积极合作。

例如,某城市公交意识问卷的见面语如下。

您好,打扰了!我是××公司入户调查员,现在正进行的是市民对出行采用公交车情况的调查,目的是了解公众对出行采用公交车的看法,以促进城市公交事业的积极发展。请您回答自己的真实看法和意见。耽误了您的时间,请见谅。我们非常感谢您的积极参与和热心支持!

2. 问卷说明。问卷说明是告知被调查者如何规范填写问卷。它可以集中放在问卷的起始部分,当然也可以视情况分别放在有关问题的前面。

问卷说明举例如下。

填写要求：

1. 请在所选择答案的题号上画圈。

（对只许选择一个答案的题目只许画一个圈；对可多选择答案的题目，可在您认为合适的答案上画圈）

2. 对于表中选择答案的题目，在所选择的表格栏目内画钩。

3. 需填写数字的题目，请在留出的横线上填写。

4. 对注明请您自由发表意见的题目，请在规定的位置写上内容。

3. 问卷编号。对每张问卷应进行编号，理出顺序，便于查找和甄别错误。

（二）主体部分

主体部分是调查问卷的关键部分，调查的全部问题，包括所有问卷题目和答案等内容。

例如，某市居民出行调查问卷的部分内容如下：

1. 每日上班出行采用(1)乘公交车；(2)乘出租车；(3)单位班车；(4)步行。

2. 每日上班出门时间(1)六时以前；(2)六时至七时；(3)七时至八时；(4)八时以后。

3. 每日上班乘公交车换乘(1)一次；(2)两次；(3)三次；(4)四次。

4. 每日出行乘车时间要用(1)不足一小时；(2)一至两小时；(3)二至三小时；(4)三小时以上。

5. 对现行公交车的票价(1)非常满意；(2)满意；(3)比较满意；(4)不满意。

6. 公交车的服务态度(1)非常好；(2)好；(3)比较好；(4)不好。

……

（三）必要说明部分

在调查问卷的最后位置，为了利于对被调查者的分类比较分析，须设置一些被调查者的相关背景资料内容。举例如下：

1. 您的年龄(1)20 岁以下；(2)20 ~ 30 岁；(3)30 ~ 40 岁；(4)40 ~ 50 岁；(5)50岁以上。

2. 您的受教育程度(1)没受过正规教育；(2)小学程度；(3)初中程度；(4)高中程度（包括中专）；(5)大学程度（含大专）及以上。

3. 您的婚姻状况(1)未婚；(2)已婚；(3)离异；(4)丧偶；(5)其他（如再婚）。

二、问卷项目的安排

问卷项目是问卷调查根据所要了解的资料而设计安排的具体提问题目。一份问卷由若干问题所组成，科学准确地提出所要调查的问题，是问卷项目安排的关键之处。整个问卷项目的安排，切忌求全求多，要少而精，抓住重点，要舍得割爱。应避免问题面面俱到,浪费时间、增加费用,使被调查者厌烦,这样可能反而达不到预期目的,影响问卷调查的质量。

因此,在问卷项目的安排上须注意以下四点。

(一)提问的问题要言简意赅

问卷上的每个问题要用词确切、通俗易懂,不要模棱两可、引起歧义。一个提问只包含一个问题,提问内容短小精悍,切勿拖泥带水,让人不得要领。

(二)提的问题要公正客观

问卷上的每个问题必须公正客观,不能掺杂调查者的主观意图,避免诱导性提问和否定式提问,回避敏感性问题,从而保证被调查者能进行独立思考,使问卷的问题真实,进而确保问卷调查所得资料的高质量。

(三)问卷项目安排顺序要考虑被调查者的思维习惯

在安排提问的顺序时,要考虑到一般的思维习惯,这是很重要的。问题的安排要有逻辑性,应做到先易后难,能引起被调查者兴趣的问题应放在前面,开放性问题放在后面,一份问卷的开放性问题应尽量少。

(四)问卷的设计要注意美观、醒目和合理

问卷的版面安排格式美观大方,结构安排合理,问卷的主体部分突出、醒目,层次分明,利于吸引被调查者的注意,使其产生好感,从而利于调查目标的实现。

三、提问回答形式

调查问卷回答,一般是预先设计出各种可能的答案,由被调查者选择。问题答案标准化,便于被调查者对问题的理解和回答,也方便事后对调查结果的整理。由于是选择回答,因而,设计出的答案一定要穷尽和互斥。穷尽是应列出问题的所有答案;互斥是要求各答案间不能相互重叠或包容。根据问卷项目或内容不同,提问回答形式会是多种多样的,主要的有以下五种形式。

(一)是非法

是非问题的回答只有两种可供选择的答案,即"是"或"不是"。例如,您参加社会保险与否?(1)参加了;(2)没有参加。被调查者只在两项中选择一项,回答容易,处理调查结果相当方便。

(二)选择法

在设计问卷时,对一个问题给出若干个答案,由被调查者选择回答。根据要求选择答案多少的不同,选择题有单项选择、多项选择和限制选择等形式。

1. 单项选择。要求被调查者从问题的众多答案中,只选择其中一项。

2. 多项选择。要求被调查者从问题的众多答案中,选出自己认为合适的答案,项数不限。

3. 限制选择。要求被调查者从问题的众多答案中，选出自己认为合适的答案，但选择的项数受到一定限制。

（三）顺序法

问题的答案很多，要求被调查者将这些答案按其重要程度进行排列。这样顺序排列的回答方法，称为顺序法。顺序法中的问题答案既要反映所调查的内容，更重要的是要表明被调查者对问题所持的态度。

（四）程度法

问卷中问题的答案，由表示不同级别或不同程度的词组组成，按照其程度高低排列，被调查者可依次选定。例如，您对某物业公司的服务质量（1）非常满意；（2）比较满意；（3）一般；（4）不太满意；（5）不满意。

（五）双向法

双向法是把两类不同问题结合在一张表格中，表的横行是一类问题，表的纵栏是另一类问题。用表格形式综合表现其作用，十分醒目和简便。例如，请在如下问卷表的选择项目的空格内画“✓”。

	长虹	海尔	海信	康佳
1. 屏幕画面清晰				
2. 播放声音清楚				
3. 箱体造型美观				

四、统计调查问卷举例

下面是北京《品牌家居周刊》的调查问卷，刊于2015年3月4日《参考消息·北京参考》的《家居观察》版上。

2015年家居行业3·15调查问卷

2015年被中国消费者协会定为“携手共治畅享消费”年。一直以来，家居消费领域质量问题频显、服务水平参差不齐、价格虚高等问题，严重损耗了消费者权益。在2015年3·15到来之际，《品牌家居周刊》希望通过调查问卷的形式，充分了解读者遇到的家居消费维权问题，传递消费正能量，提高消费者的维权意识。

1. 您通常在以下哪些地方购买家居产品？

A. 综合家居卖场　　B. 百货商场

C. 品牌独立店　　D. 建材超市

E. 网上商场　　F. 其他

2. 在购买家居建材产品时,您遭遇过以下哪些问题?
A. 虚标价格　B. 虚假宣传
C. 冒充进口产品　D. 运输要支出额外运费
E. 在保质期内维修变相收费　F. 售后服务不规范、不及时
G. 其他

3. 您在装修时采取以下何种方式?
A. 请专业装修公司　B. 请朋友推荐的工长
C. 雇路边的"装修游击队"

4. 装修时遭遇过以下哪种问题?
A. 装修中不断增项　B. 设计师"吃回扣"
C. 做工敷衍留下隐患　D. 频繁返工拖延时间
E. 使用质差材料　F. 完工后出现质量问题
G. 其他

5. 您网购过哪类家居产品?
A. 家具类产品　B. 家居饰品
C. 建材产品　D. 从不网购

6. 网购家居产品时会选择哪些渠道?
A. 品牌官方旗舰店　B. 品牌官网
C. 家居卖场在线商城

7. 网购家具建材产品遭遇过以下哪些问题?
A. 网上图片与实物不符　B. 物流迟缓
C. 运输中物品损坏商家拒退　D. 售后服务难保证
E. 其他

8.《消费者权益保护法》中"网购可7天无理由退货",您了解多少?
A. 头回听说　B. 知道点但不太懂
C. 很了解,知道新修订内容

9."网购可7天无理由退货"中,最容易引发争议的问题有
A. 商品完好,不影响二次销售　B. 不宜退货商品范围
C. 7天的计算方法　D. 其他

10. 购买家具建材产品或装修时遇到问题,您认为目前哪种解决办法最有效?
A. 直接找商家解决　B. 诉诸法律
C. 向消费者协会投诉　D. 求助媒体
E. 微博论坛发帖曝光　F. 其他

11. 对当下京城家居卖场的满意程度
A. 满意　　B. 一般
C. 不满意
12. 目前家居卖场最需完善的地方有
A. 保障产品质量　　B. 品种款式多样化
C. 价格透明　　D. 加强售后服务
E. 改善购物环境
13. 对目前京城家装公司的满意程度
A. 满意　　B. 一般
C. 不满意
14. 目前京城家装公司最需要完善的有
A. 提高设计水平　　B. 提高施工技术水平
C. 使用质优环保建材　　D. 售后服务体系
E. 装修完工后质量保障　　F. 其他
15. 下面哪些家居卖场消费维权做得比较好
A. 居然之家　　B. 红星美凯龙
C. 城外城　　D. 集美家居
E. 家和家美　　F. 蓝景丽家
G. 宜家家居　　H. 其他
读者个人信息：
姓名：　　性别：　　职业：
电话：　　地址：

思考题

1. 简述统计调查的意义。
2. 统计调查的基本要求是什么？
3. 怎样理解统计调查的几种分类方法？
4. 如何制定统计调查方案？
5. 普查的重要性是什么？
6. 简述抽样调查的地位和作用。
7. 简述其他几种统计调查的含义。
8. 试设计一份统计调查问卷。

第三章　统计整理

内容提要

● 统计整理是统计研究的必要环节。

● 统计整理的步骤。统计资料汇总的组织形式。统计资料汇总的方法。统计资料的审核方法。

● 统计表是统计资料表现的重要手段。统计表的结构，表形结构和内容结构。统计表的种类，主要有按主词分组分类和宾词设计的分类等。

● 统计图是统计资料的形象表现。统计图主要有条形图、圆形图、线形图和象形图等。

第一节　统计整理的原则

一、什么是统计整理

统计整理是统计资料整理的另一称谓。

统计整理是依据统计研究的目的和任务要求，主要对统计调查阶段所取得的原始资料和其他次级资料，进行科学加工与合理综合，使之系统化、条理化和规范化，从而归纳出显示客观现象总体种种特征的综合统计资料的工作全过程。

人口普查或抽样调查，可以搜集到每个居民的性别、年龄、民族、文化程度、职业和居住等方面的资料。这仅是单个居民的具体情况。然而，对调查到的每个居民的资料的统计整理，就可取得人口总体的人口数目、人口的性别组成、民族构成、年龄分布、各种文化程度的比重和居住水平等综合资料，以反映人口总体的方方面面特征或基本状况。

二、统计整理的作用

统计整理是一项细致严谨的工作，它是统计研究的必要环节，在整个统计工作中居于相当重要的位置。统计整理是统计分析的前提和不可或缺的准备，统计整理的质量直接左右统计分析的质量。即使统计调查阶段所搜集的资料十分丰富和可靠，但若不按照科学的原则和方法进行归纳与整理，也难以进行科学分析与判断，从而影响分析结论的正确性。列宁十分强调对调查资料进行加工整理的重要意义，他在其著作《现代农业的资本主义制度》中指出："全部问题、任务的全部困难在于如何综合这些资料，才能确切地从政治上、经济上说明不同种类或类型的农户的整个情况……由此可见，用什么方法对现代调查材料进行综合或分类，这个问题是非常重要的。"①

统计整理是统计调查的继续，它将对个体单位实际状况的了解与认识，过渡到对现象总体的数量表现的了解与认识；它是从对现象的感性认识过渡到对现象的理性认识的起始，迈开了现象规律性探索的第一步，并为此奠定了坚实的基础。统计整理是统计研究前后两个阶段的连接点，在整个统计研究的全过程中，充分发挥了承前启后的重要作用。

三、统计整理遵循的原则

统计研究客观社会经济现象，必须弄清楚它们的质和量的关系。统计整理的过程，就是使现象和事物的数量与质量的矛盾得到统一的过程。现象和事物的数量关系是多方面的，要防止以偏概全。统计整理就是要把握事物的"全貌"，估计其所有的"倾向"，描述其整个演化过程。在研究特定的客观现象时，须注意关键性的能揭示现象本质的基本数量关系。统计整理必须从现象总体的联系中寻找出这种基本的数量关系。

统计整理应遵循的基本原则是，在对被研究的现象客体进行深入细致分析的基础上，抓住最基本、最能说明问题本质特征的统计分组和统计指标，对统计资料进行加工整理。

四、统计整理的资料

统计整理的资料有三种状况，一是对统计调查所取得的数据和资料的整理与汇总，得出预想设计的基本统计指标；二是为积累历史统计资料而进行的统计整理，如各地区和全国的统计年鉴的编制；三是为专门课题的研究分析而进行的统计资料整理。本章着重论述对统计调查资料的整理问题，因为它是三种统计整理的基础，没有对原始资料的整理，其他的整理就无从谈起。

---

① 《列宁全集》第16卷，人民出版社，1959年版，第424～425页。

第二节 统计整理的组织

一、统计整理的步骤

统计整理的步骤一般是:第一步,设计和制订统计资料的汇总方案。统计汇总方案应依循统计整理的原则,明确规定各种统计分组和各项汇总指标。第二步,审核。在汇总整理前,必须对原始资料进行认真审核,审核其准确与完整性,及时纠正错误。第三步,分类。审核无误后,对资料进行科学的分类,编制分配数列。第四步,编码。资料分类后,采用数码代表某一类别,便于分类,利于汇总。第五步,汇总。按分组要求分组汇总,在此基础上加以全面汇总,计算出综合指标,从而方便反映出调查对象的全景状况。第六步,编制统计表。将统计整理的结果,运用合适的表格明确扼要地表达,形成统计表的模式。

二、统计汇总方案

对统计调查资料和数据的整理,基本上是一种汇总性整理,这个整理过程一般称为统计汇总。在进行汇总之前,必须制定出统计汇总方案。统计汇总方案的基本思路,应在统计调查之前确定,尽量与统计调查方案的制定协调配合;同时,根据统计分析的要求,设计统计汇总的内容,对汇总过程做出统一的安排。

统计汇总方案的内容主要包含两方面:第一,对总体及各单位的资料如何处理,即对总体各单位是否要分组,以及如何分组,选择什么样的分组标志,建立怎样的分组体系等;第二,确定表现总体状况的统计指标及其指标体系。实际上,这两部分内容从形式上看,就是一系列的统计汇总表格式。

统计汇总方案还应说明统计汇总的组织形式、汇总方法、审核方法、汇总时限及汇总资料的报送程序等。

三、统计资料汇总的组织形式

若统计调查的范围不大,组织统计汇总就比较简单,但对于大范围的统计调查,牵扯的单位很多,情况错综复杂,有许多不同要求,就须采用不一样的统计资料汇总模式。

(一)集中汇总形式

集中汇总是将全部调查资料集中起来,由统一布置搜集资料的机构一次汇总。集中汇总可以缩短资料汇总的时间,减少汇总环节可能发生的失误,但原始资料中的差错难以就地更正,因而汇总结果不一定满足地方或者各部门的需要。

（二）逐级汇总形式

逐级汇总别称分级汇总，是将统计调查资料，按照各地区或管理系统的层次，依照统一的汇总表，自下而上逐级汇总、逐级上报资料的形式。逐级汇总的优点在于就地审核与改正原始资料的差错，能满足地区和部门的需要。

（三）综合汇总形式

综合汇总是集中汇总和逐级汇总结合使用的一种汇总形式，它一方面将部分基本的指标进行逐级汇总，同时又将全部调查资料集中到统一布置搜集资料的机构进行汇总。第三次全国人口普查的汇总资料，采用的就是综合汇总形式。

四、统计资料汇总的方法

统计资料汇总具体表现为计数和加总等计算活动，欲保障统计资料汇总的质量，采用什么样的统计汇总技术就须仔细斟酌。通常统计资料汇总的方法有手工汇总、机械汇总和电子汇总三种。

（一）手工汇总

手工汇总方法是处理统计资料悠久而又相当普遍的汇总方法，它是依靠算盘和小型计算器进行的汇总，具有方法灵活、简便易行的特点。手工汇总方法有划记法、过录法、折叠法和卡片法等。划记法是用“点”“线”等符号计算各组和总体单位数的方法。过录法是将各种调查资料过录到事前准备好的有关整理表上，然后再计算加总，编制出统计表。折叠法是将调查表中需要汇总的同一横行或同一纵栏预先折好，按顺序一一叠在一起，进行汇总计算，并编制出统计表。卡片法是按分类汇总的要求，将调查表中的有关资料摘录到卡片上，对卡片进行分类和汇总计算。

（二）电子汇总

电子汇总方法始于20世纪50年代，是采用电子计算机对调查资料进行汇总与计算处理，是统计汇总技术的飞跃。电子计算机汇总和处理数据的步骤大体是：资料编码、选择计算机软件或编程序、数据录入、计算与逻辑检查、制出并打印统计表或资料存储等。电子汇总在单机处理统计资料的基础上，向联机处理统计资料方向发展，形成电子计算机网络系统，使统计汇总更加现代化。

五、统计资料的审核方法

保证统计汇总质量，必须对统计资料认真审核，特别是资料汇总的前后两个重要环节。

资料汇总前对调查资料的审核方法具体是：首先进行逻辑检查，查清调查资料的内容合理与否，各个项目之间有无矛盾，逻辑关系是否正常等；其次进行计算检查，检查运用的计算方法是否符合规定要求，计算结果是否正确，差错在何处。

资料汇总后，审核汇总资料及汇总工作的质量。审核内容包括：指标数值的复查计算；有关联的统计表相互之间关系的审核；汇总的指标数值与了解的实际情况相联系以检查汇总的准确性；统计汇总结果与相关核算资料对照审核。审核后若出现差错要查明原因，及时更正。

第三节　统计表

一、统计表的意义

（一）统计表的含义

统计表的含义有两种口径：一是广义的，即任何反映统计资料的表格都是统计表；另一是狭义的，即统计表是专指统计整理的工具或整理结果的表现形式的表格。总之，统计表是统计工作提供统计资料的重要手段之一，它可以替代文字的叙述，使资料条理化、系统化和表格化，给人以清晰明快和深刻的认识。

（二）统计表的作用

列宁十分重视统计表的作用，在其著作《1894—1895 年皮尔姆省手工业调查及手工业中的一般问题》中，他引用了大量的统计表，并强化了它们的作用。列宁说："问题既然如此重要，所以我们希望读者不要抱怨我们在下面引证了这么多统计表——材料在统计表中是显得格外集中醒目的。"①

统计表的作用主要有：

1. 概念清晰，系统表现总体的数量特征。
2. 方便对照比较，优于文字的叙述。
3. 便于检查和核对资料。
4. 利于对现象和事物展开深入分析。

二、统计表的结构

（一）统计表的形式结构

从其形式观察，统计表由总标题、横行标题、纵栏标题和指标数值等要素组成。

总标题是统计表的资料名称，它表明全部统计的基本内容，一般写在统计表的上端中央位置处。

横行标题是横行的名称，在表中列示各组各行的名称，它代表统计表所要说明

① 《列宁全集》第 2 卷，人民出版社，1959 年版，第 351 页。

的对象,通常写在表的左端。横行标题又称横标目。

纵栏标题是纵栏的名称,在统计表中一般用来表示统计指标的名称,通常写在表的上端。纵栏标题又称纵标目。

指标数值是说明所研究总体的各种综合数量状况的,位于列表的横行与纵栏的交叉格子内。统计表中的指标数值由横行标题和纵栏标题所限定。

(二)统计表的内容结构

对内容进行观察,统计表由主词和宾词等组成。主词是统计表所要说明的总体及其各个组成部分,通常在表的左端,即横行标题的位置处。宾词是指用来说明总体数量特征的每个统计指标,一般在表的右上端,即纵栏标题的位置处。主词与宾词是统计表不可或缺的。

关于统计表的形式结构,如表 3－1 所示。关于统计表的内容结构如表 3－2 所示。

表 3-1　　我国土地地形状况　← 总标题

	面积(万平方公里)	占总面积比重(%) ← 纵栏标题
总面积	960	100.00
山地	320	33.33
高原	250	26.04
盆地	180	18.75
平原	115	11.98
丘陵	95	9.90

横行标题（左侧各行）　指标数值（右侧各数值）

表 3-2　　我国国土海拔高度状况

	面积(万平方公里)	占总面积比重(%)
国土面积	960.0	100.00
500 米以下	241.7	25.18
500～1 000 米	162.5	16.93
1 000～2 000 米	239.9	24.99
2 000～3 000 米	67.6	7
3 000 米以上	248.3	25.86

主词（左列）　宾词（右两列）

三、统计表的种类

(一)统计表的一般分类

1. 调查表。这是在统计调查阶段,用于搜集和登记原始资料与数据的表格。如表 2-1 和表 2-2 所示。

2. 整理表。这是指在统计整理阶段,用于分类汇总和表现数据资料整理结果的表格。如表 3-3 和表 3-4 所示。

表 3-3　　2017 年我国主要工业产品产量

工业产品名称	计量单位	全年产量
一次能源生产总量	亿吨标准煤	35.9
发电量	亿千瓦小时	64 951.4
汽车	万辆	2 901.8
移动通信手机	万台	188 982.4
微机	万台	30 678.4

表 3-4　　2016—2017 年我国旅客发送量　　(亿人次)

年　度	2016 年	2017 年
旅客发送量	180.3	185.1
其中:铁路发送量	28.1	30.8

3. 分析表。这是指在统计分析阶段,对资料数据等开展定量分析用的表格。如表 3-5 和表 3-6 所示。

表 3-5　　北京市主要经济指标变动

	计量单位	2017 年	2018 年	2018 年相当于 2017 年(%)
地区生产总值	万亿元	2.82	3.00	106.5
人均 GDP	万美元		2	
全员劳动生产率	万元		24	
一般公共预算收入	亿元	5 431	5 784	106.5
$PM_{2.5}$年均浓度	微克/M^3	58	51	87.9

表 3 -6　山西省选用人满意度分析　（满分 100 分）

	2008 年	2011 年	2011 年比 2008 年提高	比全国平均高
选人用人公信度	71.00	77.72	6.72	1.62
组织工作满意度	77.55	80.29	2.74	1.76
综合组织工作满意度	77.55	80.29	2.74	1.76

（二）按统计数列的时空分类

1. 时间数列表。它是指在同一空间范围内，在不同时间状态下，现象和事物数量变化状况的统计表，故又称动态表（如表 3 -7 所示）。

2. 空间数列表。这是指在同一时间状态下，在不同空间范围内，某一现象的数量分布的统计表，又称静态表（如表 3 -3 所示）。

3. 时空数列结合表。这是指某一现象，既有不同时间的数量差异，又有不同空间的数量分布，而把二者结合的统计表（如表 3 -4 所示）。

（三）按主词的分组与否分类

1. 简单表。它是指主词未经过任何分组的统计表。简单表的主词，或按时间顺序排列，或按不同地域排列，或按不同名称排列等。如表 3 -3、表 3 -4、表 3 -7 所示。

表 3 -7　我国 2013—2018 年国内生产总值　（亿元）

年度	国内生产总值	年度	国内生产总值
2013	595 244	2016	743 585
2014	643 974	2017	872 122
2015	689 052	2018	900 309

2. 简单分组表。它是指主词按一个分组标志分组排列的统计表。按其分组方法的不一，又可分为单项式分组表与组距式分组表。如表 3 -8 和表 3 -9 所示。

表 3 -8　2017 年我国人口年龄结构

	人口数（万人）	比重（%）
年末全国总人口	139 008	100.00
0 ~ 15 岁	24 719	17.78
16 ~ 59 岁	90 199	64.89
60 岁及以上	24 090	17.33
其中：65 岁及以上	15 831	11.39

表 3-9　　我国人口城乡分布及性别组成

	人口数(万人)	比重(%)
全国 2017 年末总人口	139 008	100.0
其中:城镇	81 347	58.52
乡村	57 661	41.48
其中:男性	71 137	51.17
女性	67 871	48.83

3. 复合分组表。它是指主词按两个及两个以上的标志分组排列的统计表,又称复合表。如表 3-10 所示。

表 3-10　　某举报中心案件处理情况

	件数	比重(%)
举报案件总件数	1 500	100.00
按来源分		
邮件举报	800	53.33
电话举报	700	46.67
按移送分		
转执法部门	492	32.80
正甄别中	1 008	67.20

(四)依宾词设计的分类

1. 宾词不分组设计。宾词不分组设计统计表中,宾词各指标不存在分组问题,它们依据说明问题的主次或先后顺序排列,并保持各指标之间的逻辑关系。如表 3-11 和表 3-12 所示。

表 3-11　　2017 年我国各月消费价格涨(+)跌(-)幅度　　(%)

月份	1	2	3	4	5	6	7	8	9	10	11	12
月度同比	2.5	0.8	0.9	1.2	1.5	1.5	1.4	1.8	1.6	1.9	1.7	1.6
月度环比	-0.5	-0.5	-0.3	0.1	-0.1	-0.2	0.1	0.4	0.5	0.1	0.0	0.3

注:月度同比是与 2016 年同月的比较。

表 3－12 全国公务员招录竞争比

	招考职位(个)	录取人数(人)	报名人数(万人)	竞争比
2018 年	16 144	28 533	166	58.2
2017 年	15 589	27 061	149	55.1

2. 宾词简单设计表。由于宾词简单设计表中，宾词各指标的不同分组，在统计表中是平行配置罗列的，所以，又称为分组平衡配置统计表。如表 3－13 所示。

表 3－13 我国 2010—2017 年人口的构成情况

年份	年末总人口（万人）	性别(%)		城乡(%)		年龄(%)			抚养比(%)		
		男	女	城镇	乡村	0～14 岁	15～64 岁	65 岁及以上	总抚养比	少儿抚养比	老人抚养比
2010	134 091	51.27	48.73	49.95	50.05	16.6	74.5	8.9	34.2	22.3	11.9
2011	134 735	51.26	48.74	51.27	48.73	16.5	74.4	9.1	34.4	22.1	12.3
2012	135 404	51.25	48.75	52.57	47.43	16.5	74.1	9.4	34.9	22.2	12.7
2013	136 072	51.24	48.76	53.73	46.27	16.4	73.9	9.7	36.3	22.2	14.1
2017	139 008	51.20	49.80	58.52	41.48	17.8	70.8	11.4	41.2	25.1	16.1

3. 宾词复合设计表。因为宾词复合设计表中，宾词各指标的不同分组在统计表中是层叠配置罗列的，且相互之间的数值有着紧密的关联，故此，又称为分组层叠配置统计表。如表 3－14 所示。

四、统计表的制作

（一）统计表的设计原则

1. 需要和可能原则。此原则要求根据实际需要和条件的可能设计统计表。统计表的种类应求简去繁，当设的就设，可不设的就摒弃；统计表的内容力求简明扼要，易懂易用，一目了然。

2. 时间和空间原则。统计表的总标题，应严格界定时间与空间的范围，准确表述统计表内容的时间和空间概念，力避界限模棱两可，引发歧义。

3. 美观和实用原则。统计表的格式布局要讲究章法，在保证实用的前提下，应美观大气耐看，行列比例协调合理，表格的长度与宽度搭配适中和谐。

4. 开口式原则。统计表的上端线和下端线以粗线或双线绘制，统计表的左右

表 3－14　**2013 年我国 15 岁及以上人口性别和婚姻状况**　（人）

	15 岁及以上人口			未婚			初婚有配偶			再婚有配偶			离婚		
	合计	男	女	小计	男	女	小计	男	女	小计	男	女	小计	男	女
全国	934 935	474 125	460 810	188 708	111 561	77 147	665 734	330 964	334 770	15 023	7 175	7 848	14 778	8 595	6 183
北京	15 722	8 149	7 574	4 704	2 734	1 970	10 076	5 062	5 014	247	123	124	217	101	116
天津	10 790	5 315	5 476	2 077	1 041	1 037	7 868	3 959	3 909	142	69	73	188	90	98
上海	18 065	9 264	8 801	3 456	1 944	1 512	13 213	6 818	6 395	259	129	130	320	150	170
重庆	20 687	10 448	10 239	3 849	2 382	1 467	14 357	7 042	7 315	489	227	262	493	269	224
广东	73 194	38 115	35 079	20 453	12 169	8 284	48 510	24 541	23 969	592	317	275	547	304	243

（根据抽样调查整理）

两端须保持敞口，不画线。

5. 顺序原则。统计表应彰显统计表内容的逻辑关系，表中各栏按顺序编号，主词栏采用“甲、乙、丙……”顺序；宾词栏采用“1，2，3…”顺序。

（二）统计表编制应注意的问题

1. 填表工整和清楚。制填统计表，文字书写工整、清晰，切忌潦草；数字书写规范整齐、到位，位数上下对准，遵守精确度要求。

2. 填表满格。统计表的填制不留空格，表格中有相同数字，应按部就班填写，不能用“同上”或“同左”表示；无数字的空格填写“0”；数字不详的空格用“……”表示。

3. 有特殊加说明。统计表中的某些有特殊情况的数字，须加注说明，以示提醒；引用有关资料，应注明资料来源，以利求证。

4. 正确采用计量单位。统计表须注明计量单位，计量单位的采用合规且保持一致，力避乱象；当一张表仅用一种计量单位时，可将其标注在表头的右上方；如果表中采用多种计量单位，可在横行标题后一格分别列出相应的计量单位。

5. 统计表制作持严肃态度。填制统计表应认真负责，一丝不苟，制表人和相关责任人须签章，并注明本表的填制与报告日期。

第四节 统计图

一、统计图的意义

统计资料与数据的显示，通常多采用统计表的形式，但为了更形象和逼真地展示于世人，许多场合会运用统计图的形式。运用几何图形的点、线、面等元素或具体形象，对统计资料与数据给予显示的模式，谓之为统计图。因此，统计图与统计表如出一辙，以各自的方式，从数量方面显现出研究对象的规模、结构、水平、速度、发展态势和比例关系等。

统计图具有生动活泼、醒目鲜明、招人惹眼与望图知义的特点，有很强的亲和力，受众喜闻乐见，报刊、电视或网络等媒体屡见其踪影，经久不衰。统计图虽很抢眼，但与统计表比起来，制作较费时费力，且精确度稍差。

二、统计图的种类

（一）条形图

条形图是用相同宽度的直条的长短或高低，显示相关统计资料或指标数值多少或大小的一种几何图形。

条形图按直条的排列方式，有纵条形图和横条形图之分。纵条形图的直条是竖直纵向排列，按直条的高低进行大小的比较。纵条形图如图 3－1 所示。横条形图的直条是水平横向排列，按直条的长短进行多少的比较。横条形图如图 3－2 所示。

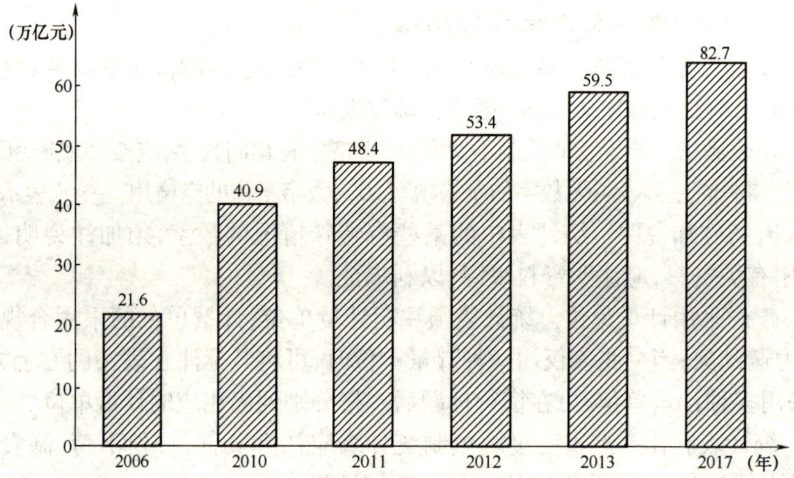

图 3－1　我国历年国内生产总值

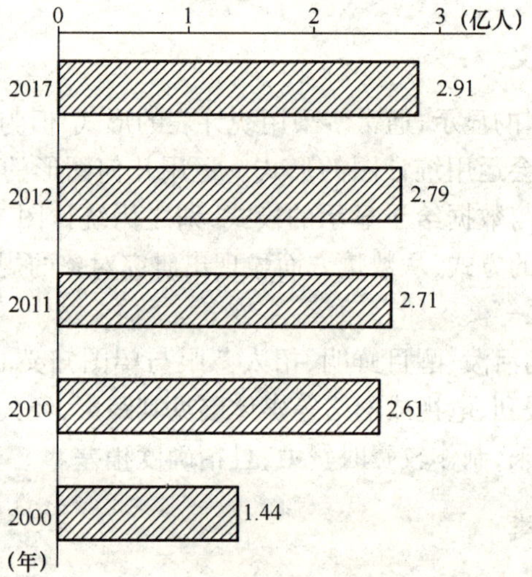

图 3－2　我国历年人户分离

条形图按直条的集合状态，可分为：单式条形图、复式条形图和结构条形图三种。单式条形图如图 3－1 所示。复式条形图的每组集合体的直条在两条及以上，如图 3－3 与图 3－4 所示。结构条形图是将直条截分为若干段，以显示总体的构成状态。如图 3－5、图 3－6所示。

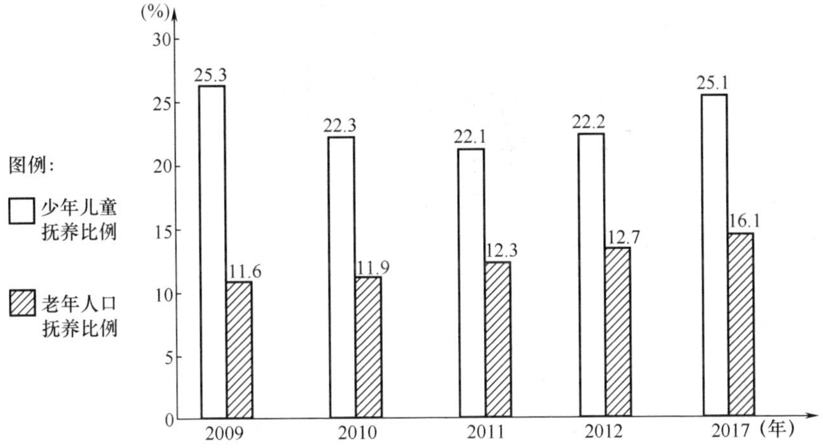

图 3－3　我国 2009—2017 年老少抚养比

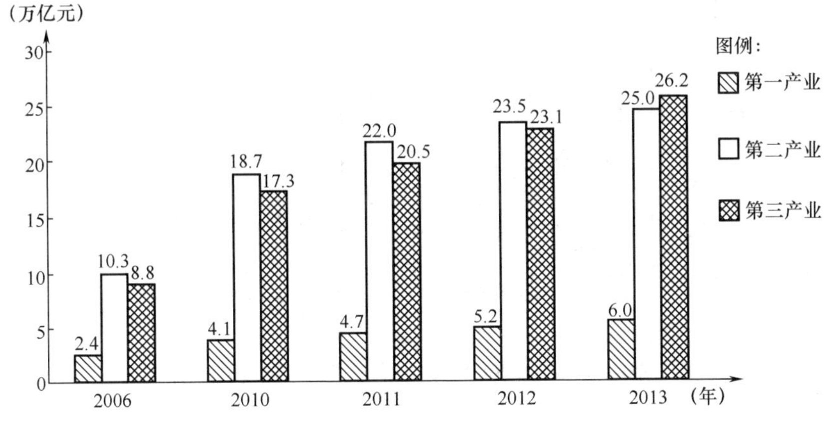

图 3－4　我国历年第一、第二、第三产业的产值总量

（二）线形图

线形图又称线图，是运用几何元素“线”为依托，以线条的升降走势表现统计指标数值大小以及现象变动趋势的统计图。

线形图按反映的社会经济现象内容不同，分为动态线形图和相关线形图两种。动态线形图很多时候是表现事物在时间上的走势与演变状态。如图 3－7 鲜明显示了我国 2017 年各月份居民消费价格的涨跌程度，包括 2017 年逐月的环比涨落与 2016 年各月的同比升降。相关线形图侧重演示现象之间的相关联程度及趋势，

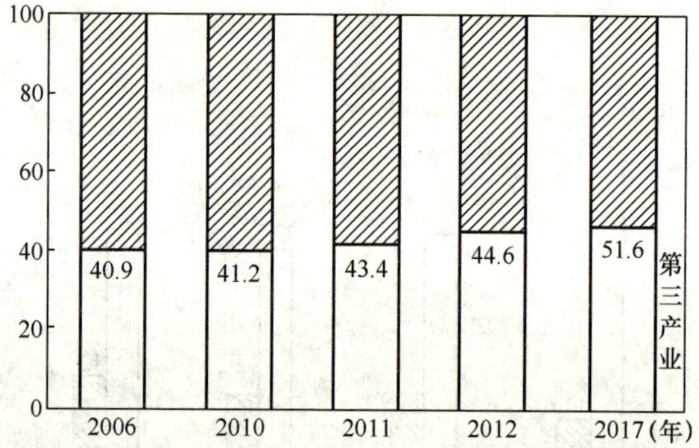

图 3－5　我国 2006—2017 年第三产业比重上升情况(%)

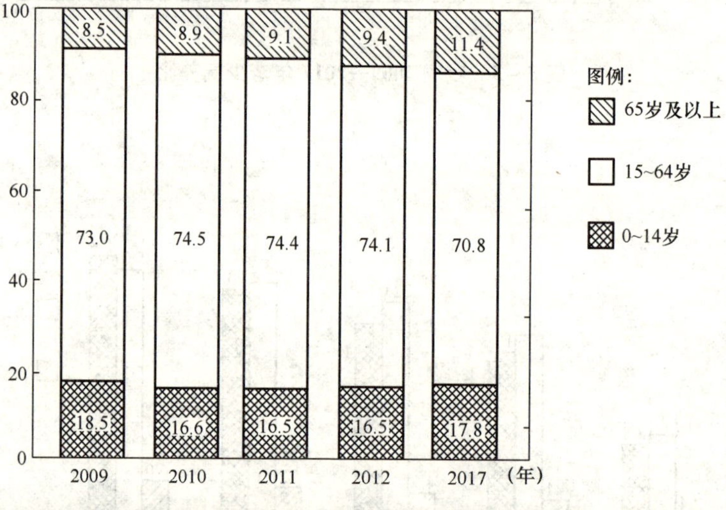

图 3－6　我国 2009—2017 年人口年龄结构(%)

如图 3－8 所示,这张统计图形象描绘了我国人口各年龄组的男女性别比,呈现出低年龄向高年龄的性别比逐步走低,即男性人口随着年龄的增长,其存活远不如女性人口。

线性图按其表现形式的不同,有单式线形图与复式线形图之分。单式线形图描述一种现象的走势,如图 3－9 显示的是我国城镇居民恩格尔系数的历年变化。复式线形图有多条线,分别说明若干现象的不同演变及态势,如图 3－10 所示。

在同一统计图上,条形图与线形图可以结合运用,图 3－11 表现的是相关联的多种现象的发展变化趋势和态势。

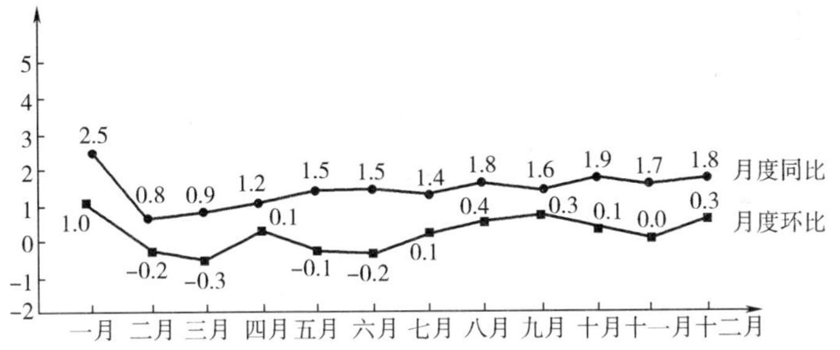

图 3－7 我国 2017 年居民消费价格月度涨跌%

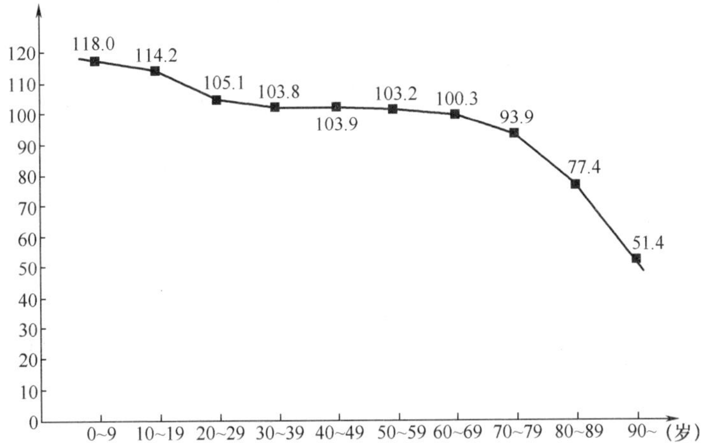

图 3－8 我国人口性别比例(女性＝100)

(三)圆形图

圆形图是以圆面积或以圆内的各扇形面积,图示统计指标数值大小,表现总体及其内部组成状况的几何图形。

圆形图一般分为,单圆形结构图、多圆形结构图和圆形面积图等。单圆形结构图形象显示现象总体内部的结构,说明各部分在现象总体中的轻重地位,图 3－12 说明我国人口的年龄结构。多圆形结构图,又分为等圆结构图,如图 3－13 所示;不等圆结构图,如图 3－14 所示。前者表明现象总体内部结构组成,在不同时间上的变化,后者却能同时表现现象总体总量和其内部组成的发展变化。圆形面积图,通过圆面大小展示现象总体规模的变化或差异,如图 3－15 所示。

条形图、线形图和圆形图等,都是点、线、面等元素组成的几何图形,运用广泛和便捷。

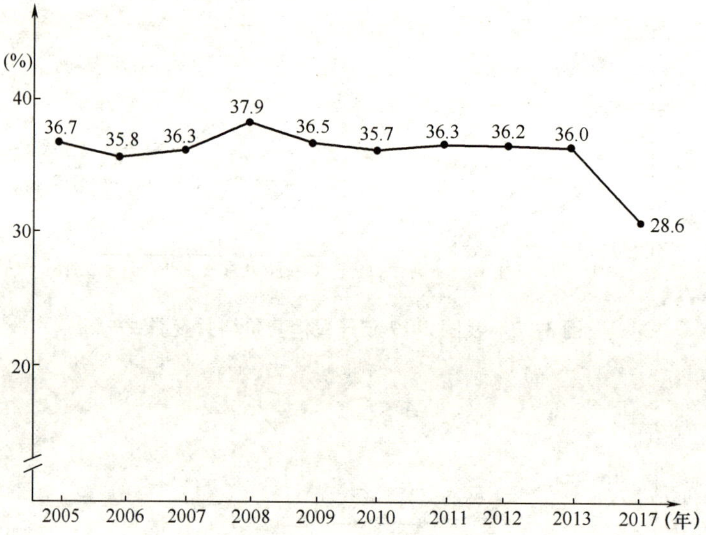

图 3－9　我国历年城镇居民恩格尔系数走势

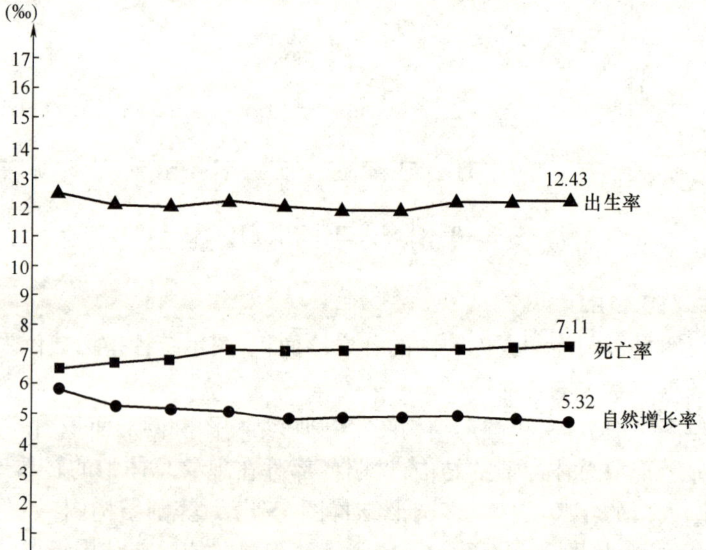

图 3－10　我国历年人口出生率、死亡率与自然增长率趋势

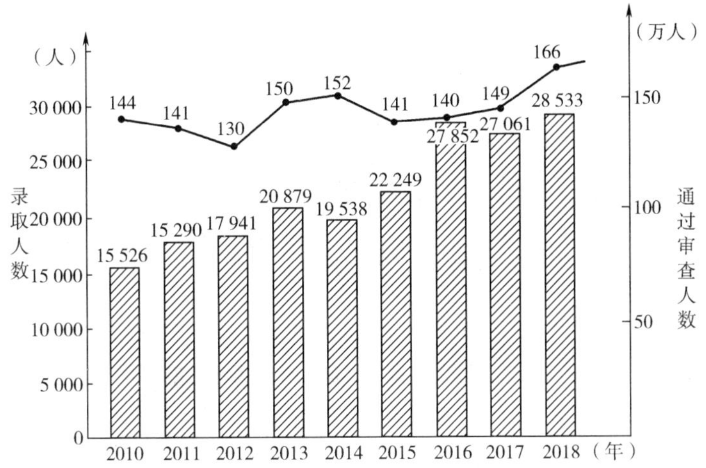

图 3－11　我国历年国家公务员通过审查及录用人数态势

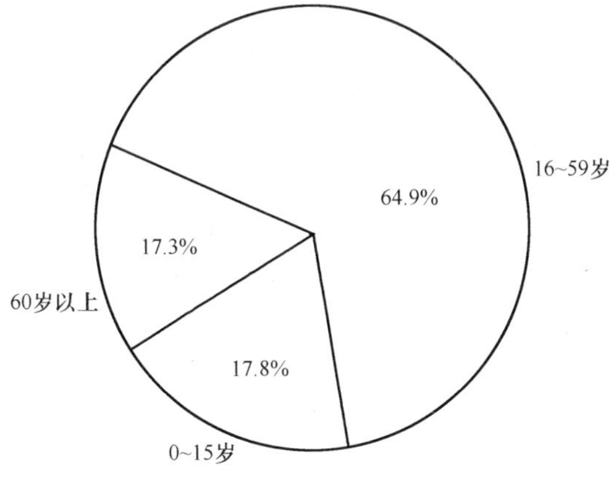

图 3－12　我国人口年龄构成(2017 年)

（四）象形图

象形图也跻身于统计图群体中。象形图是借助实物形象表明统计指标数值大小的统计图,其使用范围在稳步扩展中。另外,统计地图不时也在使用。如图 3－16 是 2018 年北京市公务员录用地区分布。

三、统计图的绘制原则

统计图与统计表是公示统计资料和数字的上佳方式,统计图与统计表相比更有优势，统计图表现统计资料和数字的形象可视性更直观，作用效果更突出，视觉冲击强烈。为了保证统计图的强势，绘制统计图须遵守如下原则：

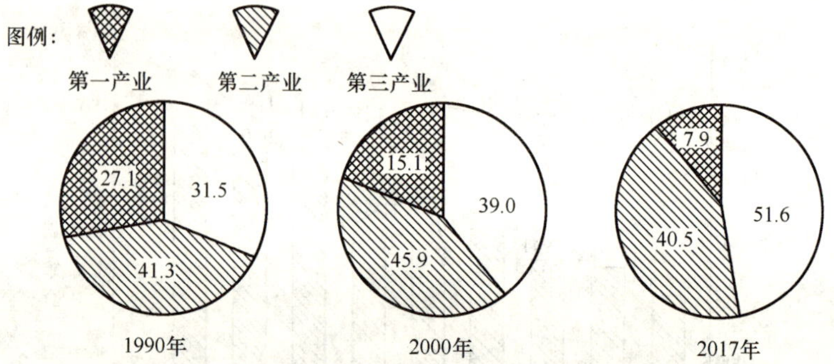

图 3-13　我国第一、第二、第三产业的比重变动(%)

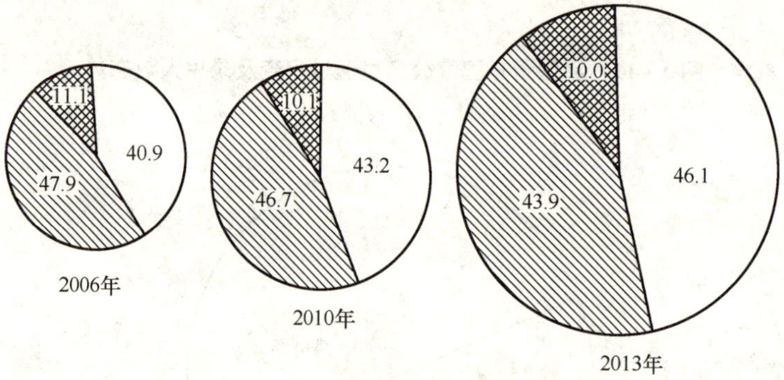

图 3-14　我国社会经济规模及产业结构变动(%)

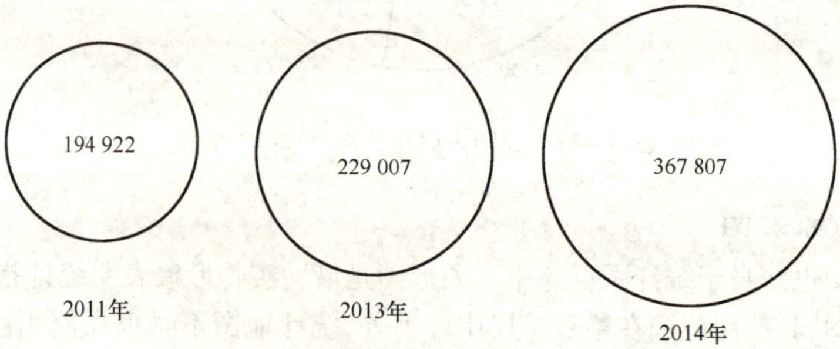

图 3-15　我国“法治”二字网上搜索指数呈上升态势

有优势，统计图表现统计资料和数字的形象可视性更直观，作用效果更突出，视觉冲击强烈。为了保证统计图的强势，绘制统计图须遵守如下原则：

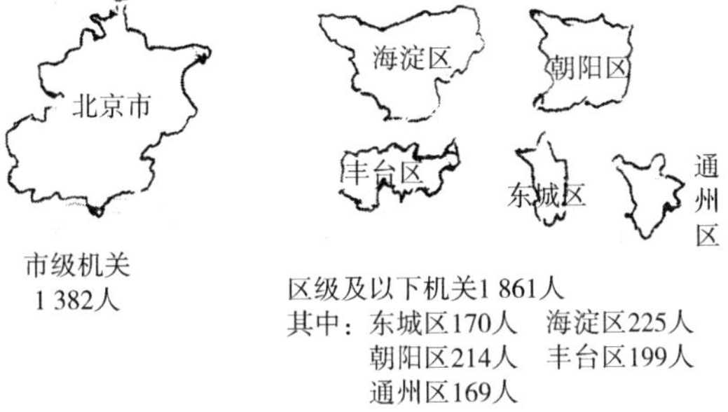

图3－16 2018年北京市公务员录用地区分布

第一，简洁扼要原则。每张统计图要主题突出，图形选择符合主题意向，图形简略明快，欲要表述的基本内容利落精炼，且一目了然。

第二，通俗易懂原则。每一统计图的标题须确切简明、通俗易懂、言简意赅，图形中的内容应有必要的解释和说明，杜绝误导。

第三，准确规范原则。统计图要真实准确，不是美术图，切忌恣意夸张渲染，制图采用的资料数据须规范，制成的图形真实可靠。

第四，和谐协调原则。绘制的统计图与所表现的数据资料应吻合，相互和谐协调，讲究美观大方，受众喜闻乐见，吸引注意力和增强兴趣。

思考题

1. 简述统计整理的含义。
2. 简述统计整理的原则。
3. 简述统计整理的一般步骤。
4. 简述统计资料的审核方法。
5. 统计表的两种含义是什么？
6. 统计表的形式结构与内容结构是怎样的？
7. 统计表的分类有哪些？
8. 统计表的宾词设计分类有哪些？
9. 统计图的种类有哪些？
10. 简述统计图与统计表的比较。
11. 试利用实际统计资料和数据绘出统计图。

第四章　分组和次数分布

内容提要

● 统计分组是统计方法论的重要组成部分之一，它同时具有两个方面的含义及三个重要作用。统计分组有品质标志分组和数量标志分组之分，也有简单分组和复合分组之分。统计分组方法的关键是选择好分组标志。

● 次数分布是统计分组的结果。次数分布有品质数列和变量数列之分。编制变量数列的一系列具体方法、次数分布可用表和图显示。

● 概率分布的含义和种类；常见的抽样概率分布——二项分布和正态分布。

第一节　统计分组

一、统计分组的意义

（一）统计分组的概念

统计分组是根据现象总体内在特点和统计研究的要求，按照一个或几个重要标志，把总体单位划分为不同性质的若干组成部分的一种统计方法。统计分组的目的就是把同质总体内具有不同性质的单位分开，把相同性质的单位合在一起，保持各组内统计资料的一致性和组与组之间资料的差异性，以便进一步运用各种统计方法，研究现象的数量表现和数量关系，从而认识事物的本质及其规律性。

社会经济现象是复杂的，各种现象之间常既有共性的一面，也有个性的一面。由总体单位构成的统计总体，是以各单位的共性作为总体同质性的基础的。但是，总体的同质性是相对的，而总体内各个单位的许多变异标志表现出的各种差异性则反映了事物之间质的区别，这正是人们把总体区分为性质不同的几个部分的客观依据。统计分组是在同质总体内进行的一种定性分类，它把总体划分为一个个性质不同的组别。其分类的结果，在各组之间自然就出现了显著的差异。例如，人口按性别、年龄、民族、文化程度、职业等标志可以划分出各种各样的组。又如，把工业企业总体按所有制性质、产品用途、生产规模、劳动生产率等标志分为各种不同的组。无论是量的差异还是质的差异，都能在一定程度上反映出不同的情况。分类的意义就在于显著差异的存在，因而统计总体的同质性是相对的。为了使认识深化，大总体可细分为许多小总体，小总体还可再分出许多更小的总体。统计分组是使认识深化的手段，是统计研究的基本方法。

统计分组同时具有两个方面的含义：对总体而言是分，即将总体划分为性质相异的若干部分；对个体而言是合，即将性质相同的许多单位组合为一组。统计分组的"分"，可以使人们认识同一性质总体内部在其他性质方面存在差异的各组成部分的结构和分布状况，从而据以认识事物在同一性中存在的特殊性。统计分组的"合"，是一种特殊的综合，它把性质相同或数量差异很小的单位合并成一组，集中了较多的信息量，形成一种合力，反映事物的本质，使人们认识了事物在特殊性中表现的同一性。

（二）统计分组的作用

统计分组法在统计认识过程中的作用是多方面的。例如，确定统计调查的范围，必须首先对社会经济现象的类型进行分组；对统计资料进行汇总和加工整理，必须以统计分组法为基础；分析研究现象的一般水平、发展趋势以及现象之间的相互关系等，都必须和科学分组法相结合。统计分组是统计分析的有力工具，是统计研究的基本方法之一，在统计研究中占有重要地位，是统计研究的基础，并贯穿于统计研究的全过程。

统计分组的主要作用有以下几个方面。

1. 区分事物的类型。统计分组是确定社会经济现象同质总体、研究现象各种类型的基础。在复杂的社会经济现象总体中，客观上存在着许多类型，各种不同的类型有着不同的特点以及不同的发展规律，而且同类事物聚集在一起，结合为同一类别或群体。按照不同的类别分辨事物，就不会混淆事物的性质，就可以认识万物的本质特征。从广义上说，任何统计分组都是把现象总体划分为不同的类型；从狭义上说，划分现象类型是指对某一复杂总体按重要的本质标志来分组。

表 4 - 1 告诉我们，在 1982—2017 年，我国人口规模扩大了近 37%，人口的年龄结构变化十分显著。0 ~ 14 岁的人口，1982 年占全部人口的 1/3 多。此时，中国人口尚属于年轻型；经过 35 年后，65 岁及以上的老人占人口的比重，从 1980 年的 4.9%，上升至 2017 年的 11.4%，绝对量增长了差不多 2.2 倍，而 0 ~ 14 岁的人口在总人口中的比重，由 1982 年的 33.6% 降至 2017 年的 17.8%。60 岁以上的老人约有 2.4 亿多人，在 2017 年的全国人口中占到 17.3%，早早迈进老龄社会了。

表 4-1　　我国人口的年龄构成

年度	1982 年		1990 年		2000 年		2010 年		2017 年	
	人数（万人）	比重（%）	人数（万人）	比重（%）	人数（万人）	比重（%）	人数（万人）	比重（%）	人数（万人）	比重（%）
总人口	101 654	100.0	114 333	100.0	124 743	100.0	134 091	100.0	139 008	100.0
0~14 岁	34 146	33.6	31 659	27.7	29 012	23.3	22 259	16.6	24 719	17.8
15~64 岁	62 517	61.5	76 306	66.7	88 910	71.2	99 938	74.5	98 458	70.2
65 岁及以上	4 991	4.9	6 368	5.6	6 821	5.5	11 894	8.9	15 831	11.4

2. 提示现象内部结构。对于现象总体，在统计分组的基础上，计算出各组单位数或分组标志量在总体单位总量或标志总量中所占的比重，形成了总体的内部结构状况。

表 4-2 显示，在我国的货物运输中，水运占了半壁江山，其次是公路和铁路，运输量分别是 34.01% 与 13.75%。民航和管道承担的货物量微乎其微，但这两年货物运输量增长也很快。

表 4-2　　我国各种运输方式的货物运输量

年度	2017 年		2016 年		2017 年为 2016 年的 %
	货物运输周转量（亿吨公里）	比重（%）	化物运输周转量（亿吨公里）	比重（%）	
全国总计	196 130.4	100.0	186 613.1	100.0	105.1
其中：铁路	26 962.2	13.75	23 797.2	12.75	113.3
公路	66 712.5	34.01	61 092.0	32.74	109.2
水运	97 455.0	49.69	97 306.4	52.14	100.1
民航	243.5	0.12	222.4	0.12	109.5
管道	4 757.2	2.43	4 195.1	2.25	113.4

将现象总体的结构分组资料按时间顺序排列，开展动态分析，可以反映各部分比重的变化，以及发展速度不同引起的各部分地位改变的状况，并进一步探索各部分变动的内在因由，认识总体由量变到质变的转化进程，揭示出客观事物发展演化的某种规律性。表 4-1 的资料十分清楚地说明，1982—2017 年的 37 年间，我国由

人口年轻型社会逐渐转化为老龄社会的过程。

3. 探讨现象之间的依存关系。社会经济现象之间广泛存在着联系和相互制约的关系,其中,关系比较紧密的一种是现象之间的依存关系。例如,工业制成品的单位成本、销售收入与其利润的相互依存关系,商品流转速度和流通费用率之间的依存关系,商品流转规模和商品流通费用率之间的制约关系等。研究现象之间的依存制约关系的统计分析方法相当多,其中,统计分组法是最基本的分析方法,是其他分析方法运用的基础。

用统计分组法确定现象之间的依存关系,是将现象之间属于影响因素的原因标志作为自变量,而把属于被影响因素的结果指标作为因变量。首先,对总体按原因标志分组;其次,按组计算出被影响因素的平均指标或相对指标;最后,根据指标值在各组间的变动规律确定自变量与因变量之间的依存关系,认识现象之间在数量上的影响作用和程度。

表 4 –3 反映了某地区 2014 年商店按商品流转额分组的流通费率的情况。

表 4 –3　　2014 年某地区商店按商品流转额分组的流通费率

商店按商品流转额分组(万元)	商店数(个)	各组商品流通费率(%)
50 以下	25	11.2
50 ~ 200	70	10.4
200 ~ 400	130	9.9
400 ~ 600	75	6.7
600 ~ 800	40	5.9
800 ~ 1 000	21	5.1
1 000 以上	8	5.3

表 4 –3 中的资料表明,商品流转规模越大,则商品流通费率越低。这表明商品流通费率与商品流转额之间存在依存关系。

统计分组上述三个方面的作用是分别从类型分组、结构分组和分析分组角度来说明的,它们不是彼此孤立的,而是互相补充、结合运用的。

二、统计分组的种类

统计分组的种类是按照分组时所采用分组标志的性质和多少来划分的。分组标志就是分组时作为划分各组界限的标准或根据。由于总体单位的标志有品质标志和数量标志两种,因此分组标志也有品质标志和数量标志两种。例如,职工的性别、文化程度、民族等是品质标志，而职工的年龄、工龄、工资水平等是数量标志。统计分组从不同角度可区分为以下几种。

（一）品质标志分组和数量标志分组

1. 按品质标志分组。这是按对象的属性特征和空间特征分组的总称。它可分为简单的品质标志分组和复杂的品质标志分组。总体单位的有些品质标志分组简单，往往分组标志一经确定，组名和组数也就确定了，而且各单位应分在哪一组，比较明确、稳定，不存在组与组之间界限区分的困难。例如，人口按性别分为男、女两组。复杂的品质标志分组，即按品质标志分组是比较繁杂的，既存在标志本身种类难以确定的问题，又存在各单位明确归类的问题。

2. 按数量标志分组。这是根据总体单位标志值大小来分组。例如，企业按产值分组，学生按成绩分组等。

数量标志在统计上又称为变量。变量按其标志值取值特点的不同，分为离散型变量和连续型变量。一般取整数值的变量为离散型变量，比如人数、设备台数等。标志值在一个区间内无限可分的变量为连续型变量，如产值、时间误差等。连续型变量在处理时可转化为离散型变量，便于实际问题的解决。

离散型变量的每一个变量值依次作为一个组的分组，就是单项式分组。其组数和变量值的项数相等，组与组之间界限分明。如果离散型变量的变量值区间过大，按单项式分组繁杂而无意义，则可采用组距式分组。连续型变量不能一一列举其变量值，一般不能按单项式分组，只能进行组距式分组。

（二）简单分组和复合分组

1. 简单分组。对被研究的现象总体只按一个标志进行分组，就是简单分组，如人口性别分组、人口年龄分组等。简单分组只是反映现象在某一个标志特征方面的差异情况，如按人口年龄分组，可以说明各年龄组内的人数，但不能说明男女比例、职业状况等问题。

2. 复合分组。对同一总体选择两个或两个以上标志层叠运用的分组就是复合分组。复合分组的方法是：先按主要标志第一次分组，然后按次要标志将第一次分组进行各自的第二次分组。例如，对我国工业企业按经济类型和企业所属行业进行复合分组。

按经济类型分组	按企业所属行业分组
国有及国有控股企业	采掘业企业
	制造业企业
	电力、煤气及水生产供应业企业
集体所有制工业企业	采掘业企业
	制造业企业
	电力、煤气及水生产供应业企业

其他所有制类型工业企业 { 采掘业企业 / 制造业企业 / 电力、煤气及水生产供应业企业 }

通过复合分组,对总体选择两个或两个以上标志层叠分组,可以从多角度对现象总体的内部差别加以描述,反映问题更加全面深入。但是,采用复合分组应注意:由于复合分组的组数随分组标志的增加而成倍增加,因此分组标志过多,分组则庞大复杂,反而不利于分析。另外,如果总体单位数少,采用复合分组会使分组过细,组内特征和组内倾向就很难反映出来,更难以表现出不同类型现象的特征。

三、统计分组体系

统计分组体系,就是根据统计分析的要求,通过对同一总体进行多种不同分组,形成的一种互相联系、互相补充,能从多方面反映统计总体内部分布特征的认识体系。因为仅从一个分组标志对统计总体进行分组,远不能满足各方面的要求,所以必须从不同的角度、运用多个分组标志进行多层面的分组,形成一个分组体系,以期实现分组的目的,充分发挥统计分组的作用。

统计分组体系的形式有平行分组体系和复合分组体系等。

(一)平行分组体系

对同一总体采取多个分组标志,分别进行简单分组,许多简单分组分别从不同角度展示同一总体,这就构成了一个平行分组体系。例如,为了了解人口总体的基本情况,可以分别选择性别、年龄、民族、识字程度和城乡分布等标志进行简单分组,从而形成研究人口总体相关方面的平行分组体系。

按性别分组	按民族分组
男	汉族
	少数民族
	满族
女	回族
	蒙古族
	⋮

按年龄分组	按识字程度分组
7 岁以下	不识字或识很少字

7～15岁　　　　识字

16～35岁　　　　小学程度

36～50岁　　　　中学程度

⋮　　　　大学程度

⋮

按城乡分组

城镇人口

乡村人口

（二）复合分组体系

对同一总体选择多个分组标志，层叠起来进行统计分组，即先按一个标志分组，在此基础上再按第二个标志分小组，又再层叠地按第三个标志分成更小的组，依此进行继续地再分组，这就是复合分组。由复合分组形成的分组体系称为复合分组体系。例如，对国民经济先按产业标志分组，继而依此再按行业分组，在行业分组的基础上再按经济类型进行第三次分组，最后形成如下的复合分组体系：

第一产业
第二产业
　采掘业
　制造业
　　公有
　　非公有
　建筑业
　　公有
　　非公有
第三产业
　交通运输、仓储和邮电通信业
　批发和零售业
　金融业

建立复合分组体系，要严格按照统计分析研究的任务和要求，确定统计分组标志的主次顺序。首先按照主要标志对总体进行第一次分组，然后按次要标志对第一次所分的组进行第二次分组，循序按所有选择标志再分至最后一层为止。

统计分组体系在社会经济统计中被广泛使用，通常与统计指标体系相结合，形成一个统计资料信息系统，共同反映社会经济现象各方面的联系和关系。它们的交错结合，一般都以统计表的格式表示，如表4－4所示。

表4－4　　统计表格式的统计分组体系

	统计指标体系			
	……	……	……	……
统计分组体系：…… …… …… …… …… ……				

四、统计分组的方法

（一）统计分组的原则

科学的统计分组应遵循以下几项原则：

1. 必须坚持组内统计资料的同质性和组间资料的差别性，这是统计分组的一个基本原则。

2. 必须符合完备性原则，即所谓"穷举"性。它是指总体中的任一单位都有所归属，即都能归纳到某一组。统计分组的整体空间应该容纳总体现象的全部单位，也就是说，分组的结果能够把全部资料包括进去。

3. 必须遵守"互斥性"原则，即总体任一单位都只能归属于一组，而不能同时属于两个或两个以上的组。

（二）分组标志的选择

统计分组的关键在于分组标志的选择和各组界限的划分。分组标志是统计分组借以划分资料的标准和依据。分组标志的选择是否恰当，关系到能否正确反映总体的数量特征及其变化规律。用不同标志对同一资料分组，往往会得出不同的结论。

选择分组标志时，应根据统计研究问题的目的，选择重要的标志。分组标志的确定，要根据统计认识的具体任务不同而有所区别，而目的是最本质、根本性的标志，应尽量避免选择非本质的次要标志。分组标志一经选定并据以进行分组，就突出了总体在此标志下的性质差异，同时也掩盖了其他方面的差异。缺乏科学根据的分组，不但无法显示总体的基本特征，甚至会把不同性质的事物混淆在一起，歪曲事物的本来面目。

（三）划分各组界限

分组标志确定之后，各组界限划分的正确与否，会直接影响统计分析结果的真实性。任何分组标志都包含着许多差异，都可能从中划定出不同的分组界限，如果划分不当，必将混淆各组的性质差别。可见，区分各组性质差别界限是十分重要的。

按品质标志分组时，各组界限的划分都比较容易。有些品质标志的概念具体明确，各组间性质差异界限分明，如人的性别、民族分组等。有些品质标志的概念抽象繁杂，各组间性质差异不太明确，但在实际工作中，为了统一口径，都编有分类目录，因此划分各组界限也不太困难。

按数量标志分组时，由于数量标志的变异表现为许多不同的变量值，这些单个的变量值只能反映现象数量上的差异，不能明确地反映现象性质上的区别。分组的目的不仅仅是要看出各组现象的数量差别，而且要通过各组的数量变化来区别现象的不同性质。

数量标志分组的关键是掌握决定事物质的差异的数量界限。因此，划分数量标志的分组界限时，首先要了解该数量标志值的最大可能变异范围；其次，根据客观事物本身从量变到质变的内在规律性来确定各组间的数量界限。例如，学生考试成绩（百分制）最大变异范围是 0 ~ 100 分，一般分为五组，各组数量界限是这样划分的：90 分及以上者为优秀，80 ~ 89 分者为良好，70 ~ 79 分者为中等，60 ~ 69 分者为及格，60 分以下者为不及格。这里除了注意各组的数量界限外，尤其要注意“60 分”这个本质界限，60 分及以上就及格，而 60 分以下就不及格。各临界点的 1 分之差就决定了事物的性质。

（四）确定各组的指标

统计分组能使人们更深入地看出总体内部各部分之间在质量与数量上的差异，因此，它是揭露总体内部矛盾的有效方法。分组之后要进一步完成的任务，就是要选择反映总体及各组数量特征的统计指标，即通过统计所特有的指标和指标体系来反映现象的规模、水平、比例、速度等。从统计的实质内容来看，统计分组和统计指标构成了统计的两个基本要素。统计分组可以把现象总体划分为不同类型或性质不同的组，但分组之后如果没有一定的统计指标来反映现象的内容，就不能揭示现象的数量特征；而统计指标没有科学的分组作为前提，往往容易掩盖矛盾，成为笼统的甚至虚构的指标。所以，在统计研究中，统计分组和统计指标是密切联系、不可分割的。

说明总体和各组特征的统计指标有两类：一类是各组的单位数，它表明总体单位在各组的分配情况；另一类是各组实际的统计指标，它具体说明总体及各组的数量特征。指标的选择要根据分组的目的和资料的特点来决定，也就是说，所选用的统计指标要和分组标志相适应。有时一个指标不足以说明各组的特征，还要选用若干个互相联系的指标,形成一个指标体系来更全面地说明总体和各组的特征。例如,工业企业是人力、物资、生产、供应、销售等相互联系的整体活动,为了反映企业生产经营的全貌,就设立产量、产值、品种、质量、职工人数、劳动生产率、工资总额、设备、资金、成本、财务等指标群,在选定分组标志分组之后,建立相关的指标或指标群,用于分析特定的现象总体的某些特征。

第二节　次数分布

一、次数分布的意义

统计资料进行分组之后,将总体的所有单位按组归类排列,形成了总体中各单位在各组间的分布,即称为次数分布或分配数列。

分布数列是统计资料整理的结果,是进行统计描述和统计分析的重要方式。它可以表明总体的分布特征及内部结构情况,并可据此研究总体某一标志的平均水平及其变动的规律性。

在分布数列中,分布在各组的总体单位数称为“次数”,它表明某种标志在总体各组中出现的多少。如果次数以绝对数的形式出现,则称其为“频数”,以 f 表示;若次数以结构相对数的形式出现,则称其为“频率”,以 $f/\Sigma f$ 表示,频率表明各组单位在总体单位中所占的比重。

表 4 - 5 就是次数分布数列的举例。

表 4 - 5　　次数分布数列示例

按看管机器台数分组(台)	工人数(人)	所占比重(%)
1	50	8.8
2	504	88.7
3	14	2.5
合计	568	100.0

分布数列频率的总和为 1,即所有的各组频数占总体单位比重的总和一定是 100%。

二、分布数列的分类

(一)属性分布数列和变量分布数列

按分组标志的特征不同,分布数列可分为属性分布数列和变量分布数列两种。

1. 属性分布数列。按品质标志分组形成的次数分布数列，称为属性分布数列，一般叫品质数列，它由组的名称和各组的次数两要素组成。对于品质数列，如果分组标志选择合适，分组标准定得恰当，那么事物性质的差异表现将会比较明确，总体中各组的划分也就容易解决，从而能准确地反映现象总体的分布特征。

2. 变量分布数列。按数量标志分组形成的次数分布数列，称为变量分布数列，一般叫变量数列，由变量值和各组的次数两要素构成。各组次数的多少，反映了各组变量值在总体中作用的大小。

表4－6是品质数列，反映某地区人口的民族构成状况。表4－7是变量数列，反映某地区人口的年龄结构情况。

表4－6　　某地区人口的民族构成

民族	人口数(万人)	比重(%)
汉族	9 313	52.67
少数民族	8 367	47.33
其中:回族	981	5.55
合　计	17 680	100.00

表4－7　　某地区人口年龄构成

	人口数(万人)	比重(%)
0～4岁	301	22.89
15～64岁	922	70.15
65岁及以上	92	6.96
合　计	1 315	100.00

（二）间断分布数列和连续分布数列

按连续与否，分布数列可分为间断分布数列和连续分布数列两种。

1. 间断分布数列，又称不连续分布数列。它是只能以整数而不是小数形式出现的分布数列，比如，年龄分布数列，职工人数分布数列，设备台数分布数列等。

2. 连续分布数列。它指能以小数形式表现的分布数列，比如，工资分布数列，产值分布数列，商品销售额分布数列等。

表4－8是间断分布数列的举例。

表4-8　　200个工人看管设备台数

每人看管设备台数	工人人数	比重(%)
3	15	7.5
4	26	13.0
5	116	58.0
6	37	18.5
7	6	3.0
合计	200	100.0

表4-9是连续分布数列的举例。

表4-9　　某车间工人生产定额完成情况

生产定额完成率(%)	工人人数	比重(%)
80~90	5	3.87
90~100	7	5.43
100~110	56	43.41
110~120	50	38.76
120~140	11	8.53
合计	129	100.00

三、累计频数分布

分布数列本身既可反映总体的次数分布,而且在进行统计分析时,还可以在次数分布的基础上,进一步研究频数、频率的分布状况。累计频数分布,分别就频数与频率进行累计,表明总体某一标志值的特定数值以下的观察值个数和比率,概括总体各单位的分布特征。

累计频数分布有两种形式:向上累计和向下累计。

(一)向上累计频数或比率

向上累计频数分布,是将各组次数或比率,由变量值低的组向变量值高的组逐组累计。向上累计频数,表明某组上限以下各组单位数之和是多少;向上累计频率,表明某组上限以下各组单位数之和占总体单位比重的大小。

(二)向下累计频数或比率

向下累计频数分布,是将各组次数或比率,由变量值高的组向变量值低的组逐组累计。向下累计频数,表明某组下限以上的各组单位数之和是多少;向下累计频率,表明某组下限以上各组单位数之和占总体单位数比重的大小。

表 4 - 10 是累计频数分布的具体形式。

表 4 - 10　　某课程考试成绩频数分布

成绩(分)	次数		向上累计		向下累计	
	人数(人)	比率(%)	人数(人)	比率(%)	人数(人)	比率(%)
50 ~ 60	4	5.0	4	5.0	80	100.0
60 ~ 70	14	17.5	18	22.5	76	95.0
70 ~ 80	22	27.5	40	50.0	62	77.5
80 ~ 90	24	30.0	64	80.0	40	50.0
90 ~ 100	16	20.0	80	100.0	16	20.0
合计	80	100.0	—	—	—	—

由表 4 - 10 得知,不及格的学生有 4 人,占全部学生的 5.0%;70 分以下的学生有 18 人,占全部学生的 22.5%。80 分以上的学生有 40 人,占全部学生的 50.0%;成绩优秀(90 分以上)的 16 人,占全部学生的 20.0%。

累计频数分布的特点是:第一,首组的累计频数等于首组的频数;第二,最末一组的累计频数等于总体单位总量。

累计频率分布的特点是:第一,首组的累计频率就是首组的频率;第二,最末一组的累计频率等于 1(或 100%)。

第三节　变量分布数列的编制

变量数列可以按单项式数列编制,也可以按组距式数列编制。

对离散型变量,若总体单位数不多,可直接编制单项式数列。先按各变量值分组并列于数列的左方,再将各变量值出现的次数列于数列的右方,即形成单项式数列。如果总体单位数相当多,或属于连续型变量,则只能编制组距数列。表 4 - 9 的资料是单项式数列,而表 4 - 10 的资料是组距数列。

在编制组距数列时,要妥善解决组数、组距、组限和组中值等问题。

一、组数和组距

组数是组距数列形成的各组的总个数。组距是任何一组的下限与下一组下限的差,也可看作相邻两组中点或本组下限与上限之差。组距的大小与组数的多少成反比。

各组都按照统一的组距来划分的组距数列,称为等组距数列。等组距数列适用于标志变异较为均匀的现象,在这种情况下,各组性质差异由变量值的均匀增减所致。例如,工人的工资、学生的成绩,一般都采用等组距数列。

在一个组距数列中,同时采用两个及两个以上不同组距来划分资料,这样的数列称为异组距数列。异组距数列常常在以下场合中运用:①社会经济现象的分布存在明显的偏斜,标志值分布很不均匀。例如,学生的成绩密集于60~70分,这时若采用通常的10分为组距,则无法说明学生本次考试的优劣状况,使得在这一重要分数段分布的信息损失太大。通常调整的做法是:在分数密集的这一段采用较短的组距,而在其他分布稀疏的地方采用较长的组距。②有些社会现象的标志变异范围很大,组与组之间的性质变化是由变量值的非均匀增长造成的,这时只能采用异组距分组。例如,生命的每一个月对于新生婴儿和对于成年人是大不一样的,此时,进行人口疾病研究的年龄分组就应采用不等组距的分组:1岁以下按月分组;1~10岁按年分组;11~20岁按5年分组;21岁以上按10年分组。这就是典型的异组距分组方法的应用。

编制组距数列,各组的划分应确保能区别总体内各组成部分的性质差别,这就需要确定适当的组距和组数,以准确反映总体的分布特征。决定组距大小时,需要考虑频数在各组间的均匀分配。因为,在根据次数进行计算时,各组的数值是以其组中值为代表的,组距过大或过小都不合要求。

美国学者斯特杰斯(H. A. Sturges)根据经验,提出一计算组距和确定组数的经验公式:

$$d = \frac{x_n - x_1}{1 + 3.322\lg N} = \frac{R}{n}$$

式中:d 为组距;x_n 为最大变量值;x_1 为最小变量值;R 为全距(极差);N 为总体单位总量;n 为组数。

依据斯特杰斯公式,可以得出表4-11所示的组数参考数据:

表4-11　分组组数参考表

N	15~24	25~44	45~89	90~179	180~359
n	5	6	7	8	9

上述公式计算出的组距,只能供参考,实践中应主要根据资料的性质来确定组距和组数。

二、组限

组距数列中,各组变量值的极端值称为组限。它是组与组之间的分界线。其中,各组的最小变量值称为下限,最大数值称为上限。

根据组限的性质不同,其表现形式有以下两种:间断式组限和连续性组限。组限不相连,相邻两组之间界限明确,称为间断式组限;而相邻两组的组限是相连并有重叠的,某一个数值可作为两组共同的界限即为连续性组限。

离散型变量可以一一列举数值,相邻组限是不重叠的,连续型变量在两数之间可以无限分割,不能一一列举,因此,相邻两组的上限和下限无法用不同的两个数字表示,此时组限是重叠的。对于某一组变量值,若同时具有上限与下限,称其为闭口组;若仅有上限或仅有下限,则称其为开口组。一般情况下,尽量用封闭式组限,只有当资料中存在极端值时才用开口式组限。

三、组中值

组距数列中,每一组上限与下限之和的中点称为组中值。其计算公式为:

$$\text{组中值}=\frac{\text{下限}+\text{上限}}{2}$$

各组的组中值代表该组变量值的平均水平,也就是该组变量值的代表值。它以各组内变量值的均匀变动作为其假定的先决条件,而实际上这是不可能做到的。因此,在划分组限时,应考虑使各组内变量值的分布尽量满足这一要求,以减少用组中值代表各组变量值一般水平所造成的误差。

开口式组限借用临近组的组距,即假定组距内数值的变化范围与相邻组是一样的。其组中值计算公式为:

$$\text{缺上限的开口组组中值}=\text{下限}+\frac{\text{邻组组距}}{2}$$

$$\text{缺下限的开口组组中值}=\text{上限}-\frac{\text{邻组组距}}{2}$$

四、组距数列的编制步骤

组距数列的编制一般需经过以下六个步骤。

第一步,将各变量值按顺序排列。

第二步,计算全距 R。全距又称极差,是数列两端最大变量值和最小变量值的差数,即

$$R=\text{最大变量值}-\text{最小变量值}$$

第三步,初步确定组数。

第四步,计算组距。组数的多少与组距的大小由全距来确定。设组数为 K,组

距为 i，则：

$$i = \frac{R}{K}$$

若计算出的 i 含有小数，为方便起见，将其调整为整数。

第五步，根据调整后的组距，再修正组数。

$$K' = \frac{R}{i'}$$

式中：K' 为修正后的组数；i' 为调整后的组距。

第六步，确定组限与组中值。一般情况下，要求最小组的下限小于或等于数列中的最小变量值，而最大组的上限应大于或等于数列中的最大变量值，并尽可能使各单位的标志值在组内分布得比较均匀。

组限划分之后，根据总体各单位所表现出的变量值的大小，把它们分配到相应的组中。某变量值恰好等于两个相邻组的重叠组限时，应将其归入下一组，即把它作为下限的那一组。例如，学生的成绩为 60 分者，应归入“60 ~ 70”组内，而不是分配在“50 ~ 60”组内。

第四节　次数分布的图示

一、次数分布的表示

（一）次数分布的表式表示

次数分布可以采用统计表的形式来表现。这是次数分布的基本表达方式，当然，也是最主要的表现形式，如表 4 – 9 和表 4 – 10 所示。

（二）次数分布的几何图形表示

次数分布用几何图形表示，称为图示法。采用图示法，次数分布的性质可以得到形象的表达，使人们能够直接了解数据的某些突出性质，而省去引用整行数字做说明的麻烦。

采用几何图形表示次数分布，主要用直方图、折线图和曲线图三种。

1. 直方图。直方图是在条形之间没有间隔的条形图，横轴表示各组组距，纵轴表示次数（频数一般标在左方，比率一般标在右方）。

直方图是表示次数分布最普通的一种图形，如根据表 4 – 11 的资料绘制的图 4 – 1 和图 4 – 2 所示。

直方图的纵轴，一般从零开始，横轴可以从任何合适的数字开始，并且可以选择任何合适的位置开始。

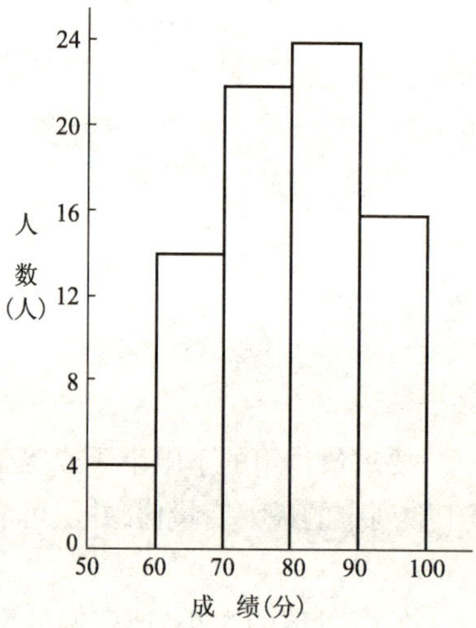

图 4－1 次数分布图

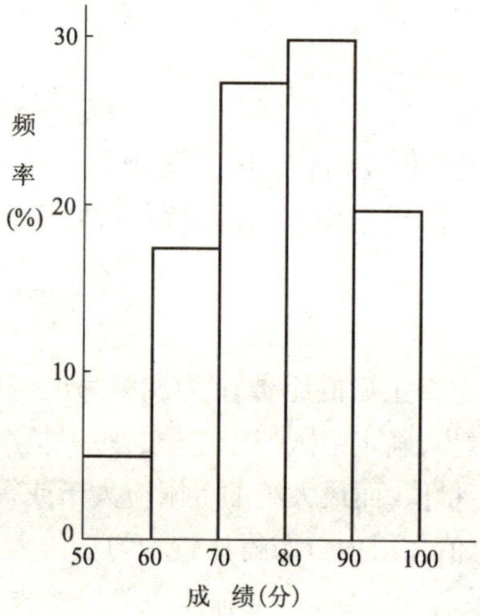

图 4－2 频率分布图

2. 折线图。折线图是将直方图的每个长方形的顶端中点（即组中值），用折线连接而成的。当然，也可用组中值与次数求坐标连接起来，形成折线图，如图 4－3 所示。

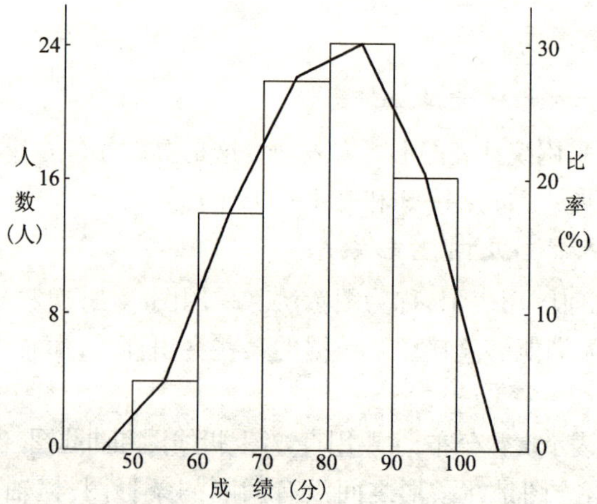

图 4－3 频数分布折线图

另外，折线图还可以用来表示累计频数的分布，如依据表 4－11 的资料绘制的图 4－4 和图 4－5 所示。

做向上累计频数分布折线图时，从首组的下限开始，将各累计频数组的上限的

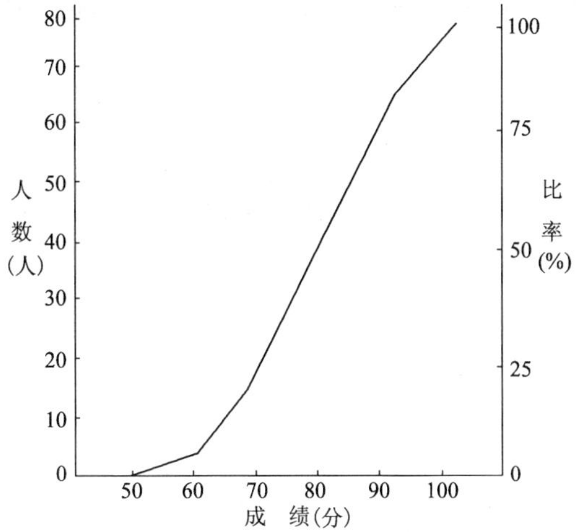

图 4-4　向上累计频数分布

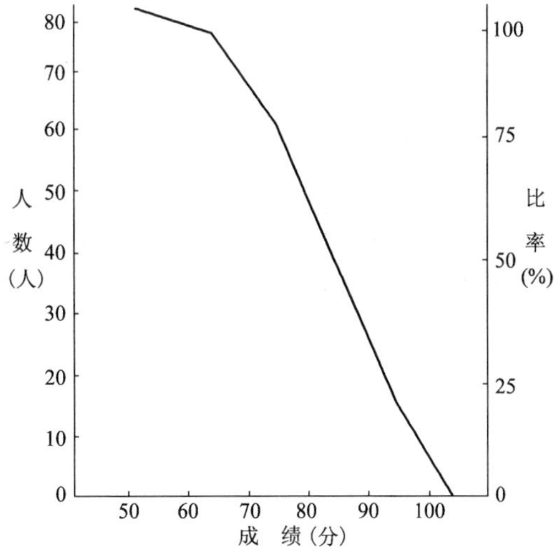

图 4-5　向下累计频数分布

纵坐标连接起来；做向下累计频数分布折线图时，从末组的上限开始，将各累计频数组的下限纵坐标连接起来。累计频数分布折线图与频数分布折线图在作图法上是有些差别的。

3. 曲线图。曲线图是组数趋向于无限多时，折线图的极限描绘，是一种理论曲线，实质上，曲线图是对应于连续变量的频数或比率分布的函数关系图，表现为一条平滑的曲线。

根据表 4 －11 的资料，可近似作出如图 4 －6 所示的频数分布曲线图。

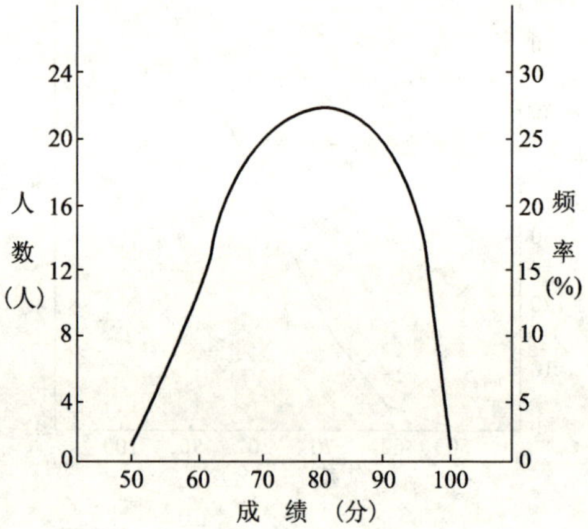

图 4 －6　频数分布曲线图

二、次数分布的主要类型

各种不同的社会经济现象都有着特殊的次数分布，但以下三种比较常见。

（一）正态分布

正态分布，又称钟形分布，其特征是“中间大、两头小”，即靠近中间的变量值分布的次数多，靠近两端的变量值分布的次数少，如图 4 －7 所示。

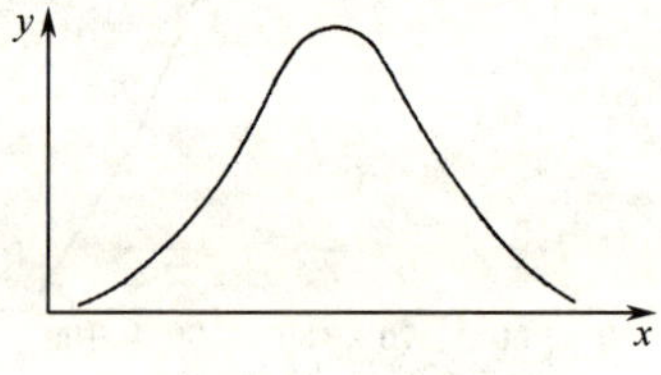

图 4 －7　正态分布

社会经济现象中有很多都属于钟形分布。例如，人的身高及体重、学生的成绩、农作物产量、市场价格、零件公差等现象都属于正态分布。

（二）U 形分布

U 形分布的特征是靠近中间的变量值分布的次数少，靠近两端的变量值分布的次数多，形成“两头大、中间小”的分布特征。人口按年龄分组的死亡率、机器产品按使用时间分组的失效率，其分布图均呈这种图形（见图4 －8）。

图 4 －8 的曲线表明婴幼儿和老年人的死亡率较高，中青年的死亡率较低，或

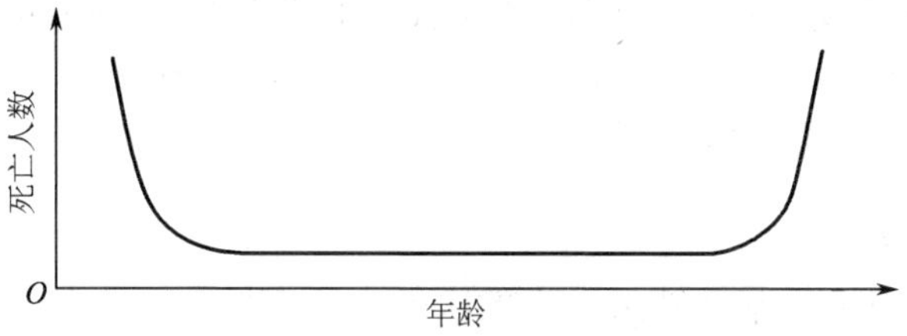

图 4－8　U 形分布

者是机器刚投入使用时失效率较高，随后急剧下降，保持相当一段时间后失效率又急剧增高的事实。这种分布曲线，其中间部分占据了整个曲线的绝大部分。

（三）J 形分布

J 形分布的特征是“一边小、一边大”，即大部分变量值集中在某一端分布。它有正 J 形曲线和反 J 形曲线两种。前者表明次数随变量值的增大而增多，如投资额与利润率之间的相互变动关系，如图4－9(a)所示；后者表明次数随变量值的增大而减少，如商品的销售量和其价格的增减变动关系，如图 4－9(b)所示。

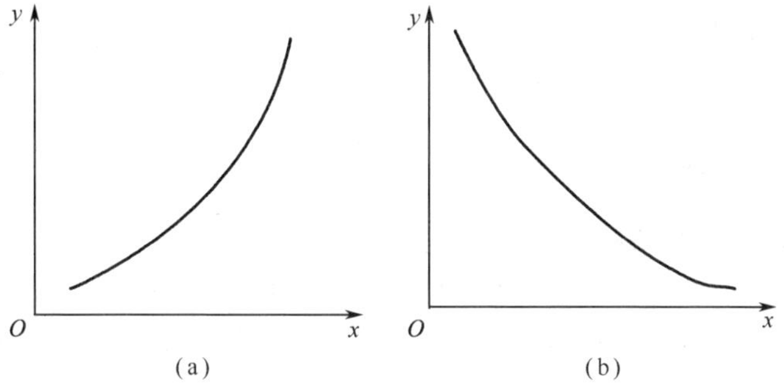

图 4－9　J 形分布

次数分布的类型主要取决于社会经济现象本身的性质。编制的次数分配数列和图形有时可能会因总体所处的客观条件不同而表现不同，但其形态仍应符合该现象的分布特征。

第五节　概率分布

一、概率的概念及其计算方法

（一）概率的概念

概率是用以衡量随机事件出现的可能性大小的一种尺度。设有一种试验全部可能出现的基本情况有 n 种，则称该试验由 n 个基本事件所构成。若每个基本事件出现的可能性都相同，且我们所关心的事件 A 是由其中 $m(m\leqslant n)$ 个基本事件构成的，则事件 A 出现的概率为 m/n，记为：

$$P(\mathrm{A})=\frac{m}{n}$$

也就是说，随机事件中，某一结果发生的次数占所有结果发生的次数的比率，就是该结果发生的概率。

概率是一个界于 0 与 1 之间的分数。

（二）概率的计算方法

在不同的条件下，随机事件中各种可能发生的结果和其概率的计算方法也会不同。概率依其不同的计算方法，可以分为古典概率、试验概率和主观概率。

1. 古典概率的方法，是随机事件中各种可能发生的结果及其发生的次数都可以由演绎或外推法得知，因此无须经过任何统计试验，即可计算各种可能发生结果的概率的一种方法。

2. 试验概率的方法，是根据大量、重复的统计试验结果，计算随机事件各种可能发生结果的频率，视频率为概率的一种方法。

3. 主观概率的方法，是依据个人对随机事件的认识，主观地确定随机事件中各种可能发生结果的概率的一种方法。

二、概率分布的概念和种类

（一）概率分布的概念

概率分布是由随机变量的所有可能取值或随机事件中所有可能发生的结果 X_i 及其相应的概率 $P(X_i)$ 组成的，它反映了随机变量取值或随机事件中各种结果的分布状况和分布特征。任何概率分布都满足如下两个要求。

第一，随机变量任一取值的概率都介于 0 与 1 之间，即

$$0\leqslant P(X_i)\leqslant 1$$

第二，随机变量各个可能取值的概率之和等于 1，即

$$\sum_{i=1}^{n}P(X_i)=1$$

概率分布可以用表或图来表示。若将随机变量的各个可能取值及其相应的概率列于表上，即得到概率分布表。

设随机变量 X 的可能值为 $X_1,X_2,\cdots,X_n$，其相应的概率为 $P(x=x_1)=P_1$，$P(x=x_2)=P_2,\cdots,P(x=x_n)=P_n$。将这些结果列于表上（见表 4－12），即为概率分布表。

表 4 − 12

X	X_1　X_2　X_3　$\cdots$　X_n
$P(X)$	P_1　P_2　P_3　$\cdots$　P_n

该概率分布表完整地表达了随机变量 X 的概率分布状况，以此为依据，即可算出全部随机变量的概率。

根据变量 X 的概率分布，即可从概率意义上求得 X 的期望（均值）与方差。

$$E(X) = \sum_{i=1}^{n} X_i P_i$$

$$\sigma^2 = E(X_i - \overline{X})^2 = \sum_{i=1}^{n} (X_i - \overline{X})^2 P_i$$

（二）概率分布的种类

按随机变量性质的不同，概率分布可划分为数量型随机变量的概率分布和品质型随机变量的概率分布。例如，股票价格是个数量型随机变量，因此，股票价格的概率分布属数量型随机变量的概率分布；相反，抛硬币出现的结果不能用数值表示，只能用文字描述，是个品质型随机变量，因此，抛硬币出现各种结果的概率分布属品质型随机变量的概率分布。

根据随机变量是离散或连续变量，数量型随机变量的概率分布又可分为离散型随机变量的概率分布和连续型随机变量的概率分布。

离散型随机变量的概率分布由离散型随机变量 X 的取值 $X_i(i=1,2,\cdots,n)$ 及其相应的概率 $P(X_i)$ 组成。在统计学中，又称 $P(x)$ 为 X 的概率密度函数。显然，离散型随机变量的概率密度函数 $P(x)$ 必须满足如下两个条件：

第一，$0 \leqslant P(X_i) \leqslant 1$；

第二，$\sum_{i=1}^{n} P(X_i) = 1$。

连续型随机变量的概率分布，可以用连续型随机变量 X 取值区域内的各段区间及其概率来表示。

三、两种常见的抽样概率分布

（一）二项分布

二项分布是重复抽样的概率分布。如果在相同条件下进行 n 次相互独立的试验，其结果构成一个容量为 n 的样本，每次试验只可能出现两种情况：A 与 $\overline{\text{A}}$（$\overline{\text{A}}$ 是 A 的对立事件）。其中，A 出现的概率为 p，$\overline{\text{A}}$ 出现的概率为 q，则样本中包含 A 事件的个数 X 是一个随机变量。

在一次试验中，A 事件出现的概率为 p，不出现的概率为 q，那么，在连续 n 次试验中，A 事件共出现 k 次的概率为：

$$P(x=k)=C_n^k p^k q^{n-k} \qquad (k=0,1,2,\cdots,n)$$

由于这一分布的概率与二项式$(p+q)^n$的展开式各项相同,所以将其通称为二项分布。

根据二项分布概率,可求得其期望与方差。

$$E(x)=\sum_{i=0}^{n} X_i P(x)=\sum_{i=0}^{n} XC_n^x p^x q^{n-x}=np$$

$$D(X)=\sigma^2=\sum_{i=0}^{n}(X_i-\overline{X})^2 P(x)$$

$$=\sum_{i=0}^{n}(X_i-\overline{X})^2 C_n^x p^x q^{n-x}=npq$$

二项分布具有以下特点。

第一,二项分布的概率开始随x的增加而变大,到达最大可能值后,又随x的增加而下降。当试验次数n为偶数时,二项展开式的项数为奇数,因而有一项最大值;当n为奇数时,二项展开式的项数为偶数,此时有两个最大值。

第二,当事件A出现的概率与不出现的概率相等时,即$P(\mathrm{A})=P(\overline{\mathrm{A}})=1/2$时,二项分布完全对称,整个分布呈钟形。随着$n$的不断增加,此钟形趋于一条光滑曲线,被称为正态分布曲线。

第三,若事件A出现的概率与$\overline{\mathrm{A}}$出现的概率不相等,即$P(\mathrm{A})\neq P(\overline{\mathrm{A}})$,则概率分布不对称而向左右偏斜。但当试验次数$n$充分大时,概率分布将不断趋于正态分布。

(二)正态分布

正态分布在抽样推断中居于极其重要的地位。上述二项分布属于离散型随机变量的分布,而社会经济现象中还有许多是连续型随机变量,其变化规律呈连续性(如灯管的耐用时间),此时需用正态分布来描述其规律性。

1.正态分布的密度函数$f(X)$为:

$$f(X)=\frac{1}{\sigma\sqrt{2\pi}}\cdot \mathrm{e}^{-\frac{(X-\overline{X})2}{2\sigma^2}}$$

式中:e为样本空间的元素;$\overline{X}$为正态分布的平均数;σ为X的标准差。

$\overline{X},\sigma$是决定方程的参数,因此,正态分布可简记为$N(\overline{X},\sigma)$。其图形如图4-10所示。

正态分布具有如下性质。

(1)对称性:以$X=\overline{X}$为对称轴,曲线完全对称地向两边伸展。

(2)非负性:密度函数$f(X)$均处于OX轴上方。

(3)当$X=\overline{X}$时,$f(X)$值最大。

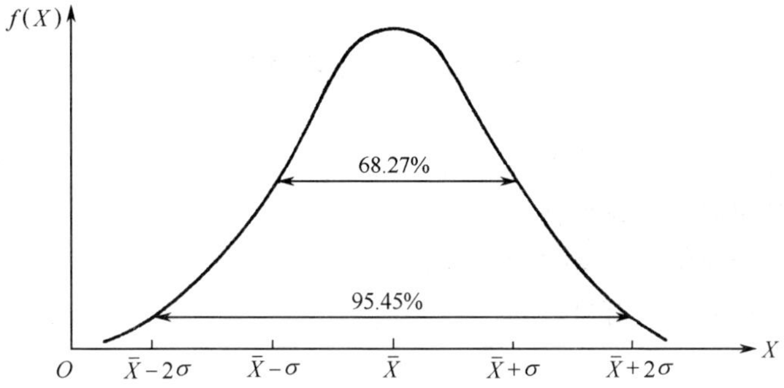

图 4－10　正态分布

(4)在 $X=\overline{X}\pm\sigma$ 处,为 $f(X)$ 曲线的拐点。

(5)当 $X\to\pm\infty$ 时,$f(X)\to 0$。

2. 正态分布的标准化。正态分布函数为:

$$F(X)=\frac{1}{\sigma\sqrt{2\pi}}\int_{-\infty}^{X}e^{-\frac{(X-\overline{X})^2}{2\sigma^2}}dX$$

令新的随机变量为:

$$t=\frac{X-\overline{X}}{\sigma}$$

可得到标准正态分布函数为:

$$F(t)=\frac{1}{\sqrt{2\pi}}\int_{-\infty}^{t}e^{-\frac{t^2}{2}}dt$$

记为 $N(0,1)$。

标准正态分布函数 $F(t)$ 是 t 的函数,给定 t 值就有相应的 $F(t)$ 值。为了应用上的方便,统计工作者已将 t 在 0 至 5 间相应的概率编成了概率表,在实际工作中我们可以直接查得所需要的 t 值或 $F(t)$ 值。

【例 4－1】某零件的直径 X 服从正态分布,其平均数为20 mm,均方差为 0.2 mm,求零件直径在 19.7～20.3 mm 的概率。

解:令 $t=\frac{|X-\overline{X}|}{\sigma}=\frac{0.3}{0.2}=1.5$

查概率表得:

$$P(|X-20|<0.3)=F(1.5)=0.866$$

思考题与练习题

1. 什么是统计分组？它的作用是什么？
2. 统计分组的种类有哪些？
3. 选择好分组标志的重要性是什么？
4. 次数分布的种类有哪些？
5. 次数分布的类型是什么？
6. 某公司的资料如表 4-13 所示。

表 4-13

劳动生产率（万元）	职工人数（人）	分厂数（个）	增加值（万元）	组中值（万元）
1.5~2.0	2 800	3		
2.0~2.5	9 000	6		
2.5~3.0	2 000	2		
合　计	13 800	11		

(1)表中的分组标志是什么？

(2)表中的分配次数是什么？

(3)试计算各组的组中值。

(4)试计算全公司的增加值。

7. 自己选择资料,进行如下分组：

(1)按品质标志分组；

(2)按两个品质标志的复合分组；

(3)按一个品质标志和一个数量标志的复合分组；

(4)按两个数量标志的复合分组。

8. 某专业一年级学生的年龄资料(岁)如下：

18	18	18	18	17	18
19	19	19	19	19	20
19	20	20	19	19	18
18	19	20	17	18	19
18	19	21	19	21	20
18	19	17	19	18	

试编制年龄分配数列。

9. 某汽车工业公司各型汽车的产量资料如表 4－14 所示。

表 4－14

厂　别	载重量(吨)	产量(辆)
一分厂	1	200
	2	150
	4	100
二分厂	1	300
	2	100
	4	100
三分厂	1	250
	2	200
	4	150

试编制按载重量分组的次数分布。

10. 某作业班组工人某月的工资(元)资料如下：

7 112	6 930	5 154	8 583	8 121
3 131	7 378	8 350	4 872	8 730
8 032	3 436	5 445	4 972	3 169
6 485	3 140	6 999	4 324	6 198
4 320	3 710	5 512	6 075	5 568
3 648	7 067	3 240	7 430	4 594
6 166	4 430	4 204	6 320	

试编制等组距的分配数列。

11. 按第 10 题资料编制异组距分配数列。

12. 按第 11 题的分配数列，将频数用频率表示。

第五章 综合指标(一)

内容提要

• 综合指标有三类:总量指标、相对指标和平均指标。本章仅论述总量指标和相对指标。

• 总量指标是最基本的统计指标,它是计算相对指标和平均指标的基础。总量指标包括:总体单位总量和总体标志总量;时期指标和时点指标;实物指标和价值指标。总量指标的计算。

• 相对指标的意义和两种表现形式:有名数和无名数。相对指标按表现现象的关系不同有结构相对指标、比例相对指标、比较相对指标、强度相对指标、动态相对指标、计划完成程度相对指标和利用程度相对指标等。

• 正确运用总量指标和相对指标的原则。

综合指标有三种,即总量指标、相对指标和平均指标。综合分析离不开许多综合指标。综合指标是通过统计调查,搜集到大量说明总体单位特征的统计资料,经过整理、综合、计算之后,得到反映社会经济现象和总体数量特征的统计指标。本章将介绍总量指标和相对指标。

第一节 总量指标

一、总量指标的概念和作用

(一)总量指标的概念

总量指标是最基本的统计指标,它是计算相对指标和平均指标的基础。总量指标反映的是社会经济现象总体在一定时间、地点、条件下的总规模、总水平或工作总量,表现为绝对数的形式。例如,一个国家或地区某一时期的人口数、国内生产总值、耕地面积,以及一个企业的利润总额等都是总量指标。总量指标的数值会随着统计范围的大小而发生增减变动。

表明社会经济现象总体在不同时间、地点、条件下数量增减变化的绝对数也是总量指标。例如,山东与山西人口的差值,今年与去年相比国内生产总值的增减额等。

(二)总量指标的作用

社会经济统计调查研究的主要对象是有限总体,而只有有限总体才能计算其总量指标,因此总量指标在社会经济统计中占据着非常重要的地位。

1. 总量指标是人们认识社会经济现象总体的起点。反映一个国家、一个地区、一个部门或一个企业的发展水平,首要的就是要掌握其在一定的时间、地点、条件下各方面数量的多少。例如,要规划一个企业的发展,就要了解它的规模有多大,企业人员有多少,固定资产有多少,等等。

2. 总量指标是实行调控、管理的依据之一。一个国家的经济需要协调发展,就要从宏观上进行调控,避免经济上的严重失衡。这同时也要求我们必须了解和分析各部门、各企业之间在生产、分配、消费、积累方面的比例关系,据以分析各部门、各企业之间的内在联系,为宏观调控提供依据。而一个企业要发展,也必须有从企业角度上的组织和管理,不了解企业的基本情况,就无法对其进行管理。

3. 总量指标是计算相对指标和平均指标的基础。相对指标和平均指标一般都是由两个有关系的总量指标相对比而产生的,它们是总量指标的派生指标。总量指标是否科学、正确,将直接影响到相对指标、平均指标的准确性。

二、总量指标的种类

总量指标所反映的内容主要是社会经济现象的总量,是各项资料相加之和。一般表述为:

$$N = \sum n_i \quad (i = 1,2,\cdots)$$

总量指标按其说明的内容不同、反映的时间状态不同和表现的形态不同,可分为如下三种。

(一)总体单位总量和总体标志总量

总量指标按其说明的内容不同,可分为总体单位总量和总体标志总量两种。

总体单位总量用来表示总体中单位数的多少;总体标志总量则表明现象总体单位某一数量标志值的总和。例如,对全国工业企业进行研究时,所有工业企业的数量是总体单位总量,而全体工业企业的总产值则是总体标志总量。总体单位总量和总体标志总量的地位不是一成不变的,而会随着研究目的和研究对象的不同发生变化。

(二)时期指标和时点指标

总量指标按反映的时间状态不同,可分为时期指标和时点指标。

时期指标反映的是社会经济现象总体在一段时期内发展过程的累计总量,如国内生产总值、产品总产量、贸易总额、工资总额和社会商品零售总额等。时点指标则是用来表明社会经济现象总体在某一时刻(瞬间)数量状况的总量,如人口数、职工数、商品库存量、储蓄余额和民营企业个数等。

时期指标和时点指标各有不同的特点。

第一,时期指标的数值可以连续计数,它的每一个数据都可说明社会经济现象在这一时期内发生的总量。例如,某医院某月内收治的病人数是该月每一天收治病人数的累计。而时点指标则只能间断计数,它的每个数据表明社会经济现象总体发展到某一时点所达到的水平。例如,企业月末的商品库存量是上个月末商品库存量经过一个月的存取过程后,到该月末所达到的实有的商品库存量。

第二,作为时期指标,各个时期的数值是可以累加的,累加的结果可以说明一段较长的时间内社会经济现象总体所发生的总量。例如,把某工厂某年每个月的产量相加,得到的数值就是该年度该厂所生产的产品总量。而时点指标的数值直接相加,除在有关指标的计算过程中需要运用之外,其余没有实际的意义。

第三,一般地说,时期指标的大小直接受社会经济现象总体活动过程时间长短的制约,其数值大小与时间长短成正比。例如,一个企业月生产产品数量总是大于该月内每天生产的产品数量,年生产产品数量又总是大于月生产产品数量。因此,对时期指标进行比较时,就必须注意它们之间的可比性,时间设计上要长短一致。如果以月为单位对消费量等指标进行比较,就要注意到各月的天数有长有短,应消除由于时间的不同而造成的不可比性。时点指标的数值大小与时点的间隔长短没有直接关系。时点之间间隔越长,社会经济现象总体水平却不一定越大。例如,某市人口年初为100万,经过半年后可能为110万,而到年底则可能只为105万。

(三)实物指标和价值指标

总量指标根据其表现形式的不同,可分为实物指标和价值指标。

1. 实物指标。它是反映事物使用价值的总量指标。与之相对应的实物单位是指根据事物的自然属性和特点而采用的计量单位。有自然单位、度量衡单位、标准实物单位三种。

自然单位是按照被研究现象的自然属性来度量其数量的计量单位。例如,人口以“人”为单位,牲畜以“头”为单位,鞋以“双”为单位,等等。

度量衡单位是按照统一的度量衡制度的规定来度量客观事物数量的一种计量单位。例如:钢铁和粮食以千克、吨为计量单位;棉布以米为计量单位;电机容量以千瓦为计量单位等。度量衡单位的采用主要是由于某些现象总体无法用自然单位来计量(像水、粮食等),也有一些现象虽然有自然单位可采用,但用度量衡单位更为精确,例如,鸡蛋一般不是以“个”而是以“千克”为单位来计量的。

标准实物单位是按照统一折算的标准来度量被研究现象数量的一种计量单位。例如,多种含量不同的化肥可以折合为含量100%的肥料计算,煤可以折合为发热量千焦/千克来进行计量。

2. 价值指标。它是表明社会经济现象价值量的总量指标。价值指标是用货币来度量社会财富和劳动成果总量的一种计量方法,其计量单位称为货币单位。例如,国内生产总值、商品销售总额、工资总额、产品成本等,都以货币为单位来进行计量。价值指标把不能直接加总的产品或商品数量过渡为可以直接加总的货币单位,用以综合说明不同使用价值的物品的总水平、总规模或总速度,具有广泛的综合性和较强的概括能力。

除实物指标和价值指标外,还有一种以劳动时间为单位计量劳动量或工作量的指标,一般以“工日”或“工时”为单位进行计量。

计量单位既可以单独使用,又可以结合起来使用。有些事物或现象用一种计量单位难以反映其本质,此时可把两种或两种以上的单位结合起来运用,称为复合单位。例如,计算货物的运输量,只用载重量或只用运输距离都不能反映运输成果,因此就采用“载重量×运输距离”的方法,即“吨公里”来计量。劳动单位实质上也是一种复合单位,它是采用“人数×工作时间”的工时数来计算工作量的。除复合单位外,还有一种双重或多重单位,即同时采用两种或两种以上的计量单位来表示一种事物的数量。例如,电机可以用“台”也可以用“千瓦”来表示,则同时用“台/千瓦”为单位来计量,这就是所谓的双重计量单位。这样反映事物,可以使其使用价值反映得更为全面。

三、总量指标的推算方法

确定总量指标有两种方法:直接法和推算法。直接法即通过对研究对象进行直接的计数或测量等方法,将总量计算出来。统计报表中的总量资料和普查中的总量资料,基本上都是这样计算出来的。推算法是根据社会经济现象中的各种关系,或根据非全面调查的资料,对总量指标进行推算的方法。常用的推算方法有下面几种。

(一)平衡关系推算法

平衡关系推算法是一种利用社会经济现象之间存在着的某种平衡关系,依据已知的指标来推算未知指标的方法。在现象之间互相联系的关系,有很多可以表现为平衡关系,例如,在工业企业内部存在如下的平衡关系:

$$\text{期初原材料库存}+\text{本期购进原材料}=\text{本期消耗原材料}+\text{期末原材料库存}$$

$$\frac{\text{期初产}}{\text{品库存}}+\frac{\text{期初}}{\text{在产品}}+\frac{\text{本期产}}{\text{品生产}}=\frac{\text{期末产}}{\text{品库存}}+\frac{\text{本期产}}{\text{品销售}}+\frac{\text{期末}}{\text{在产品}}$$

根据上述关系式,在已知式中其他指标的条件下,就可以对剩余的一个未知指标进行推算。

对平衡关系推算法的应用,要注意平衡关系中的各个收支项目不能重复,也不能遗漏,且计算口径必须一致,否则就会出现误差。另外,有些收支平衡中的指标资料,要经过复杂的估算才能取得,而不是一下子就能得到准确、可靠的资料。如果其中有一项指标计算有误或脱离实际,就会影响到整个结果的准确性,因此必须做到尽量科学,尽可能符合实际地进行估算。

(二)因素关系推算法

社会经济现象一般可分解为若干个因素指标,因素之间的相互联系有些可以表现为因果关系,即现象的某项指标可以分解为若干影响因素指标,这些因素指标的乘积等于该项指标的总量。利用因素间的这种关系,根据已知资料推算未知的有关资料,就是因素关系推算法。例如:

商品销售额 = 商品销售量 × 单价

工业产值 = 职工人数 × 劳动生产率

(三)比例关系推算法

比例关系推算法在统计中应用得十分广泛。它是根据已知的某一时期、某一地区或某一单位的某种指标与其相关指标的比例关系来推算另一时期、另一地区或另一单位的指标,或者根据部分资料,利用其比例关系推算总体资料。

应用这种方法时,应当注意所依据推算的资料要与所推算事物之间具有可比性,各方面的条件都比较接近或相类似;否则,得出的结果不具有任何意义。

【例 5 - 1】某企业 2017 年的产值为 280 万元,利润为 80 万元,预计 2019 年该企业完成产值 320 万元,则其 2019 年的利润可用下述方法估算:

首先计算 2011 年利润占产值的百分比,即

$$\text{换算系数}=\frac{80}{280}\times 100\% = 28.57\%$$

然后按此比例估算 2019 年的利润,即

$$320\text{ 万元}\times 28.57\% = 91.4\text{ 万元}$$

(四)插值估算法

插值估算法是根据若干已知项目的统计资料来估算对应关系的未知项目的数值,或者根据变量数列和动态数列的若干已知对应数值,估算其数列中间所缺的未知对应数值。其方法主要有内插法、线性插值法和拉格朗日插值法等。

1. 内插法。这种方法主要是根据平均发展速度估算逐年缺少的数字资料。例如,某县 2003—2007 年的乡镇企业总产值由于某种原因缺失了一部分,仅有

2003 年年报资料为 500 万元,2007 年年报资料为 1 200 万元。这样,有最初水平 a_0(2003 年)与最末水平 a_n(2007 年)的资料,我们可以用几何平均法计算出2003—2007 年的平均发展速度:

$$\overline{X} = \sqrt[n]{\frac{a_n}{a_0}} = \sqrt[4]{\frac{1\ 200}{500}} = 1.244\ 7 = 124.47\%$$

根据平均发展速度 124.47%,可依次估算出 2004—2006 年的乡镇企业产值如下:

2004 年乡镇企业产值 = 500 万元 × 1.244 7 = 622.35 万元

2005 年乡镇企业产值 = 622.35 万元 × 1.244 7 = 774.64 万元

2006 年乡镇企业产值 = 774.64 万元 × 1.244 7 = 964.19 万元

这样,就可以补全缺失的资料。

2. 线性插值法。此法是根据已知两项有关的对应关系资料,估计第三项对应的未知资料。它是应用两点式原理确定一个直线方程的。其方程可表示为:

$$\frac{y - y_0}{x - x_0} = \frac{y_1 - y_0}{x_1 - x_0}$$

整理后得:

$$y = y_0 + \frac{y_1 - y_0}{x_1 - x_0}(x - x_0)$$

据此,可利用已知数求得未知数。

【例 5 - 2】某企业年产值资料与利润资料如表 5 - 1 所示。现已知该厂 2017 年预计总产值为 320 万元,试推算 2018 年的利润(x 代表总产值,y 代表利润)。

表 5 - 1　　某企业年产值与利润

年份	2017	2018
产值(万元)	250	280
利润(万元)	70	80

$$\begin{aligned} y &= y_0 + \frac{y_1 - y_0}{x_1 - x_0}(x - x_0) \\ &= 70\text{ 万元} + \frac{(80 - 70)\text{万元}}{(280 - 250)\text{万元}} \times (320 - 250)\text{万元} = 93.33\text{ 万元} \end{aligned}$$

可以看到,与比例推算法不同,线性插值法是依据两项对应资料进行估算,在一般情况下,它要比比例关系推算法更接近实际。

3. 拉格朗日插值法。当掌握的资料多于两项时,根据已知多项对应资料,可用拉格朗日插值法估计某项对应的未知数值。这种方法是线性插值多项式的推广。

线性插值多项式可表示为：

$$\begin{aligned} y &= y_0 + \frac{y_1 - y_0}{x_1 - x_0}(x - x_0) \\ &= \frac{y_0(x_1 - x_0) + y_1(x - x_0) - y_0(x - x_0)}{x_1 - x_0} \\ &= y_0 \frac{x - x_1}{x_0 - x_1} + y_1 \frac{x - x_0}{x_1 - x_0} \end{aligned}$$

拉格朗日多项式的形式如下：

$$\begin{aligned} y = L(x) = {} & y_0 \frac{(x - x_1)(x - x_2)\cdots(x - x_n)}{(x_0 - x_1)(x_0 - x_2)\cdots(x_0 - x_n)} + \\ & y_1 \frac{(x - x_0)(x - x_2)\cdots(x - x_n)}{(x_1 - x_0)(x_1 - x_2)\cdots(x_1 - x_n)} + \\ & y_2 \frac{(x - x_0)(x - x_1)\cdots(x - x_n)}{(x_2 - x_0)(x_2 - x_1)\cdots(x_2 - x_n)} + \\ & \cdots \end{aligned}$$

【例 5－3】某企业连续几年的产品产量及生产费用资料如表5－2 所示。试估算 2019 年产品产量为 600 吨时的生产费用。

表 5－2　　某企业产品产量及生产费用

年份	2015	2016	2017	2018
产量（吨）	450	480	540	570
生产费用（万元）	100	110	120	125

将各项已知数值代入上式，得：

$$\begin{aligned} y = L(x) = {} & 100\text{ 万元} \times \frac{(600-480)\times(600-540)\times(600-570)}{(450-480)\times(450-540)\times(450-570)} + \\ & 110\text{ 万元} \times \frac{(600-450)\times(600-540)\times(600-570)}{(480-450)\times(480-540)\times(480-570)} + \\ & 120\text{ 万元} \times \frac{(600-450)\times(600-480)\times(600-570)}{(540-450)\times(540-480)\times(540-570)} + \\ & 125\text{ 万元} \times \frac{(600-450)\times(600-480)\times(600-540)}{(570-450)\times(570-480)\times(570-540)} \\ = {} & 133.3\text{ 万元} \end{aligned}$$

线性插值法和拉格朗日插值法的应用，都假定在所研究的范围内 x 值的变化没有受到特殊因素或突然因素的影响，亦即只能在正常条件下使用。

第二节　相对指标

一、相对指标的概念和作用

(一)相对指标的概念

社会经济现象之间总是相互联系、相互依存的,不论在时间上、空间上、事物内部的结构上,还是在一事物与其他事物的关系上,都是如此。因此,要分析一种社会经济现象,仅利用总量指标是远远不够的。要对事物做深入的了解,就需对总体的组成和其各部分之间的数量关系进行分析、比较,这时就需要计算相对指标。

相对指标是应用对比的方法来反映某些相关事物之间数量联系程度的综合指标,也称统计相对数。由于相对指标是应用对比的方法,把两个具体数值加以概括和抽象,因而易于使人们形成对事物的清晰概念。

相对指标的表现形式有两种:有名数和无名数。有名数主要用于强度相对指标,以表明事物的密度、强度和普遍程度等。例如:居民人均占有国内生产总值用"元"表示;平均每人分摊的产品产量用"吨/人"表示。无名数是一种抽象化的数值,多用系数、倍数、成数、百分数、千分数等表示。系数、倍数是将对比基数定为1而计算出来的相对数;成数、百分数、千分数分别是将对比基数定为10,100,1 000而计算出来的。在实际应用中,可根据所比较数值的不同特性而分别采取不同形式的数来应用。

(二)相对指标的作用

1. 相对指标通过数量之间的对比,可以说明事物发生发展的程度、相互关联的程度和效益,因而有助于对事物的鉴别。它可以弥补总量指标的不足,使人们清楚地了解现象的相对水平和普遍程度。例如,某企业去年实现利润20万元,今年实现利润21.6万元,则今年利润增长了8% $[(21.6 \div 20 - 1) \times 100\% = 8\%]$。这个相对数可以明确说明企业今年的赢利比去年有所增长,而用总量指标则不易说明。

2. 相对指标可以使某些利用总量指标无法直接对比的社会经济现象找到可比的基础。在研究问题的过程中,基础不同的总量指标是不能进行比较的,但相对数却可以做到。例如,甲、乙两个企业的生产计划完成情况如表5-3所示。

表5-3　甲、乙两企业的生产计划完成情况　(万元)

企业名称	计划产值	实际产值
甲	300	296
乙	500	495

仅从总量指标看,两者都没有完成计划,但由于它们的计划产值不同,所以无法从绝对量上比较两者的完成情况。若计算两个企业的计划完成程度,则甲企业计划完成程度为:

$$(296 \div 300) \times 100\% = 98.7\%$$

乙企业计划完成程度为:

$$(495 \div 500) \times 100\% = 99\%$$

可见,乙企业的计划完成情况较甲企业要好一些。

二、相对指标的种类

相对指标根据研究目的和任务的不同,对比的基础不同,可以分为结构相对指标、比例相对指标、比较相对指标、强度相对指标、动态相对指标、计划完成程度相对指标和利用程度相对指标七种。

(一)结构相对指标

社会经济现象总体一般由许多不同的部分构成,并且按照不同的分类标准可分为若干不同部分,而且这些部分又具有各自不同的性质和特征。研究总体,了解其各个组成部分在总体中所占的地位和发挥的作用有着重要的意义,这时就要用到结构相对指标。

计算结构相对指标,是先利用统计分组法,将总体分为不同性质的各个部分,然后以各部分的数值分别与总体的数值进行对比。结构相对指标通常用百分比来表示,其计算公式是:

$$\text{结构相对指标} = \frac{\text{总体部分数值}}{\text{总体全部数值}} \times 100\%$$

结构相对指标的子项与母项,可以是总体单位数,也可以是总体标志数值。由于结构相对指标是总体的部分数值与全部数值之比,因此,每个部分的比重之和肯定为100%。

结构相对指标常用于分析社会经济现象总体的内部组成状况,以说明现象的性质和特征。由于事物的内部结构往往能反映事物的性质,所以,因其结构不同,事物在质的方面就会有差别。对总体结构进行分析,可以使我们分清事物的类型,掌握其特征。

在社会经济统计中,仅反映总体中某一特定部分占全体比重的结构相对指标(即比率)的应用也很广泛。比率可以用来说明事物的素质或者工作质量。例如:工厂中生产的合格品占全部产品的比重,可以说明企业生产的质量;中小学入学率可以反映我国教育事业的发展情况;人工成本占增加值(纯收入)的比重则可集中反映企业人工成本的投入产出状况。

(二)比例相对指标

在社会经济现象总体内部,各个组成部分之间存在着一定的联系,往往具有一定的比例关系。为分析这种比例关系以及各部分之间的协调平衡情况,需要计算比例相对指标。其计算公式如下:

$$比例相对指标=\frac{总体中某一部分数值}{总体中另一部分数值}$$

比例相对指标通常用 $n:m$ 或百分数来表示。用 $n:m$ 的形式表示时,一般要求 n 和 m 是较简单的数值,以让人一目了然。有时人们也习惯于把其中某部分数值定为1,用 $1:m:n$ 的形式来描述总体各部分之间的比例关系。用这两种方法,由于数值相对比之后不一定都能得到整数或能够整除,因此常用其近似值表示。

比例相对指标也可以反映总体的结构,它所反映的比例关系是总体中结构性的比例。它同结构相对指标有着极密切的联系,其作用同结构相对指标相同,两者只是对比方式不同,侧重点各异。

在社会经济生活中,许多事物都要求按比例发展,若比例失调,则会导致难以想象的后果。对比例关系进行深入研究,可以帮助我们认识事物的发展状况,判断比例关系是否正常。例如,根据国际一般情况,当经济发展水平处在人均 GDP 为 800~1 000 美元阶段时,农村居民收入与城镇居民收入大体会保持 1:1.7 左右的比例,而我国则大大超过这一比例值,并且还有扩大的趋势。2001 年我国的此比例为1:2.9,实践证明,对我国而言,当农村居民收入与城镇居民收入之比保持在 1:2.9 这个比例值左右时,经济发展就比较顺利,而与这个比例值相差太大,就会给经济发展带来困难。把这种经验比例作为衡量实际比例是否恰当的参考标准,是社会经济统计中经常应用的一种重要方法。

(三)比较相对指标

比较相对指标是反映某种社会经济现象在同一时间内不同空间条件下发展的不均衡程度的指标。由于社会经济现象在不同的空间条件下的发展往往不均衡,要了解它们之间的差异程度,就需利用比较相对指标。其计算公式为:

$$比较相对指标=\frac{某条件下的某类指标数值}{另一条件下的同类指标数值}$$

前面所讲的比例相对指标,虽然也是两个同类指标进行对比,但它同比较相对指标所反映的内容大不相同。比例指标反映的比例关系,在一般情况下有一个宏观标准,不符合这个标准,就会造成对经济的破坏与损失。比较相对指标只是反映客观事物的大小、多少以及达到某一标准的状况,不存在比例是否协调的问题。

比较相对指标也可以用于平均水平和标准水平的对比,用于先进与落后的比较。在一般情况下,比较相对指标的分子、分母可以互换,究竟以哪个指标作为比较的基础,可以根据研究的目标来确定和选择。

（四）强度相对指标

社会经济生活中，研究不同事物之间的数量对比关系，即由两个性质不同而有联系的总量指标对比得到的相对数，称为强度相对指标。其计算公式如下：

$$强度相对指标=\frac{某一总量指标数值}{另一性质不同而有联系的总量指标数值}$$

强度相对指标用来表现社会经济现象的强度、密度和普遍程度，一般以复名数来表示。例如：人口密度用“人/平方公里”来表示，反映人口与土地面积之间的比例关系；人均国内生产总值则以“元/人”来表示，反映国内生产总值与人口总量之间的关系。有些强度相对指标还可用百分数或千分数来表示，例如，人口自然增长率、商品流通费用率等。

强度相对指标的用途十分广泛，它可以反映经济效益情况，如每元固定资金实现产值、百元产值占用的流动资金等，也可以反映生产手段和公共设施的配备情况，如人均拥有动力功率、人均占用固定资金量等。更重要的是，它可以反映国民经济和社会发展的基本情况，如人口密度、人均占有粮食产量等。由于强度相对指标反映的是性质不同而又互相联系的总量指标的数值对比关系，某些具体指标的子项和母项可以互相转换，因而产生的强度相对指标就有正指标和逆指标之分。数值大小与现象的发展程度或密度成正比的，称正指标；成反比的，称逆指标。例如：

$$\begin{array}{c}百名居民配置\\医生人数\end{array}=\frac{现有医生人数}{居民总人数}\times 100 \qquad （正指标）$$

$$\begin{array}{c}每名医生服务\\居民人数\end{array}=\frac{居民总人数}{现有医生人数} \qquad （逆指标）$$

平均每百名居民配置的医生人数多，或平均每名医生服务的居民人数少，都表明居民看病求医方便，卫生医疗事业兴旺。

又如，表明城市零售商业的发展满足居民购物需求程度的强度相对指标，也有正指标与逆指标的不同设置。

正指标的计算方法：

$$\begin{array}{c}千名居民配置\\零售商店数\end{array}=\frac{零售商店总数}{居民总人数}\times 1\,000$$

逆指标的计算方法：

$$\begin{array}{c}每家零售商店\\服务居民人数\end{array}=\frac{居民总人数}{零售商店总数}$$

（五）动态相对指标

动态相对指标是同一指标在不同时间上的数值对比而得到的比值。它反映了同类事物在不同时间状态下存在的差异程度，即发展变化程度。这对于分析社会经济现象的发展变化过程有着十分重要的意义。通常的情况是，把作为比较标准

的时期称为基期,而将用来与基期对比的时期称为报告期。其一般计算公式是:

$$动态相对指标=\frac{报告期某种指标值}{基期同一种指标值}$$

动态相对指标可用百分比或倍数表示。

(六)计划完成程度相对指标

对社会经济进行管理,作为一种管理手段,任何一种经济体制都会采用计划措施。为适时掌握计划完成进度,检查计划的执行情况和完成程度,需要计算计划完成程度相对指标。

计划完成程度相对指标,是社会经济现象在一定时期内的实际完成数值与计划数值对比的结果,一般用百分比表示。其基本公式为:

$$\begin{matrix}计划完成程度\\相对指标\end{matrix}=\frac{实际完成数值}{计划规定数值}\times 100\%$$

计划数是计算计划完成程度相对指标的基数。基数的表现形式不一样,计划完成程度相对指标在形式上也就不同。

1. 计划数为总量指标,可直接用实际水平和计划水平对比求得计划完成程度相对指标。它一般适用于考核社会经济现象的规模或水平的计划完成情况。实践中又分为两种情况,则要用两种方法来检查计划的完成情况。

第一种,实际完成数与计划数是同一时期的指标。直接以实际水平与计划水平对比,可说明整个计划期内的计划执行情况。

第二种,检查计划完成进度。此时计划期与实际完成的期限不一致,则将计划期内某个时期的实际完成数值与整个计划期水平对比,可反映计划完成的进度。

2. 计划数为相对指标。它一般是以前一期的实际数值为基础,规定计划比基数提高或降低的百分比。计算计划完成程度相对指标时,应注意先将增减率变为完成率后再进行计算。其计算公式为:

$$\begin{aligned}\begin{matrix}计划完成程度\\相对指标\end{matrix}&=\frac{实际完成数(\%)}{计划数(\%)}\\&=\frac{100\%\pm实际\begin{matrix}提高\\降低\end{matrix}百分比}{100\%\pm计划\begin{matrix}提高\\降低\end{matrix}百分比}\end{aligned}$$

对于长期计划,其制定方法有两种,因而对计划执行情况的考查也有两种不同的方法。

第一种,水平法,即在长期计划中,只规定计划期末应该达到的水平(例如,五年计划中规定最后一年应完成的产值、产量、商品销售额等指标)。此时,检查计划完成程度应用下列公式:

$$计划完成程度=\frac{长期计划末年实际达到的水平}{长期计划末年计划达到的水平}$$

采用水平法，只要有连续一年的时间（例如，第四年 8 月到第五年 7 月）实际完成的水平达到了计划末年水平，就算完成了五年计划，计算完成计划时间时则认为是提前 4 个月完成了五年计划。

第二种，累计法，即在长期计划中，规定期间累计应完成的工作量或应达到的水平（例如，新增生产能力、造林面积等）。此时，检查计划执行情况应用下列公式：

$$计划完成程度=\frac{长期计划期间实际累计完成量}{长期计划规定的累计数}$$

采用累计法，只要从长期计划期开始至某一时期止，所累计完成的数值达到了计划数值，就算完成了计划。例如，从第一年 1 月到第四年 10 月完成了 5 年的工作量，就算完成了五年计划，比计划时间提前 1 年零 2 个月。

对长期计划进度执行情况的检查，也分为水平法和累计法两种。用水平法，是以报告年的实际完成数与长期计划任务数对比；用累计法，则是以从期初累计至报告期止的实际完成数与计划任务数对比。其计算公式为：

$$计划完成程度=\frac{累计完成数}{本期计划数}$$

（七）利用程度相对指标

从经济学的角度观察，客观社会经济现象都应充分发挥其作用，人尽其才，物尽其用，尽量做到少投入多产出，节约各种资源，合理利用各种资源，实现社会经济的可持续发展。利用程度相对指标，就是表明各种资源的实际利用状况的一种相对指标。它是资源的实际利用和资源的可能利用的对比结果，比如，时间的利用程度，人力的利用程度，生产手段的利用程度，原材料的利用程度等。其一般计算方法是：

$$利用程度相对指标=\frac{某种资源实际利用量}{某种资源可能利用量}\times 100\%$$

例如，反映劳动时间利用好坏的工时利用率和出勤率为：

$$工时利用率=\frac{工作日实际作业小时}{工作日制度作业小时}\times 100\%$$

$$出勤率=\frac{计算期实际出勤时间}{计算期制度出勤时间}\times 100\%$$

反映原材料利用状况的原材料利用率：

$$原材料利用率=\frac{某种产品成品净重量}{某种产品生产投入原材料数量}\times 100\%$$

反映设备利用情况的生产能力利用率：

$$生产能力利用率=\frac{实际生产能力}{设计生产能力}\times 100\%$$

各种相对指标举例如下：

表5-4中,栏(1)是总量指标,栏(2)是结构相对指标,栏(3)是比例相对指标,栏(4)是动态相对指标,栏(5)是强度相对指标。

表5-4　　2017年末我国人口状况

	人口数(万人)	比重(%)	年龄比例(0~15岁为1)	为2016年的%	抚养比(16~59岁为100)
甲	(1)	(2)	(3)	(4)	(5)
全国总人口	139 008	100.0		100.53	
其中:0~15岁	24 719	17.8	1.00		27.4
16~59岁	90 199	64.9	3.65		100.0
60岁及以上	24 090	17.3	0.97		26.7

表5-5中的栏(4)是比较相对指标。

表5-5　　2017年我国居民人均收入消费比较

	全国	城镇	农村	城乡比较
甲	(1)	(2)	(3)	$(4)=\frac{(2)}{(3)}$
居民人均可支配收入(元)	25 974	36 396	13 432	2.71
居民人均消费支出(元)	18 322	24 445	10 955	2.23

2017年,我国全年最终消费支出对国内生产总值的贡献率为58.8%,资本形成总额的贡献率为32.1%,货物和服务净出口的贡献率为9.1%。全国工业产能利用率为77.0%,其中,煤炭开采和洗选业产能利用率为77.0%,其中,煤炭开采和洗选业产能利用率为68.2%等,这些都是利用程度相对指标。

表5-6的指标均为强度相对指标。

表5-6

年　　度	2017年	2016年	2017年为2016年的%
万元国内生产总值用水量(m^3)	78.0	82.6	95.12
万元工业增加值用水量(m^3)	49.0	52.1	94.05
企业每10万人工伤事故死亡数(人)	1.64	1.70	96.47

续表

年　　度	2017 年	2016 年	2017 年为 2016 年的%
道路交通事故万车死亡数(人)	2.06	2.14	96.26
煤矿百万吨死亡人数(人)	0.11	0.16	68.75
北京人均期望寿命(岁)	82.15	71.57*	+10.58 岁
北京婴幼儿死亡率(‰)	2.29	17.11*	-14.82‰

*为 1978 年的数值。

第三节　综合指标的运用原则

一、总量指标的运用原则

(一)同类性

采用实物计量单位计算总量指标时,应特别注意汇总的现象或事物必须具有同类性。只有同类的事物才可以相加汇总,否则汇总就是没有意义的。比如,把一只鸡和一吨棉花简单地加起来是不可思议的事。一般同类性是由事物的性质或用途来决定的。不过,对事物同类性的认识也不能绝对化,应依具体情况而定。比如,计算货运总量时,就不必考虑所运输的是钢材还是木材。

(二)计量单位的统一性

这里所说的计量单位,主要指的是实物单位,不同的实物单位代表着不同的实物量。许多现象的实物量都可用不同的计量单位来表示。计量单位不统一,容易造成差错或导致混乱。

二、相对指标的运用原则

(一)可比性

相对指标反映事物间数量的对比关系,因此,相对比的事物必须具有可比性;否则,必然会歪曲事实,导致判断错误。

检查相对指标的可比性,主要应注意以下几个方面。

1. 范围的可比。它又可分为两个方面:一是总体范围要可比,例如,要对工资总额的资料进行比较,就必须对工资总额的概念有统一的理解、统一的解释;二是分子与分母在范围上要相互适应,例如,计算文盲、半文盲占总人口的比例,按照规定,文盲、半文盲是指 12 岁以上不识字或识字很少的人。在分母的总人口中,就应将 12 岁以下的人口扣除才合理。

2. 总体结构的可比。这是同种现象的相对指标在不同地区或不同时间进行比较时应特别注意的一个问题。例如,某年某公司两个下属企业完成任务的情况如表5-7所示。由表5-7可以看出,不论上半年还是下半年,任务完成程度都是甲厂低于乙厂,而全年的任务完成程度则是甲厂高于乙厂。这是由于任务量的构成不同而产生了不同的结果。要真正对两厂的任务完成程度进行对比,也应该看总体水平。

表5-7　某公司下属两个企业完成任务的情况　(台)

时间	甲厂			乙厂		
	任务量	完成量	完成程度(%)	任务量	完成量	完成程度(%)
上半年	30	24.9	83	60	51	85
下半年	70	65.1	93	40	38	95
合计	100	90	90	100	89	89

3. 计算方法的可比。计算同类现象在不同空间和时间上的对比时应注意这个问题。例如,对两个地区的国民生产总值进行比较时,取得数据的计算方法应该是一致的。

(二)正确选择对比基数

相对指标的基数是指标对比的根据,选择得准确与否决定了相对指标实际存在的意义。因此,相对指标的基数选择须注意以下几点。

1. 从现象的性质和特点出发,选择能够反映现象和事物内在联系和本质差异的指标作为对比的标准。

2. 考虑统计研究的目的和要求,选择能够深刻说明问题的指标作为对比的标准。例如,要说明改革开放40年来的丰硕成果,那么,选用十一届三中全会以前(比如1978年)的指标数字资料作为对比基数,就能很恰当地说明问题。

三、相对指标和总量指标的结合运用

相对指标可以反映现象之间的联系及其差异程度,但是,仅看相对指标,往往会使人们难以辨别真相,甚至被误导。因为相对指标不可避免地将绝对水平抽象化了,表现不出现象之间在绝对量上的差异,所以进行对比分析时,必须将相对指标和总量指标结合运用,同时分析现象的总量水平和其相对差异程度,这样才有助于形成对社会经济现象的清晰、明确的认识和把握。比如,我国的钢产量1949年为15.8万吨,1950年为61万吨,1950年是1949年的3.86倍。2003年全国钢产量超过2.1亿吨,是2002年1.8亿吨的116.7%。若从相对指标分析,前者的发展步伐快于后者，前者1年间增长了286%，而后者1年间仅增长了16.7个百分点。然而，从增长的绝对水平观察，情形则大不一样。我国钢产量2003年比2002年增加了3 000万吨，每增加一个百分点的钢产量就意味着增加了180万吨，而1950年相比1949年绝对量仅增加45.2万吨，仅为2003年增长1%的绝对量的1/4。

思考题与练习题

1. 试简述总量指标的分类。
2. 时点指标与时期指标有何区别？
3. 相对指标的表现形式有几种？
4. 试述几种相对指标的含义和计算方法。
5. 强度相对指标为什么会有正、逆指标之分？
6. 某电机制造厂各种型号电机产量的资料如表5－8所示。请计算该厂发电机的总容量。

表5－8

产品名称及型号	单机容量（千瓦）	产量（台）	总容量（千瓦）
3－102汽油发电机	750	52	
3－108柴油发电机	1 500	38	
3－906汽轮发电机	12 000	5	
合　计	—		

7. 某饮料公司2016年和2018年的产量情况如表5－9所示。

表5－9 （吨）

产品名称	2016年实际产量	2018年产量	
		计划产量	实际产量
矿泉水	35 070	36 000	42 480
汽　水	15 540	17 500	19 775
水果汁	7 448	8 350	8 016

试计算各种饮料的产量动态相对指标，并检查产量计划完成程度。

8. 某企业的生产情况如表5－10所示。要求：

（1）填齐表中所缺数值；

（2）指出表内的第（2）（3）（4）（5）（6）各栏所示的分别属何种指标。

表 5－10

厂名	报告期工业增加值(万元)				基期实际工业增加值(万元)	报告期为基期的比率(%)
	计划	实际		完成计划的比率(%)		
		金额	比重(%)			
甲	(1)	(2)	(3)	(4)	(5)	(6)
第一分厂	8 000	9 600			6 000	
第二分厂	5 000			110.00	4 000	
第三分厂		10 000		80.00	8 000	
第四分厂			15.00	100.00		105.00
合　计			100.00			

9. 第六次人口普查的有关资料如表 5－11 所示。试计算:

(1)女性人口数;

(2)男性人口数及其所占比重。

表 5－11

项　目	单位	全国	北京市	上海市
全部人口数	万人	133 972	1 961	2 302
性别比(女性＝100)		105.21	106.80	106.18
总人口中女性所占比重	%	48.7	48.4	48.5

10. 2010 年,我国第六次全国人口普查显示,我国内地人口共有133 972万人,平均每10 万人中,具有大学及以上文化程度的有 8 930 人,具有高中文化程度的有14 032 人,具有初中文化程度的有38 788 人,具有小学文化程度的有 26 779 人。试分别计算我国内地人口中具有各种文化程度的人口数。

11. 某国 2015—2018 年年平均总人口为 3 102 万人,期间平均每年出生 42.6 万人,每年死亡 27.2 万人。

计算:(1)出生率和死亡率;

(2)指出是何种相对指标。

第六章　综合指标（二）

内容提要

● 平均指标是综合指标的另一种重要表现。平均指标的特点和作用。平均指标的计算有：算术平均数、调和平均数、几何平均数、中位数和众数。前三种是计算平均数，后两种是位置平均数。

● 标志变异指标是衡量分配数列中各标志值变动范围大小的综合指标，一般都和平均指标配合使用。标志变异指标的具体表现形式有：全距、平均差、标准差和标志变动系数等。

第一节　平均指标的作用

一、平均指标的概念和特点

（一）平均指标的概念

平均指标是综合指标的一种表现形式，又称平均数。它是指总体内各个总体单位某一数量标志不同数值的一般水平的统计指标。平均指标有两种：一种是静态平均数；另一种是动态平均数，又称序时平均数。本章主要讲述静态平均数。

统计研究的总体包括大量的总体单位。总体单位的特征有些表现为品质标志，有些表现为数量标志。为了综合说明总体某一数量标志的一般水平，就要利用平均数。以年龄来说，假设某车间第一生产组 10 名工人的年龄分别为 18 岁、18 岁、21 岁、25 岁、28 岁、30 岁、31 岁、34 岁、38 岁、40 岁。要说明这 10 名职工年龄的一般水平，就不能用个别职工的年龄来代表，而应该以他们的平均年龄作为一般水平，即

$$(18+18+21+25+28+30+31+34+38+40)\text{岁} \div 10 = 28.3\text{岁}$$

这个平均值是在 10 名职工年龄的基础上计算出来的，在计算过程中把职工之间年龄的差异抽象化了，结果得到了 10 名职工年龄的一般水平。

(二)平均指标的特点

从以上例子可以看出,平均指标具有两个特点:

1. 平均指标是用一个代表性的数值来说明被研究总体某一数量标志的一般水平;

2. 平均指标把总体各个单位之间的数值差异抽象化了,反映的是总体单位的综合特征。

二、平均指标的作用

平均指标的作用主要体现在以下三个方面。

第一,平均指标具有比较分析的作用。平均指标作为一个代表数值,不仅个别总体单位的离差相互抵消,而且不受总体单位多少的影响,所以最便于用来对总体进行比较。例如,规模不同的两个企业的工资总额是不可比的,但是两企业职工的平均工资则是可比的,因为平均指标消除了职工人数多少的影响。平均指标的这种比较作用包括两种情况:一是相同总体在不同空间的对比,包括不同地区、不同部门和不同单位之间的比较。例如,城乡居民的居住水平,若用全部总的居住面积进行比较,由于人口规模不同,难以说明城乡居民的居住水平,用人均居住面积对比,就可以反映城乡居民居住水平的差异。二是同一总体在不同时间上的比较,以反映总体一般水平的发展变化及其规律性。例如,从每年职工人均收入的不同数值,可以看出其发展趋势。

第二,平均指标可以作为论断事物的一种数量标准或参考。例如,评价一个学生考试成绩的好坏,可以根据该生所在班的学生的平均成绩来衡量。又如,在企业的生产管理中,制定的生产定额、劳动定额、物资消耗定额等的依据是实际已达到的平均先进指标。

第三,利用平均指标可以进行数量上的推断。在统计估算推断中,往往用部分单位的平均数去推断总体平均数,或根据总体平均数来推断总体标志总量。

第二节　算术平均数

平均数通常有以下几种:算术平均数、调和平均数、几何平均数、中位数和众数。其中,应用最广的是算术平均数。

算术平均数是总体各个单位的标志值之和除以总体单位总数所得的商。其基本公式为:

$$\text{算术平均数}=\frac{\text{总体标志总量}}{\text{总体单位总数}}$$

在掌握总体标志总量和总体单位总数的资料时,可以直接利用公式求出算术平均数。例如,某企业工人月工资总额为600 000元,工人总数为 200 人,那么,该企业工人的月平均工资 = 600 000元 ÷ 200 人 = 3 000 元/人。但在实际工作中,往往不能直接掌握上述两个数值,这就要根据我们所掌握的资料来计算,但归根结底其计算方法都要依赖此基本公式。

算术平均数有简单算术平均数和加权算术平均数两种。

一、简单算术平均数

简单算术平均数是将总体各单位的标志值直接相加,再除以总体单位数而求得的平均数。其计算公式如下:

$$\bar{x} = \frac{\Sigma x}{n}$$

式中:$\bar{x}$为算术平均数;x 为标志值;n 为总体单位数。

【例6-1】某工业公司10家企业拥有仿形车床的资料如下:

6　5　12　7　3　8　6　9　5　8　(单位:台)

试计算平均每个企业拥有的仿形车床数。

解:　$\bar{x} = \frac{\Sigma x}{n}$

$$= \frac{(6+5+12+7+3+8+6+9+5+8)\text{台}}{10} = 6.9\text{ 台}$$

即平均每个企业拥有 6.9 台仿形车床。

简单算术平均数适用于总体中各变量值出现的次数为 1 的情况。如果总体中各变量值出现的次数不同,那么,就要用加权算术平均数的方法计算。

二、加权算术平均数

在计算算术平均数时,若所根据的资料是经过整理的且按数量标志分组后编成的变量数列,就采用加权算术平均数的方法进行计算。加权算术平均数的计算方法是:用标志值乘以相应的各组单位数求出各组标志总量,再将加总得到的总数除以总体标志总量。其计算公式为:

$$\bar{x} = \frac{\Sigma xf}{\Sigma f}$$

式中:f 为权数(总体单位数)。

加权算术平均数的公式也可为:

$$\bar{x} = \frac{x_1f_1 + x_2f_2 + x_3f_3 + \cdots + x_nf_n}{f_1 + f_2 + f_3 + \cdots + f_n} = \frac{\Sigma xf}{\Sigma f}$$

【例6-2】资料如表6-1、表6-2、表6-3 所列,分别计算工人平均日产量、售货员月平均工资、推销员平均推销量。

表 6－1　　某工人班组某日零件加工情况

按日加工零件量分组(件) x	工人人数(人) f	日加工量(件) xf
100	4	400
120	10	1 200
130	15	1 950
144	3	432
合计	32	3 982

$$\text{工人平均日产量 } \bar{x} = \frac{100\times4+120\times10+130\times15+144\times3}{4+10+15+3}=\frac{3\ 982}{32}=124.4(\text{件})$$

表 6－2　　某零售商店售货员月工资情况

月工资额(元) x	售货员人数(人) f	各组售货员比重(%) $\frac{f}{\sum f}$	工资额(元) $x\cdot\frac{f}{\sum f}$
2 200	3	15	330
2 400	5	25	600
2 600	9	45	1 170
2 800	3	15	420
合计	20	100	2 520

$$\text{某商店售货员月平均工资 } \bar{x} = \frac{\sum xf}{\sum f}=\sum x\frac{f}{\sum f}$$

$$=2\ 200\times15\%+2\ 400\times25\%\times2\ 600\times45\%+2\ 800\times15\%$$

$$=2\ 520(\text{元})$$

表 6－3　　某企业推销员推销量情况

推销量(件)	推销员人数(人) f	组中值 x	xf
20～30	2	25	50
30～40	8	35	280
40～50	10	45	450
50～60	4	55	220
60～70	1	65	65
合　计	25	—	1 065

$$25\text{名推销员平均推销量}(\bar{x}) = \frac{\sum xf}{\sum f} = \frac{1\ 065\text{件}}{25\text{人}} = 42.6\text{件/人}$$

一般组组中值的计算公式为：

$$\text{组中值} = \frac{\text{上组限} + \text{下组限}}{2}$$

然而，计算开口组组中值的方法则为：

$$\text{组中值} = \text{下组限} + \frac{\text{邻组上组限} - \text{邻组下组限}}{2}$$

$$\text{组中值} = \text{上组限} - \frac{\text{邻组上组限} - \text{邻组下组限}}{2}$$

以组中值计算的算术平均数有一个假定前提，即假定总体各单位的标志值在组内是均匀分布的。但实际上标志值的分布并不十分均匀，于是在组中值和实际组平均数之间不可避免地会有一定的误差，所以，用组中值计算的平均数是一个近似值。

算术平均数由于所根据的资料不同，才有简单算术平均数和加权算术平均数两种计算形式。但是，这两种形式的计算原则是一致的，即标志总量和总体总量必须相适应。因为计算算术平均数时，总体单位的次数皆为1，所以，各标志值的个数之和就是总体单位数之和，用标志值之和除以标志值的个数之和，就等于标志总量除以总体单位总量。在各标志值出现的次数不是1的情况下，只有用加权算术平均数的计算公式计算，才能使总体的标志总量和总体单位总量相适应。若权数不是1，但各组的权数均相等（不论权数是用绝对数或是用相对数表示），权数的作用是没有实际意义的，此时，采用简单法或加权法计算算术平均数，其计算结果是完全相同的。

用计算公式表示，就显示出这种状况。

当次数 f 等于常数 c 时，即

$f_1 = f_2 = f_3 = \cdots = f_{n-1} = f_n = c$，则：

$$\bar{x} = \frac{\sum xf}{\sum f} = \frac{c\sum x}{cn} = \frac{\sum x}{n}$$

以表6－4的数据说明。

【例6－3】某作业小组成员的月工资实际兑现情况如表6－4所示，分别用“简单法”和“加权法”计算该组平均每人月工资收入，计算结果完全一致。

表 6－4　　某作业小组成员周工资收入

成员按周工资分组(元) x	成员人数(人) f	各组工资总额(元) xf
1 000	3	3 000
1 050	3	3 150
1 100	3	3 300
1 150	3	3 450
1 200	3	3 600
合计	15	16 500

用加权算术平均数计算公式计算：

$$\bar{x}=\frac{\sum xf}{\sum f}=\frac{1\ 000\times3+1\ 050\times3+1\ 100\times3+1\ 150\times3+1\ 200\times3}{3+3+3+3+3}$$

$$=\frac{16\ 500}{15}=1\ 100(\text{元})$$

用简单算术平均数计算公式计算：

$$\bar{x}=\frac{\sum x}{n}=\frac{1\ 000+1\ 050+1\ 100+1\ 150+1\ 200}{5}=1\ 100(\text{元})$$

加权算术平均数，除了用于计算数量标志的平均数外，某些品质标志的平均数，同样可以用加权算术平均数的公式计算。

以表 6－5 的资料为例。

表 6－5　　某公司工人技术等级分布

工人技术等级 x	工人人数(人)f		等级×人数　xf	
	2014 年	2018 年	2014 年	2018 年
初级技工 1	100	150	100	150
中级技工 2	210	230	420	460
高级技工 3	90	95	270	285
工人技师 4	10	15	40	60
合　计	410	490	830	955

【例 6－4】某公司工人技术等级的分布如表 6－5 所示，用“加权法”计算出公司工人的平均技术等级。

$$2014\text{ 年工人平均技术等级}=\frac{\sum xf}{\sum f}=\frac{830}{410}=2.02\text{ 级}$$

$$2018\text{ 年工人平均技术等级}=\frac{\sum xf}{\sum f}=\frac{955}{490}=1.95\text{ 级}$$

因为初、中级工人增加了，所以，公司2018年工人平均等级略有下降。

用加权平均数计算交替标志平均数。交替标志是将总体单位按“是”与“否”划分的标志。现象总体的总体单位，按某一标志划分为“具有这个标志”与“不具有这个标志”两类。比如学生按性别分为男生和女生，产成品按质量标准分为合格品和废品，人口按民族界别分为汉族和少数民族、按识字与否分为识字和文盲等。交替标志只有质的差别，不能直接计算平均数，若要计算平均数，先要摆渡到量的差异上来，即用“1”表示“是”，表示具有这一标志（如男生）的标志值，用“0”表示“否”，表示不具有这一标志（如女生）的标志值。这样，就可以运用加权算术平均计算其平均数。

假如用 p 代表“是”，q 代表“否”，交替标志的平均数计算公式为：

$$\bar{x}=\frac{(1\times p)+(0\times q)}{p+q}=\frac{p}{p+q}$$

【例6－5】假设某种产品产量中，合格品的比重为97%，废品（不合格品）的比重为3%，前者用 p 表示，后者用 q 表示，利用表6－6的资料，计算该种产品平均合格与否的情况。

表6－6　　某种产品合格情况

	代表值 x	比重（%）f	xf
合格品 p	1	97	97
不合格品 q	0	3	0
合计	—	100	97

上表的合格与否资料，按加权算术平均数计算，得：

$$\bar{x}=\frac{(1\times 97)+(0\times 3)}{97+3}=\frac{97}{100}=0.97(\text{或}97\%)$$

其计算结果表明，某种产品合格品平均数就是该种产品的合格率97%。

若上例的代表值对换，即 p 为0，q 为1，则计算结果为3%，即表示该产品的不合格品的平均数，或者称为不合格品率。

三、算术平均数的数学性质

性质一　算术平均数与标志值个数的乘积等于各个标志值的算术总和。

简单算术平均数：$n\cdot\bar{x}=\sum x$

证明：　因为　$\bar{x}=\frac{\sum x}{n}$

$$n\cdot\bar{x}=n\cdot\frac{\sum x}{n}$$

所以　$n \cdot \bar{x} = \sum x$

加权算术平均数：$\sum f \cdot \bar{x} = \sum xf$

证明：　因为　$\bar{x} = \dfrac{\sum xf}{\sum f}$

$$\sum f \cdot \bar{x} = \sum f \cdot \frac{\sum xf}{\sum f}$$

所以　$\sum f \cdot \bar{x} = \sum xf$

性质二　各个标志值与算术平均数的离差之和等于零。

简单算术平均数：$\sum (x - \bar{x}) = 0$

证明：因为　$\bar{x} = \dfrac{x_1 + x_2 + x_3 + \cdots + x_n}{n}$

$$n\bar{x} = x_1 + x_2 + x_3 + \cdots + x_n$$

$$x_1 + x_2 + x_3 + \cdots + x_n - n\bar{x} = 0$$

所以　$(x_1 - \bar{x}) + (x_2 - \bar{x}) + (x_3 - \bar{x}) + \cdots + (x_n - \bar{x}) = 0$

$$\sum (x - \bar{x}) = 0$$

加权算术平均数：$\sum (x - \bar{x})f = 0$

证明：$\sum (x - \bar{x})f = \sum xf - \sum \bar{x}f = \sum xf - \bar{x}\sum f$

因为　$\bar{x} = \dfrac{\sum xf}{\sum f}$

$$\sum xf = \bar{x}\sum f$$

所以　$\sum (x - \bar{x})f = 0$

性质三　各个标志值与算术平均数的离差平方和为最小值。

简单算术平均数：$\sum (x - \bar{x})^2$ 为最小值。

证明：设$\bar{x}'$ = 任意值，$c = \bar{x} - \bar{x}'$，则$\bar{x}' = \bar{x} - c$。

以$\bar{x}'$为中心的离差平方和为：

$$\begin{aligned}\sum (x - \bar{x}')^2 &= \sum [x - (\bar{x} - c)]^2 \\ &= \sum [(x - \bar{x}) + c]^2 \\ &= \sum [(x - \bar{x})^2 + 2c(x - \bar{x}) + c^2] \\ &= \sum (x - \bar{x})^2 + 2c\sum (x - \bar{x}) + nc^2 \\ &= \sum (x - \bar{x})^2 + nc^2\end{aligned}$$

因为　$nc^2 \geqslant 0$

所以　$\sum (x - \overline{x'})^2 \geqslant \sum (x - \bar{x})^2$

故　$\sum (x - \bar{x})^2$ 为最小值。

加权算术平均数：$\sum (x - \bar{x})^2 f$ 为最小值。

$$\begin{aligned}\text{证明：}\sum (x - \bar{x}')^2 f &= \sum [x - (\bar{x} - c)]^2 f \\ &= \sum [(x - \bar{x}) + c]^2 f\end{aligned}$$

$$= \sum[(x-\bar{x})^2+2c(x-\bar{x})+c^2]f$$
$$= \sum(x-\bar{x})^2f+2c\sum(x-\bar{x})f+\sum f\cdot c^2$$
$$= \sum(x-\bar{x})^2f+\sum f\cdot c^2$$

因为　$\sum f\cdot c^2 \geqslant 0$

所以　$\sum(x-\bar{x}')^2f \geqslant \sum(x-\bar{x})^2f$

故　$\sum(x-\bar{x})^2f$为最小值。

性质四　对每个标志值加(或减)一个任意数A,则平均数也要增加或减少该任意数A。

简单算术平均数:$\dfrac{\sum(x\pm A)}{n}=\bar{x}\pm A$

证明:因为　$\sum(x\pm A)=(x_1\pm A)+(x_2\pm A)+(x_3\pm A)+\cdots+(x_n\pm A)$
$$=\sum x\pm nA$$

所以　$\dfrac{\sum(x\pm A)}{n}=\dfrac{\sum x\pm nA}{n}=\dfrac{\sum x}{n}\pm A=\bar{x}\pm A$

$$\bar{x}=\frac{\sum(x\pm A)}{n}\mp A$$

加权算术平均数:$\dfrac{\sum(x\pm A)f}{\sum f}=\bar{x}\pm A$

证明:因为　$\sum(x\pm A)f=(x_1f_1\pm Af_1)+(x_2f_2\pm Af_2)+(x_3f_3\pm Af_3)+\cdots+(x_nf_n\pm Af_n)$
$$=\sum xf\pm\sum Af$$

所以　$\dfrac{\sum(x\pm A)f}{\sum f}=\dfrac{\sum xf\pm\sum Af}{\sum f}$
$$=\frac{\sum xf}{\sum f}\pm\frac{A\sum f}{\sum f}=\bar{x}\pm A$$

$$\bar{x}=\frac{\sum(x\pm A)f}{\sum f}\mp A$$

性质五　对每一个标志值乘以或者除以一个任意数A,则平均数也要乘以或者除以该任意数A。

简单算术平均数:$\dfrac{\sum Ax}{n}=A\bar{x}$,　$\dfrac{\sum\frac{x}{A}}{n}=\dfrac{\bar{x}}{A}$。

证明:因为　$\sum Ax=A\sum x$

$$\frac{A\sum x}{n}\cdot\frac{1}{A}=\bar{x}$$

所以 $\frac{\sum Ax}{n}\cdot\frac{1}{A}=\bar{x}$

$$\frac{\sum Ax}{n}=A\bar{x}$$

因为 $\sum\frac{x}{A}=\frac{x_1}{A}+\frac{x_2}{A}+\frac{x_3}{A}+\cdots+\frac{x_n}{A}$

$$=\frac{1}{A}(x_1+x_2+x_3+\cdots+x_n)$$

$$=\frac{1}{A}\sum x$$

所以 $\frac{\sum\frac{x}{A}}{n}=\frac{1}{A}\cdot\frac{\sum x}{n}=\frac{\bar{x}}{A}$

$$\bar{x}=\frac{\sum\frac{x}{A}}{n}\cdot A$$

故 $\frac{\sum\frac{x}{A}}{n}=\frac{\bar{x}}{A}$

加权算术平均数：$\frac{\sum Axf}{\sum f}=A\bar{x}$，$\frac{\sum\frac{xf}{A}}{\sum f}=\frac{\bar{x}}{A}$。

证明：因为 $\sum Axf=Ax_1f_1+Ax_2f_2+Ax_3f_3+\cdots+Ax_nf_n$

$$=A\sum xf$$

所以 $\frac{\sum Axf}{\sum f}=\frac{A\sum xf}{\sum f}=A\bar{x}$

$$\bar{x}=\frac{\sum Axf}{\sum f}\cdot\frac{1}{A}$$

因为 $\sum\frac{xf}{A}=\frac{x_1}{A}f_1+\frac{x_2}{A}f_2+\frac{x_3}{A}f_3+\cdots+\frac{x_n}{A}f_n$

$$=\frac{1}{A}(x_1f_1+x_2f_2+x_3f_3+\cdots+x_nf_n)$$

$$=\frac{1}{A}\sum xf$$

所以 $\frac{\sum\frac{xf}{A}}{\sum f}=\frac{1}{A}\cdot\frac{\sum xf}{\sum f}=\frac{\bar{x}}{A}$

$$\bar{x}=\frac{\sum\frac{xf}{A}}{\sum f}\cdot A$$

四、算术平均数应用的特点

算术平均数的应用非常广泛，其计算方法很容易掌握，尤其是加权算术平均数,在经济统计中发挥着重要作用。同时,算术平均数又与大量的社会经济过程相适应。

算术平均数容易受极端值的影响,并且受极大值的影响大于受极小值的影响。例如,5 名工人日生产零件分别为 10 个、15 个、30 个、50 个、90 个,他们日平均生产零件为:

$$\frac{(10+15+30+50+90)\text{个}}{5\text{人}}=39\text{个/人}$$

显然,这个平均数的代表性很差。因此,当许多标志值之间出现特别大或特别小的数值时,算术平均数的代表性就比较差。

当组距数列有开口组时,组中值一般按邻组组距计算。这样处理的假定性很大,平均数的代表性也就会受到一定的影响。

第三节 调和平均数

一、调和平均数的概念

调和平均数是平均数的一种形式,它是各个标志值倒数的算术平均数的倒数,又称为倒数平均数。调和平均数分为简单调和平均数和加权调和平均数两种。

二、简单调和平均数

简单调和平均数的计算公式为:

$$H=\frac{n}{\frac{1}{x_1}+\frac{1}{x_2}+\frac{1}{x_3}+\cdots+\frac{1}{x_n}}=\frac{n}{\sum\frac{1}{x}}$$

式中:H 为简单调和平均数;x 为各标志值;n 为标志值的项数。

【例 6-6】某市场黄瓜的单价,早上为每 1 000 克 11 元,中午为每 1 000 克 13 元,晚上为每 1 000 克 10 元。如果早、中、晚各买了 10 元钱的黄瓜,试问黄瓜的平均单价是多少?

解:根据题意可知,10 元 ×3 = 30 元为购买黄瓜的总金额,只需要再求出购买黄瓜的数量,就可以得出黄瓜的平均单价。

$$H=\frac{n}{\frac{1}{x_1}+\frac{1}{x_2}+\frac{1}{x_3}+\cdots+\frac{1}{x_n}}=\frac{30\text{元}}{\frac{10}{11}+\frac{10}{13}+\frac{10}{10}}$$

$$=\frac{3\text{元}}{0.91+0.77+1}=11.2\text{元}$$

即每 1 000 克黄瓜的平均单价为 11.2 元。

【例 6-7】有 3 种原料的价格分别为 300 元/吨、500 元/吨和 800 元/吨,现各购进 1 000 元的各种原料,试问原料的平均价?

$$解:H=\frac{n}{\sum\frac{1}{x}}=\left(\frac{3\ 000}{\frac{1\ 000}{300}+\frac{1\ 000}{500}+\frac{1\ 000}{800}}\right)元/吨=456元/吨$$

三、加权调和平均数

如果所给的资料不像上述例题中早、中、晚各买1元钱的黄瓜,或各买1 000元的3种原料,而是购买不同的金额,形成一个变量数列(次数分配数列),此时就不能用简单调和平均数的公式计算了,而必须用加权调和平均数的公式计算。

加权调和平均数的公式为:

$$M_H=\frac{M_1+M_2+M_3+\cdots+M_n}{\frac{M_1}{x_1}+\frac{M_2}{x_2}+\frac{M_3}{x_3}+\cdots+\frac{M_n}{x_n}}=\frac{\sum M}{\sum\frac{M}{x}}=\frac{\sum M}{\sum\frac{1}{x}M}$$

式中:M_H 为加权调和平均数;M 为各变量值;n 为变量值的项数。

下面试以表 6-7 的数据举例如下。

表 6-7　　某产品所需原材料的资料

原材料	价格(元/千克) x	总金额(元) M	总数量(千克) M/x
甲	5.00	1 000	200
乙	5.50	2 000	363.6
丙	4.50	1 500	333.3
丁	6.00	500	83.3
合　计	—	5 000	980.2

依题意,总金额为5 000元,总数量为980.2千克,则:

$$M_H=\frac{\sum M}{\sum\frac{1}{x}M}=\frac{5\ 000元}{\left(\frac{1\ 000}{5.00}+\frac{2\ 000}{5.50}+\frac{1\ 500}{4.50}+\frac{500}{6.00}\right)千克}$$

$$=\frac{5\ 000元}{980.2千克}=5.10元/千克$$

从上面例题可以看出:调和平均数的计算仍然是总体标志总量除以总体单位总数的结果。调和平均数是算术平均数的变形,其计算结果和算术平均数的计算结果是一致的,只是所掌握的资料不同而采取不同的计算形式来计算平均指标。

令 $M=xf$,并将 $f=\frac{M}{x}$ 代入算术平均数公式,得:

$$加权算术平均数(\bar{x}) = \frac{\Sigma xf}{\Sigma f} = \frac{\Sigma M}{\Sigma \frac{M}{x}} = M_H = 加权调和平均数$$

采用加权平均法计算平均指标的关键是正确地确定权数。一般来讲,当所掌握的资料直接给出权数时,用加权算术平均法;当所掌握的资料没有直接给出权数,而权数需要计算出来时,应采用加权调和平均数公式计算。下面举例说明算术平均数和调和平均数的计算。

【例6－8】某商店3种皮鞋的价格和销售情况资料如表6－8所示,试根据资料计算3种皮鞋的平均价格。

表6－8

品　种	每双价格(元) x	销售额(元) M	销售量(双) M/x
甲	98	16 954	173
乙	120	24 000	200
丙	155	12 710	82
合　计	—	53 664	455

资料栏　　　　计算栏

解:

$$M_H = \frac{\Sigma M}{\Sigma \frac{1}{x}M} = \frac{53\ 664\text{元}}{\left(\frac{16\ 954}{98} + \frac{24\ 000}{120} + \frac{12\ 710}{155}\right)\text{双}}$$

$$= \frac{53\ 664\text{元}}{455\text{双}} = 117.94\text{元/双}$$

倘若将已知的销售额改为销售量,则应运用加权算术平均数的公式计算3种皮鞋的平均价格:

$$\bar{x} = \frac{\Sigma xf}{\Sigma f} = \frac{(98 \times 173 + 120 \times 200 + 155 \times 82)\text{元}}{(173 + 200 + 82)\text{双}}$$

$$= \frac{53\ 664\text{元}}{455\text{双}} = 117.94\text{元/双}$$

在经济分析中,有时要用相对数来计算平均指标。

【例6－9】某企业有3个车间,其产值完成情况如表6－9所示,根据资料计算企业平均产值计划完成百分比。

表 6－9

车　　间	实际完成计划(%) x	实际产值(万元) M	计划产值(万元) M/x
一车间	90	1 440	1 600
二车间	100	1 700	1 700
三车间	105	945	900
合　计	—	4 085	4 200

资料栏（车间至实际产值列）　　计算栏（计划产值列）

依据以上资料，应采用加权调和平均数公式计算。

$$M_H=\frac{\sum M}{\sum \frac{1}{x}M}=\frac{4\ 085}{\frac{1\ 440}{0.90}+\frac{1\ 700}{1.00}+\frac{945}{1.05}}$$

$$=\frac{4\ 085}{4\ 200}=0.972\ 6=97.26\%$$

如果上述已知实际产值改为计划产值，则需要采用加权算术平均数公式计算。

$$\bar{x}=\frac{\sum xf}{\sum f}=\frac{1\ 600\times 0.9+1\ 700\times 1+900\times 1.05}{1\ 600+1\ 700+900}$$

$$=\frac{4\ 085}{4\ 200}=0.972\ 6=97.26\%$$

四、调和平均数应用的特点

第一，因为调和平均数是算术平均数的倒数，小数值的倒数值大于大数值的倒数值，所以调和平均数也易受极端值的影响，而且受极小数值的影响比受极大数值的影响要大。

第二，当组距数列有开口组时，组中值的假定性对调和平均数的影响同样存在。

第三，调和平均数的应用范围较小，没有算术平均数运用得广泛。

第四节　众数和中位数

一、众数的意义和特点

众数也是平均数的一种。在总体中出现次数最多的那个标志值（变量值）就是众数,它代表总体单位各标志值的一般水平。例如,有 10 名大学生的年龄为:18 岁、18 岁、19 岁、19 岁、19 岁、19 岁、19 岁、20 岁、20 岁、21 岁。由于 19 岁出现的次数最多,所以 19 岁就是众数。如果 10 名职工的年龄为:20 岁、21 岁、22 岁、23 岁、24 岁、25 岁、26 岁、27 岁、28 岁、29 岁,各个标志值出现的次数相同,这个年龄组中就没有众数。

在统计中,众数有时用来说明一种社会现象的一般水平。例如,为了了解某市场中某种商品的成交价格,不必一一调查,只要用成交价格最多的价格(也就是众数价格)来代表成交价格的一般水平便可以了。

众数所代表的经济现象的一般水平不受极端值的影响,也不受开口组组中值假定性的影响。众数的特殊作用和代表的一般水平是算术平均数和调和平均数所不能代替的。

二、众数的计算方法

根据掌握的资料不同,众数的计算方法有两种。

(一)根据单项数列计算

根据单项数列计算,其方法比较简单,单项数列中总体单位最多的一组的标志值便是众数。

【例 6-10】,某餐厅经理为掌握厨师的技术水平,将厨师的技术等级资料列于表 6-10 中。从表6-10可以看出,三级厨师有 15 人,在厨师中人数最多,所以三级为众数。

表 6-10

技术等级	人数(人)
三级	15
二级	10
一级	5
特级	2
合　计	32

(二)根据组距数列计算

根据组距数列只能计算出众数的近似值,其方法有两种。

1. 组中值法。这种方法是根据所给的组距数列资料先确定众数组(即次数出现最多的组)。众数组的组中值由上限加下限除以 2 而得,这个组中值即为众数的近似值。其计算公式为:

$$M_0 = \frac{L+U}{2}$$

式中：M_0 为众数；L 为下限；U 为上限。

【例 6－11】某地区农户月收入情况如表 6－11 所示。由表 6－11 可以看出，3 000～4 000 元这一组的农户最多，为 1 000 户，因此此组为众数组。

表 6－11

月收入额(元)	农户数(户)
1 000～2 000	240
2 000～3 000	600
3 000～4 000	1 000
4 000～5 000	450
5 000～6 000	300
合　计	2 590

$$M_0 = \frac{L+U}{2} = \frac{(3\ 000+4\ 000)\text{元}}{2} = 3\ 500\ \text{元}$$

即众数组的月平均收入为 3 500 元。

利用组中值法计算众数有一定的局限性，它只适用于众数组的组距不大，且组内的变量值分布比较均匀的情况。也就是说，只有符合上述条件，众数组的组中值才可以比较实际地反映众数值；否则，众数值的代表性就不强。

2. 插补法。在计算众数时，所给的变量数列资料的次数分布常常不对称，这时计算众数就要受到邻组次数的影响。当众数组前一组的次数大于众数组后一组的次数时，众数值将靠近众数组的下限；反之，当众数组前一组的次数小于众数组后一组的次数时，众数值将靠近众数组的上限。按众数组次数与两个邻组次数的差数比例来确定众数近似值的方法叫作插补法。其计算公式为：

下限公式

$$M_0 = L + \left(\frac{\Delta_1}{\Delta_1 + \Delta_2}\right) \cdot d$$

上限公式

$$M_0 = U - \left(\frac{\Delta_2}{\Delta_1 + \Delta_2}\right) \cdot d$$

式中：L 为下组限；U 为上组限；Δ_1 为众数组次数与前一组次数之差；Δ_2 为众数组次数与后一组次数之差；d 为众数组的组距。

用此公式计算表 6－11 所示资料的众数。

代入下限公式：

$$
\begin{aligned}
M_0 &= L + \left(\frac{\Delta_1}{\Delta_1 + \Delta_2}\right) \cdot d \\
&= 3\ 000\ \text{元} + \left(\frac{400}{400 + 550}\right) \times 1\ 000\ \text{元} \\
&= (3\ 000 + 421.05)\text{元} = 3\ 421.05\ \text{元}
\end{aligned}
$$

代入上限公式：

$$
\begin{aligned}
M_0 &= U - \left(\frac{\Delta_2}{\Delta_1 + \Delta_2}\right) \cdot d \\
&= 4\ 000\ \text{元} - \left(\frac{550}{400 + 550}\right) \times 1\ 000\ \text{元} \\
&= (4\ 000 - 578.95)\text{元} = 3\ 421.05\ \text{元}
\end{aligned}
$$

三、中位数的意义和特点

将总体中某一数量标志的各个数值按大小顺序排列，处于中间位置的标志值就是中位数。中位数也是平均数的一种，它是表示中间位置的平均数。中位数的确定仅取决于它在数据数列中的位置，因此不受极大值或极小值的影响。比如，4、6、8、10、20 五个数的中位数为 8，它不受极大值 20 的影响，这一点优于算术平均数，但其最大的缺点就是不能进行代数运算。

四、中位数的计算方法

中位数的计算要根据所掌握的资料来决定，一般有两种情况：一是资料未经分组；二是资料已经分组。

（一）未分组资料中位数的确定

资料未分组时，确定中位数首先要将标志值按大小顺序排列，然后利用下面的公式确定中位数的位置：

$$\text{中位数位置} = \frac{n+1}{2}$$

当总体单位数为奇数时，位于数列中间位置的标志值为中位数；当总体单位数为偶数时，位于数列中间两项的算术平均数为中位数。

【例 6－12】设 5 个工人日产量分别为 5 件、6 件、7 件、8 件、9 件，则中位数的位置为：

$$\frac{n+1}{2} = \frac{5+1}{2} = 3$$

即中位数为 7 件。

【例 6－13】设 6 个工人日产量分别为 5 件、6 件、7 件、8 件、9 件、10 件，则中位数的位置为：

$$\frac{n+1}{2}=\frac{6+1}{2}=3.5$$

n 是偶数,中位数为第 3 项与第 4 项的算术平均数。

$$中位数=\frac{(7+8)件}{2}=7.5件$$

（二）分组资料中位数的确定

在分组资料中包括两种情况:一种是经过分组的单项变量数列;另一种是组距变量数列。

1. 按单项数列计算中位数。按单项数列计算中位数时,首先应计算出单项数列的累计次数。累计方法有两种:从标志值最小一组的次数起逐项累计为较小制累计;从标志值最大一组的次数起逐项累计为较大制累计。计算累计次数确定中位数所在的组,其组值为中位数。

【例 6 -14】现以表 6 -12 所示的数据举例说明如下。

表 6 -12　　200 名职工的身高资料

按身高分组(米)	职工人数(人)	职工人数累计(人)	
		较小制累计	较大制累计
1.55	7	7	200
1.60	10	17	193
1.64	25	42	183
1.68	40	82	158
1.72	50	132	118
1.76	30	162	68
1.78	15	177	38
1.80	10	187	23
1.82	8	195	13
1.85	5	200	5
合计	200	—	—

$$中位数位置=\Sigma f/2=200/2=100$$

中位数 $Me=1.72\text{m}$,其位置在第 100 项数,在较小制累计和较大制累计的第 5 组中,而此组的标志值为 1.72m。

2. 按组距数列计算中位数。根据组距数列计算中位数比较复杂。

【例 6 -15】依据表 6 -13 的资料举例说明。

第一步:确定中位数所在组。根据资料,不论较小制累计还是较大制累计,中位数都在 800 ~1 200 元组内。

第二步:用插补法计算中位数的近似值。

表 6-13

每人平均周收入（元）	职工人数（人）	累计次数(人)	
		按较小制累计	按较大制累计
400 ~800	200	200	1 000
800 ~1 200	500	700	800
1 200 ~1 600	100	800	300
1 600 ~2 000	100	900	200
2 000 ~2 400	100	1 000	100
合　计	1 000	—	—

(1)计算出中位数在组内中位数以下的项数:

$$(500-200)\text{人}=300\text{人}$$

(2)中位数以下项数与全组次数相比,计算出组内中位数以下项数的比例(系数):

$$300\div 500=0.6$$

(3)用比例推出插入值。其方法是用该组的组距乘以系数,即

$$400\text{元}\times 0.6=240\text{元}$$

(4)若按下限计算,则加上第(3)项计算的插入值就是中位数的近似值,即

$$(800+240)\text{元}=1\ 040\text{元}$$

以上计算过程可以概括为一个公式,包括上限公式和下限公式,其计算结果是一致的。

下限公式为:

$$Me = L + \frac{\frac{\sum f}{2} - S_{m-1}}{f_m} \cdot i$$

式中:Me 为中位数;L 为下限;f_m 为中位数所在组的次数;S_{m-1} 为中位数所在组以下的累积次数; $\sum f$ 为总次数;i 为中位数所在组的组距。

上例用公式计算:

$$Me=800\text{元}+\frac{\frac{1\ 000}{2}-200}{500}\times 400\text{元}=1\ 040\text{元}$$

上限公式为:

$$Me = U - \frac{\frac{\Sigma f}{2} - S_{m+1}}{f_m} \cdot i$$

式中:U 为中位数所在组的上限;S_{m+1} 为中位数所在组以上的累积次数。

将上例代入公式:

$$Me = 1\ 200\text{ 元} - \frac{\frac{1\ 000}{2} - 300}{500} \times 400\text{ 元} = 1\ 040\text{ 元}$$

第五节　标志变异指标

一、标志变异指标的意义和作用

标志变异指标,是指一系列用来衡量分配数列中各标志值的变动范围或离差程度的综合指标,亦称标志变动度。

(一)标志变异指标的意义

平均指标和标志变异指标分别反映事物发展在数量方面的共性(集中趋势)与特殊性(离中趋势),两者相辅相成,有助于我们全面认识社会经济现象的数量规律,从而为统计分析和决策提供有力的工具。

(二)标志变异指标的作用

标志变异指标的作用主要有以下两个方面:

1. 标志变异指标是衡量平均数代表性的尺度。一般来说,标志变异指标值越大,平均数的代表性越小;标志变异指标值越小,平均数的代表性越大。

试对下列三组工人的年龄做一比较:

甲组工人的年龄分别为:20 岁,20 岁,20 岁,20 岁,20 岁;

乙组工人的年龄分别为:19 岁,19 岁,20 岁,20 岁,22 岁;

丙组工人的年龄分别为:18 岁,18 岁,19 岁,21 岁,24 岁。

这三组工人的平均年龄均为 20 岁,但各组年龄的离散程度不一样:甲组无差异,乙组差异较小,丙组差异最大。因此认为,平均年龄 20 岁在甲组表现得最充分,乙组其次,丙组最差。

2. 标志变异指标是反映社会经济活动过程均衡性的一个重要指标。一般来说,标志变异指标值越小,社会经济活动过程越均衡;反之,则说明社会经济过程存在着陡起陡落现象,需要加以调整和控制。

【例 6－16】某公司下属两个企业完成计划的程度如表 6－14 所示。由表可以看出:甲企业生产活动较稳定,而乙企业有明显的前松后紧倾向,需要更好地组织生产。

表6-14

(%)

企业	计划完成情况				
	全　年	一季度	二季度	三季度	四季度
甲企业	100	25	26	26	23
乙企业	100	20	28	25	27

二、标志变异指标的主要计算方法

(一)全距

全距是指在数列中最大的标志值与最小的标志值的差,又称为“极差”。

$$全距=最大标志值-最小标志值$$

【例6-17】有两组工人的周工资,甲组:300元、320元、400元、450元、520元,乙组:290元、300元、380元、420元、500元。

解:

$$全距_{甲}=520元-300元=220元$$

$$全距_{乙}=500元-290元=210元$$

由此可见:全距越小,表明变量值越集中,标志变异指标越小;相反,全距越大,表明变量值越分散,标志变异指标越大。

全距虽然是测定标志变异程度的最简单的方法,但只能说明总体中两个极端值的差异范围,而不能全面反映各单位标志值的变异程度。

(二)平均差

平均差是测定标志变异程度的另一种指标,它是各单位标志值对算术平均数的离差绝对值的算术平均数,又称为平均离差,用 *A. D.* 表示。

平均差有两种:一种是简单平均差;另一种是加权平均差。

1. 简单平均差是在资料未分组时采用的计算方法。其计算公式为:

$$A.D.=\frac{\sum|x-\bar{x}|}{n}$$

2. 加权平均差是在资料经过分组以后采用的计算方法。其计算公式为:

$$A.D.=\frac{\sum|x-\bar{x}|f}{\sum f}$$

【例6-18】现以表6-15中的资料举例说明如下:

$$\bar{x}=\frac{\sum xf}{\sum f}=\left(\frac{9\,750}{270}\right)岁=36.1岁$$

$$A.D. = \frac{\sum |x-\bar{x}| f}{\sum f} = \left(\frac{1\ 999}{270}\right)\text{岁} = 7.4\ \text{岁}$$

表 6－15　　某厂工人年龄的加权平均差计算表

按年龄段分组	组中值 x	人数(人) f	xf	$x-\bar{x}$	$\|x-\bar{x}\|$	$\|x-\bar{x}\|f$
20～30 岁	25	80	2 000	－11.1	11.1	888
30～40 岁	35	100	3 500	－1.1	1.1	110
40～50 岁	45	70	3 150	8.9	8.9	623
50～60 岁	55	20	1 100	18.9	18.9	378
合　计	—	270	9 750	—	—	1 999

总的平均年龄与各组平均年龄之间的平均差为 7.4 岁。平均差的数值越大，数列的平均数的代表性越差;反之,则越好。

由于平均差是根据全部变量计算出来的,受极端值的影响较小,因此对整个变量值的离散趋势有较充分的代表性。

(三)标准差

标准差是各变量值与其算术平均数的离差平方的算术平均数的平方根。标准差又称均方差,一般用 σ 表示。

根据所给的资料不同,标准差的计算有简单式和加权式两种。

1. 简单式。对未分组资料计算标准差时采用此式,其公式为:

$$\sigma = \sqrt{\frac{\sum (x-\bar{x})^2}{n}}$$

2. 加权式。按照分组资料计算标准差时采用加权式,其公式为:

$$\sigma = \sqrt{\frac{\sum (x-\bar{x})^2 f}{\sum f}}$$

【例 6－19】以表 6－16 的资料举例说明如下:

$$\sigma_{甲} = \sqrt{\frac{\sum (x-\bar{x})^2}{n}} = \left(\sqrt{\frac{1\ 680^2}{6}}\right)\text{件} = 685.86\ \text{件}$$

$$\sigma_{乙} = \sqrt{\frac{\sum (x-\bar{x})^2}{n}} = \left(\sqrt{\frac{136^2}{6}}\right)\text{件} = 55.52\ \text{件}$$

表 6－16　　简单标准差计算表

甲组（$\bar{x}=80$ 件）			乙组（$\bar{x}=80$ 件）		
每人日产量（件）x	离差 $x-\bar{x}$	离差的平方 $(x-\bar{x})^2$	每人日产量（件）x	离差 $x-\bar{x}$	离差的平方 $(x-\bar{x})^2$
58	－22	484	72	－8	64
64	－16	256	78	－2	4
70	－10	100	80	0	0
90	10	100	80	0	0
96	16	256	82	2	4
102	22	484	88	8	64
合　计	—	1 680	合　计	—	136

标准差越大，表明标志变动程度越大，平均数的代表性越差；标准差越小，表明标志变动程度越小，平均数的代表性越好。

上例中，$\sigma_{甲} > \sigma_{乙}$，说明甲组平均数的代表性较差，而乙组平均数的代表性较好。

【例 6－20】以表 6－17 的资料来说明加权标准差的计算。

表 6－17　　加权标准差计算表

周工资（元/人）x	职工人数（人）f	工资总额（元）xf	离差 $x-\bar{x}$	离差平方 $(x-\bar{x})^2$	加权离差平方 $(x-\bar{x})^2f$
100	1	100	－84.44	7 130.113 6	7 130.113 6
120	1	120	－64.44	4 152.513 6	4 152.513 6
150	6	900	－34.44	1 186.113 6	7 116.681 6
200	7	1 400	15.56	242.113 6	1 694.795 2
250	2	500	65.56	4 298.113 6	8 596.227 2
300	1	300	115.56	13 354.113 6	13 354.113 6
合　计	18	3 320	—	—	42 044.444 8

按表 6－17 的资料计算标准差：

$$\bar{x} = \frac{\sum xf}{\sum f} = \left(\frac{3\ 320}{18}\right)元 = 184.44\ 元$$

$$\sigma = \sqrt{\frac{\sum(x-\bar{x})^2 f}{\sum f}} = \left(\sqrt{\frac{42\ 044.444\ 8}{18}}\right)元 = 48.33\ 元$$

交替标志标准差的计算方法,其计算公式是:

$$\sigma = \sqrt{p(1-p)}$$

因为 $p+q=1$,$q=1-p$,而 $\bar{x}=p$,$\Sigma f=p+q=1$,则将 p 和 q 代入标准差计算公式,得:

$$交替标志标准差\ \sigma = \sqrt{\frac{\Sigma(x-\bar{x})^2 f}{\Sigma f}} = \sqrt{\frac{p(1-p)^2+q(0-p)^2}{p+q}}$$

$$= \sqrt{\frac{pq^2+p^2q}{p+q}} = \sqrt{\frac{pq(p+q)}{p+q}} = \sqrt{pq}$$

$$= \sqrt{p(1-p)}$$

从上述公式可见,交替标志标准差是具有某一标志的总体单位在总体中所占比重和不具有某一标志的总体单位在总体中所占比重的乘积的平方根。p 和 q,又称为成数。交替标志标准差在抽样推断中有着广泛的用途。

【例 6－21】依据表 6－6 的资料计算交替标志标准差,列出计算表6－18如下。

表 6－18　　交替标志标准差计算表

	代表值 x	比重(%) f	计算栏			
			xf(%)	$x-\bar{x}$	$(x-\bar{x})^2$	$(x-\bar{x})^2f$
合格品 p	1	97	97	1－0.97＝0.03	0.000 9	0.087 3
不合格品 q	0	3	0	0－0.97＝－0.97	0.940 9	2.822 7
合计	—	100	97	—	—	2.91

$$交替标志标准差\ \sigma = \sqrt{\frac{\Sigma(x-\bar{x})^2 f}{\Sigma f}} = \sqrt{\frac{2.91}{100}} = 0.170\,6(或\ 17.06\%)$$

或者为:

$$\sigma = \sqrt{p(1-p)} = \sqrt{0.97\times 0.03} = \sqrt{0.029\,1} = 0.170\,6(或\ 17.06\%)$$

计算结果表明,某种产品合格率(成数)的交替标志标准差为 17.06%。

(四)标志变动系数(离散系数)

标志变动系数又称离散系数,是用相对数表现的标志变异指标。

全距、平均差和标准差是表示标志变异程度的绝对数指标,它们不仅取决于标志值的离散程度,还取决于计算变量值的一般水平。对于不同总体的标志变异程度就不适合直接进行比较,而需要计算标志变动系数来消除不同总体水平的影响。标志变动系数的计算式为:

$$V = \frac{\sigma}{x}\times 100\%$$

式中:V为标志变动系数。

【例 6－22】设两个不同能力的工人的日产量数列资料如下:

工人甲的日产量(件): 60 65 70 75 80

工人乙的日产量(件): 9 9 10 12 15

计算得: $\bar{x}_{甲}=70$ 件; $\bar{x}_{乙}=11$ 件

$\sigma_{甲}=7.07$ 件; $\sigma_{乙}=2.28$ 件

故有:

$$V_{甲}=\frac{7.07}{70}=10.1\%$$

$$V_{乙}=\frac{2.28}{11}=20.7\%$$

从数值上看,甲的标准差大于乙的标准差,但这并不能说明甲数列的离散程度大于乙数列的离散程度,更不能说明乙的平均数的代表性好于甲。通过对标志变动系数的计算说明,并不是甲数列的标志变异程度大于乙数列,而是乙数列的标志变异程度大于甲数列。

第六节　运用平均指标应注意的问题

在前面几节中,我们介绍了算术平均数、调和平均数、中位数、众数等平均指标,但在实际运用平均指标时,有以下三方面是必须注意的。

第一,平均数必须应用于同质总体。尽管社会经济统计的总体本身是同质的,但这并不是说某个总体的各个总体单位之间不存在差别,也正是这种差别,有时会使平均指标的计算结果掩盖了事实的真相。因此,这里要强调指出,在计算和应用平均指标时,不要只看到总体本身所具有的同质性,而在计算平均数时忽略了事物之间的原则区别。

第二,应用组平均数补充总平均数。用平均指标分析问题时离不开统计分组。总平均数的大小不仅会受总体内部各组变量值大小的影响,还要受总体内部构成的影响。这种总体构成往往使组平均数和总平均数的结论不一致,因此,在分组基础上利用各组平均数来补充说明总平均数,就可以使人们在利用平均数说明问题、分析问题时避免片面性。

【例 6－23】以表 6－19 中的资料举例说明如下。

从表 6－19 可以看出:总平均数是甲厂平均工资 280.43 元,乙厂平均工资 272.50 元,甲厂高于乙厂。但是,分组计算平均数的结果恰好相反,乙厂各类工人的平均工资都高于甲厂。出现这种矛盾的原因是:甲、乙两厂各类工人的构成比重不同,熟练工人甲厂为 87%,乙厂为 75%;不熟练工人甲厂为 13%,乙厂为 25%。

正是受这种工资水平不同的工人人数结构差别的影响,甲厂的总平均工资水平高于乙厂。此时,只有通过分组计算才能反映出实际的工资水平。

表 6－19

组别	甲厂				乙厂			
	工人数 ①	比重 (%)	工资总额 (元) ②	周平均工资 (元) ③ = ②/①	工人数 ④	比重 (%)	工资总额 (元) ⑤	周平均工资 (元) ⑥ = ⑤/④
熟练工人	200	87	60 000	300	150	75	46 500	310
不熟练工人	30	13	4 500	150	50	25	8 000	160
合　计	230	100	64 500	280.43	200	100	54 500	272.50

第三,用变量数列的资料补充总平均数。单看平均指标,给人的印象是一般水平,是总体标志值的抽象化,它掩盖了变量数列中各标志值的差别。所以,只有用变量数列补充说明总平均数,才会有一个比较具体的认识。

例如,有 10 家工厂,平均计划完成程度为 110%,我们不能由此判断每一家工厂都超额完成了任务,而应该进一步了解每个工厂的计划完成情况,以及不同计划完成情况下的企业数,再结合总平均数,才能对 10 家工厂的计划完成情况有一个全面的了解。

思考题与练习题

1. 平均指标的特点和作用是什么?
2. 算术平均数的两种计算方法有何差异?
3. 如何认识“在某种意义上调和平均数是算术平均数的变形”?
4. 为什么说中位数和众数是位置平均数?
5. 平均指标和强度相对指标是一样的吗?
6. 为什么要计算标志变异指标?
7. 某集团公司的职工工资情况如表 6－20 所示。试计算该集团公司职工的周平均工资。

表 6－20

按周工资分组(元)	企业个数	各组职工所占比重(%)
400～600	3	20
600～800	6	25

续表

按周工资分组(元)	企业个数	各组职工所占比重(%)
800～1 000	4	30
1 000～1 200	4	15
1 200 以上	5	10
合计	22	100

8. 依据表 6-20 中的资料,用众数方法确定该集团公司职工的周平均工资。

9. 依据表 6-20 中的资料,用中位数方法确定该集团公司职工的周平均工资。

10. 甲、乙两地某种商品三种不同等级的销售价格和销售额资料如表 6-21 所示。试计算该商品在甲、乙两地的平均销售价格。

表 6-21

指标名称	销售价格(元/千克)	销售额(元)	
		甲地	乙地
一级品	11	11 000	22 000
二级品	12	24 000	12 000
三级品	13	13 000	13 000

11. 甲、乙两个工人班组,每个作业组都有 8 名工人,每个工人的日产量(件)记录如下:

甲作业组:20　40　60　70　80　100　120　70

乙作业组:67　68　69　70　71　72　73　70

(1)计算甲、乙两组工人的平均日产量;

(2)计算全距、平均差、标准差、标准差系数,并比较两组的平均每人日产量的代表性。

12. 根据表 6-19 资料,分别计算两厂周平均工资的全距、平均差、标准差和标准差系数,评价两厂工人周平均工资的代表程度。

第七章　抽样推断

内容提要

●抽样推断是按随机原则，从现象总体中抽取部分单位进行观察，并以此推断现象总体数量特征的分析方法。抽样推断的特点和作用；重复抽样和不重复抽样等。

●抽样估计的特点。抽样误差；抽样误差的允许范围和可靠程度。点估计和区间估计。必要抽样数目的确定。

●不同抽样组织形式的抽样误差允许范围的确定。

第一节　抽样推断的作用

一、抽样推断的概念和特点

（一）抽样推断的概念

抽样推断是按随机原则，从研究对象总体中抽取一部分单位进行观察，并根据样本的实际数据，对总体的数量特征做出具有一定可靠程度的估计和判断，从而达到对研究对象总体的认识的一种统计方法。抽样推断的中心问题是如何根据已知的部分资料来推断未知的总体情况。例如：根据对1%的日光灯管的使用寿命的检验，对全部日光灯管的使用寿命作出推断；根据少数居民家庭生活状况的调查资料，推算全国居民生活的实际水平。这些均属抽样推断。

可见，抽样推断既是搜集统计资料的方法（一般亦称抽样调查），同时又是对现象总体进行科学的估计和判断的分析方法。因此，抽样推断在统计调查和统计分析中都得到了广泛的应用。抽样推断的理论是统计理论的重要组成部分。

（二）抽样推断的特点

1. 抽样推断是非全面调查。由于抽样推断只从总体中抽取一部分单位进行观察，因而是一种非全面调查方法。

2. 抽样推断是按随机原则抽选调查单位。随机原则是指在抽取调查单位时，总体中的每个单位都有同等被抽中的机会,调查单位的确定既不受调查者主观愿望的影响,也不取决于被调查者是否愿意合作,完全排除了人的主观意识的影响,抽选与否纯粹是偶然事件。按随机原则抽取调查单位是抽样推断的基本要求,只有这样,才能使抽中的单位具有较强的代表性。

3. 抽样推断是用样本的指标数值去推算总体的指标数值。抽样推断要根据对样本单位进行观察所得的实际资料,对全及总体的数量特征作出判断,这是抽样推断的基本特征,也是抽样推断的目的。

4. 抽样推断中产生的抽样误差可以事先计算并加以控制。抽样推断是以样本的统计量来估计总体的数量特征,虽然也存在一定的误差,但在随机抽样条件下,抽样误差范围可以事先通过有关资料加以计算,因而也就有可能按一定的程序对总体数量特征做出具有一定可靠程度的推断,而且能够通过各种组织措施(例如,增加样本单位数、改善抽样组织等)来控制抽样误差范围,保证抽样推断的结果达到预定可靠程度的要求。

二、抽样推断的作用

随着抽样理论和技术的不断发展,抽样推断发挥着日益重要的作用,具体表现在以下几方面。

第一,对某些不可能进行全面调查而又要求反映其全面情况的无限总体,必须采用抽样推断的方法。无限总体是指总体中所包括的总体单位数是无限的。例如,在连续大量生产的某种小件产品中,总产量是无限的。对于这类无限总体,统计上无法进行全面调查了解,只有借助于抽样推断的方法来认识总体的数量特征。

第二,对某些属于破坏性或消耗性产品质量的检查只能进行抽样推断。许多产品的例行质量检验是带有破坏性或消耗性的。例如,灯泡的寿命试验,罐头食品、烟、酒的质量检查等,均属于消耗性的质量检验,因而都无法进行全面调查,只能从一批产品中抽出少量样品进行抽样推断,以便了解其产品质量。

第三,对某些不必要进行全面调查的现象总体可以利用抽样推断法取得资料。例如,对城乡居民家庭收支情况进行了解,虽然可以对所有城乡居民逐个进行调查,经常登记,定期观察,但这样做牵涉的面太广,实际困难很多,也没有必要,因而只需从城乡各种类型的居民中采用抽样推断方法抽取一部分居民家庭进行调查,就可以了解全部城乡居民家庭收支的一般情况。

第四,抽样调查可以对全面调查的资料进行验证,并以此作为修正数字的参考。由于全面调查的工作量大,在调查登记和整理汇总资料的过程中受主观和客观原因的影响,工作容易发生差错。为了提高全面调查资料的准确性,可以用抽样推断取得的资料来验证全面调查资料,并以此作为修正的依据。例如,为了检查人口普查资料的准确程度,往往在普查完毕后要抽取一定数量的居民户,对一些最重要的登记项目进行详细的复查,用复查的结果评价普查的准确程度,或者修正普查的资料。

第五,抽样推断法可以用于生产过程的质量控制。抽样推断不仅广泛用于生产成果的核算估计,而且还可以用于生产过程中的质量控制,检查生产工艺过程是否正常。根据抽样推断反映的产品质量的信息,进一步分析生产工艺过程是否失控,从而找出影响因素,便于及时采取措施,使生产保持正常,防止不必要的损失。

第六,利用抽样推断原理,可以对某些总体的假设进行检验,判断真伪,为制定决策提供依据。由于事物的发展变化是复杂的,往往具有随机性和不确定性,因此,人们借助抽样推断,可以对某些未知总体的假设进行真伪判断,以此获得比较正确的决策。例如,对于新工艺、新技术的可行性研究就是如此。

三、抽样推断法的理论基础

从数量关系上讲,抽样推断是建立在概率论的大数法则基础之上的。大数法则证明:如果随机变量总体存在着有限的平均数和方差,则对于充分大的抽样单位数 n,可以用几乎趋近于1的概率来期望抽样平均数与总体平均数的绝对离差为任意小,即对于任意的正数 α,有:

$$\lim_{n\to\infty} P(|\bar{x}-\bar{X}|<\alpha)=1$$

式中:$\bar{x}$为抽样平均数;$\bar{X}$为总体平均数;n 为抽样单位数。

这就从理论上揭示了样本和总体之间的内在联系,即随着抽样单位数 n 的增加,抽样平均数($\bar{x}$)有接近于总体平均数($\bar{X}$)的趋势,或者说,抽样平均数($\bar{x}$)在概率上收敛于总体平均数($\bar{X}$)。

大数法则论证了抽样平均数趋于总体平均数的趋势,为抽样推断提供了重要的理论依据。

此外,概率论中的中心极限定理,论证了对任意分布总体,随着抽样单位数(n)的增加,抽样平均数的分布趋于正态分布。这一结论也是抽样推断的重要理论依据。

四、抽样推断的基本概念

学习和掌握抽样推断方法,首先要明确抽样推断过程中常用的几个基本概念。

(一)全及总体和抽样总体

1. 全及总体,简称总体或母体,是指调查对象的全部单位,即它是由具有某种共同性质的许多单位组成的。例如,要研究某乡粮食公顷产量,则该乡的全部粮食播种面积就是一个全及总体。再如,研究某学校学生的学习情况,则该校的所有学生即构成全及总体。可见,全及总体既是我们所要研究的对象,又是样本所赖以抽取的母体。组成全及总体的单位称为总体单位,全及总体的单位数通常用 N 表示。

2. 抽样总体,简称样本或子样,是指在全及总体中按随机原则抽取的那一部分单位所构成的集合体。例如,从全市少年儿童中抽取 100 人进行健康状况调查,这 100 人即构成了一个抽样总体。

组成抽样总体的单位称为样本单位。样本单位数亦称样本容量,通常用 n 表示。样本单位数总是大于 1 而小于总体单位数(N)的,即 $1<n<N$。

样本单位数(n)相对于全及总体的单位数(N)要小得多。统计把 n/N 称为抽样比例。一般来说,样本单位数达到或超过 30 个($n\geqslant30$),称为大样本,而在 30 个以下($n<30$),则称为小样本。社会经济现象的抽样调查多取大样本,而自然实验观察则多取小样本。以很小的样本来推断很大的总体,这是抽样推断法的重要特点。

(二)全及指标和抽样指标

1. 全及指标。全及指标是指根据全及总体各单位标志值计算出来的,反映总体某种属性或特征的综合指标,亦称总体指标或总体参数。由于全及总体是唯一确定的,因此,根据全及总体计算的全及指标也是唯一确定的。常用的全及指标有:总体平均数、总体成数、总体标准差和总体方差。

(1)总体平均数。代表总体单位数量标志一般水平的指标,称为总体平均数或全及总体平均数。它表明变量变动的集中趋势,通常用 $\overline{X}$ 表示。

$$\overline{X}=\frac{X_1+X_2+\cdots+X_N}{N}=\frac{\sum_{i=1}^{N}X_i}{N}$$

式中:$X_1,X_2,\cdots,X_N$ 为总体中每一个调查单位的取值;N 为总体单位数。

(2)总体成数。当总体的一个现象有两种表现时,其中具有某一种表现的单位数占总体单位数目的比重,称总体成数,亦称全及成数或简称成数,用 P 表示。例如,人口总体按人的性别可表现为男性和女性两组,男性占全部人口的比重或女性占全部人口的比重就是成数。其计算公式为:

$$P=\frac{N_1}{N}$$

$$Q=\frac{N_0}{N}$$

式中:N 为总体单位数;N_1 为具有某一种表现的总体单位数;N_0 为具有另一种表现的总体单位数;P,Q 为成数。

因为　　$N_1+N_0=N$

所以　　$P+Q=\frac{N_1+N_0}{N}=1$

则　　$Q=1-P$

例如,某灯泡厂生产的10 000只灯泡中,有450只为不合格品,则:

$$灯泡不合格率(P)=\frac{N_1}{N}=\frac{450}{10\ 000}=4.5\%$$

$$灯泡合格率(Q)=1-P=1-4.5\%=95.5\%$$

(3)总体标准差和总体方差。说明全及总体单位之间标志值的变异程度指标,叫作总体标准差,又称全及总体均方差,用σ表示。总体标准差的平方称为总体方差,用σ^2表示。其计算公式为:

$$\sigma=\sqrt{\frac{\Sigma(X-\bar{X})^2}{N}}$$

$$\sigma^2=\frac{\Sigma(X-\bar{X})^2}{N}$$

2.抽样指标。抽样指标是指根据抽样总体各单位标志值计算的综合指标,又称样本指标。常用的抽样指标有:抽样平均数、抽样成数、抽样总体标准差和抽样总体方差。

(1)抽样平均数。代表样本单位数量标志一般水平的指标,称抽样平均数或样本平均数,通常用$\bar{x}$表示。

$$\bar{x}=\frac{x_1+x_2+\cdots+x_n}{n}=\frac{\sum_{i=1}^{n}x_i}{n}$$

式中:$x_1,x_2,\cdots,x_n$为样本总体中每一个调查单位的取值;n为样本单位数。

(2)抽样成数。在抽样总体中,一个现象有两种表现时,其中具有某一种表现的单位数占抽样总体单位数的比重,叫作抽样成数,亦称样本成数,用p表示。其计算公式为:

$$p=\frac{n_1}{n}$$

$$q=\frac{n_0}{n}$$

式中:n为抽样总体单位数;n_1为具有某一种表现的抽样总体单位数;n_0为具有另一种表现的抽样总体单位数;p,q为抽样成数。

因为　　$n_1+n_0=n$

所以　　$p+q=\frac{n_1+n_0}{n}=1$

则 $$q = 1 - p$$

例如,从某灯泡厂生产的灯泡中抽样检查了100只灯泡,其中有3只不合格,则:

$$样本灯泡不合格率(p) = \frac{n_1}{n} = \frac{3}{100} = 3\%$$

$$样本灯泡合格率(q) = 1 - p = 1 - 3\% = 97\%$$

(3)抽样总体标准差和抽样总体方差。说明抽样总体之间标志值变异程度的指标,叫作抽样总体标准差,用 S 表示。抽样总体标准差的平方称为抽样总体方差,简称样本方差,用 S^2 表示。其计算公式为:

$$S = \sqrt{\frac{\sum (x - \bar{x})^2}{n}}$$

$$S^2 = \frac{\sum (x - \bar{x})^2}{n}$$

一个全及总体可以抽取许多个样本,而样本不同,抽样指标的数值也各不相同。可见,抽样指标的数值不是唯一确定的,因为抽样指标是样本变量的函数,是随机变量。

现将上述基本概念及其代表符号归纳于表7-1中。

表7-1　　全及指标与抽样指标的代表符号

项　目	全及总体	抽样总体
单位数	N	n
平均数	$\bar{X}$	$\bar{x}$
成　数	$P = \frac{N_1}{N}, Q = \frac{N_0}{N}$	$p = \frac{n_1}{n}, q = \frac{n_0}{n}$
	$Q = 1 - P$	$q = 1 - p$
标准差	σ	S
方　差	σ^2	S^2

(三)重复抽样和不重复抽样

在所研究的总体中抽取样本单位可采用两种不同的方法:重复抽样和不重复抽样。

1.重复抽样,亦称重置抽样。采用这种方法抽取样本单位的特点是:同一单位有多次被抽中的机会,并且总体单位数目始终不变,每个单位抽中或抽不中的机会在各次都是相同的。其具体做法是:从总体 N 个单位中随机抽取一个容量为 n 的样本,每次只从总体中抽取一个单位,连续抽 n 次,得到 n 个单位,构成一个样本。每次抽出一个单位,把结果登记下来后又放回,重新参加下一次的抽选。这样,重

置抽样的样本是由 n 次连续抽取的结果组成的，每次结果相互独立，而且每次抽取都是在相同的条件下进行的，因此，每一单位可能中选的机会在每一次是相同的。例如，从 10 个单位中抽取 2 个单位为样本，抽取第一个时每个单位被抽中的机会都是 1/10，抽取第二个时，每个单位被抽中的机会仍然是 1/10，等等。

2. 不重复抽样，亦称不重置抽样。采用这种方法抽取样本单位的特点是：同一单位只有一次被抽中的机会，并且总体单位数目随着样本单位数目抽取次数的增多而越来越少。每个单位抽中或抽不中的机会在各次是不同的。其具体做法是：从 N 个单位的总体中抽取 n 个单位构成样本，虽然这个样本也是由每次抽取一个单位，连续抽 n 次构成的，但每次抽出一个单位后，就不再重新放回，因此，不重置抽样连续抽 n 次，实质上等同于从总体 N 个单位中一次抽取 n 个单位构成样本，而且每抽一次总体单位数便少一个，所以各单位在每次中选的机会都不相同。例如，从总体 10 个单位中抽取 2 个单位构成样本，抽取第一个时每个单位都有1/10的中选机会，而抽取第二个时，每个单位有 1/9 的中选机会，因此每个单位在各次的中选机会是不同的。

第二节　抽样估计的一般原理

一、抽样估计的特点

抽样估计就是以样本的实际资料为依据，计算一定的样本指标，并用以对总体做出数量上的估计和判断。它有以下四个特点。

第一，抽样估计运用的是归纳推理方法。抽样推断的方法是归纳法，而归纳法推断结论的正确性必须经过事实的验证。例如，某工厂第一批产品合格，第二批产品合格，若由此推断该厂的产品全都合格，显然有错误的可能。因此，我们只能说，推断的结论有一定程度的可靠性。如果这个可靠性已经满足统计研究的要求，那么，这种运用归纳推理的抽样推断，就能从样本的资料得到对总体的认识。

第二，抽样估计运用的是概率原理。抽样推断的结论，其可靠性究竟有多大，需要运用概率的原理加以说明。例如，某县进行粮食公顷产量抽样调查，其结果是平均每公顷产量 5 625 千克，并计算得到以这个 5 625 千克代表全县粮食平均公顷产量的可靠性不超过 95%。这一可靠性的概率估计如果已经满足实际工作的需求，就可以用 5 625 千克作为全县粮食的平均公顷产量。

第三，抽样估计的结论存在着一定的抽样误差。抽样误差是抽样调查所特有的，而且是不可避免的。抽样推断结论的可靠程度和抽样误差的大小是联系在一起的。在其他条件不变的情况下，允许的误差范围越大，则概率的保证程度也越大;反之,如果精确度的要求越高,允许的误差范围越小,则概率的保证程度也越小。抽样误差范围可以事先通过一定资料加以计算,并能采取一定的组织措施来控制这个误差范围,以保证抽样推断的结果达到一定的可靠程度。

二、抽样估计的优良标准

用抽样指标估计总体指标,并使之达到正确可靠,即优良的估计,需满足三个要求。

(一)无偏性

用抽样指标估计总体指标,要求抽样指标的平均数等于被估计的总体指标。也就是说,虽然每个可能样本的抽样指标不一定等于未知的全及指标,但在多次反复估计中,要求各个抽样指标的平均数应该等于全及指标,即从平均来说,抽样指标的估计是没有偏误的,叫作无偏性。例如,样本平均数($\bar{x}$)是总体平均数($\bar{X}$)的无偏估计量,亦即样本平均数的平均数等于总体平均数。因为:

$$E(\bar{x}) = E\left(\frac{\Sigma x}{n}\right) = \frac{\Sigma E(\bar{x})}{n} = E(\bar{X}) = \bar{X}$$

(二)一致性

用抽样指标估计总体指标,要求其样本的单位数充分大时,抽样指标也充分地靠近总体指标。换句话说,随着样本单位数(n)的无限增大,抽样指标和未知的总体指标之间的绝对离差为任意小的可能性也趋于必然,也可以说该抽样指标对总体指标是一个一致估计量。

证明:设 α 为任意正数,根据大数定律有:

$$\lim_{n\to\infty} P(|\bar{x} - E(\bar{x})| < \alpha) = 1$$

由平均数无偏估计知道,抽样平均数的期望值等于总体平均数,即 $E(\bar{x}) = \bar{X}$,则有:

$$\lim_{n\to\infty} P(|\bar{x} - \bar{X}| < \alpha) = 1$$

这就是说,当样本单位数无限增大时,抽样平均数和总体平均数的绝对离差小于任意正数 $\alpha(\alpha>0)$ 的概率趋近于1。这就是估计一致性的要求。

(三)有效性

用抽样指标估计总体指标时,要求作为优良估计量的方差比其他估计量的方差小,即用抽样平均数和总体某一变量来估计总体平均数,虽然两者都是无偏的估计量,而且在每一次估计中两种估计量和总体平均数都可能有离差,但样本平均数更靠近在总体平均数的周围,平均说来它的离差比较小,所以相对来说,抽样平均数是更为优良的估计量。

由于样本变量(x)和总体变量(X)是同分布的，根据方差性质可知：

$$\sigma_{\bar{x}}^2 = \frac{1}{n^2}\sum_{i=1}^{n}\sigma_i^2 = \frac{1}{n^2}(n\sigma^2) = \frac{\sigma^2}{n}$$

即
$$\sigma_{\bar{x}}^2 < \sigma^2$$

这就是说，用抽样平均数$(\bar{x})$估计总体平均数$(\bar{X})$，比用总体的变量(X)估计总体平均数更为有效。

抽样成数是(0,1)分布平均数的表现形式，所以也完全符合优良估计三个标准的要求。

不是所有的估计量都符合以上标准，只可以说符合以上标准的估计量要比不符合或不完全符合以上标准的估计量更为优良。

三、抽样误差

（一）抽样误差的概念

1. 误差及其种类。由样本估算总体，两者之间总是要出现差距的，这种由样本得到的估计值与被估计的总体未知真实特征值之差，就是误差，即样本指标数值与总体指标数值之间的差数。例如，抽样平均数与总体平均数之差$(\bar{x}-\bar{X})$，抽样成数与总体成数之差$(p-P)$。

由于造成统计误差的原因不同，所以，误差又分为登记性误差和代表性误差两种。

(1)登记性误差，是指在调查过程中，由于各种主、客观原因的影响而引起的诸如测量错误、记录错误、计算错误、抄录错误，以及被调查者所报不实、指标含义不清、口径不一致、遗漏或重复调查等原因而造成的误差。登记性误差也称为调查误差或工作误差。在一切调查中(包括全面调查和非全面调查)，都会产生登记性误差。调查的范围越广泛，规模越大，内容越复杂，参加调查的人员越多，发生登记性误差的可能性也就越大；反之，可能性就越小。登记性误差可以通过提高调查人员的思想和业务水平，改进调查方法和组织工作，建立严格的工作责任制加以避免，使这类误差降到最低的限度。

(2)代表性误差，是指用部分来代表总体，推算全面时所产生的误差。只有在抽取部分样本单位来代表总体推算全面时，才有这种误差。

代表性误差有两种，即偏差和随机误差。偏差是指没有严格遵守随机原则而产生的系统性误差。例如，在抽取调查单位时，调查者有意识地挑选较好的或较差的单位进行观察，据此计算的抽样指标数值，必然要比全及指标数值偏高或偏低，从而影响了调查的质量。因此，在抽样调查中应尽可能避免偏差。随机误差是指遵守了随机原则，可能抽到各种不同的样本，只要样本单位被研究标志的构成比例与总体有出入,就会出现或大或小的误差,这种随机误差是不可避免的,是偶然的代表性误差。

2. 抽样误差的概念。抽样误差是指随机误差,也就是按随机原则抽样时,在没有登记性误差和偏差的条件下,单纯由于不同的随机样本得出不同的估计量而产生的误差。

由于总体平均数和成数是唯一确定的,抽样平均数和成数则是随机变量,因而抽样误差也不是唯一确定的,而是随机变量。抽样误差越小,表示样本的代表性越高;反之,样本的代表性就越低。同样,抽样误差还说明样本指标与总体指标的相差范围,因此它也是推算总体的依据。

综上所述,抽样误差是抽样调查自身所固有的不可避免的误差,虽然不能消除这种误差,但可以用数理统计方法进行计算,确定其数量界限并加以控制,也就是根据研究的需要,把它控制在所允许的范围以内。

3. 影响抽样误差的因素。影响抽样误差大小的因素主要有以下三种。

(1)抽样单位数目的多少。在其他条件不变的情况下,抽样单位数目越多,抽样误差越小;反之,抽样单位数目越少,抽样误差就越大。这是因为样本的单位数越大,样本结构越能反映总体的结构,样本指标就越能代表总体相应的数量特征。当抽样总体扩大到等于全及总体时,则抽样调查就成为全面调查,抽样误差也就不存在了。实际上,抽样误差的大小是和抽样单位数目的平方根成反比的。

(2)总体被研究标志的变异程度。在其他条件不变的情况下,总体被研究标志的变异程度越大,抽样误差也越大;反之,总体被研究标志的变异程度越小,抽样误差也越小。这是因为总体标志变异程度小,表示总体各单位标志值之间的差异小,则抽样指标与总体指标之间的差异可能也小。如果总体各单位标志值相等,即标志变动度等于零,这时抽样指标就完全等于总体指标,抽样误差也就不存在了。所以,抽样误差的大小是同全及总体被研究标志的变异程度成正比的。

(3)抽样方法的不同。从总体中抽选样本单位有两种不同的方法,即重复抽样和不重复抽样。抽样的方法不同,抽样误差的大小也不同。一般来说,不重复抽样的抽样误差小于重复抽样的抽样误差。

(4)抽样的组织形式不同。采用不同的抽样组织形式,也会有不同的抽样误差。通常情况下,按照等距抽样和类型抽样方式组织抽样调查,由于经过了排队和分类,可以缩小标志变异程度,因而抽取相同数目的调查单位,其抽样误差会小于简单随机抽样法的抽样误差。

(二)抽样平均误差

抽样平均误差就是抽样平均数(或抽样成数)的标准差,它反映抽样平均数(或抽样成数)与总体平均数(或总体成数)的平均误差程度,通常用$\mu_{\bar{x}}$或μ_p表示。

由于样本是按随机原则抽取的，故在同一总体中，按相同的抽样数目可以抽出许多相同和不同的样本，而每次抽出的样本都可以计算出相应的抽样平均数、抽样成数和抽样误差，即从理论上说，可以计算出很多个抽样误差。它们带有偶然性，有的可能是正误差，有的可能是负误差；有的绝对值可能大些，有的绝对值可能小些。为了用样本指标去推算总体指标，就需要计算这些抽样误差的平均数，这就是抽样平均误差，用以反映抽样误差的一般水平。

在抽样估计中，总是以平均误差作为计算误差范围的尺度。现在分别就抽样平均数的平均误差和抽样成数的平均误差的计算问题进行论述。

1. 抽样平均数的平均误差。在重复抽样的条件下，抽样平均数的平均误差的计算公式为：

$$\mu_{\bar{x}}=\sqrt{\frac{\sigma^2}{n}}=\frac{\sigma}{\sqrt{n}}$$

式中：$\mu_{\bar{x}}$为抽样平均数的平均误差；σ^2 为总体方差；σ 为总体标准差；n 为样本单位数。

由上式可以看出：抽样平均误差与总体标准差成正比，与样本单位数的平方根成反比。因为总体标准差 σ 是不能改变的（它是客观存在的），所以，要想减少抽样平均误差以提高抽样指标的代表性，只能增大样本单位数（n）。例如，要使抽样平均误差减小1/2，则样本单位数必须增大到原来的 4 倍；要使抽样平均误差减小到原来的1/3，则样本单位数就要扩大到原来的 9 倍。

在不重复抽样的条件下，抽样平均数的平均误差的计算公式为：

$$\mu_{\bar{x}}=\sqrt{\frac{\sigma^2}{n}\left(\frac{N-n}{N-1}\right)}$$

当总体单位数（N）很大时，公式中的 $N-1$ 可以用 N 代替。所以，在实际计算时，不重复抽样的抽样平均数的平均误差可用下式计算：

$$\mu_{\bar{x}}=\sqrt{\frac{\sigma^2}{n}\left(1-\frac{n}{N}\right)}$$

将上面重复抽样和不重复抽样的平均误差公式相比较，两者相差一个修正系数$\sqrt{1-\frac{n}{N}}$，这个修正系数是大于 0 而小于 1 的正数。可见，在同样条件下，不重复抽样的平均误差永远小于重复抽样的平均误差。

但是，如果抽样单位数目很少，而总体单位数目很多，抽样比例$\frac{n}{N}$则很小，这时，$\sqrt{1-\frac{n}{N}}$会很接近于 1，这就对抽样平均误差的影响不大。所以，在实际工作中，对于不重复抽样时的抽样平均误差，也往往采用重复抽样的公式来计算。

以表 7－2 为例，设有四位工人每周的工资分别为 160 元、200 元、280 元和 320 元，现在从中随机抽取两位工人的工资，求其平均数，用以代表四人总体的平均工资水平，其抽样平均误差为多少？

表 7－2

工人	工资（元） X	与平均工资的离差 $X-\bar{X}$	离差平方 $(X-\bar{X})^2$
甲	160	－80	6 400
乙	200	－40	1 600
丙	280	＋40	1 600
丁	320	＋80	6 400
合　计	960	—	16 000

$$总平均工资(\bar{X}) = \frac{\Sigma X}{N} = \frac{960\text{ 元}}{4} = 240\text{ 元}$$

$$总体方差(\sigma^2) = \frac{\Sigma(X-\bar{X})^2}{N} = \frac{16\,000}{4} = 4\,000$$

现在，已知总体单位数 $N=4$，样本单位数 $n=2$，总体方差 $\sigma^2=4\,000$。则重复抽样的抽样平均误差为：

$$\mu_{\bar{x}} = \sqrt{\frac{\sigma^2}{n}} = \left(\sqrt{\frac{4\,000}{2}}\right)\text{元} = 44.72\text{ 元}$$

不重复抽样的抽样平均误差为：

$$\mu_{\bar{x}} = \sqrt{\frac{\sigma^2}{n}\left(\frac{N-n}{N-1}\right)} = \left[\sqrt{\frac{4\,000}{2}\left(\frac{4-2}{4-1}\right)}\right]\text{元} = 36.51\text{ 元}$$

计算结果表明，不重复抽样的抽样平均误差小于重复抽样的抽样平均误差。这是由于 n 的数目总是大于 1（$n>1$），因此，$\sqrt{\frac{N-n}{N-1}}\left(或者\sqrt{1-\frac{n}{N}}\right)$的数目总是小于 1，用小于 1 的系数去修正$\sqrt{\frac{\sigma^2}{n}}$，当然要比原来的数字小。这也说明，采用不重复抽样方法比采用重复抽样方法的代表性要高。

2. 抽样成数的平均误差。抽样成数的平均误差的计算与抽样平均数的平均误差的计算大致相同，成数的总体方差有其特殊之处。

成数的标准差(σ) = $\sqrt{P(1-P)}$，所以，成数的方差是$P(1-P)$。成数方差有一个特点，即其最大值为0.25（0.5×0.5）。也就是说，当两种表现的总体单位各占一半时，它的变异程度最大。

在重复抽样条件下，抽样成数的平均误差的计算公式为：

$$\mu_p = \sqrt{\frac{P(1-P)}{n}}$$

在不重复抽样条件下，抽样成数的平均误差的计算公式为：

$$\mu_p=\sqrt{\frac{P(1-P)}{n}\left(\frac{N-n}{N-1}\right)}$$

当 N 很大时，以 N 代替 $N-1$，则上式可简化为：

$$\mu_p=\sqrt{\frac{P(1-P)}{n}\left(1-\frac{n}{N}\right)}$$

同样道理，抽样成数的平均误差也受总体标志变异程度（总体标准差）和样本单位数多少的影响；同时，不重复抽样的误差要小于重复抽样的误差。

在没有总体方差或总体标准差时，可以用样本方差（S^2）代替总体方差（σ^2），用 $p(1-p)$ 代替 $P(1-P)$，或选用成数方差最大值 0.25 代替。

【例 7－1】某机械厂生产一批零件共 5 000 件，随机抽查 250 件，发现其中有 8 件不合格，求合格率的抽样误差。

解：由于不知总体方差，可用样本方差代替。

$$\text{合格率}(p)=\frac{n-n_0}{n}=\frac{250-8}{250}=96.8\%$$

在重复抽样条件下：

$$\mu_p=\sqrt{\frac{p(1-p)}{n}}=\sqrt{\frac{0.968(1-0.968)}{250}}=1.113\%$$

在不重复抽样条件下：

$$\mu_p=\sqrt{\frac{p(1-p)}{n}\left(1-\frac{n}{N}\right)}=$$

$$\sqrt{\frac{0.968(1-0.968)}{250}\left(1-\frac{250}{5\ 000}\right)}=1.085\%$$

四、抽样误差范围及其估计的可靠程度

（一）抽样极限误差

抽样极限误差是指样本指标与总体指标之间抽样误差的一种可能范围。具体地说，也就是用一定的概率来保证抽样误差不超过某一给定的最大可能范围（又叫置信区间）。由于总体指标是一个确定的量，样本指标是一个随机变量，所以样本指标是围绕着总体指标左右变动的，它可能大于总体指标，也可能小于总体指标，从而产生正误差与负误差，两者都可以用绝对值表示为 $|\bar{x}-\bar{X}|$ 或 $|p-P|$。这种以绝对值表示的抽样误差的可能范围，就称为极限误差，或称为抽样误差范围和允许误差。

抽样极限误差通常用符号“Δ”表示，$\Delta_{\bar{x}}$ 为抽样平均数的极限误差，Δ_p 为抽样成数的极限误差。由于全及总体平均数和总体成数都是未知的，要求用实测的抽样平均数和抽样成数进行估计，因此，抽样误差范围的实际意义是希望被估计的总体平

均数($\bar{X}$)包含在$\bar{x} \pm \Delta_{\bar{x}}$的范围内,总体成数($P$)包含在$p \pm \Delta_p$的范围内,即

$$\bar{x} - \Delta_{\bar{x}} \leqslant \bar{X} \leqslant \bar{x} + \Delta_{\bar{x}}$$

$$p - \Delta_p \leqslant P \leqslant p + \Delta_p$$

(二)抽样误差范围估计的可靠程度

抽样平均误差是衡量误差范围的尺度,它表明抽样估计的准确度;抽样极限误差则表明抽样估计准确程度的可能范围。所以,进行抽样估计不但要考虑其准确程度,还应研究估计的可靠程度。

抽样极限误差通常是以抽样平均误差作为标准来衡量的,用$\mu_{\bar{x}}$或μ_p分别除$\Delta_{\bar{x}}$或Δ_p,得出相对数t,在数理统计中称t为概率度,表示相对误差范围。其计算公式为:

$$t = \frac{\Delta_{\bar{x}}}{\mu_{\bar{x}}}$$

$$t = \frac{\Delta_p}{\mu_p}$$

抽样极限误差也可以表示为抽样平均误差的若干倍,其倍数即是概率度(t),用公式表示如下:

$$\Delta_{\bar{x}} = |\bar{x} - \bar{X}| = t \cdot \mu_{\bar{x}} = t \cdot \sqrt{\frac{\sigma^2}{n}} = t \cdot \frac{\sigma}{\sqrt{n}}$$

$$\Delta_p = |p - P| = t \cdot \mu_p = t \cdot \sqrt{\frac{P(1-P)}{n}}$$

抽样极限误差(Δ)可以用t倍的抽样平均误差(μ)来表示,在抽样平均误差一定的条件下,概率度的数值越大,则抽样极限误差的范围也越大,抽样指标代表总体指标所做的估计的可靠程度也就越高;反之,概率度的数值越小,则抽样极限误差的范围也越小,抽样估计的可靠程度也就越低。

如果把可靠程度(即概率)用P来表示,那么P就是t的函数,也就是$P = F(t)$,表明概率分布是概率度的函数。

从一个全及总体中连续进行多次抽样,可以得到一系列的样本,分别求出各个样本的平均数(或成数),便可形成一个抽样平均数(或成数)的概率分布。根据中心极限定理证明,不论全及总体是否属于正态分布,只要抽样总体单位数足够多(一般以$n > 30$为标准),则抽样平均数(或成数)的分布逼近于全及平均数(或成数)为对称中心的正态分布。其主要特点是:

第一,若干个抽样平均数(或成数)大于或小于全及平均数(或成数)的概率分布是完全对称的,即正误差和负误差的可能性(即概率)是完全一致的。

第二,抽样平均数(或成数)越接近于全及平均数(或成数),其出现的可能性越大;反之,抽样平均数越远离全及平均数,其出现的可能性越小。随着概率度的

增大,概率的数值也随之增大,逐渐接近于1。这说明预定的概率保证程度越大,则抽样推断估计的可靠程度越大。

为了方便计算,在实际工作中,按不同的 t 值和相应的 $F(t)$ 编制成正态分布概率表供查用。下面列举几个常用的概率度和概率之间的函数数量关系,详见表7－3。

表7－3　　概率度和概率的函数关系表

t	$F(t)$
1	0.682 7
1.28	0.800 0
1.5	0.866 4
1.64	0.900 0
1.96	0.950 0
2	0.954 5
2.58	0.990 0
3	0.997 3

利用概率表,我们可以根据概率度查出相应的概率保证程度,也可以按规定的概率保证程度来估计可能的误差范围。

（三）点估计和区间估计

参数估计的方法有两种:点估计和区间估计。

点估计也称定值估计,它是以抽样得到的样本指标作为总体指标的估计值,同时给出极限误差和相应的可靠程度的一种估计方法。定值估计也可以用指出估计值,同时给出估计精度和相应的可靠程度来表示。

区间估计是根据一定的精确度和可靠程度的要求,用样本指标和抽样误差去推断总体指标的可能范围的一种估计方法。

以样本平均数(或样本成数)估计总体平均数(或总体成数)时,常常有一种良好的愿望,即希望估计的准确度尽量高一些,同时也希望估计的可靠性尽量大一些。但这两种要求是相互矛盾的,对于一个样本,要求提高估计的准确度,势必会降低估计的可靠性,而要提高估计的可靠性又必然会降低它的准确度。因为,根据 $\Delta = t \cdot \mu$,当 μ 确定之后,要缩小抽样误差 Δ,必须缩小 t 值,但概率保证程度 $F(t) = P(|\bar{x} - \bar{X}| < t \cdot \mu)$,又是 t 的递增函数,如果 t 值缩小,必然会降低概率保证程度 $F(t)$,即估计的可靠性降低;相反,如果要提高估计的可靠性,必须增加 t 值,

而这样做的结果又会使Δ增大,即估计的准确度降低。因此,在估计时,只能照顾一边,或给定可信度的要求,去估计误差的可能范围,或给定允许极限误差的要求,进一步推算概率保证程度。所以,对总体平均数(或总体成数)的估计就相应的有两套模式。

第一套模式是根据已经给定的抽样极限误差范围,求概率保证程度。其具体步骤是:

第一步,抽取样本,计算样本平均数(或样本成数),以此作为总体平均数(或总体成数)的估计值,并计算样本标准差(S),以此推算抽样平均误差(μ)。

第二步,根据给定的抽样极限误差范围,估计总体平均数(或总体成数)的下限($\bar{x}-\Delta_{\bar{x}}$或$p-\Delta_p$)和上限($\bar{x}+\Delta_{\bar{x}}$或$p+\Delta_p$)。

第三步,将抽样极限误差除以抽样平均误差,求出概率度t值,再根据t值查概率表,求出相应的可信度。

【例7-2】某电池厂要检查某型号蓄电池的耐用性能,随机抽取100只蓄电池进行检验。要求耐用时数极限误差不超过2.6小时,试估计该厂蓄电池的耐用性能。其资料数据如表7-4所示。

表7-4

耐用时间(小时)	个数 f	组中值 x	xf	$x-\bar{x}$ ($\bar{x}=551.4$)	$(x-\bar{x})^2$	$(x-\bar{x})^2f$
520~530	4	525	2 100	-26.4	696.96	2 787.84
530~540	18	535	9 630	-16.4	268.96	4 841.28
540~550	24	545	13 080	-6.4	40.96	983.04
550~560	28	555	15 540	3.6	12.96	362.88
560~570	16	565	9 040	13.6	184.96	2 959.36
570~580	10	575	5 750	23.6	556.96	5 569.6
合 计	100	—	55 140	—	—	17 504.0

解:(1)计算样本平均数和标准差,并推算平均误差。

$$\bar{x}=\frac{\Sigma xf}{\Sigma f}=\frac{55\ 140\text{ 小时}}{100}=551.4\text{ 小时}$$

$$S=\sqrt{\frac{\Sigma(x-\bar{x})^2f}{\Sigma f}}=\left(\sqrt{\frac{17\ 504}{100}}\right)\text{小时}=13.2\text{ 小时}$$

$$\mu_{\bar{x}}=\frac{S}{\sqrt{n}}=\frac{13.2\text{ 小时}}{\sqrt{100}}=1.32\text{ 小时}$$

(2)根据给定的极限误差$\Delta_{\bar{x}}=2.6$小时,计算总体平均数的上限和下限。

下限 $=\bar{x}-\Delta_{\bar{x}}=(551.4-2.6)$ 小时 $=548.8$ 小时

上限 $=\bar{x}+\Delta_{\bar{x}}=(551.4+2.6)$ 小时 $=554$ 小时

(3)根据 $t=\dfrac{\Delta_{\bar{x}}}{\mu_{\bar{x}}}=\dfrac{2.6}{1.32}=1.97$，查概率表得 $F(t)=F(1.97)=0.95$。据此，我们可以进行两种估计。

点估计：该厂蓄电池平均耐用时数为551.4小时，误差不超过2.6小时的可靠程度为95%，或该厂蓄电池平均耐用时数为551.4小时，精确度为 $1-\dfrac{2.6}{551.4}=99.5\%$，可靠性为95%。

区间估计：在95%的概率保证程度下，估计该厂蓄电池耐用时数为548.8～554小时。

【例7-3】为了了解某市居民住户电视机的普及率，随机抽取350户居民，其中有280户居民有电视机。要求抽样极限误差范围不超过3.5%，试对该市居民住户电视机普及率进行估计。

解：(1)抽取样本，并计算样本成数、样本标准差及抽样平均误差。

$$p=\frac{n_1}{n}=\frac{280}{350}=80\%$$

$$S=\sqrt{p(1-p)}=\sqrt{0.8(1-0.8)}=40\%$$

$$\mu_p=\sqrt{\frac{p(1-p)}{n}}=\sqrt{\frac{0.8\times(1-0.8)}{350}}=2.14\%$$

(2)根据给定的极限误差范围 $\Delta_p=3.5\%$，计算总体成数的上限和下限。

下限 $=p-\Delta_p=80\%-3.5\%=76.5\%$

上限 $=p+\Delta_p=80\%+3.5\%=83.5\%$

(3)根据 $t=\dfrac{\Delta_p}{\mu_p}=\dfrac{3.5\%}{2.14\%}=1.64$，查概率表得 $F(1.64)=90\%$。据此，我们可以进行两种估计。

点估计：估计该市居民户电视机普及率为80%，其误差不超过3.5%的可靠程度为90%，或估计该市居民户电视机普及率为80%，精确度为 $1-\dfrac{3.5\%}{80\%}=95.6\%$，可靠程度为90%。

区间估计：在90%的概率保证程度下，估计该市居民户电视机普及率为76.5%～83.5%。

第二套模式是根据给定可信度的要求来估计极限抽样误差的可能范围。其具体步骤是：

第一步，抽取样本，计算样本平均数(或样本成数)，以此作为总体平均数(或总体成数)的估计值，并计算样本标准差，以此推算抽样平均误差。

第二步，根据给定的可信度的要求，查概率表求得概率度值。

第三步，根据概率度和抽样平均误差，计算抽样极限误差的可能范围，并据以计算被估计的总体平均数（或总体成数）的上、下限。

【例7－4】某乡水稻总面积1 666.7公顷，以不重置抽样方法从中随机抽取33.3公顷实割实测，求得样本平均公顷产量为9 600千克，标准差为71.5千克。试以95.45%的概率保证程度，对该乡水稻公顷产量和总产量作出估计。

解：(1)抽取样本，计算样本平均公顷产量和标准差。

$$\bar{x}=9\ 600\ 千克/公顷$$

$$S=71.5\ 千克$$

$$\mu_{\bar{x}}=\sqrt{\frac{S^2}{n}\left(1-\frac{n}{N}\right)}=\left[\sqrt{\frac{(71.5)^2}{33.3}\left(1-\frac{33.3}{1\ 666.7}\right)}\right]千克=12.3\ 千克$$

(2)根据给定的概率可信度 $F(t)=0.954\ 5$，查概率表得$t=2$。

(3)计算极限误差 $\Delta_{\bar{x}}$，据此计算粮食平均公顷产量的上、下限及粮食总产量的上、下限。

$$\Delta_{\bar{x}}=t\cdot\mu_{\bar{x}}=2\times 12.3\ 千克=24.6\ 千克$$

$$平均公顷产量下限=\bar{x}-\Delta_{\bar{x}}=(9\ 600-24.6)千克=9\ 575.4\ 千克$$

$$平均公顷产量上限=\bar{x}+\Delta_{\bar{x}}=(9\ 600+24.6)千克=9\ 624.6\ 千克$$

$$粮食总产量下限=(1\ 666.7\times 9\ 575.4)千克=1\ 596\ 万千克$$

$$粮食总产量上限=(1\ 666.7\times 9\ 624.6)千克=1\ 604\ 万千克$$

点估计：该乡水稻公顷产量为9 600千克，总产量为1 666.7×9 600千克＝1 600万千克，精确度为 $1-\frac{24.6}{9\ 600}=99.7\%$，可靠性为95.45%。

区间估计：以95.45%的概率保证，估计该乡水稻公顷产量为9 575.4～9 624.6千克，总产量为1 596万～1 604万千克。

【例7－5】某服装公司设计新时装，为了预测服装销路，在市场上随机对480名成年人进行调查，结果有336人喜欢新时装。要求以90%的概率保证程度，估计该市成年人喜欢新时装的比率。

解：(1)根据样本资料计算：

$$p=\frac{336}{480}=70\%$$

$$S=\sqrt{p(1-p)}=\sqrt{0.7\times 0.3}=45.8\%$$

$$\mu_p=\sqrt{\frac{p(1-p)}{n}}=\sqrt{\frac{0.7\times 0.3}{480}}=2.1\%$$

(2)根据给定的可信度 $F(t)=0.9$，查概率表求得 $t=1.64$。

(3)计算极限误差范围，确定总体比率的上下限。

$$\Delta_p=t\cdot\mu_p=1.64\times 2.1\%=3.44\%$$

$$\text{下限} = p - \Delta_p = 70\% - 3.44\% = 66.56\%$$

$$\text{上限} = p + \Delta_p = 70\% + 3.44\% = 73.44\%$$

点估计:该市成年人喜欢新时装的比率为70%,精确度为$1 - \frac{3.44\%}{70\%} = 95.1\%$,可靠性为90%,或该市成年人喜欢新时装的比率为70%,误差不超过3.44%的可靠程度为90%。

区间估计:以概率90%的保证程度,估计该市成年人喜欢新时装的比率为66.56%~73.44%。

五、抽样数目的确定

(一)确定抽样数目的意义和原则

抽样数目是决定抽样误差大小的直接因素,因此,在组织抽样调查时,必须事先确定抽样单位数目。抽取的单位数越多,样本的代表性越大,抽样误差越小,抽样推断就越可靠。但抽取的单位数过多,会增加不必要的人力、物力和费用开支,造成浪费。抽取的单位数减少,又会使抽样误差增大,达不到所需求的准确程度。可见,合理确定必要的抽样数目,以保证取得较好的抽样推断效果是组织抽样调查的重要问题。

确定必要抽样数目的原则是:在保证预期的抽样推断可靠程度的要求下,抽取的样本单位数不宜过多。

(二)决定抽样数目的因素

为了确定必要的抽样数目,需要明确下述影响必要抽样数目的各个因素。

1. 总体被研究标志的变异程度。总体的标志变异程度大,需多抽样本单位;反之,则可少抽一些样本单位。

2. 允许误差的大小。如果允许误差小,需多抽取样本单位;如果允许误差大,则可少抽一些样本单位。

3. 可靠程度的高低。抽样推断的可靠程度(即概率)与t值有关。如果要求可靠程度高,t值就大,需要多抽样本单位;反之,如果要求的可靠程度低,t值小,则可以少抽一些样本单位。

4. 抽样方法与组织形式的不同。在同样的条件下,重复抽样需要多抽一些样本单位,不重复抽样则可少抽一些样本单位;同时,抽样数目的多少还取决于不同的抽样组织形式。一般来说,类型抽样和等距抽样可比简单随机抽样需要的样本单位数少,整群抽样比单个抽样需要抽取的样本单位数多。

5. 人力、物力和财力的允许条件。从以上因素考虑的抽样数目,还应结合调查的人力、物力和财力的具体情况做适当调整,然后再最后确定。

（三）必要抽样数目的计算

在简单随机抽样中，必要抽样数目的计算公式有以下几个。

1. 在重复抽样条件下，平均数的必要抽样数目公式为：

$$n=\frac{t^2\sigma^2}{\Delta_{\bar{x}}^2}$$

成数的必要抽样数目公式为：

$$n=\frac{t^2P(1-P)}{\Delta_P^2}$$

【例 7－6】对某型号电子元件 10 000 只进行耐用性能检查，根据以往抽样测定，求得耐用时数的标准差为 600 小时。

（1）在重复抽样条件下，概率保证程度为 68.27%，元件平均耐用时数的误差范围不超过 150 小时，要抽取多少元件做检查？

（2）根据以往的抽样检验知道，元件合格率为 95%，合格率的标准差为 21.8%。要求在 99.73% 的概率保证下，允许误差不超过 4%，试确定重复抽样所需抽取的元件数目是多少？

解：（1）已知 $t=1$，$S=600$ 小时，$\Delta_{\bar{x}}=150$ 小时

所以 $$n=\frac{t^2\sigma^2}{\Delta_{\bar{x}}^2}=\frac{1^2\times(600)^2}{(150)^2}=\frac{360\ 000}{22\ 500}=16$$

即需抽取 16 只元件做检查。

（2）已知 $t=3$，$P(1-P)=(0.218)^2=0.047\ 5$，$\Delta_P=0.04$

所以 $$n=\frac{t^2P(1-P)}{\Delta_P^2}=\frac{3^2\times0.047\ 5}{0.04^2}=\frac{0.427\ 5}{0.001\ 6}\approx268$$

即需抽取的元件数目约为 268 只。

2. 在不重复抽样条件下，平均数的必要抽样数目公式为：

$$n=\frac{t^2\sigma^2N}{N\Delta_{\bar{x}}^2+t^2\cdot\sigma^2}$$

成数的必要抽样数目公式为：

$$n=\frac{t^2P(1-P)N}{N\Delta_P^2+t^2P(1-P)}$$

【例 7－7】仍用例 7－6 的资料，在条件（1）的情况下，采用不重复抽样，应抽取多少元件做检查？在条件（2）的情况下，如果不重复抽样，需要抽取的单位数应为多少？

解：（1）已知 $t=1$，$S=600$ 小时，$\Delta_{\bar{x}}=150$ 小时，$N=10\ 000$ 只，代入公式：

$$n=\frac{t^2\sigma^2N}{N\Delta_{\bar{x}}^2+t^2\sigma^2}=\frac{1^2\times(600)^2\times10\ 000}{10\ 000\times(150)^2+1^2\times(600)^2}$$

$$=\frac{3\ 600\ 000\ 000}{225\ 360\ 000}=15.97\approx16$$

即应抽取 16 只元件做检查。

(2)已知 $t=3, P(1-P)=0.0475, \Delta_P=0.04, N=10\,000$ 只,则:

$$n=\frac{t^2P(1-P)N}{N\Delta_P^2+t^2P(1-P)}=\frac{3^2\times 0.0475\times 10\,000}{10\,000\times(0.04)^2+3^2\times 0.0475}$$

$$=\frac{4\,275}{16.4275}=260.23\approx 261$$

即需抽取的单位数应为 261 只。

在实际工作中,由于抽样比例一般很小(即 n/N 很小),虽然采用的是不重复抽样,但仍按重复抽样的公式来计算必要的抽样数目。

需要说明的是:根据平均数的公式和成数的公式所计算出来的必要抽样数目往往不等,有时甚至相差很大,为了保证抽样推断的准确程度,则应选用其中较大的 n 值。

第三节 抽样组织形式

一、简单随机抽样

(一)简单随机抽样的概念和特点

简单随机抽样又称为纯随机抽样,它是对全及总体的所有单位不进行任何分类或排队,而是完全按随机原则从总体所有单位中抽选出样本单位加以观察,保证总体的每个单位都有同等的机会被抽中,即按随机原则直接从含有 N 个单位的总体中抽出 n 个单位组成样本。从理论上讲,简单随机抽样最符合抽样调查的随机原则,是抽样调查最基本的形式。

简单随机抽样的特点是:总体中每一个单位被抽中的机会是均等的;抽取样本单位的方法简便,易于掌握,但也有其局限性。当总体单位的标志变异程度不大,或具有某种特征的单位均匀地分布在总体的各个部分时,宜采用此种调查方式;当总体单位数目很大,标志变异程度也大时,则不宜采用。

(二)简单随机抽样的方法

简单随机抽样通常是用抽签的方法抽取所要调查的单位,具体做法是:将总体各单位编号,然后随机抽取,直到抽够预定数目。一般都利用随机数表来抽样。

随机数表是含有一系列随机数字的表格。使用表中的位数等于总体编号的位数,可以从表中任何一个数字开始,向左或向右,向上或向下数均可,碰到和编号相同的号码,就是抽选出的样本单位,直到抽足必要的数目为止。如果采用不重复抽样,应把重复的号码隔过去,另行抽选。例如,要从 40 个总体单位中抽选 4 个样本单位,从表中任意选定的第 11 行第 16 列算起,向右每两个数字组成一组,从第 11

行到第12行一直排下去,可得39,87,84,91,80,98,79,11,82,51,04,25,41,…其中:39,11,04,25号被抽中。在电子计算机日益普及的今天,也可以利用计算机打出随机数表及抽选样本。

前面所讲述的有关抽样平均误差、极限抽样误差以及必要抽样数目等的计算公式,均可用于简单随机抽样。

二、类型抽样

(一)类型抽样的概念

类型抽样又称分类抽样或分层抽样。它是先将总体按主要标志进行分组(或分类),再按随机原则从各组中抽取样本单位的一种抽样组织形式。例如,在职工家庭生活调查中,将职工按部门分为工业、建筑业、商业、文教等部门职工,再从各部门中具体抽选样本单位。

类型抽样通过分组,把总体中标志值比较接近的单位归为一组,使各单位的分布比较均匀,并且保证每组有同等被抽选的机会,从而使样本的结构趋近于总体的结构,提高所选样本的代表性,以取得好的抽样效果。

(二)类型抽样的方法

类型抽样的样本单位数在各类型之间的分配有以下两种方法:

1. 不等比例类型抽样法。它是不按照类型的大小等比例分配样本单位的方法。各类型的样本单位数可以平均分配,或按各类型组标志变异程度确定应抽的单位数。标志变异程度大的组多抽一些单位;标志变异程度小的组就少抽一些。这样,各组的抽样比例是不相等的。

2. 等比例类型抽样法。它是按照类型的大小等比例分配样本单位的方法。由于分类是按有关的主要标志分组的,各组的单位数不同,类型抽样通常是按各组总体单位数占全及总体单位数的一定比例来抽取样本,单位数较多的组应该多取样,单位数较少的组则少取样,保持各组样本单位数与样本总容量之比等于各组总体单位数与全及总体单位数之比,即

$$\frac{n_1}{N_1}=\frac{n_2}{N_2}=\cdots=\frac{n_k}{N_k}=\frac{n}{N}$$

所以各组的样本单位数应为:

$$n_i=\frac{nN_i}{N}$$

采用等比例抽样是为了保持样本结构和总体结构相同,避免样本平均数由于各组比重差异而引起的误差。由于等比例类型抽样法对样本单位的分配比较合理,因而在实际工作中应用较多,只有在各类单位数相差悬殊时和各类调查标志的方差相差悬殊时,才可以采用不等比例类型抽样法。

（三）类型抽样的误差计算

类型抽样平均误差公式如表 7－5 所列。

表 7－5

项　目	重复抽样	不重复抽样
计算平均数的平均误差公式	$\mu_{\bar{x}}=\sqrt{\dfrac{\overline{\sigma^2}}{n}}$	$\mu_{\bar{x}}=\sqrt{\dfrac{\overline{\sigma^2}}{n}(1-\dfrac{n}{N})}$
计算成数的平均误差公式	$\mu_p=\sqrt{\dfrac{\overline{p(1-p)}}{n}}$	$\mu_p=\sqrt{\dfrac{\overline{p(1-p)}}{n}(1-\dfrac{n}{N})}$

其中：

$$\overline{\sigma^2}=\frac{\Sigma\sigma_i^2 n_i}{n}$$

式中：$\overline{\sigma^2}$为总体方差；σ_i^2 为第 i 组总体方差（$i=1,2,\cdots,n$）；n_i 为第 i 组样本容量。

【例 7－8】某乡全部粮食耕地 333.3 公顷，按平原和山区面积比例抽取样本容量 42 公顷，计算各组平均公顷产量$\bar{x}_i$ 和均方差 σ_i（见表 7－6）。求抽样平均公顷产量、抽样平均误差（$\mu_{\bar{x}}$），并以 95% 的概率保证对全乡平均公顷产量做区间估计。

表 7－6

指标名称	全部面积（公顷）N_i	抽样面积（公顷）n_i	抽样平均公顷产量（千克）$\bar{x}_i$	公顷产量标准差（千克）σ_i
平　原	266.7	33.6	14 400	200
山　区	66.6	8.4	11 250	400
合　计	333.3	42	13 770	253

解：样本平均公顷产量为：

$$\bar{x}=\frac{\Sigma\bar{x}_i n_i}{n}=\left(\frac{14\,400\times33.6+11\,250\times8.4}{42}\right)\text{千克}=13\,770\text{ 千克}$$

$$\overline{\sigma^2}=\frac{\Sigma\sigma_i^2 n_i}{n}=\frac{(200)^2\times33.6+(400)^2\times8.4}{42}=64\,000$$

$$\mu_{\bar{x}}=\sqrt{\frac{\overline{\sigma^2}}{n}}=\left(\sqrt{\frac{64\,000}{42}}\right)\text{千克}=39.0\text{ 千克}$$

$$F(t)=95\%,\qquad t=1.96$$

$$\Delta_{\bar{x}}=t\cdot\mu_{\bar{x}}=1.96\times39.0\text{ 千克}=76.4\text{ 千克}$$

$$\overline{X}=13\ 770\text{ 千克}\pm 76.4\text{ 千克}$$

即在95%的概率保证下,推断全乡平均公顷产量为13 693.6 ~ 13 846.4千克,全乡粮食总产量为4 564 076.9 ~4 615 005.1千克。

三、等距抽样

(一)等距抽样的概念

等距抽样又称为机械抽样或系统抽样。它是先将总体各单位按有关标志或无关标志进行排列,再按照固定的顺序和间隔来抽选样本单位的一种抽样组织形式。

等距抽样是不重复抽样,通常可以保证被抽取的单位在总体中均匀分布,缩小各单位之间的差异程度,提高样本的代表性。

(二)等距抽样的方法

由于排队时所根据的标志不同,有下列两种等距抽样方法:

1. 无关标志排队法。它是指总体单位采用与调查项目没有关系的标志进行排队的方法。无关标志排队法的具体工作比较简便,所以它是实际工作中常用的一种方法。例如,产品质量检验抽选产品时,常常每隔一定的时间间隔或产量间隔抽取一件产品进行检验。时间间隔和产量间隔对产品质量的好坏来说,都是无关标志。这种抽选方法与简单随机抽样法近似。

2. 有关标志排队法。它是指总体单位采用与调查项目有关的标志进行排队的方法。例如,农产品产量抽样调查中按估产的高低排队,农村居民户家庭收支调查按每人平均收入多少排队等,都是按有关标志排队。排队之后,先根据总体单位数和样本单位数计算出抽选间隔(或称抽选距离),然后按一定的间隔抽选样本单位。其计算公式为:

$$k=\frac{N}{n}$$

式中:k 为抽样距离,又称抽样间隔。

如何抽取第一个样本单位呢? 如果是按无关标志排队,一般可以从第一个间隔内的任意一个单位开始抽取;如果是按有关标志排队,考虑到样本单位的代表性,一般是从第一间隔内居中的单位开始抽取。

采用有关标志排队法,能够保证抽取的样本单位在总体中均匀分布,因而可以抽取较少的样本单位而获得较为可靠的代表性,而且调查的组织工作比较方便,因此在实际工作中应用较多。

(三)等距抽样的误差计算

直接计算等距抽样的平均误差比较困难,通常是用简单随机抽样的误差公式来计算按无关标志排队的等距抽样的平均误差;用类型抽样的误差公式来计算按有关标志排队的等距抽样的平均误差。

四、整群抽样

（一）整群抽样的概念

整群抽样，又称集团抽样。它是先将总体各单位划分成若干群，再以群为单位从中随机抽取出若干群来，对被抽中群的所有单位进行全面调查的一种抽样组织形式。

前面所述的简单随机抽样、类型抽样和等距抽样，都是从全及总体中一个接一个地抽选样本单位，所以对有些不适宜采用单个地抽取样本单位的社会现象，就需要采用整群抽样的方式。此外，整群抽样的组织工作较为简便，确定一群便可以调查许多单位。但是，正是由于抽样单位比较集中，限制了样本单位在总体分配中的均匀性，所以有时代表性较差，抽样误差较大。在实际工作中，采用整群抽样通常都要增加一些样本单位，以缩小抽样误差，提高估计的准确性。

（二）整群抽样的方法

在组织整群抽样时，首先对所要研究的全及总体按其需要划分出群的单位；然后把各群按时间顺序或空间顺序排列编号；最后可按简单随机抽样或等距抽样的方法抽取样本群。

（三）整群抽样的误差计算

整群抽样都采用不重复抽样的方法，其计算公式为：

$$\mu_{\bar{x}}=\sqrt{\frac{\delta^2}{R}\left(\frac{R-r}{R-1}\right)}$$

式中：R 为总体的群数；r 为样本的群数；δ^2 为群间方差，$\delta^2=\frac{\sum(\bar{X}_i-\bar{X})^2}{R}$ 或 $\delta^2=\frac{\sum(\bar{x}_i-\bar{x})^2}{r}$；$\bar{x}$为样本平均数，$\bar{x}=\frac{\sum\bar{x}_i}{r}$；$\bar{x}_i$ 为第 i 群的样本平均数（$i=1,2,\cdots,r$）。

【例 7－9】某工厂大量连续生产，为了掌握某月份某种产品的一级品率，确定抽出 5% 的产品，即在全月连续生产的 720 小时中按每隔 20 小时抽取 1 小时的全部产品进行检查。根据抽样资料的计算结果，一级品率为 85%，各群（组）间的方差为 6%。计算整群抽样的平均误差及在 95.45% 的概率保证下全月一级品率的范围。

解：因为 $R=720$ 小时，所以

$$r=720\text{ 小时}\times 5\%=36\text{ 小时}$$

为了保证所抽取的 36 小时能在 720 小时中均匀分配，故每隔 20（$720\div36=20$）小时抽取 1 小时的全部产品。则：

$$\mu_p=\sqrt{\frac{\delta^2}{r}\left(\frac{R-r}{R-1}\right)}=\sqrt{\frac{0.06}{36}\left(\frac{720-36}{720-1}\right)}=3.98\%$$

又因 $t=2$，$p=85\%$，所以

$$\Delta_p = t \cdot \mu_p = 2 \times 3.98\% = 7.96\%$$

故
$$p = 85\% \pm 7.96\%$$

即在95.45%的概率保证下，全月一级品率的范围为77.04%～92.96%。

五、多阶段抽样

（一）多阶段抽样的概念

多阶段抽样是指在抽样时先抽总体中某种更大范围的单位，再从中选的大单位中抽取较小范围的单位，逐次类推，最后从更小范围的单位中抽选样本的基本单位，分阶段完成抽样的组织工作。当总体很大时，抽样调查要直接抽选总体的基本单位在技术上有很大困难，一般都要采用多阶段抽样方法。例如，我国农产品产量抽样调查，第一阶段是从省抽县，第二阶段从中选的县抽乡，第三阶段从中选的乡抽村，再从村抽地块，最后再从地块抽具体的样本点，并以样本点测量、匡算的实际资料来推算平均公顷产量和总产量。又如，我国职工家计调查，第一阶段先抽选调查城市，第二阶段从中选城市的各个部门中抽选调查单位，第三阶段再从调查单位中抽选职工，确定具体的调查户，调查各户每月实际的生活费收支情况。

多阶段抽样的组织工作较复杂，但样本的代表性较高，可节约人力、物力和财力，因而在实际中得到了广泛的应用。

（二）多阶段抽样的误差计算

在多阶段抽样中，前几个阶段的抽样都类似整群抽样，最后一个阶段类似类型抽样或等距抽样。每个阶段抽样都会存在抽样误差，因此，多阶段抽样的抽样误差是各阶段的抽样误差之和。下面以两阶段抽样为例，说明多阶段抽样误差的计算方法。

以两阶段抽样而论，首先将总体划分为 R 组，每组包含 M_i 个单位。抽样第一阶段从 R 组中随机抽取 r 组，第二阶段再从中选的 r 组中分别从各组 M_i 单位随机抽取 m_i 个单位，构成一个样本。这种抽样就是两阶段抽样。其中：总体单位数$N = M_1 + M_2 + \cdots + M_R$，各组的单位数 M_i 可以是相等的，也可以是不等的；样本单位数 $n = m_1 + m_2 + \cdots + m_r$，各组抽取的单位数可以是相等的，也可以是不等的。为了简化起见，假定总体 R 组中每组的单位都等于 M，则有$N = RM$，而且从各组抽取的单位数也相等，都为 m，则有 $n = rm$。

两阶段抽样在组织技术上可以被看成是整群抽样和类型抽样的结合，即整群抽样第一阶段从总体的全部组（群）中随机抽取部分的组（群）和类型抽样第二阶段从中选组中抽选部分单位两个程序的结合。

从总体 R 组中随机抽取 r 组，并从 r 组每组 M 个单位中抽 m 单位构成样本。样本平均数的计算过程如下：

先计算第 i 组的样本平均数：

$$\bar{x}_i = \frac{\sum_{j=1}^{m} x_{ij}}{m} \qquad (i = 1,2,\cdots,r)$$

再计算样本的平均数：

$$\bar{x} = \frac{\sum_{i=1}^{r}\sum_{j=1}^{m} x_{ij}}{rm} = \frac{\sum_{i=1}^{r} \bar{x}_i}{r}$$

两阶段抽样的平均误差是由两部分构成的：第一部分是第一阶段从总体全部组抽部分组所引起的组间误差；第二部分是由第二阶段在中选的组中抽部分单位所引起的组内平均误差。在总体 R 组中抽取 r 组，又在 r 组中每组 M 个单位抽取 m 单位的情况下，样本平均方差（$\mu_{\bar{x}}^2$）应等于组平均数组间方差的 $1/r$ 以及各组内方差平均数的 $1/rm$ 两项之和。再考虑阶段抽样是不重置抽样，各项还必须乘以各自的修正系数，所以样本平均数的抽样平均误差为：

$$\mu_{\bar{x}} = \sqrt{\frac{\delta^2}{r}\left(\frac{R-r}{R-1}\right) + \frac{\overline{\sigma^2}}{rm}\left(\frac{M-m}{M-1}\right)}$$

式中：$\delta^2 = \frac{\sum_{i=1}^{r}(\bar{x}_i - \bar{x})^2}{r}$ 为组（群）平均数的组（群）间方差；$\overline{\sigma^2} = \frac{\sum_{i=1}^{r}\sigma_i^2}{r}$ 为各组（群）内方差的平均数。

应用以上公式，在得不到总体资料的情况下，可以用样本资料来代替。

【例 7－10】某车间有 10 个班组，每组 5 人。为了解家庭经济情况做两阶段抽样调查，第一阶段从车间里抽选 50% 的班组，再从中选的班组中抽选 60% 的成员组成样本。样本各项资料见表7－7。

解：

抽样平均数：

$$\bar{x} = \frac{\sum_{i=1}^{r}\bar{x}_i}{r} = \frac{(285 + 375 + 570 + 810 + 1\ 140)\text{元}}{5} = 636\text{元}$$

表 7－7

抽中班组编号	抽中家庭人均收入（元）x_1	样本平均数 $\bar{x}_i$	离　差 $x_i - \bar{x}_1$	离差平方 $(x_i - \bar{x}_1)^2$
Ⅰ	276 285 294	285	－9 0 9	81 0 81

续表

抽中班组编号	抽中家庭人均收入(元) x_1	样本平均数 $\bar{x}_i$	离　差 $x_i-\bar{x}_1$	离差平方 $(x_i-\bar{x}_1)^2$
Ⅱ	357 375 393	375	-18 0 18	324 0 324
Ⅲ	543 570 597	570	-27 0 27	729 0 729
Ⅳ	774 810 846	810	-36 0 36	1 296 0 1 296
Ⅴ	1 095 1 140 1 185	1 140	-45 0 45	2 025 0 2 025
合　计	—	$\bar{x}=636$	—	—

各群内方差：

$$\sigma_i^2=\frac{\sum_{i=1}^{r}(x_i-\bar{x}_i)^2}{m}$$

$$\sigma_1^2=\frac{81+0+81}{3}=54$$

$$\sigma_2^2=\frac{324+0+324}{3}=216$$

$$\sigma_3^2=\frac{729+0+729}{3}=486$$

$$\sigma_4^2=\frac{1\ 296+0+1\ 296}{3}=864$$

$$\sigma_5^2=\frac{2\ 025+0+2\ 025}{3}=1\ 350$$

各群平均群内方差：

$$\overline{\sigma^2}=\frac{\sum_{i=1}^{r}\sigma_i^2}{r}=\frac{54+216+486+864+1\ 350}{5}=594$$

各群群间方差：

$$\delta^2=\frac{\sum_{i=1}^{r}(\bar{x}_i-\bar{x})^2}{r}$$

$$= \frac{(285-636)^2+(375-636)^2+(570-636)^2+(810-636)^2+(1\,140-636)^2}{5}$$

$$= \frac{123\,201+68\,121+4\,356+30\,276+254\,016}{5} = 95\,994$$

因为　$R=10, r=R\times 50\%=10\times 50\%=5$

$M=5, m=M\times 60\%=5\times 60\%=3$

所以，两个阶段抽样的抽样平均误差为：

$$\mu_{\bar{x}} = \sqrt{\frac{\delta^2}{r}\left(\frac{R-r}{R-1}\right)+\frac{\sigma^2}{rm}\left(\frac{M-m}{M-1}\right)}$$

$$= \left[\sqrt{\frac{95\,994}{5}\left(\frac{10-5}{10-1}\right)+\frac{594}{5\times 3}\left(\frac{5-3}{5-1}\right)}\right]\text{元} = 103.37\text{ 元}$$

若是更多个阶段抽样，则每增加一个阶段抽样，其抽样误差计算公式中便相应增加一项群的抽样误差。

思考题与练习题

1. 抽样推断为什么要遵循随机原则？
2. 抽样推断有何作用？
3. 如何认识抽样推断的理论基础？
4. 重复抽样和不重复抽样有哪些区别？
5. 确定必要的抽样数目的因素是什么？
6. 点估计和区间估计有何差异？
7. 某奶制品厂生产一批软包装钙奶，抽样检验结果如表 7－8 所示。已知每袋标准重量为 150 克，在概率为 99.73% 的条件下，试求：

(1) 确定每袋奶重量的极限误差；

(2) 估计这批袋奶每袋的平均重量范围；

(3) 若以每袋重量 150 克为合格品，试估计这批软包装袋奶的合格率。

表 7－8

每袋重量(克)	数量(袋)
148 ~ 149	10
149 ~ 150	20
150 ~ 151	50
151 ~ 152	20
合　计	100

8. 从仓库中随机抽选了200个零件，经检验有40个零件是次品；又知抽检数是仓库零件总数的1%。当概率为95.45%时，试估计该仓库这种零件次品数量的区间范围。

9. 从某校随机抽选1%的学生进行调查，测得其身高资料如表7－9所示。若以95.45%的概率保证估计，试求：

(1)该校全部学生平均身高的范围。

(2)该校全部学生中，身高在170厘米以上的人数范围。

表7－9

身高(厘米)	学生数(人)
150～160	20
160～170	60
170～180	16
180以上	4

10. 在简单随机重复抽样中，若抽样单位数增加2倍，抽样平均误差将如何变化？若抽样单位数减少到原来的75%，抽样平均误差又如何变化？

11. 对一批产品按随机不重复抽样方式抽取100件，发现其中有10件是废品，又知其抽样比例为20%。问：

(1)当概率为0.954 5时，能否认为这批产品的废品率不超过15%？

(2)估计这批产品废品量的范围。

(3)如果要使这批产品的废品率的上限不超过15%，在同样的概率保证下，至少应抽检多少件产品？

12. 有28块小麦地，从中抽选出4块进行调查，抽样间隔 $k=\frac{N}{n}=\frac{28}{4}=7$，即每隔7块抽1块。根据过去资料，28块地分为4组，每组的组内方差为：$\sigma_1^2=200$；$\sigma_2^2=300$；$\sigma_3^2=500$；$\sigma_4^2=600$。试根据以上资料计算其抽样平均误差。

第八章　相关分析和回归分析

内容提要

● 对社会经济现象之间的依存关系和制约关系，通常都能用数量关系适当加以表现。广义而言，相关关系是社会经济现象普遍存在的依存联系和制约关系。反映和说明社会经济现象之间的这种相互关系的数量关系，乃是相关分析的内容。

● 相关关系的判断有定性分析、编制相关表、绘制相关图和计算相关系数。

● 回归分析有线性回归分析和非线性回归分析，用得比较普遍的是线性回归分析方法。计算估计标准误差，评价回归分析的可信度。

第一节　相关分析

社会经济现象是在相互联系和相互制约中存在与发展的。辩证唯物主义和历史唯物主义揭示了社会经济现象之间的相互依存和相互制约关系。任何社会经济现象的存在和运动，都置身于众多的社会经济现象的群体中，彼此之间都是有机地相互联系、相互依赖和相互制约的，离开周围的现象和条件而孤立存在的现象是没有的。社会经济现象的相互联系、相互依存、相互制约，构筑了错综复杂、五彩缤纷的客观世界，形成了大千世界的运动。

对社会经济现象之间的依存关系和制约关系的了解和研究，是人们认识和改造客观世界的极其重要的步骤和手段之一。客观的社会经济现象间的联系和制约关系，通常都能用数量关系适当加以表现。所谓相关关系，从广义而言，乃是社会经济现象普遍存在的依存联系和制约关系，即客观现象之间互相关联的某种形式。在社会生活中，消费量和物价就存在着制约关系，物价的升降会影响居民消费量的减少与增加。在社会产品生产过程中，社会对物质产品的需求量制约其生产量；物质产品的生产量增大，需要的人力、设备以及花费的费用也相应增多；工业产品的质量问题和生产劳动者的技术水平、劳动熟练程度有直接关系，与技术设备和生产工具的质量及装备程度有紧密联系。反映和说明社会经济现象之间的这种相互关系的数量关系，就是相关分析的内容。

一、相关关系的类型与特点

（一）相关关系的类型

社会经济现象之间的依存制约关系，具体表现出来的形态是多种多样的，归纳起来有如下几种类型。

1. 函数关系，又称确定性的关系。它表明某一变量的数值大小完全决定于另外一个或数个变量数值的大小。例如，正方形面积的大小变动，完全取决于正方形的边长的长短变化，即正方形面积（S）与其边长（a）的平方成正比：$S = a^2$。这里，对于 a 的每一确定值，必然有 S 的一确定值与之对应。在生产经营活动中，销售收入的多少决定于销售量的大小与销售价格的高低，即销售收入 = 销售量 × 销售价格。假定销售量不变，那么销售价格的升降就将完全左右销售收入的增减。又如，某种原材料费用的多少受到消耗此种原材料的产品产量、单位产品的原材料消耗量和原材料价格等因素变动的影响。这些现象之间的确定性的关系，称为函数关系，一般表述为：

$$y = f(x)$$

2. 因果关系。它说明某一现象或事物的存在和发展，是另一现象或事物存在与发展的原因。换言之，现象之间形成的相关关系的变量，有的是原因，有的是结果，显示出事物之间的因果数量关系。在有因果关系的诸变量中，有单向因果关系和双向因果关系两种表现。单向因果关系是“因”影响“果”，而“果”影响不了“因”。例如，劳动生产率和产量之间的因果关系中，劳动生产率的高低是导致产量高低的原因，产量的高低是劳动生产率高低的结果。在这里，劳动生产率永远是“原因”，而产量永远是“结果”，它们之间不存在互为因果的关系。双向因果关系是“因”与“果”互为影响，即“因”在某种状况下会易位于“果”的位置，而“果”相应会成为“因”。例如，商品销售量及其销售价格在一定情况下就是一对双向因果关系的变量。当商品价格暴涨或下跌时，商品销售量会呈现萎缩或膨胀；反之亦然。

3. 关联关系。它是现象之间存在着的某种密切关系，而不是函数关系或因果关系。就其本质联系考察，关联关系有同因异果与异因同果的区别。同因异果，一般是由于另外存在着的某个原因引起各变量的不同结果。例如，兄妹都比较高，这起于同一原因，即父母亲的身材比较高。异因同果，一般是多种原因导致同一结果。例如，土地公顷产量会受到土质、肥料、水、气候和管理等几个方面因素的影响等。

上述三种类型，从严格意义上说，后两种是相关关系的具体内容。统计研究的相关关系，指的是变量之间确实存在的但关系数值不固定的互相依存关系。当然，相关关系与函数关系是有区别而又存在着联系的。

(二)相关关系的特点

相关关系的含义,是社会现象之间客观存在的在数量上不确定的相互依存关系。相关关系的特点主要有以下两点。

1. 相关关系是客观现象之间确实存在着的数量的相互依存关系。在现实生活中,身材高的人,体重就会重些;商品零售价格下降,往往销售量就会增加;能源生产发展速度快,会使工业生产的发展速度也快,等等。

在存在着相互依存关系的一对变量中,作为根据的变量称为自变量(x),引起相应变化的变量称为因变量(y)。例如,身高、零售价格和能源生产发展就是自变量,体重、销售量和工业生产发展则为因变量。

2. 现象之间数量依存关系的具体关系值不是固定的。在工业生产活动中,工业产品的单位成本和人工费之间存在着相互制约关系,人工费的增减会使单位成本或升或降,但两者之间的关系值却是不固定的,加之单位成本的升降还会受到材料费、折旧费和其他费用变化的影响。

值得注意的是:作为研究客体的社会现象及事物之间的关系,在任何情况下,应该是真实的、具有内在机制的关系,而绝非臆造的或者仅是形式上的偶然巧合。

二、相关关系的分类

客观现象之间的相互关系是错综复杂的,表现出多种具体形式,因此,按照研究方法的不同,可以从几个方面对相关关系进行分类。

(一)按照相关关系涉及因素的多少分为一元相关和多元相关

一元相关即单相关,相关关系只涉及两个因素的依存关系,一个是自变量,另一个是因变量。多元相关也称复相关,是多个因素之间的复杂依存关系,即一个因变量和两个及其以上自变量的相关关系。例如,研究原材料总费用与产量、单位产品原材料消耗量及原材料单价的相关关系。

(二)按照相关关系的方向分为正相关和负相关

当自变量(x)的值增加时,因变量(y)的值也相应增加,这种相关关系属正相关;当 x 值减少时,y 值也随之减少,这样的相关关系也是正相关。例如,劳动生产率和产量就存在着这种正相关关系。

当自变量(x)值增加时,因变量(y)值却在减少,这种相关关系属负相关;当 x 值减少时,y 值反而增加,这种相关关系也是负相关。例如,劳动生产率和产品单位成本就存在着这种负相关关系。

(三)按照相关关系的表现形式分为线性相关和非线性相关

相关的两个变量的对应值在坐标图上,如果其散布点近似地表现为直线形式,则称为线性相关或直线相关;如果其散布点趋向于某种曲线的形式,则称为非线性相关或曲线相关。例如,施肥量在一定数量界限内,与公顷产量的相关关系表现为线性相关;但超过一定数量界限,公顷产量会呈现下降或减少,即非线性相关。

(四)按照相关的程度分为完全相关、不完全相关和不相关

完全相关是一个变量的值完全由另一个或另一组变量的值所决定。不完全相关是一个变量的值与另一个或一组变量的值有关,但受随机因素的影响。不相关是一变量的值与另一个变量或一组变量的值没有关系,彼此独立。

三、相关关系的判断

(一)相关关系的一般判断

对客观现象之间相关关系的研究,表明它们之间相互关系的数量表现应根据对客观事物的定性认识来判断。任何现象或事物都有质的规定性,它显示了事物自身和其他事物的本质联系。对现象和事物的这种质的规定性的认识和分析,就是定性分析。按照人们认识的一般顺序,先有对事物和现象的定性判断,才能依此做出量的分析和界定。

对现象和事物之间有无相关关系的判断,首先应根据定性来决定,然后,据此开展下一步的分析,这是相关分析的重要一步。

(二)相关表

经定性分析的一般判断之后,把握事物之间的相关关系,再根据研究的具体目的,采集一系列相关数据,分别进行分组整理并罗列在一定表格内,即成为相关表。依据观察单位和标志编出相关表,便可初步了解相关关系的形式和程度。

1. 简单相关表。将总体中各单位的原始资料或整理资料,按自变量和因变量的关系由小而大列表排列,就形成了简单相关表。

表 8 - 1 是产品产量和其劳动消耗量的简单相关表。

表 8 - 1　　某企业产品产量与其劳动消耗量的关系

劳动量(工时)	5	10	15	20	25	30	35	40
产量(件)	4	13	13	22	18	27	25	35

从表 8 - 1 中我们看到,随着投入劳动量的增加,产量也相应增加。在这里,劳动量是自变量,它的变化影响着产量的变化,所以,产量是因变量。

简单相关表的作用是:可作为进一步计算和分析的根据;根据相关表可绘制相关图,便于明显地看出相关关系的趋势。

2. 分组相关表。当所分析的现象比较复杂时,就需要编制分组相关表。分组相关表是将众多数据按某一标志进行分组而编制的。依据分组标志确定的多少，分组相关表有单变量分组相关表和双变量分组相关表两种。

(1)单变量分组相关表，是指在具有相关关系的两个变量中，只对一个变量进行分组，而另一个变量不分组的分组相关表。

从表 8-2 可看出，某公司各下属企业随着产量规模的扩大，产品的单位成本呈下降趋势，表现出规模效益。

表 8-2　　某工业公司产量和成本情况

按产量分组(万件) x	企业数 f	实际成本(元/件) y
5.0~6.0	2	73
6.0~7.0	3	72
7.0~8.0	3	68
8.0~9.0	4	67
9.0~10.0	2	64

(2)双变量分组相关表。对两个相关变量都进行分组，计算出次数，列成相关表的形式，称为双变量分组相关表，如表 8-3 所示。

表 8-3　　某行业劳动生产率与工资情况　　(万元)

年劳动生产率分组	企业按年平均工资分组						
	5~7	7~9	9~11	11~13	13~15	15 以上	合　计
70~90	1	1	1				3
90~110	1		3	2			6
110~130	1	2	6	3	2		14
130~150			3	5	2	1	11
150~170				1	2	2	5
170~190						1	1
合　计	3	3	13	11	6	4	40

表 8-3 中的资料说明劳动生产率与工资水平的相关关系。这能比用平行数列对比方法将问题说得更清楚，将变动的态势与规律显示得更鲜明。双变量分组相关表是进一步计算和分析的依据，同时也有其独立作用。例如，将人的身高和胸围分组，可以研究上衣的型号；将人的足长与足宽分组，可以分析鞋的不同规

格型号。

双变量分组相关表较复杂，计算加权相应烦琐，因而其使用范围受到一定限制。

（三）相关图

运用相关表反映现象之间的相关关系，比平行数列对比法前进了一步。如果将相关表上的资料图示化，其效果会更好些。因此，客观现象之间的相关关系资料，采用图像来显示，这种图像被称为相关图。

相关图上的横坐标代表自变量(x)，纵坐标代表因变量(y)。把观察所取得的有关资料依次以相关点标在图上，从相关点在图像上的分布及趋势，可以掌握变量之间的相关关系的状况。这种相关图又称散点图。

相关图的图形有如下几种表示：

1. 强正相关。当变量 x 的数值增大时，变量 y 值亦相应增大，相关点的分布集中呈直线变化趋势，如图 8－1 所示。

2. 弱正相关。当变量 x 的值增大时，变量 y 的值亦随之增大，相关点的分布虽然呈现直线变化趋势，却显得松散和分散，如图 8－2 所示。

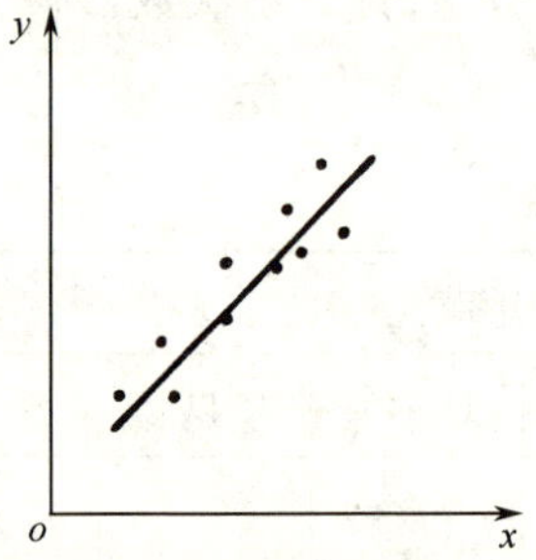

图 8－1　强正相关

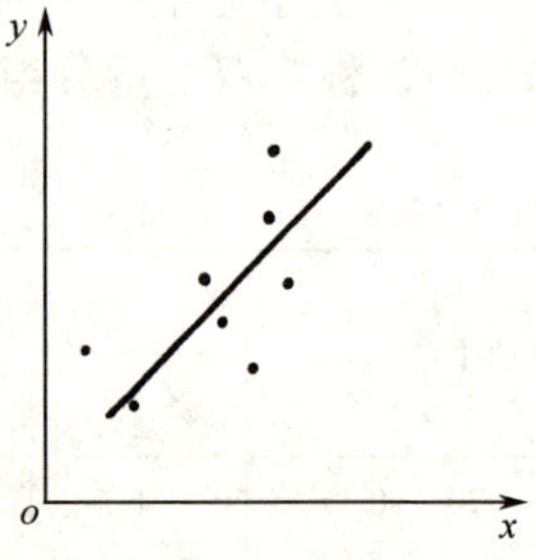

图 8－2　弱正相关

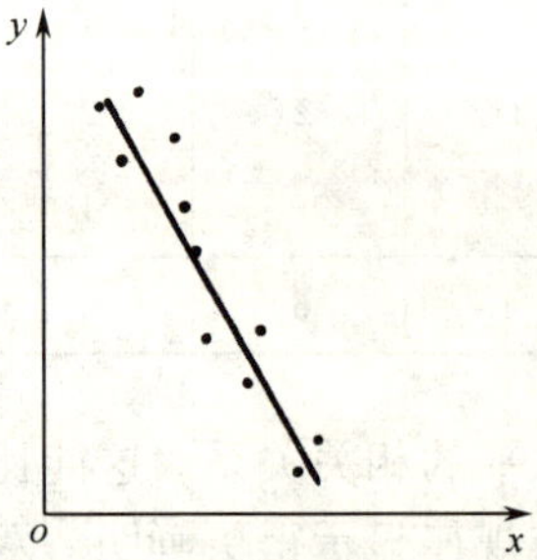

图 8－3　强负相关

3. 强负相关。当变量 x 的值增大时，变量 y 的值却显著减小，在图像上相关点的分布集中呈直线状，如图 8－3 所示。

4. 弱负相关。当变量 x 的值增大时，变量 y 的值趋于减小，相关点的分布在图像上虽呈直线状，但相当分散，如图 8－4 所示。

5. 非线性相关。随着变量 x 的值增大，变量 y 的值先增大后又减小，相关点的分布呈曲线状，如图8－5 所示。

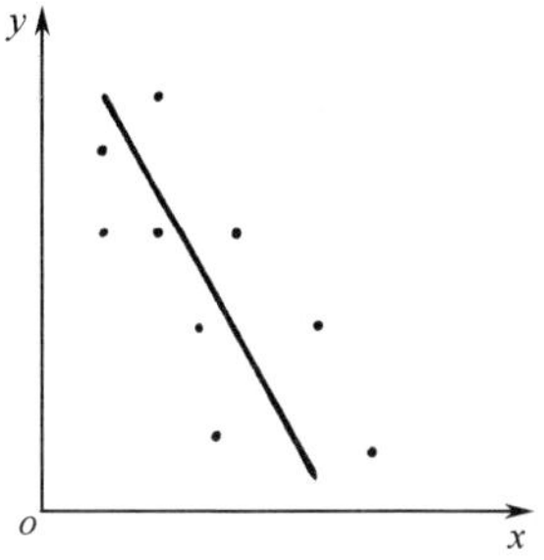

图8－4　弱负相关

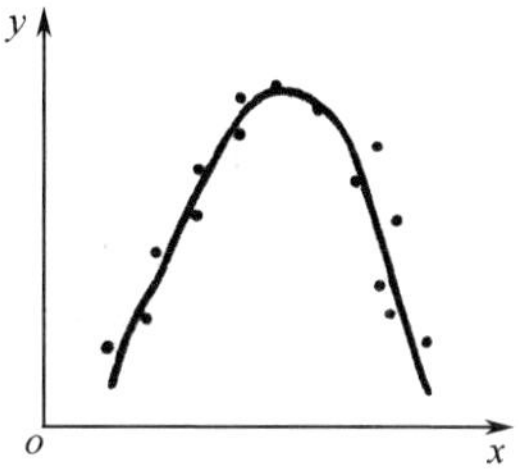

图8－5　非线性相关

四、相关系数

相关表和相关图大体上说明了变量之间有无关系，但它们的相关关系的紧密程度却无法表达出来，因此，需运用数学解析方法，构筑一个恰当的数学模型来显示相关关系及其密切程度。若要对现象之间的相关关系的紧密程度做出确切的数量说明，就需计算相关系数。相关系数是著名统计学家卡尔·皮尔逊(1857—1936)设计的一个测定两个变量之间线性相关程度和相关方向的指标。

（一）直线相关的度量

变量之间的直线相关、相关系数和直线的斜率有密切的联系。斜率的大小可以在一定程度上说明两个变量的相关程度，但是，不能把斜率视为相关系数。因为研究和计算相关系数时，分析的 x 数列与 y 数列的变异程度和计量单位是不一致的，所以，自变量值和因变量值无法直接对比，也说不明白它们的相关程度。

1. 相关系数的计算。相关系数的基本计算公式为：

$$r=\frac{\sigma_{xy}^{2}}{\sigma_{x}\sigma_{y}} \tag{8.1}$$

式中：r 为相关系数；σ_x 为自变量 x 数列的标准差；σ_y 为因变量 y 数列的标准差；σ_{xy}^2 为两个变量数列的协方差。

因为

$$\sigma_x=\sqrt{\frac{\Sigma(x-\bar{x})^2}{n}}=\sqrt{\frac{1}{n}\Sigma(x-\bar{x})^2}$$

$$\sigma_y=\sqrt{\frac{\Sigma(y-\bar{y})^2}{n}}=\sqrt{\frac{1}{n}\Sigma(y-\bar{y})^2}$$

$$\sigma_{xy}^2=\frac{\Sigma(x-\bar{x})(y-\bar{y})}{n}=\frac{1}{n}\Sigma(x-\bar{x})(y-\bar{y})$$

所以，相关系数的基本计算公式可以表示为：

$$r = \frac{\Sigma(x-\bar{x})(y-\bar{y})}{\sqrt{\Sigma(x-\bar{x})^2}\cdot\sqrt{\Sigma(y-\bar{y})^2}} \tag{8.2}$$

由于相关系数是通过将各个离差相乘来表明现象的相关程度的，所以称这种计算方法为“积差法”。

【例8－1】某工业企业在6年内，每年的平均月劳动生产率和固定资产装备程度的资料如表8－4所示，则：

(1)6年的固定资产装备程度年平均值为：

$$\bar{x} = \frac{\Sigma x}{n} = \frac{661\text{ 万元}}{6} = 110\text{ 万元}$$

(2)6年的月平均劳动生产率为：

$$\bar{y} = \frac{\Sigma y}{n} = \frac{35.8\text{ 万元}}{6} = 6\text{ 万元}$$

表8－4

年序	每人占有固定资产(万元) x	平均月劳动生产率(万元) y	$x-\bar{x}$	$(x-\bar{x})^2$	$y-\bar{y}$	$(y-\bar{y})^2$	$(x-\bar{x})(y-\bar{y})$
1	92	5.8	－18	324	－0.2	0.04	3.6
2	90	5.8	－20	400	－0.2	0.04	4.0
3	88	5.6	－22	484	－0.4	0.16	8.8
4	91	5.7	－19	361	－0.3	0.09	5.7
5	133	6.1	23	529	0.1	0.01	2.3
6	167	6.8	57	3 249	0.8	0.64	45.6
合计	661	35.8	—	5 347	—	0.98	70.0

(3)自变量 x 数列的标准差为：

$$\sigma_x = \sqrt{\frac{1}{n}\Sigma(x-\bar{x})^2} = \left(\sqrt{\frac{1}{6}\times 5\ 347}\right)\text{万元} = 29.85\text{ 万元}$$

(4) 因变量 y 数列的标准差为：

$$\sigma_y = \sqrt{\frac{1}{n}\Sigma(y-\bar{y})^2} = \left(\sqrt{\frac{1}{6}\times 0.98}\right)\text{万元} = 0.40\text{ 万元}$$

(5) 协方差为：

$$\sigma_{xy}^2 = \frac{1}{n}\Sigma(x-\bar{x})(y-\bar{y}) = \frac{70}{6} = 11.67$$

(6) 根据标准差和协方差计算相关系数：

$$r = \frac{\sigma_{xy}^2}{\sigma_x\sigma_y} = \frac{11.67}{29.85\times 0.40} = 0.977$$

也可根据式(8.2)计算相关系数：

$$r = \frac{\Sigma(x-\bar{x})(y-\bar{y})}{\sqrt{\Sigma(x-\bar{x})^2}\sqrt{\Sigma(y-\bar{y})^2}} = \frac{70}{\sqrt{5\ 347 \times 0.98}} = 0.967$$

式(8.1)与式(8.2)计算的 r 值相差不大。

相关系数为什么能说明两个变量之间的相关紧密程度呢？结合图 8－6 的图像分析不难得到答案。

在图 8－6 中，分别以例 8－1 的自变量数列的平均线和因变量数列的平均线为两个坐标轴。从图像上看到，相关点①②③④都落在第Ⅲ象限内，相关点⑤⑥都落在第Ⅰ象限内，表明它们是正相关，即 $x>\bar{x}$ 时，$y>\bar{y}$；相反，$x<\bar{x}$ 时，$y<\bar{y}$。若相关点落在第Ⅱ、第Ⅳ象限内，则两个变量是负相关；若相关点随机散落在四个象限内，且两个变量的离差乘积之和渐趋于零，说明它们没有相关关系。

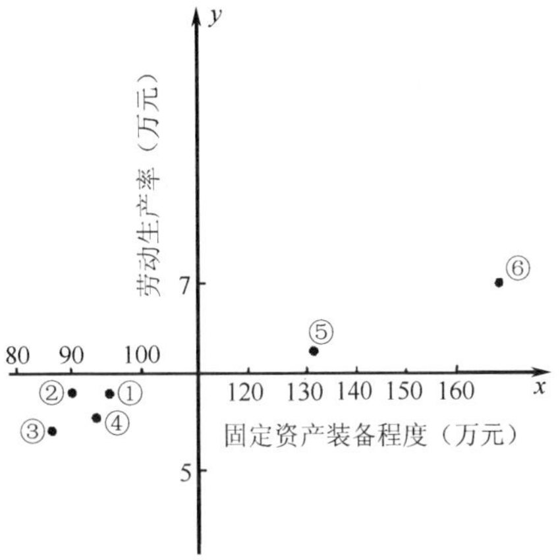

图 8－6

将变量 x 和 y 的离差用点绘在坐标图上，同样看到的是正相关或是负相关。$(x-\bar{x})$ 和 $(y-\bar{y})$ 之间的关系可用下列关系式表示：

如果 $\Sigma(x-\bar{x})(y-\bar{y})>0$，则 x 和 y 之间是正相关；

如果 $\Sigma(x-\bar{x})(y-\bar{y})<0$，则 x 和 y 之间是负相关；

如果 $\Sigma(x-\bar{x})(y-\bar{y})\rightarrow 0$，则 x 和 y 之间不相关。

虽然从 x 和 y 两个数列离差的乘积能判断出相关的度量，然而，这种度量存在着一些不足：它受观察值数目多少的影响，观察值数目越多，数值就越大，反之，数值就越小；离差乘积的总和值大小，又受到 x 和 y 变量数列项数多少的影响。为了消除这些不足，就要用观察值的项数(n)去除 $\Sigma(x-\bar{x})(y-\bar{y})$，得出平均离差乘积值(即协方差)，然后再用变量的标准差去除协方差，即得到相关系数。协方差除以两个标准差的乘积，就成为相对指标，它消除了离差大小所带来的影响，正如用标准差还不能比较出两个总体标志变异程度的大小，而要依靠离散系数来说明一样的道理。

若分析的成对资料很多，已编成分组的相关表，就必须用各组的次数(f)加权计算相关系数。其计算公式的基本表述为：

$$r=\frac{\frac{1}{\Sigma f}\Sigma(x-\bar{x})(y-\bar{y})f}{\sqrt{\frac{1}{\Sigma f}\Sigma(x-\bar{x})^2f}\sqrt{\frac{1}{\Sigma f}\Sigma(y-\bar{y})^2f}}$$

上式可以简化为：

$$r=\frac{\Sigma(x-\bar{x})(y-\bar{y})f}{\sqrt{\Sigma(x-\bar{x})^2f}\sqrt{\Sigma(y-\bar{y})^2f}}$$

2. 相关关系密切程度的划分。相关系数的取值范围是在 -1 与 +1 之间，即 $-1\leqslant r\leqslant +1$。当 x 和 y 同时增加或减少时，x 和 y 呈正方向变化，这叫正相关。例如，前例的固定资产装备程度与劳动生产率的关系是正相关。r 值渐近于 1，正相关加强，当 $r=+1$ 时，说明 x 和 y 存在完全的正相关，用图像表示，x 和 y 的数值都在斜率等于 +1 的一条直线上。r 为负值时，x 和 y 值的增减呈相反方向变化，是负相关，例如，产品产量和单位成本的关系。r 值渐近于 -1，则负相关加强，当 $r=-1$ 时，x 和 y 存在着完全的负相关，用图像表示，x 和 y 的所有值都在斜率等于 -1 的一条直线上。若 $r=0$，则表示 x 和 y 完全不相关。

依据相关系数值的大小判断其相关的紧密程度，通常是按相关系数值的大小来确定等级。一种是划分为三级：倘若 r 的绝对值为 0.7 ~ 1，谓之高度相关；r 的绝对值为 0.3 ~ 0.7 是中度相关；r 的绝对值在 0.3 以下是低度相关。另一种是划分为四级：r 的绝对值在 0.3 以下是不相关；r 的绝对值为 0.3 ~ 0.5 是低度相关；r 的绝对值为 0.5 ~ 0.8 是显著相关；r 的绝对值在 0.8 以上是高度相关。须知，按三级或按四级划分相关程度的等级，一定要遵守一条原则，那就是计算相关系数的原始根据应是大量的，只有这样，计算出的相关系数才是可信的。

判断相关系数的起点值，应依研究问题的不同而区别对待。若原始数据不多，则可查“相关系数检验表”，表中罗列有不同条件的判断，具有相关关系的起点值。

3. 相关系数的简捷计算方法。前述的积差法计算相关系数，离不开两个变量数列的平均指标和标准差指标。为了简化计算过程，尽量减弱对相关系数准确性的不利影响，绕开 $\bar{x}$ 和 $\bar{y}$，可以直接用两个变量数列的值计算相关系数。

(1) 资料未分组的计算公式：

$$r=\frac{n\Sigma xy-(\Sigma x)(\Sigma y)}{\sqrt{n\Sigma x^2-(\Sigma x)^2}\sqrt{n\Sigma y^2-(\Sigma y)^2}} \quad (8.3)$$

上式是由积差法公式推导出来的：

$$\Sigma(x-\bar{x})^2=\Sigma x^2-\frac{(\Sigma x)^2}{n}=\frac{n\Sigma x^2-(\Sigma x)^2}{n}$$

$$\Sigma(y-\bar{y})^2=\Sigma y^2-\frac{(\Sigma y)^2}{n}=\frac{n\Sigma y^2-(\Sigma y)^2}{n}$$

$$\Sigma(x-\bar{x})(y-\bar{y})=\Sigma xy-\frac{(\Sigma x)(\Sigma y)}{n}=\frac{n\Sigma xy-(\Sigma x)(\Sigma y)}{n}$$

对表 8 -4 中的资料进行计算，如表 8 -5 所示。

表 8 -5

年序	每人占有固定资产（万元）x	平均月劳动生产率（万元）y	x^2	y^2	xy
1	92	5.8	8 464	33.64	533.6
2	90	5.8	8 100	33.64	522.0
3	88	5.6	7 744	31.36	492.8
4	91	5.7	8 281	32.49	518.7
5	133	6.1	17 689	37.21	811.3
6	167	6.8	27 889	46.24	1 135.6
合计	661	35.8	78 167	214.58	4 014.0

将表 8 -5 的资料代入式（8.3）中：

$$r=\frac{6\times 4\,014-661\times 35.8}{\sqrt{6\times 78\,167-(661)^2}\sqrt{6\times 214.58-(35.8)^2}}=0.971$$

计算结果表明，简捷法与积差法基本一致。

（2）资料分组的公式：

$$r=\frac{\Sigma f\Sigma xyf-(\Sigma xf)(\Sigma yf)}{\sqrt{\Sigma f\Sigma x^2f-(\Sigma xf)^2}\sqrt{\Sigma f\Sigma y^2f-(\Sigma yf)^2}}$$

（二）曲线相关的度量

曲线相关的度量，运用相关指数指标来判断。因为重点是论述直线相关的度量，所以，对于曲线相关的度量仅做简要说明。

相关指数与相关系数一样，若其指标值渐近于 1，则配合曲线的效果较好。相关指数用 R（或 R^2）来代表，计算公式是：

$$R=\sqrt{\frac{\sigma_y^2-S_y^2}{\sigma_y^2}}=\sqrt{1-\frac{S_y^2}{\sigma_y^2}} \tag{8.4}$$

式中：$\sigma_y^2=\dfrac{\Sigma(y-\bar{y})^2}{n}$；　$S_y^2=\dfrac{\Sigma(y-\hat{y})^2}{n}$。

S_y^2 表示各变量值和其估计值（$\hat{y}$）的平均离差。若是完全相关的，则 $\hat{y}$ 和 y 没有离差，即 y 的各具体值都在配合的图线上，那么 $S_y^2=0$，即 $R=1$；若是不相关的，则 $S_y^2=\sigma_y^2$，$R=0$。所以，相关指数 R 的绝对值是在 0 与 1 之间。

【例 8－2】某公司所属企业某年产量和总成本的资料如表8－6所示。

依据表 8－6 中的资料计算：

$$\sigma_y^2=\frac{\Sigma(y-\bar{y})^2}{n}=\frac{7\ 414}{8}=926.75$$

$$S_y^2=\frac{\Sigma(y-\hat{y})^2}{n}=\frac{442.22}{8}=55.278$$

$$R=\sqrt{1-\frac{S_y^2}{\sigma_y^2}}=\sqrt{1-\frac{55.278}{926.75}}=0.969\ 7$$

表 8－6

企业	年产量（万台）x	总成本（万元）y	$y-\bar{y}$ $(\bar{y}=110)$	$(y-\bar{y})^2$	$\hat{y}$	$(y-\hat{y})$	$(y-\hat{y})^2$
1	1.2	62	－48	2 304	66.08	－4.80	23.04
2	2.0	86	－24	576	77.12	8.88	78.85
3	3.1	80	－30	900	91.30	－11.30	127.69
4	3.8	110	0	0	100.33	9.67	93.51
5	5.0	115	5	25	115.80	－0.80	0.64
6	6.1	132	22	484	129.99	2.01	4.04
7	7.2	135	25	625	144.17	－9.17	84.09
8	8.0	160	50	2 500	154.49	5.51	30.36
合计	36.4	880	—	7 414	880.00	—	442.22

计算结果说明，总成本和年产量存在着高度的正相关关系。

相关指数还有另一种计算方法，其公式为：

$$R^2=1-\frac{\Sigma(y-\hat{y})^2}{\Sigma(y-\bar{y})^2} \tag{8.5}$$

式（8.5）实际上是绕过计算 S_y^2 及 σ_y^2，而直接计算 R 值的简化计算公式。

以表 8－6 中所列资料用式（8.5）计算：

$$R^2=1-\frac{442.22}{7\ 414}=0.940\ 4$$

$$R=\sqrt{0.940\ 4}=0.969\ 7$$

此计算结果与用式（8.4）计算的结果一致，表明高度相关。

第二节　线性回归分析

一、回归分析的意义

相关分析研究变量之间的相互关系，表明其变动的规律性。如前所述，相关关系不同于函数关系，它不一定是主从关系或者因果关系，在多个因素中，谁是因谁是果，哪个是主哪个是从，是区分不清楚的。相关分析的统计分析方法，只能回答变量之间相关的紧密程度和方向。回归分析就是根据变量之间的主从或因果的回归关系，对变量之间的数量变化进行测定，建立数学模型，对因变量进行预测或估计的统计分析方法。

进行回归分析，是将变量之间的相关关系在一定情况下转化为函数关系而展开的。例如，自变量(x)给某一确定值，则会有因变量(y)的若干不同值与其对应，欲反映 x 和 y 之间的关系，对每一给定的 x 值，不能用 y 的某一具体值来对应，而应该用 y 的所有可能值的平均数来对应。因为，能用以反映 y 对 x 相关关系的，不是 y 的具体值，而是 y 的代表值，这个 y 的代表值，将随 x 的变动而变动，所以称为变动平均数。只有当 y 的具体值的平均数嬗变成 x 的函数，形成回归关系，才可以对变量之间进行回归分析。

回归分析建立的数学表达式称为回归方程(或回归模型)。根据回归方程配合的曲线，称配合曲线，其表现形式有直线和曲线等。

二、简单线性回归分析的特点

简单线性回归分析是简单直线回归分析，其特点是：

第一，两个变量之间的关系，一个是自变量，另一个是因变量，分析时，需明确自变量和因变量的各自承担者。

第二，x 和 y 两个变量，从方程式看，存在着两个关系式：一是以 x 为自变量，y 为因变量的关系式；另一个是以 y 为自变量，x 为因变量的关系式。从图像上观察是两条不同的关系直线。因此，若分析的现象之间不存在明显的因果关系或主从关系，两个变量的地位可以互换，画出的是两条直线；否则，只能是一条关系直线。

第三，在直线回归方程中的回归系数表明因变量(y)对自变量(x)的回归关系，它有正负之分，与相关系数的正负是一致的。正的系数表明上升直线，两个变量同方向变化；负的系数表明下降直线，两个变量反方向变化。

第四，直线回归方程中，要求自变量是非随机的，是给定的值。将自变量值引入方程，求出估计的因变量值，这个估计值就是众多因变量实际值的一个平均值，又称理论值或趋势值。因此,可以计算估计值的标准误差。

三、直线回归方程

建立直线回归方程,是直线回归分析中最为关键的问题,即确定一条直线来代表各个相关点的变动趋势。数学证明,符合“离差平方和最小”的直线是最合适的。在这条直线上,据以推算的估计值(用 y_c 代表)与 y 的实际值离差的平方和,比其他任何直线推算的数值都要小。这是按“最小二乘法”来决定直线方程的方法。

y_c 表示对应于自变量 x 的因变量 y 的变动平均数(即估计值)。直线回归方程一般表述为:

$$y_c = f(x)$$

具体写为:

$$y_c = a + bx$$

从图像上看到,a 是直线的截距,b 是斜率,即回归系数。a 和 b 是方程中的待定参数,按照最小二乘法,可以估计这些参数值。根据微分学中求极值的原理,直线回归方程中的参数 a,b 应满足:$\Sigma(y - y_c)^2$ = 最小值,或者 $\Sigma(y - a - bx)^2$ = 最小值。在坐标图上显示,各观察点和关系直线沿纵坐标轴方向的距离平方和是最小的。

令
$$SS_E = \Sigma(y - y_c)^2 = \Sigma(y - a - bx)^2$$

分别求出 SS_E 对 a 和 b 的偏微分,并根据 SS_E 是极小值的要求,使其偏微分等于零,即

$$\frac{\partial(SS_E)}{\partial a} = \frac{\partial}{\partial a}\Sigma(y - a - bx)^2 = 0$$

$$\frac{\partial(SS_E)}{\partial b} = \frac{\partial}{\partial b}\Sigma(y - a - bx)^2 = 0$$

从而整理出两个标准方程式:

$$\begin{cases} na + b\Sigma x = \Sigma y \\ a\Sigma x + b\Sigma x^2 = \Sigma xy \end{cases}$$

依据上述两个标准方程,可以分别求解出如下两个参数值:

$$a = \frac{\Sigma x^2 \Sigma y - \Sigma x \Sigma xy}{n\Sigma x^2 - (\Sigma x)^2} \tag{8.6}$$

$$b = \frac{n\sum xy - \sum x \sum y}{n\sum x^2 - (\sum x)^2} \tag{8.7}$$

假设某班组工人的工龄和劳动生产率如表8－7中资料所列，劳动生产率有正指标和逆指标两种表现形式。现依据表8－7的资料分列两表，编制相应的回归方程并进行相应的回归分析，其结果表现的数量是不同的，配合的直线走向相背，却说明同一内容和趋势。

表8－7

工人工号		1	2	3	4	5
工龄(年)		8	9	10	13	15
劳动生产率	件/小时	3	5	4	6	7
	分钟/件	20	12	15	10	8.6

利用表8－8的资料，按劳动生产率正指标的回归分析进行计算。

表8－8

工号	工龄(年) x	劳动生产率(件/时) y	x^2	xy	y_c
1	8	3	64	24	3.5
2	9	5	81	45	4.0
3	10	4	100	40	4.5
4	13	6	169	78	6.0
5	15	7	225	105	7.0
合计	55	25	639	292	25.0

将表8－8的有关数值代入式(8.6)和式(8.7)：

$$a = \frac{\sum x^2 \sum y - \sum x \sum xy}{n\sum x^2 - (\sum x)^2} = \frac{639 \times 25 - 55 \times 292}{5 \times 639 - (55)^2} = -0.5$$

$$b = \frac{n\sum xy - \sum x \sum y}{n\sum x^2 - (\sum x)^2} = \frac{5 \times 292 - 55 \times 25}{5 \times 639 - (55)^2} = 0.5$$

将参数 a，b 的值代入回归方程 $y_c = a + bx$，得到反映工龄与劳动生产率的一般回归关系的方程式，即

$$y_c = (-0.5) + 0.5x$$

式中的数值和符号说明：$a = -0.5$ 件，即劳动生产率的起点在图像中表现为 y 轴

与回归直线的交点;$b=0.5$ 件,回归系数为正值,说明工龄每增加一年,每人每小时可多生产 0.5 件,工龄越长,工效越高。当然,这种变化有一个区间范围。

利用表 8-9 的资料,按劳动生产率逆指标的回归分析进行计算。

表 8-9

工号	工龄(年) x	劳动生产率(分钟/件) y	x^2	xy	y_c
1	8	20	64	160	17.1
2	9	12	81	108	15.8
3	10	15	100	150	14.5
4	13	10	169	130	10.6
5	15	8.6	225	129	8.0
合计	55	65.6	639	677	66.0

将表 8-9 的有关数值代入式(8.6)和式(8.7):

$$a=\frac{\sum x^2\sum y-\sum x\sum xy}{n\sum x^2-(\sum x)^2}=\frac{639\times 65.6-55\times 677}{5\times 639-(55)^2}=27.5$$

$$b=\frac{n\sum xy-\sum x\sum y}{n\sum x^2-(\sum x)^2}=\frac{5\times 677-55\times 65.6}{5\times 639-(55)^2}=-1.3$$

式中的数值和符号说明:$a=27.5$ 分钟,即新工人劳动生产率的起点,在图像中是回归直线与 y 轴的交点;$b=-1.3$ 分钟,回归系数为负值,表明工龄每增加一年,每生产一件可以缩短 1.3 分钟的时间,工龄越长,工效越高,所费工时越少。

运用分组相关表,同样可用前述方法建立直线回归方程和配合一条直线。与前述不同的是,在计算过程中,需用次数加权的方法,即直线回归方程 $y_c=a+bx$ 中的参数 a 和 b 的求解方程组是:

$$\begin{cases}a\sum f+b\sum xf=\sum yf\\ a\sum xf+b\sum x^2f=\sum xyf\end{cases}$$

因此,推导出求参数 a,b 值的公式为:

$$a=\frac{\sum x^2f\sum yf-\sum xf\sum xyf}{\sum f\sum x^2f-(\sum xf)^2} \tag{8.8}$$

$$b=\frac{\sum f\sum xyf-\sum xf\sum yf}{\sum f\sum x^2f-(\sum xf)^2} \tag{8.9}$$

【例 8-3】某股份公司各厂的劳动生产率和创利水平资料如表 8-10 所示。

表 8－10

全员劳动生产率(万元) x	全员人均创利(万元) y	企业个数 f	xf	yf	x^2	x^2f	xy	xyf	y_c
8	3	2	16	6	64	128	24	48	3.721
9	5	4	36	20	81	324	45	180	4.181
10	4	3	30	12	100	300	40	120	4.641
13	6	5	65	30	169	845	78	390	6.021
15	7	2	30	14	225	450	105	210	6.941
合计	—	16	177	82	—	2 047	—	948	—

将表 8－10 中有关数值代入式(8.8)和式(8.9)：

$$a=\frac{\sum x^2f\sum yf-\sum xf\sum xyf}{\sum f\sum x^2f-(\sum xf)^2}=\frac{2\ 047\times 82-177\times 948}{16\times 2\ 047-(177)^2}=0.041$$

$$b=\frac{\sum f\sum xyf-\sum xf\sum yf}{\sum f\sum x^2f-(\sum xf)^2}=\frac{16\times 948-177\times 82}{16\times 2\ 047-(177)^2}=0.460$$

建立直线回归方程：

$$y_c=0.041+0.460x$$

$a=0.041$ 万元是人均创利的起始点。$b=0.460$ 万元表示劳动生产率每提高 1 万元，可多创利 4 600 元。不同劳动生产率水平相应的人均创利水平的估计值，按回归方程的推算结果，已在表 8－10 的最后一栏中列出。

四、估计标准误差

（一）估计标准误差的意义

估计标准误差是衡量 y 的实际值和估计值离差一般水平的分析指标。

回归方程的一个重要作用在于：根据自变量的已知值推算因变量的可能值。这个可能值（又称估计值、理论值、平均值）和真正的实际值可能一致或者有出入。换句话说，估计值和实际值之间是有离差的。一般情况下，这个离差数值小，即 y_c 值与 y 值接近，表明推断准确，估计值的代表性高；离差数值大，即 y_c 值与 y 值相距甚远，表明推断不够准确，估计值的代表性就低。十分明显，将一系列 y_c 与 y 值进行比较，可以发现它们存在着一系列的离差，有的是正差，有的是负差。回归方程的代表性如何，一般是通过估计标准误差指标的计算予以检验的。

估计标准误差是用来说明回归方程代表性强弱的统计分析指标，它与标准差的性质相近，不同的是，估计标准误差是说明平均线的代表性的，而标准差是说明平均数的代表程度。

（二）估计标准误差的计算

1. 离差法。根据因变量实际值和估计值的离差计算估计标准误差的方法，称为离差计算法。其计算公式为：

$$S_{yx}=\sqrt{\frac{\Sigma(y-y_c)^2}{n-2}}$$

式中，$n-2$ 是自由度。

因为在公式 $\Sigma(y-y_c)^2=\Sigma(y-a-bx)^2$ 中，参数 a，b 是由实际资料计算出的，所以就丧失了两个自由度。公式中的 S_{yx} 是估计标准误差，其下标 yx 表示 y 依 x 而回归的方程。y 是因变量实际值，y_c 是根据回归方程推算出来的因变量估计值。估计标准误差还有另一种表示：S_{xy}，其下标 xy 表示 x 依 y 而回归的方程。因为同一现象会存在着两条回归直线，两个变量互为因果，所以能计算两个估计标准误差。

由于实际运用时变量值资料相当多，所以计算公式中自由度的考虑就不一定太迫切和要紧，因而估计标准误差的公式可写成：

$$S_{yx}=\sqrt{\frac{\Sigma(y-y_c)^2}{n}}$$

或

$$S_{xy}=\sqrt{\frac{\Sigma(x-x_c)^2}{n}}$$

【例 8－4】利用表 8－8 的资料，计算估计标准误差。先编制一张计算表（详见表 8－11），计算表前两栏是原始资料，y_c 栏是依据直线回归方程 $y_c=-0.5+0.5x$ 推算出来的因变量的估计值。

表 8－11　　估计标准误差计算表

工人序号	工龄（年）x	劳动生产率（件/时）y	y_c	$y-y_c$	$(y-y_c)^2$
1	8	3	3.5	−0.5	0.25
2	9	5	4.0	1.0	1.00
3	10	4	4.5	−0.5	0.25
4	13	6	6.0	0	0
5	15	7	7.0	0	0
合　计	—	25	25.0	—	1.50

因此

$$S_{yx}=\sqrt{\frac{\Sigma(y-y_c)^2}{n-2}}=\left(\sqrt{\frac{1.50}{5-2}}\right)\text{件}=0.707\text{ 件}$$

或
$$S_{yx}=\sqrt{\frac{\Sigma(y-y_c)^2}{n}}=\left(\sqrt{\frac{1.50}{5}}\right)\text{件}=0.548\text{ 件}$$

上述的两个计算结果存在出入。若变量值相当多，这种出入就会小到最低限度，所以，用不着顾及自由度，径直根据 n 项计算即可满足其要求。

2. 参数法。利用参数 a，b 的已知值，可以计算出估计标准误差，此方法称为参数法。其计算公式为：

$$S_{yx}=\sqrt{\frac{\Sigma y^2-a\Sigma y-b\Sigma xy}{n-2}}$$

或
$$S_{yx}=\sqrt{\frac{\Sigma y^2-a\Sigma y-b\Sigma xy}{n}}$$

仍以表 8－8 的资料进行计算，先编制一张计算表（见表8－12）。

表 8－12　　估计标准误差计算表

工人序号	工龄（年）x	劳动生产率（件/时）y	y^2	xy
1	8	3	9	24
2	9	5	25	45
3	10	4	16	40
4	13	6	36	78
5	15	7	49	105
合　计	—	25	135	292

已知参数 $a=-0.5$，$b=0.5$，则：

$$S_{yx}=\sqrt{\frac{\Sigma y^2-a\Sigma y-b\Sigma xy}{n-2}}$$
$$=\left(\sqrt{\frac{135-(-0.5)\times25-0.5\times292}{5-2}}\right)\text{件}=0.707\text{ 件}$$

若不考虑自由度，其结果为：

$$S_{yx}=\sqrt{\frac{\Sigma y^2-a\Sigma y-b\Sigma xy}{n}}$$
$$=\left(\sqrt{\frac{135-(-0.5)\times25-0.5\times292}{5}}\right)\text{件}=0.548\text{ 件}$$

（三）估计标准误差和相关系数的关系

估计标准误差和相关系数存在着紧密的关系。当 S_{yx} 值渐小时，r 值渐大。S_{yx} 值越小，说明各相关点离回归直线越近，相应的 r 就越渐近于 ±1，表明相关关系很密切。若 $S_{yx}=0$，r 值就是 ±1，此时为完全相关。S_{yx} 值越大，则 r 值越小，从图像上看到,相关点离回归直线就远些。若 $S_{yx}=\sigma_y$,表明回归直线和因变量(y)数列的平均线相重合,变量 x 与变量 y 就不相关了。

估计标准误差和相关系数的关系用数学模型表示为:

$$S_{yx}=\sigma_y\sqrt{1-r^2}$$

$$r=\sqrt{\frac{\sigma_y^2-S_{yx}^2}{\sigma_y^2}}=\sqrt{1-\frac{S_{yx}^2}{\sigma_y^2}}$$

若用 S_{yx} 与 σ_y 求相关系数,与前述积差法直接求相关系数会得到相同结果,所不同的只是这种计算结果难以确定相关的性质,一定要借助回归方程式中 x 的系数的正负号来判断。

【例 8-5】利用表 8-8 的资料进行示范,先编制计算表(见表8-13)。

表 8-13

序号	工龄(年) x	劳动生产率(件/时) y	$y-\bar{y}$	$(y-\bar{y})^2$
1	8	3	-2	4
2	9	5	0	0
3	10	4	-1	1
4	13	6	1	1
5	15	7	2	4
合 计	—	25	—	10

计算出:$\bar{y}=5$ 件;$\sigma_y=1.414$ 件;$S_{yx}=0.548$。

因此

$$S_{yx}=\sigma_y\ \sqrt{1-r^2}$$

$$(0.548)^2=(1.414)^2(1-r^2)$$

$$r^2=0.85$$

$$r=0.92$$

按直线回归方程中 x 的系数(b)是正值,则此相关系数是正值,表明高度正相关。

五、多元线性回归方程

前述的是一元线性回归方程的建立,是按一个因变量(y)只由一个自变量(x)来推算的。然而,客观经济现象却相当错综复杂,影响因变量变化的自变量可能有无数个,其中有主导作用的自变量和非主导作用的自变量的区别。因此,为了全面测定与估价,就需要将一个因变量与多个自变量联系起来分析与推算。例如,企业产品的成本取决于原材料的消耗、产量、产品质量、技术水平以及经营状况等。欲测定产品成本的变化和原材料的消耗、产品质量、产量等对成本的影响，这就面临着测定多因素的相关和回归的问题。

在研究线性相关的情况下，使用两个或两个以上的自变量估计因变量，称为多元线性回归；建立的数学模型，称为多元线性回归方程。多元线性回归方程是建立在简单回归所使用的假设和方法的基础之上的，计算相当复杂，但其基本原理与一元线性回归模型相类似。

（一）多元直线回归方程的建立

假定 y 代表被研究的社会经济现象；x 代表引起该现象变化的各个变量，共有 n 个：$x_1, x_2, \cdots, x_n$。也就是说，y 是由 $x_1, x_2, \cdots, x_n$ 所引起变化的经济现象。因此，多元线性回归方程的一般表述是：

$$y_c = a + b_1x_1 + b_2x_2 + \cdots + b_nx_n$$

为了便于理解，先从二元回归方程开始论述。二元回归就是只用两个自变量来计算因变量的变化，它是多元回归的最简单的表现形式。其二元线性回归方程为：

$$y_c = a + b_1x_1 + b_2x_2 \tag{8.10}$$

式中：y_c 为二元回归的估计值；a 为常数项；b_1 为 y 对 x_1 的回归系数；b_2 为 y 对 x_2 的回归系数。

因为 b_1 表示在自变量 x_2 为一定值时，由于自变量 x_1 增减 1 个单位而使 y 改变的平均值，b_2 表示在自变量 x_1 为一定值时，由于自变量 x_2 增减 1 个单位而使 y 改变的平均值，所以 b_1 和 b_2 往往称为偏回归系数。

建立二元线性回归方程，要求解参数 a, b_1 与 b_2 的值，其方法与直线回归的道理一样，依然运用最小平方法，因此可以得到如下三个标准方程式：

$$\left.\begin{aligned} na + b_1\Sigma x_1 + b_2\Sigma x_2 &= \Sigma y \\ a\Sigma x_1 + b_1\Sigma x_1^2 + b_2\Sigma x_1x_2 &= \Sigma x_1y \\ a\Sigma x_2 + b_1\Sigma x_1x_2 + b_2\Sigma x_2^2 &= \Sigma x_2y \end{aligned}\right\} \tag{8.11}$$

【例 8－6】某行业 10 个企业的增加值的资料如表 8－14 所示，估计增加值的趋势。

表 8－14

企业	职工人数（人）x_1	生产性固定资产（万元）x_2	增加值（百万元）y	x_1y	x_2y	x_1x_2	x_1^2	x_2^2	y^2
甲	16	45	29	464	1 305	720	256	2 025	841
乙	14	42	24	336	1 008	588	196	1 764	576

续表

企业	职工人数（人）x_1	生产性固定资产（万元）x_2	增加值（百万元）y	x_1y	x_2y	x_1x_2	x_1^2	x_2^2	y^2
丙	15	44	27	405	1 188	660	225	1 936	729
丁	13	45	25	325	1 125	585	169	2 025	625
戊	13	43	26	338	1 118	559	169	1 849	676
己	14	46	28	392	1 288	644	196	2 116	784
庚	16	44	30	480	1 320	704	256	1 936	900
辛	16	45	28	448	1 260	720	256	2 025	784
壬	15	44	28	420	1 232	660	225	1 936	784
癸	15	43	27	405	1 161	645	225	1 849	729
合计	147	441	272	4 013	12 005	6 485	2 173	19 461	7 428

解：将表 8－14 中的有关数据代入式（8.11）：

$$\begin{cases}10a+147b_1+441b_2=272\\147a+2\,173b_1+6\,485b_2=4\,013\\441a+6\,485b_1+19\,461b_2=12\,005\end{cases}$$

解联立方程得：$a=-22.099\,4$，$b_1=1.061\,4$，$b_2=0.764\,1$。将参数值代入回归方程式（8.10）：

$$y_c=-22.099\,4+1.061\,4x_1+0.764\,1x_2$$

从图像上看到：a 是 y 轴上的截距；b_1 与 b_2 是回归方程的斜率，即回归系数。若 x_1 和 x_2 都是零，常数 a 是 y_c 值。参数 b_1 与 b_2 描述了 x_1 和 x_2 的变化对 y_c 值的影响。在例 8－6 中，保持职工人数（x_1）不变，则每增加生产性固定资产（x_2）1 万元，y_c 将多生产 76.41 万元；反之，保持 x_2 不变，每增加 1 名职工，y_c 值将增长 106.14 万元。

在多元回归分析中，需注意多重共线（multicollinearity）问题的发生。当多个自变量的相关度表现很高时，因为多次重复其相关关系，会使回归系数被歪曲，丧失可靠性，所以，在选择自变量估计因变量时应十分慎重，在进行多元回归分析之前，应认真对众多欲用的自变量进行相关分析，以便尽量降低多重共线现象的作用。

（二）多元回归的估计标准误差

围绕多元回归方程的建立，观察其估计值与实际值的离散程度。若离散程度低，表明所配合的多元回归方程比较接近实际，用以进行预测估计，准确性就相应高些；反之，其准确程度就会低些。因此，测定多元回归平面的离散程度，说明多元回归方程推算结果的准确程度，就需运用多元回归估计标准误差分析指标。其基本公式是：

$$S_{y,12} = \sqrt{\frac{\Sigma(y - y_c)^2}{n}}$$

式中：$S_{y,12}$为多元回归估计标准误差；其他符号和前面一致。

基本公式计算较繁杂，因此，推导出以下的简捷计算公式，以充分利用已计算出来的数据确定估计标准误差为：

$$S_{y,12} = \sqrt{\frac{\Sigma y^2 - a\Sigma y - b_1\Sigma x_1 y - b_2\Sigma x_2 y}{n}} \tag{8.12}$$

将表 8－14 中的资料代入式(8.12)，计算该例多元回归估计标准误差为：

$$S_{y,12} = \sqrt{\frac{7\,428 - (-22.099\,4 \times 272) - 1.061\,4 \times 4\,013 - 0.764\,1 \times 12\,005}{10}}$$

$$= \sqrt{0.661\,8} = 0.813\,5$$

对比增加值的平均数$\bar{y} = 272 \div 10 = 27.2$，估计标准误差系数为：

$$\frac{0.813\,5}{27.2} = 2.99\%$$

（三）多元回归估计标准误差和复相关系数的关联

在多元相关分析中，需测定多元变量之间的相关关系密切程度，运用的计算方法和简单相关系数的原理是一致的。其计算公式为：

$$r = \sqrt{\frac{a\Sigma y + b_1\Sigma x_1 y + b_2\Sigma x_2 y - n(\bar{y})^2}{\Sigma y^2 - n(\bar{y})^2}} \tag{8.13}$$

复相关系数的取值范围，通常介于 0 和 1 之间，且取正值。因为在研究多变量相关关系时，b_1 与 b_2 只说明回归的部分系数（即偏回归系数），尽管 b_1 与 b_2 有正负之分，仍然无法根据其中任一系数的正负来决定复相关系数的正负，所以仅有正相关系数。

利用表 8－14 的资料，代入式(8.13)，计算复相关系数为：

$$r = \sqrt{\frac{-22.099\,4 \times 272 + 1.061\,4 \times 4\,013 + 0.764\,1 \times 12\,005 - 10 \times (27.2)^2}{7\,428 - (27.2)^2 \times 10}}$$

$$= \sqrt{\frac{22.981\,9}{29.6}} = \sqrt{0.776\,4} = 0.881\,1$$

复相关系数和多元回归估计标准误差存在着紧密联系。若估计标准误差等于0，表明各观察值的实际值与估计值都是相等的，即$\Sigma(y - y_c)^2 = 0$，全部落在所配合的回归平面上，是最佳的理想配合，复相关系数等于 1。当然，实际中这是不可能的。它们两者之间的联系用公式表述如下：

$$r_{y,12}=\sqrt{1-\frac{S_{y,12}^2}{\sigma_y^2}} \tag{8.14}$$

运用式(8.14)不难推出复相关系数。仍依据表8－14的资料计算：

$$r_{y,12}=\sqrt{1-\frac{0.661\ 8}{2.96}}=0.881\ 1$$

上述计算结果说明，职工人数、工业固定资产和增加值之间有较高的相关关系。

第三节　非线性回归分析

一、非线性回归分析的意义

在研究现象的相关关系时，其并不完全呈现直线关系，还会反映出某种非线性的曲线关系，因此，就应配合适当的曲线形式，为两个变量拟合一条相应的曲线作为回归线，进行非线性相关和回归分析。

客观世界存在着许多非线性相关，如抛物线相关、双曲线相关、指数相关和幂函数相关等，其配合方法、计算方法均比线性相关复杂得多。然而，在多数场合，非线性相关和回归分析，可以通过变量的变换改成线性相关和回归分析，运用线性回归分析方法解决非线性回归问题，从而大大简化了计算的繁杂程度并节约了时间。

二、非线性回归方程

（一）抛物线方程

许多社会经济现象的变化关系，往往近似于抛物线的形状，它的回归方程式的表述是：

$$y_c=a+bx+cx^2$$

公式中的 a,b,c 是待定参数，按最小平方法，它们应该满足：

$$SS_E=\sum(y-y_c)^2=\sum[y-(a+bx+cx^2)]^2=\text{最小值}$$

欲使 SS_E 为最小，需求 SS_E 的偏微分，并令其等于零，故得出如下三个标准方程：

$$\begin{cases}na+b\sum x+c\sum x^2=\sum y\\ a\sum x+b\sum x^2+c\sum x^3=\sum xy\\ a\sum x^2+b\sum x^3+c\sum x^4=\sum x^2y\end{cases}$$

求解此方程组，可得到唯一的一组解，就是抛物线方程式的参数 a,b,c 的值。

可用简便方法，求解上列方程组。

令 $x' = \dfrac{x - A_x}{\Delta_x}$ （Δ_x 为 x 数列的组距），则：

$$x - A_x = x'\Delta_x$$

$$x = A_x + x'\Delta_x$$

上式中 A_x 为假定原点。当 x 值的项数为奇数时，就以居中的 x 值为 A_x；若 x 为偶数项，就以居中的两个 x 值的平均数为 A_x。这样，就使 $\sum x' = 0, \sum x'^3 = 0$。采用新变量后，原来的方程式的系数 a,b,c 须做相应替代：

$$\begin{aligned} y_c &= a + bx + cx^2 = a + b(A_x + x'\Delta_x) + c(A_x + x'\Delta_x)^2 \\ &= (a + bA_x + cA_x^2) + (2cA_x\Delta_x + b\Delta_x)x' + c\Delta_x^2 x'^2 \end{aligned}$$

设 $A = a + bA_x + cA_x^2$；$B = 2cA_x\Delta_x + b\Delta_x$；$C = c\Delta_x^2$。则新方程式改写为：

$$y_c = A + Bx' + Cx'^2$$

解 A,B,C 值的联立方程组为：

$$\begin{cases} nA + C\sum x'^2 = \sum y \\ B\sum x'^2 = \sum x'y \\ A\sum x'^2 + C\sum x'^4 = \sum x'^2 y \end{cases}$$

解出 A,B,C 的值后，再求出原方程组的 a,b,c 值。

【例 8－7】以农业生产的施肥量和收获率的相关关系，对其进行回归分析，从相关图上可以看出是近似抛物线形式。资料及分析如表 8－15 所示。

表 8－15　　抛物线方程计算表

施肥量（千克/公顷）x	收获率（千克/公顷）y	x'	x'^2	x'^3	x'^4	$x'y$	x'^2y	y^2	y_c
0	152	-4	16	-64	256	-608	2 432	23 140	119
5	300	-3	9	-27	81	-900	2 700	90 000	298
10	405	-2	4	-8	16	-810	1 620	164 025	451
15	547	-1	1	-1	1	-547	547	299 209	578
20	653	0	0	0	0	0	0	426 409	679
25	792	1	1	1	1	792	792	627 264	755
30	872	2	4	8	16	1 744	3 488	760 384	805
35	840	3	9	27	81	2 520	7 560	705 600	829
40	780	4	16	64	256	3 120	12 480	608 400	827
合　计	5 340	0	60	0	708	5 311	31 619	3 704 395	5 340

设$A_x=20$；$\Delta_x=5$；$\Delta_x^2=25$。计算出表内的有关数据，并依表中资料得出方程组：

$$\begin{cases}9A+60C=5\ 340\\60B=5\ 311\\60A+708C=31\ 619\end{cases}$$

解方程组得：$A=679.487\ 7$；$B=88.516\ 6$；$C=-12.923\ 1$。

将上述结果代入替换式：

$$\begin{cases}A=a+bA_x+cA_x^2\\B=b\Delta_x+2cA_x\Delta_x\\C=c\Delta_x^2\end{cases}$$

得方程组：

$$\left.\begin{aligned}679.487\ 7&=a+20b+400c\\88.516\ 6&=5b+200c\\-12.923\ 1&=25c\end{aligned}\right\}\tag{8.15}$$

解方程组(8.15)，求出参数值：$a=118.643\ 7$；$b=38.380\ 2$；$c=-0.516\ 9$。

建立回归方程式：

$$y_c=118.643\ 7+38.380\ 2x-0.516\ 9x^2\tag{8.16}$$

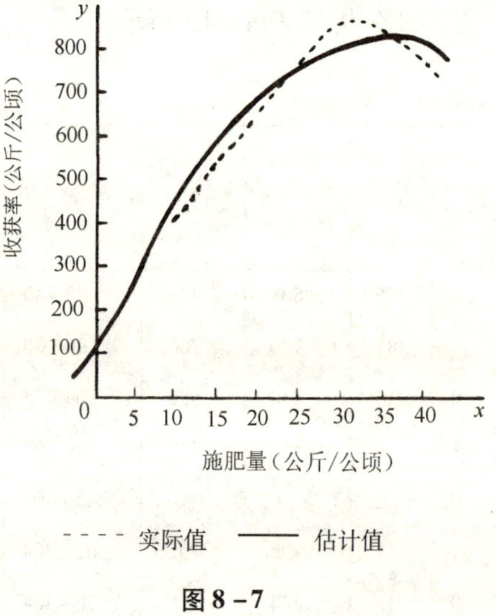

图8－7

将x值引入回归方程式(8.16)，即得y的估计值。将y的估计值列入表8－15中，并以此进行预测。配合曲线图像(图8－7)，可看到一条抛物线，表明收获率随着施肥量的增加而增长，但施肥量增加到某一高度，收获率会呈下滑趋势。

(二)双曲线方程

因变量随着自变量而增加，最初增加很快，以后渐趋减慢，而后呈现平稳之势，这种相关关系可以采用双曲线配合，建立双曲线回归方程，进行分析。

双曲线回归方程式为：

$$\frac{1}{y_c}=a+b\cdot\frac{1}{x}\tag{8.17}$$

若用简化式表示，令$y'_c=\frac{1}{y_c}$；$x'=\frac{1}{x}$。则方程(8.17)改变为：

$$y'_c = a + bx'$$

这样，就可运用线性方程式求解 a 与 b 的值，其计算可简化得相当多。

【例 8 - 8】已知某省 16 个地市的国内生产总值和投资情况的资料，若用相关图初步显示，根据经验判断，它们之间的关系可用双曲线表示。有关计算如表 8 - 16所示。

表 8 - 16　　双曲线方程计算表

地市	国内产值(亿元) x	投资额(亿元) y	x'	y'	x'^2	$x'y'$
1	5.23	0.016	0.19	62.50	0.036	11.88
2	5.63	0.015	0.18	66.67	0.032	12.00
3	5.94	0.016	0.17	62.50	0.029	10.63
4	6.35	0.019	0.16	52.63	0.026	8.42
5	6.88	0.025	0.15	40.00	0.023	6.00
6	7.53	0.029	0.13	34.48	0.017	4.48
7	7.96	0.028	0.13	35.71	0.017	4.64
8	8.68	0.028	0.12	35.71	0.014	4.29
9	9.35	0.031	0.11	32.25	0.012	3.55
10	9.82	0.034	0.10	29.41	0.010	2.94
11	10.63	0.034	0.09	29.41	0.008	2.65
12	11.71	0.035	0.09	28.57	0.008	2.57
13	13.06	0.044	0.08	22.73	0.006	1.82
14	14.13	0.056	0.07	17.86	0.005	1.25
15	15.16	0.062	0.07	16.12	0.005	1.13
16	16.92	0.066	0.06	15.15	0.004	0.91
合计	—	—	1.90	581.71	0.251	79.16

根据表中资料计算：

$$b = \frac{n\sum x'y' - \sum x'\sum y'}{n\sum x'^2 - (\sum x')^2} = \frac{16 \times 79.16 - 1.9 \times 581.71}{16 \times 0.251 - (1.9)^2} = 397.32$$

$$a = \frac{\sum y'}{n} - b \cdot \frac{\sum x'}{n} = \frac{581.71}{16} - 397.32 \times \frac{1.9}{16} = -11.32$$

故

$$y'_c = -11.32 + 397.32x' \tag{8.18}$$

建立双曲线回归方程，式(8.18)用 $y'_c = \frac{1}{y_c}$，$x' = \frac{1}{x}$进行替代，得：

$$\frac{1}{y_c} = -11.32 + 397.32 \times \frac{1}{x}$$

（三）指数曲线方程

当因变量与自变量的关系存在着等比级数的模式时，可以建立指数曲线方程进行回归分析。指数曲线方程为：

$$y_c = ab^x$$

改变成对数模式：

$$\lg y_c = \lg a + x\lg b$$

令 $\lg y_c = y'$；$\lg a = a'$；$\lg b = b'$。则有线性方程：

$$y'_c = a' + b'x$$

求解 a'，b'值后，引入替代式，可找出曲线方程的参数 a 与 b 的值。

（四）其他曲线方程

研究社会经济生活现象的非线性相关与回归问题，除了前述三种方程较常运用外，有时还可运用幂函数曲线方程、公伯兹曲线方程和罗杰斯提曲线方程。

1. 幂函数曲线方程：

$$y_c = \mathrm{d}x^b$$

改变成对数模式：

$$\lg y_c = \lg d + b\lg x$$

令 $y'_c = \lg y_c$，$x' = \lg x$，$a = \lg d$，则上式改变为线性方程：

$$y'_c = a + bx'$$

然后求解出曲线方程的参数 a 与 b 值。

2. 公伯兹（Gompertz）曲线方程：

$$y_c = d\mathrm{e}^{bx}$$

改变成对数模式：

$$\ln y_c = \ln \mathrm{d} + bx$$

令 $y'_c = \ln y_c$，$a = \ln d$，则上式改变为线性方程：

$$y'_c = a + bx$$

3. 罗杰斯提（Logistic）曲线方程：

$$y_c = \frac{1}{a + b\mathrm{e}^{-x}}$$

令 $y'_c = \frac{1}{y_c}$，$x' = \mathrm{e}^{-x}$，则改变为线性方程：

$$y'_c = a + bx'$$

思考题与练习题

1. 相关关系的特点是什么？

2. 相关关系有哪几种分类方法？

3. 如何判断相关关系？

4. 线性回归分析的特点是什么？

5. 估计标准误差有何作用？

6. 某种产品与单位成本的资料如表 8－17 所示。试求：

(1)产品产量与单位成本的相关系数；

(2)确定单位成本对产量的直线回归方程，说明回归系数 b 的含义；

(3)计算产量上升为 6.5 万件时的单位成本。

表 8－17

产量(万件)	2	3	4	3	4	5	6
单位成本(元/件)	73	72	71	73	70	69	68

7. (1)已知：$\sum(x-\bar{x})^2 = 2\sum(y-\bar{y})^2$

$$\sum(x-\bar{x})(y-\bar{y}) = 1.2\sum(y-\bar{y})^2$$

求相关系数 r。

(2)已知：$L_{xy}=1.6L_{xx}$，σ_y 是 σ_x 的 2 倍。求相关系数 r。

8. 10 家零售商店的销售额和利润率资料如表 8－18 所示。试求：

(1)职工人均月销售额和利润率的 r 值；

(2)建立利润率对人均月销售额的回归直线方程；

(3)若某商店人均月销售额为 6.5 万元，试估计其利润率；

(4)计算估计标准误差。

表 8－18

商店编号	职工人均月销售额(万元) x	利润率(%) y
1	6	12.6
2	5	10.4
3	8	18.5
4	1	3.0

续表

商店编号	职工人均月销售额(万元) x	利润率(%) y
5	4	8.1
6	7	16.3
7	6	12.3
8	3	6.2
9	3	6.6
10	7	16.8

9. 为了研究劳动生产率与企业设备生产能力之间的关系，某集团公司对所属8家企业进行了调查。设年设备生产能力为 x 千瓦/人，劳动生产率为 y 万元/人。调查资料整理结果有如下数据：$\sum x = 26.6$；$\sum y = 64.2$；$\sum xy = 218.07$；$\sum x^2 = 91.9$；$\sum y^2 = 524.48$。试求：

(1) 劳动生产率与年设备生产能力之间的相关系数，并说明二者之间的密切程度；

(2) 确定劳动生产率与设备生产能力之间的回归直线方程，说明回归系数的经济意义；

(3) 计算估计标准误差。

10. 某地区居民非商品支出和文化娱乐服务支出的资料如表8－19所示。试求：

(1) 相关系数；

(2) 若居民文化娱乐支出额达2亿元，其非商品支出将会是什么水平；

(3) 评价其预测的可信度。

表8－19 （亿元）

非商品支出 y	2.78	2.86	3.11	3.24	3.17	3.52	4.93	5.10
文化娱乐支出 x	1.02	1.03	1.06	1.05	1.11	1.38	1.78	1.85

11. 某地区货运量和工业增加值的有关资料如表8－20所示。要求：

(1) 相关系数；

(2) 各年货运量的趋势值；

(3) 年工业增加值达到50百万元时，其货运量会达到什么规模；

(4)估计标准误差。

表 8－20

年　　份	1	2	3	4	5	6	7	8	9	10
货运量(万吨)　y	2.8	2.9	3.2	3.2	3.4	3.2	3.3	3.7	3.9	4.2
工业增加值(百万元)　x	25	27	29	32	34	36	35	39	42	45

12. 依据第 6 题的资料,计算和分析:

(1)产量每增加 1 000 件时,单位成本会如何变化;

(2)当要求单位成本为 65 元时,产量会是什么样的规模;

(3)计算估计标准误差。

第九章　统计指数

内容提要

●统计指数是一种表明社会经济现象总体数量变动的特殊相对数,它既能反映简单、个别现象数量变动的方向和程度,又能反映复杂的总体现象数量变动的方向和程度。统计指数有广义和狭义之分。

●统计指数有个体指数和总指数之分,又有数量指标指数和质量指标指数之别;综合指数是总指数的基本形式,平均指数是综合指数的变形。指数编制中同度量因素的重要性。

●平均指标指数是用以分析现象平均指标的变动方向和程度的指数。

●统计指数的基本功能是用于影响现象变动的因素分析,形成了统计指数体系和运用广泛的因素分析法。

第一节　统计指数的类型

一、统计指数的概念和起源

统计指数是一种表明社会经济现象总体数量变动的特殊相对数,它既能反映简单、个别社会经济现象数量变动的方向和程度,也能反映复杂、总体社会经济现象数量变动的方向和程度。所以,在实际工作中,指数作为一种描述和分析社会经济现象发展变化情况的工具,得到了广泛的运用。

指数的含义有广义和狭义之分。广义的指数泛指所有社会经济现象数量对比的相对数,包括不同时间、不同空间的同类经济现象数量指标以及实际完成指标与计划完成指标对比而形成的各种相对数。《大英百科全书》给指数下的定义有很大的代表性:"指数是用来测定一个变量对于一个特定的变量值大小的相对数。"

狭义的指数是指反映总体社会经济现象中,不能直接加总和不能直接对比的多种不同事物在数量上总变动的一种相对数。统计中通常编制的指数是就狭义的指数而言的。

指数起源于物价指数，产生于18世纪的欧洲。当时，欧洲成为世界经济中心，大量金银涌入欧洲，引起物价飞涨，于是产生了描述价格变动情况的愿望，指数的计算也就应运而生。最初的指数仅限于计算单个商品的价格变动指数，其计算方法比较简便，即用某一商品本期价格与前期或某一固定时期价格相比。其计算公式为：

$$I_{a/b}=\frac{p_a}{p_b}$$

后来，为了反映社会总体物价变动，使用：

$$I_{a/b}=\frac{\Sigma p_a}{\Sigma p_b}$$

或

$$I_{a/b}=\frac{\Sigma \frac{p_a}{p_b}}{n}$$

这两种方法来计算指数。其中：$I_{a/b}$表示 a 期相对于 b 期的商品价格指数；p_a 表示 a 期商品价格；p_b 表示 b 期商品价格；n 表示商品的种数。

由于上述计算公式均假定各种商品的市场份额相等，而这个假设与实际是不相符的，于是产生了考虑各种商品在市场上所占份额的加权指数。

根据所使用的权数不同，可将指数分为两类。

一类是拉氏指数。这种方法是由一位名叫拉斯贝尔（Laspeyres）的德国人首先使用的，因此叫拉氏指数。其具体方法是：用基期的销售额（或产值）作为权数，对个体价格指数求加权算术平均数，得出一个综合价格指数公式；同时，又用基期销售额（或产值）对个体物量指数求加权算术平均数，得出一个综合物量指数公式。其计算公式如下：

拉氏价格指数公式：

$$K_p=\frac{\Sigma p_0 Q_0 \frac{p_1}{p_0}}{\Sigma p_0 Q_0}=\frac{\Sigma p_1 Q_0}{\Sigma p_0 Q_0}$$

拉氏物量指数公式：

$$K_Q=\frac{\Sigma Q_0 p_0 \frac{Q_1}{Q_0}}{\Sigma Q_0 p_0}=\frac{\Sigma Q_1 p_0}{\Sigma Q_0 p_0}$$

另一类是派氏指数。这种方法是一位名叫派许（Paasche）的德国人首先提出并使用的，因此叫派氏指数。其方法和拉氏指数相比，区别是：派氏指数用报告期指标值代替拉氏指数计算过程中的基期指标值。具体计算公式如下：

派氏价格指数公式：

$$K_p=\frac{\Sigma p_1 Q_1}{\Sigma p_1 Q_1 \div \frac{p_1}{p_0}}=\frac{\Sigma p_1 Q_1}{\Sigma p_0 Q_1}$$

派氏物量指数公式：

$$K_Q=\frac{\sum Q_1 p_1}{\sum Q_1 p_1 \div \frac{Q_1}{Q_0}}=\frac{\sum Q_1 p_1}{\sum Q_0 p_1}$$

二、统计指数的作用

（一）综合反映社会经济现象总体数量变动方向和变动程度

综合反映社会经济现象总体数量变动方向和变动程度，是总指数最基本的作用。统计指数一般是用百分比来表示的相对数。这个百分比大于或小于100%，反映经济现象数量上升或下降的变动方向；比100%大多少或小多少，则反映经济现象上升或下降程度的大小。例如，全国居民2017年与2016年相比的消费价格指数为101.6%，这说明全国居民2017年所消费的商品价格总水平比2016年上涨了1.6%，但具体到某种商品的价格，可能是上涨也可能是下跌；可能涨幅超过1.6%，也可能刚好等于1.6%或小于1.6%。

（二）分析和测定复杂社会经济现象中各因素对总量变动的影响方向和影响程度

任何一个复杂社会经济现象的总体，一般总是由多种因素构成的，总体的变动总是由各构成因素变动综合影响的结果。例如，工业产品产值是由产品的出厂价格和产品产量两个因素构成的，即

工业产品产值 = 出厂价格 × 产品产量

产值的大小取决于出厂价格的高低以及产品产量的多少。同样，企业产品总成本受企业产品数量、单位产品原材料消耗量以及单位原材料价格三个因素的影响。对于这些包括两个或两个以上因素的现象总体，一般运用综合指数或平均指标指数分析其各构成因素对总指数的影响，从相对数和绝对数两方面分析各因素对总体的影响方向和影响程度。当用统计指数来分析现象总体变动中各个因素的影响情况时，这种方法叫因素分析法。

（三）研究社会经济现象的长期变动趋势

社会经济现象的长期变动趋势主要通过编制指数数列，观察现象发展变化的趋势来完成。这种方法尤其适用于对比分析有联系而性质又不同的时间数列之间的变动关系。

（四）综合评价和测定社会经济现象

随着指数法在实际应用中的发展，许多社会经济现象都可以运用统计指数进行综合评价和测定，以便对某种经济现象的水平作出综合的数量判断。例如，用综合经济动态指数法评价一个地区或单位经济效益的高低；用平均数指数法评价和

测定技术进步程度及其在经济增长中的作用;根据指数原理建立对国民经济发展变动的评价和预警系统等。但是,运用指数来评价有时也可能不完全准确。比如,同是一辆汽车,20 世纪 80 年代与 20 年代相比,价格上涨了许多,如果仅从价格指数来评价汽车价格上涨幅度过大,而忽略由于钢板质量的提高和汽车性能指标提高而带来的价格合理上涨的成分,就是不科学的。

三、统计指数的类型

由于观察角度的不同,统计指数可划分为不同的类型。

(一)按指数研究对象的不同范围,可分为个体指数和总指数

1. 个体指数。它是说明社会经济现象中单项事物变动情况的相对数。例如,个体物价指数、个体产品成本指数、个体产品产量指数,等等。其计算方法比较简单:

$$个体物价指数(K_p)=\frac{p_1}{p_0}$$

$$个体产品成本指数(K_Z)=\frac{Z_1}{Z_0}$$

$$个体产品产量指数(K_Q)=\frac{Q_1}{Q_0}$$

式中:p_0 为基期产品单价;p_1 为报告期产品单价;Z_0 为基期产品单位成本;Z_1 为报告期产品单位成本;Q_0 为基期产品产量;Q_1 为报告期产品产量。

2. 总指数。它是说明多种社会经济现象综合变动情况的比较相对数。例如,说明多种产品产量综合变动的物量总指数;说明多种产品价格综合变动的价格总指数以及多种产品成本总指数。其计算方法比较复杂,将在后面有关章节详细讨论。

除此之外,还有一种介于上述两者之间的指数——类指数。这种指数是在实际分析社会经济现象的变动过程中,将指数法和分组法结合使用的结果,也就是将总指数所反映的总体现象先进行分类或分组,然后按类或按组计算的统计指数。类指数是用来说明总体中某一类或某一组现象变动的相对数。例如:零售物价总指数可分为粮食类价格指数、服装类价格指数等;工业总产量指数也可分为重工业类产量指数和轻工业类产量指数,等等。

类指数有时可看成总指数,有些也起个体指数的作用。所以,从理论上讲,类指数的计算和编制方法与总指数基本相同,实际工作中常常将总指数与类指数结合运用。

（二）按指数研究对象的不同性质，可分为数量指标指数和质量指标指数

1. 数量指标指数（简称数量指数）。它是说明现象总体规模水平变动情况的指数。例如，产品产量指数、职工人数指数、产品销售数量指数和货物运输量指数等。

2. 质量指标指数（简称质量指数）。它是反映工作质量好坏、管理水平高低等方面变动情况的指数。例如，产品价格指数、劳动生产率指数、平均工资指数和产品成本指数等。

无论是数量指标指数的统计计算还是质量指标指数的统计计算，都需选择恰当的同度量因素。一般情况下，计算数量指标指数时，选择相应的质量指标为同度量因素；计算质量指标指数时，选择相应的数量指标为同度量因素。

（三）按总指数的计算与编制方法不同，统计指数可分为综合指数和平均指数

总指数是说明多种事物综合变动的相对数。由于多种事物的度量单位不同，因而不能直接相加；又由于掌握的资料不同，因而总指数的计算产生了两种不同的方法——综合指数法和平均指数法。综合指数是由两个总量指标对比而形成的指数；平均指数是个体指数的平均数。这两种指数形式各具独立意义，但又有一定的相互联系。在一定的条件下，平均指数公式可以演变为综合指数公式，综合指数公式也可以演变为平均指数公式。

（四）按计算指数时对比所采用的基期不同，统计指数又可分为定基指数和环比指数

1. 定基指数，是指在指数数列中，每一个指数都以某一固定时期作为基期。编制定基指数数列可以反映现象总体的长期变化动态及发展过程情况。

2. 环比指数，是指在指数数列中，每一个指数都以与其相邻的前一个时期作为基期。编制环比指数数列可以反映现象总体的逐期变动情况。

（五）按指数所反映的现象的时间不同，可分为动态指数和静态指数

1. 动态指数，是指由两个不同时期的经济现象变量值对比而形成的相对数。它反映的是同类现象在不同时间上的发展变化情况。

2. 静态指数，是指同一时间条件下，不同空间的同一经济变量不同数值对比而形成的相对数。此外，同一空间范围内，实际指标与计划指标相对比而形成的相对数也称为静态指数。

第二节　综合指数的基本形式

一、综合指数的意义和特点

（一）综合指数的意义

综合指数是总指数的基本形式，它是由两个总量指标对比而形成的相对数。在包含两个或两个以上因素的总量指标中，将其中一个或一个以上的因素指标固定下来，仅观察其中一个因素的变动情况，这样编制出来的总指数称为综合指数。

（二）综合指数的特点

从综合指数的编制方法上看，它有以下几个特点：

1. 先综合后对比，即先解决现象总体中各个体由于使用价值不同、度量单位不同而不能直接加总的问题。为此，需要从现象的内在联系出发，确定与研究现象相联系的因素，使其成为同度量因素，从而将不能直接加总的指标过渡到能够相加和对比的指标，然后进行对比。例如，要观察两个不同时期商品总量的变化情况，由于不同商品的使用价值不同，度量单位各异，各种商品的数量不能直接相加。但如果把各种商品的数量转化为价值量，也就是把各种商品量乘以各自相应的价格，得到各自的价值量。马克思在《资本论》中曾说过："作为使用价值，商品首先有质的差别；作为交换价值，商品只能有量的差别，因而不包含任何一个使用价值的原子。"①这就是说，价值量是可以相加汇总的。这样，将两个时期的总价值量进行对比，就可以计算综合指数。

2. 把总量指标中的同度量因素加以固定，以测定所要研究的因素，即指数化指标的变动程度。例如，如果我们要研究的是两个时期工资总额中各类职工人数数量的变动，就需要将两个时期各类职工的平均工资作为同度量因素固定在同一时期，以测定两个时期各类职工人数数量变动的情况。

3. 分子、分母所研究对象的范围原则上必须一致，所反映的现象变动程度应是所综合的资料范围内该现象的变动程度。例如，可以编制一个企业、一个地区、一个部门或全国的指数等，无论范围大小，分子分母范围都应一致，并以全面资料为基础。因此，编制综合指数所采用的是全面调查资料，不存在抽样误差的问题。

二、综合指数编制的原则和方法

综合指数的编制方法是编制总指数的基本方法。构成现象总体的因素大体可

① 《马克思恩格斯全集》第 23 卷，北京：人民出版社，1972 年版，第 50 页。

分为数量因素和质量因素,所以,综合指数也就分为数量指标综合指数和质量指标综合指数。这两种综合指数编制的基本原理是一样的,只是在处理方法上略有不同。

(一)数量指标综合指数

数量指标综合指数是说明数量指标变动情况的,即总体规模变动情况的比较指标。例如,工业产品生产量指数、商品销售量指数等。下面以企业产品生产量指数为例,说明数量指标综合指数的编制原理和方法。有关资料如表 9-1 所示。

表 9-1

产品类别	计量单位	产品数量		产品价格(元)	
		基期 Q_0	报告期 Q_1	基期 p_0	报告期 p_1
A类	吨	130	150	400	600
B类	件	5 000	6 000	10	8
C类	个	2 000	2 500	24	26

根据表 9-1 中的资料,要测定 A,B,C 三类产品生产量的总变动情况,就必须计算生产量总指数。由于三类产品的度量单位分别为吨、件和个,显然不能直接加总,而必须借助于同度量因素这一媒介,也就是本例中的价格因素,分别计算出报告期和基期的产品价值总额,然后将两个时期的产品价值总额加以对比。由于产品价值的变化包括两个因素的变化,因此,只有固定其中的同度量因素(即价格),才能观察另一因素(即生产量)的变化。其一般公式为:

$$\bar{K}_Q = \frac{\Sigma p\ Q_1}{\Sigma p\ Q_0}$$

式中:$\overline{K}_Q$ 为生产量总指数;p 为某一时期价格;Q_1 为报告期生产量;Q_0 为基期生产量。

作为同度量因素的价格,可以固定在基期,也可以固定在报告期,还可以固定在某一固定时期。采用不同时期的价格,会得到不同的计算结果,自然也反映不同的经济意义。

1. 以基期价格作为同度量因素,其计算公式为:

$$\bar{K}_Q = \frac{\Sigma p_0\ Q_1}{\Sigma p_0\ Q_0}$$

式中:p_0 为基期价格。

这个公式被称为拉氏物量指数公式。其计算结果的经济意义是:假定在基期价格水平的情况下,产品生产量的综合变动方向和程度。分子与分母的差额

($\Sigma p_0 Q_1 - \Sigma p_0 Q_0$),说明产品生产量变动对产值绝对数的影响程度。以表 9 - 1 的资料为例,列出产品生产量综合指数计算表(见表 9 - 2)。

表 9 - 2　　　产品生产量综合指数计算表(1)

产品类别	计量单位	生产量		基期价格(元)	产品产值(元)	
		基期 Q_0	报告期 Q_1	p_0	基期实际 $p_0 Q_0$	报告期假定 $p_0 Q_1$
A 类	吨	130	150	400	52 000	60 000
B 类	件	5 000	6 000	10	50 000	60 000
C 类	个	2 000	2 500	24	48 000	60 000
合计	—	—	—	—	150 000	180 000

$$\bar{K}_Q = \frac{\Sigma p_0 Q_1}{\Sigma p_0 Q_0} = \frac{180\ 000}{150\ 000} = 1.20(\text{或 } 120\%)$$

计算结果表明,三类产品生产量平均增长 20%。由于产量增长而使产值增加量为:

$$\Sigma p_0 Q_1 - \Sigma p_0 Q_0 = (180\ 000 - 150\ 000)\text{元} = 30\ 000\text{ 元}$$

2. 以报告期价格作为同度量因素,其计算公式为:

$$\bar{K}_Q = \frac{\Sigma p_1 Q_1}{\Sigma p_1 Q_0}$$

式中:p_1 为报告期价格。

这个公式被称为派氏物量指数公式。其计算结果的经济意义是:假定在报告期价格水平的情况下,产品生产量的综合变动方向和程度。分子与分母相减的差额($\Sigma p_1 Q_1 - \Sigma p_1 Q_0$),说明由于生产量变动对产值绝对数的影响程度。仍以表 9 - 1的资料为例,列出生产量综合指数计算表(见表 9 - 3)。

表 9 - 3　　　产品生产量综合指数计算表(2)

产品类别	计量单位	产品数量		报告期价格(元)	产品产值(元)	
		基期 Q_0	报告期 Q_1	p_1	基期假定 $p_1 Q_0$	报告期实际 $p_1 Q_1$
A 类	吨	130	150	600	78 000	90 000
B 类	件	5 000	6 000	8	40 000	48 000
C 类	个	2 000	2 500	26	52 000	65 000
合计	—	—	—	—	170 000	203 000

$$\bar{K}_Q=\frac{\Sigma p_1 Q_1}{\Sigma p_1 Q_0}=\frac{203\ 000}{170\ 000}=1.194(\text{或} 319.4\%)$$

计算结果表明,三类产品生产量平均增长了 19.4%。由于产品产量增长,使产值增加量为:

$$\Sigma p_1 Q_1-\Sigma p_1 Q_0=(203\ 000-170\ 000)\text{元}=33\ 000\ \text{元}$$

3. 以某一固定时期的不变价格作为同度量因素,其计算公式为:

$$\bar{K}_Q=\frac{\Sigma p_n Q_1}{\Sigma p_n Q_0}$$

式中:p_n 为某一固定时期的不变价格。

一种不变价格沿用的时间不宜过长,我国曾以 1950 年、1952 年、1957 年、1970 年、1980 年的实际价格作为不变价格,其后是以 1990 年的实际价格作为不变价格。

无论是用基期价格作为同度量因素,还是用报告期价格作为同度量因素,虽然各有其经济意义,但是都存在两个问题:其一,不便于进行长期比较。因为基期价格和报告期价格都是对一个总指数而言的,但对环比指数来说,各个时期总指数所用的价格就不同了,所以不便于进行比较。其二,计算工作量相当繁重。每个时期的总指数由于价格不是固定时期的,都要重新收集价格资料,这就给实际工作带来很大的困难。

(二)质量指标综合指数

质量指标综合指数是说明质量指标变动方向和程度的指数。例如:反映产品或商品的价格变动的价格指数;反映产品的单位成本变动的成本指数;反映产品的原材料耗用变动的原材料单耗指数,等等。

现以产品的出厂价格指数为例,说明质量指标综合指数的编制原理和方法。利用表9-1的资料,编制出表9-4和表9-5的计算表。

表 9-4

产品名称	计量单位	产品价格(元)		报告期产量	产品价值(元)	
		基期 p_0	报告期 p_1	Q_1	报告期假定 p_0Q_1	报告期实际 p_1Q_1
A	吨	400	600	150	60 000	90 000
B	件	10	8	6 000	60 000	48 000
C	个	24	26	2 500	60 000	65 000
合计	—	—	—	—	180 000	203 000

编制产品价格指数,要把产量指标作为同度量因素,将其固定,以观察价格的变动。

1. 以报告期产量作为同度量因素，其计算公式为：

$$\bar{K}_p = \frac{\Sigma p_1 Q_1}{\Sigma p_0 Q_1}$$

这个指数公式称为派氏指数公式。计算分析结果说明在报告期实际产量一定的情况下，产品价格综合变化的方向和程度；分子分母的差额（$\Sigma p_1 Q_1 - \Sigma p_0 Q_1$）表明，产品价格的变化对产品价值变化的影响程度。

例如，根据表 9－4 的资料计算：

$$\bar{K}_p = \frac{\Sigma p_1 Q_1}{\Sigma p_0 Q_1} = \frac{203\ 000}{180\ 000} = 112.78\%$$

上述结果表明，三种产品价格综合上升了 12.78%，使产品价值上升了：

$$\Sigma p_1 Q_1 - \Sigma p_0 Q_1 = (203\ 000 - 180\ 000)\text{ 元} = 23\ 000\text{ 元}$$

通常评价这种质量指标的变动时，都将同度量因素的数量指标固定在报告期，其实际经济意义是非常有效的。

2. 以基期产量作为同度量因素，其计算公式为：

$$\bar{K}_p = \frac{\Sigma p_1 Q_0}{\Sigma p_0 Q_0}$$

这个指数计算结果的经济意义是：假定维持基期的产量，产品价格的变动方向和程度如何。这是拉氏指数公式。

表 9－5

产品名称	计量单位	产品价格（元）		基期产量 Q_0	产品价值（元）	
		基期 p_0	报告期 p_1		基期实际 p_0Q_0	报告期假定 p_1Q_0
A	吨	400	600	130	52 000	78 000
B	件	10	8	5 000	50 000	40 000
C	个	24	26	2 000	48 000	52 000
合计	—	—	—	—	150 000	170 000

根据表 9－5 的资料计算：

$$\bar{K}_p = \frac{\Sigma p_1 Q_0}{\Sigma p_0 Q_0} = \frac{170\ 000}{150\ 000} = 113.33\%$$

上述计算结果表明，三种产品价格综合上升了 13.33%，使产品价值上升了：

$$\Sigma p_1 Q_0 - \Sigma p_0 Q_0 = (170\ 000 - 150\ 000)\text{ 元} = 20\ 000\text{ 元}$$

上升的 20 000 元是维持基期产量情况的影响绝对值。这实际上是不可能的，所以其现实意义就被削弱了。

3. 以报告期和基期的产量之和为同度量因素，其计算公式为：

$$\bar{K}_p = \frac{\Sigma p_1(Q_1 + Q_0)}{\Sigma p_0(Q_1 + Q_0)}$$

利用表 9－1 的资料编制出表 9－6 的计算表。

表 9－6

产品名称	计量单位	产品价格(元)		两期产量之和	产品价值(元)	
		基期 p_0	报告期 p_1	Q_0+Q_1	基期 $p_0(Q_0+Q_1)$	报告期 $p_1(Q_0+Q_1)$
A	吨	400	600	280	112 000	168 000
B	件	10	8	11 000	110 000	88 000
C	个	24	26	4 500	108 000	117 000
合计	—	—	—	—	330 000	373 000

$$\bar{K}_p = \frac{\Sigma p_1(Q_1 + Q_0)}{\Sigma p_0(Q_1 + Q_0)} = \frac{373\ 000}{330\ 000} = 113.03\%$$

计算结果表明,产品价格上扬 13.03%,影响两期产品价值上升了:

$$\Sigma p_1(Q_1 + Q_0) - \Sigma p_0(Q_1 + Q_0) = (373\ 000 - 330\ 000)\text{元} = 43\ 000\text{元}$$

三、综合指数的同度量因素的选择

同度量因素是指在计算综合指数时,解决总体中各个体不能直接相加的媒介因素,其作用就是使不能直接相加的指标过渡到能够相加的指标。选择同度量因素的指标的主要原则是:根据现象之间的经济联系,用与指数化指标具有相互联系的指标作为同度量因素。例如,在总成本等于生产量乘以单位产品成本这一经济联系中,若要反映单位产品成本的变动,则以生产量作为同度量因素;若要反映生产量的变动,则以单位产品成本作为同度量因素。

在综合指数的计算中,同度量因素要固定在某个时期上,以便观察指数化因素的变动。关于同度量因素的时期确定,也可以有不同的方法,不同方法会产生不同的计算结果。

(一)从指数本身的经济意义考虑

如前例,产品出厂价格指数用报告期产品产量作为同度量因素,分子指标 $\Sigma p_1 Q_1$ 表示三种产品报告期的实际产品价值,分母指标 $\Sigma p_0 Q_1$ 表示三种产品按报告期产品产量与基期产品出厂价格计算的产品价值,它们之间的对比关系和绝对差额,说明在报告期产品产量结构条件下,由于产品出厂价格的变化使产品价值增加或减少的程度及绝对额。如果用基期产品产量做同度量因素,分子指标 $\Sigma p_1 Q_0$ 表示按基期产品产量与报告期产品出厂价格计算的假定产品价值,分母

指标 $\sum p_0Q_0$ 表示三种产品的基期实际产品价值指标，它们之间的对比关系和绝对差额，说明如果在基期产品产量结构条件下，产品出厂价格变动对产品价值的影响程度和绝对额。一般认为，前者的经济意义较为显著，因此，在编制质量指标综合指数时，成本指数、价格指数、劳动生产率指数、工资水平指数等，宜采用报告期数量指标作为同度量因素。而对于数量指标指数，如销售量指数、生产量指数等，则将同度量因素固定在基期，说明在基期质量指标不变的条件下，销售量、生产量等数量指标的变化情况。

（二）从指数体系的要求考虑

指数方法既可以单独编制质量指标指数和数量指标指数，以独立地研究经济现象，又可以把几个经济上有联系、数量上有关系的指数组成指数体系（关于指数体系，将在本章第五节中讨论），以分别测定各因素指数对总指数的影响。应用指数体系方法时，对各因素指数的同度量因素的时期应有一定的要求。例如，两因素的指数体系，其中一个因素指数的同度量因素固定在基期，则另一个因素指数的同度量因素就必须固定在报告期，这样，才能保证在数量上的对等关系。因此，同度量因素固定的时期，除了考虑指数本身的经济意义外，还要考虑指数体系的要求。

（三）从实际应用和是否便于取得资料方面考虑

有些方法，从理论上看优点很多，但是在实际中却行不通，或是很难取得资料。例如，把同度量因素固定在报告期的价格指数，必须取得报告期的各种商品销售量，但这种资料有时是很难取得的，所以，有时也不得不考虑采用其他方法，如可用基期资料。

综上所述，确定综合指数中的同度量因素所属时期，在国内，一般情况是：编制质量指标指数，采用报告期数量指标为同度量因素；编制数量指标指数，采用基期质量指标为同度量因素。在某些特殊情况下，为了反映实际经济效果，在编制数量指标指数时，也以报告期质量指标为同度量因素。

在国外，编制质量指标指数是用基期数量指标作为同度量因素；编制数量指标指数是用基期质量指标作为同度量因素。他们认为，只有将同度量因素均固定在基期，才能确切地反映另外因素的变动情况，而如果用报告期指标作为同度量因素，则反映的就不仅仅是一个指标的变动情况。比如，计算产品价格指数，如果选用报告期产量为同度量因素，分母 $\sum p_0Q_1$ 为假想的基期，与实际基期 $\sum p_0Q_0$ 相比存在着产量的变动，所以，用公式 $\sum p_1Q_1 \div \sum p_0Q_1$ 求出来的值也不仅仅反映产品价格变动，同时还隐含着产量变动的因素。

总之，在实际编制综合指数的过程中，要根据具体情况来决定同度量因素的固定时期。

第三节　综合指数的变形

一、平均指数的含义

平均指数是总指数的另一种计算形式。它是以个体指数为基础,采用加权形式编制总指数,以测定总体现象的平均变动程度。平均指数和综合指数同是计算总指数的方法。在一定条件下,两种公式可以相互转化,实质上是综合指数的变形指数。综合指数是从复杂社会经济现象的总量出发,依靠同度量因素来观察指数化因素的变动。平均指数却是从独立的社会经济现象出发,通过对个体变化率(即个体指数)加权平均的方法来观察总体平均变动。这两种计算总指数的方法各有其实用价值。

二、平均指数的编制方法

平均指数有两种基本形式:一是加权算术平均指数;二是加权调和平均指数。由于所使用的权数不同,每种形式又包括综合指数变形计算形式和固定权数计算形式。

(一)综合指数变形形式的平均指数

1. 加权算术平均指数。它一般在编制数量指标指数时运用,只要掌握了个体数量指数以及综合指数的分母(基期的实际数)数值即可。仍用表9-1的资料计算算术平均数形式的产量指数(见表9-7)。

$$\bar{K}_Q=\frac{\Sigma k\,p_0\,Q_0}{\Sigma p_0\,Q_0}=\frac{180\ 000}{150\ 000}=1.20(\text{或}120\%)$$

计算结果表明,三类产品产量报告期比基期平均增长20%。这个结果与前面拉氏物量综合指数计算的结果完全相同。其原因在于:在产量指数采用基期产品产值 $p_0\,Q_0$ 加权的条件下,平均指数与综合指数之间存在着变形关系:

表9-7

产品类别	计量单位	生产产品数量			基期产值(元) p_0Q_0	个体指数与基期产值乘积 kp_0Q_0
		基期 Q_0	报告期 Q_1	个体指数(%) $k=\frac{Q_1}{Q_0}$		
A类	吨	130	150	115.4	52 000	60 000
B类	件	5 000	6 000	120	50 000	60 000
C类	个	2 000	2 500	125	48 000	60 000
合计	—	—	—	—	150 000	180 000

$$\bar{K}_Q = \frac{\sum k\, p_0\, Q_0}{\sum p_0\, Q_0} = \frac{\sum \frac{Q_1}{Q_0} p_0\, Q_0}{\sum p_0\, Q_0} = \frac{\sum p_0\, Q_1}{\sum p_0\, Q_0}$$

若使用 $p_0\, Q_0$ 以外的任何其他权数，则不存在上述这种变形关系。

两种指数虽然存在变形关系，但两者的应用条件却有不同。综合指数在计算物量指数时，必须计算一个假定的产值，即 $\sum p_0\, Q_1$，而要取得这样的资料，在实际编制过程中往往比较困难，有时甚至是不可能的。加权算术平均指数在计算物量指数时，只需要掌握每种单项事物的个体数量指数和其基期产值，而不需要对应的价格资料和其他资料，也不需要计算假定的产值 $\sum p_0\, Q_1$。

在前述综合指数形式计算物量指数时，曾谈到同度量因素有三种选择方法，即可用报告期的、基期的或某一时期的。这里只选用了基期同度量因素的综合物量指数做变形，这是由于虽然使用报告期和某一时期同度量因素的综合物量指数都可以变形为加权算术平均指数，但变形后仍然要计算假定产值。例如，采用报告期同度量因素的综合物量指数与加权算术平均指数的关系为：

$$\bar{K}_Q = \frac{\sum k\, p_1\, Q_0}{\sum p_1\, Q_0} = \frac{\sum \frac{Q_1}{Q_0} p_1\, Q_0}{\sum p_1\, Q_0} = \frac{\sum p_1\, Q_1}{\sum p_1\, Q_0}$$

由于权数资料 $\sum p_1\, Q_0$ 不易取得，所以变形的实际意义不大。

2. 加权调和平均指数。它一般适用于编制质量指标指数，只要掌握了个体质量指数以及综合指数的分子（报告期的实际数）数值即可。现以表 9－8 的资料为例进行计算：

$$\bar{K}_p = \frac{\sum p_1\, Q_1}{\sum \frac{1}{k} p_1\, Q_1} = \frac{203\ 000}{180\ 000} = 112.78\%$$

表 9－8

产品名称	计量单位	产品价格（元）		个体价格指数（%）	报告期产品实际价值（元）	报告期产品价值（元）/个体价格指数
		基期 p_0	报告期 p_1	$k=\frac{p_1}{p_0}$	p_1Q_1	$\frac{1}{k}p_1Q_1$
A	吨	400	600	150.0	90 000	60 000
B	件	10	8	80.00	48 000	60 000
C	个	24	26	108.33	65 000	60 000
合计	—	—	—	203 000	180 000	

用加权调和指数计算的结果，与前面的报告期产品产量为同度量因素的产品价格综合指数的计算结果完全一致，这是因为综合指数与其调和平均指数之间存

在着变形关系。用公式推导：

$$\bar{K}_p=\frac{\Sigma p_1 Q_1}{\Sigma \frac{1}{k}p_1 Q_1}=\frac{\Sigma p_1 Q_1}{\Sigma \frac{p_0}{p_1}p_1 Q_1}=\frac{\Sigma p_1 Q_1}{\Sigma p_0 Q_1}$$

它们的变形关系存在的条件是：如果产品价格综合指数采用报告期产量指标为同度量因素，那么，调和平均数指数中的权数就必须采用 $p_1 Q_1$；否则，就不存在这种变形关系。这种调和平均指数的计算，用不着计算假定产品价值 $\Sigma p_0 Q_1$，而只需用价格个体指数资料和报告期产品价值资料。这些资料较易取得。

总之，在计算总指数时，是直接用综合指数计算还是用其变形形式——加权平均指数来计算，要根据所掌握的资料而定。

（二）固定权数形式计算的平均指数

1. 用固定权数计算加权算术平均指数。固定权数是指用某一时期，经过调整后的权数资料，以比重的形式固定下来作为权数，通常用 w 表示。

固定权数计算的算术加权平均指数中的 w，与 $p_0 Q_0$ 的口径、范围可能不一致，时期也可能不一致。

固定权数计算算术加权平均指数的公式为：

$$\text{价格指数}(\bar{K}_p)=\frac{\Sigma \frac{p_1}{p_0}w}{\Sigma w}$$

$$\text{物量指数}(\bar{K}_Q)=\frac{\Sigma \frac{Q_1}{Q_0}w}{\Sigma w}$$

在统计工作中，有时由于报告期资料较难获取，因而采用固定权数来计算平均指数比较简便迅速，有很大的灵活性。目前绝大多数西方国家，其消费品价格指数是最重要的指数之一。由于缺乏全面的统计资料，无法用综合指数的方法进行计算，所以一般都用固定权数来统计计算消费品价格指数。我国编制的零售物价指数也是用固定权数加权的方法计算，有的工业品出厂价格指数、工业原材料购进价格指数等也都是采用这种方法。这种方法要分别计算个体指数、类指数和总指数，因此也要分层确定比重权数，且各层权数之和都等于100。权数一经固定下来，一般5年左右更换一次，但在使用期限内可做个别调整。下面以居民消费价格指数为例，说明其计算方法。资料见表9－9。

$$\bar{K}_p=\frac{\Sigma kw}{\Sigma w}=\frac{10\ 173.4\%}{100}=101.73\%$$

2. 用固定权数计算加权调和平均指数。以 w 代表固定权数，加权调和平均指数公式为：

$$\bar{K}_p=\frac{\sum w}{\sum\frac{1}{k'}w}$$

此公式在实际工作中较少运用,此处从略。

表9-9

消费品类别	个体指数(%) k'	消费品权数 w'	大类指数(%) $\bar{K}_p=\frac{\sum k'w'}{\sum w'}$	大类权数 w	$\bar{K}_p w$(%)
食品			105.1	24	2 522.4
粮食	101.5	40	40.6		974.4
其他	107.5	60	64.5		1 548.0
烟酒及用品			101.6	8	812.8
衣着			99.1	15	1 486.5
家庭设备用品及维修服务			99.1	10	991.0
医疗保健和个人用品			102.4	8	819.2
交通与通信			99.9	8	799.2
娱乐教育用品及服务			99.9	12	1 198.8
居住			102.9	15	1 543.5
居民消费价格指数				100	10 173.4

三、平均指数的特点

与综合指数相比,平均指数有以下特点:

第一,综合指数要求使用全面资料编制;而平均指数既可以利用全面资料进行编制,也可利用非全面资料进行编制。权数资料既可以和个体指数资料的范围相一致,也可以不一致,即个体指数可以选择一部分代表品;而权数资料不受代表品的限制,可以是范围更广的资料或是利用实际总值资料进行计算,并且可以不计算假定的总值指标。所以,平均指数法是一种适用的、灵活方便的计算总指数的方法。

第二,平均指数权数的选择可以有多种方法,既可用实际总值指标计算,也可用比重指标计算。在权数资料无法取得或无法确定时,还可以根据对经济情况的分析,通过编制经验权数进行计算。而综合指数是不能用比重或经验权数来计算的。

四、固定加权平均指数的应用

由于平均指数具有以上两个综合指数无法替代的优点，因此它具有十分广泛的实用价值。尤其是固定权数加权算术平均指数应用更为广泛。在采用固定权数加权算术平均指数时，应解决好以下两个问题。

（一）代表品的选择

加权算术平均指数的计算，既可以采用全面资料，也可以采用非全面资料（即样本资料），在实际工作中，多采用非全面资料。例如，目前我国计算的零售物价指数，如果采用全面资料，就要收集几百万个品种的资料，这是很难办到的。因此，可以选择一些有代表性的品种，计算出个体指数，对其进行加权平均，求出总指数。由于指数的研究对象与目的不同，选择代表品的方法也不同，但应遵循三条基本原则。

1. 代表品要有充分的代表性。从一个总体看，它有多种侧面、多种标志。因此，代表品的代表性只能根据研究问题的具体情况，确定其主要标志，求其在某一性质上有代表性。例如，价格指数研究的是价格变动，代表品的代表性在于其价格变动的趋势和程度能基本上反映总体价格变动的趋势和程度。

2. 选择那些对国计民生影响较大的品种。因为这些品种的价格或产量等的变化对国民经济的发展往往带有全局性的影响。

3. 选择经济寿命比较长、有发展前途的品种，力求避免选择那些行将被淘汰的品种。

至于选择的代表品的数目，从理论上看数量越多，相对来说代表性会更大一些。但由于人力、物力、资料、计算条件等方面的限制，样本数目不可能无限扩大。因此，选择代表品的数目应根据具体的任务要求而定。

（二）权数的编制

加权算术平均指数的权数编制，涉及权数的内容、编制权数的方法等问题。

1. 权数的内容，是指选用什么指标作为权数。一般来说，对于经济指数，只要能够起到对各个变量值权衡轻重的作用，并具有可加性的指标，都可用来作为权数，如各种价值量指标。另外，还可采用比重权数、经验权数等。

2. 编制权数的方法主要有三种，即直接权数、附加权数和分层分摊权数。我们以销售额指标做权数为例分别加以说明。

(1)直接权数，是以全部代表品的销售额为100%，然后求各代表品的销售额在全部代表品销售额中所占的比重。这个比重，就是代表品的权数，因为它是直接用代表品的销售额计算的，所以称直接权数。

(2)附加权数，是指附加在每一代表品上的权数。这里不仅有该品种的权数，另外还有那些由该代表品在指数中所代表的那一部分品种的权数。以工业品价格指数为例，假定权数基期与指数基期一致，已知化工原料产品醇酸树脂漆的价格报告期比基期上涨7%。在基期，其销售额在全部工业品中的比重是0.25%，如果该种漆在指数中仅代表自己，则它的权数也就等于0.25%。现在确定让它代表其他没有包括在样本中的17类漆，这17类漆的基期销售额占全部工业品销售额的0.6%，于是，在指数样本中，醇酸树脂漆的权数就不是0.25%，而是0.85%（醇酸树脂漆自己的权数0.25%，加上附加权数0.6%）。这样，价格上涨7%的就不仅仅指醇酸树脂漆，而且还包括醇酸树脂漆代表的全部油漆产品。

(3)分层分摊权数，是指将非代表品的销售额分层分摊到代表品上。假定指数分为大类、中类、小类、产品四层，其具体计算步骤为：

第一层计算代表大类权数。求出各代表大类的销售额占全部代表大类销售额的比重，此比重即为大类权数。

第二层计算代表中类权数。从代表大类中选出代表中类产品，求出各代表中类的销售额占全部代表中类销售额合计的比重，再用这个比重乘以该大类权数，其积即为各代表中类权数。

第三层计算各代表小类权数。从代表中类中选出代表小类产品，求出各代表小类的销售额占全部代表小类销售额合计的比重，再用这个比重乘以该中类权数，其积即为各代表小类权数。

第四层计算各代表产品权数。从代表小类中选出代表品，求出各代表品的销售额占小类中全部代表品销售额合计的比重，再用这个比重乘以小类权数，其积即为各代表品权数。

这几种编制权数的方法各有利弊，可根据指数的不同要求进行选用。

第四节　平均指标指数

一、平均指标指数的含义

统计指数法不仅用于总量指标的分析，还可用于平均指标的动态分析。这种用于动态分析平均指标的方法称为平均指标指数，即同一经济内容的两个不同时期的平均指标数值之比。它是对平均指标的变动情况进行分析的一种方法。平均指标指数的一般公式为：

$$k=\frac{\bar{x}_1}{\bar{x}_0}$$

式中：$\bar{x}_1$ 为报告期平均指标数值；$\bar{x}_0$ 为基期平均指标数值。

常见的平均指标指数有劳动生产率指数、平均工资指数、平均单位成本指数等。下面以劳动生产率指数为例,介绍平均指标指数的基本原理和分析方法。

劳动生产率指数的计算公式如下:

$$k=\frac{\bar{q}_1}{\bar{q}_0}=\frac{\dfrac{\sum q_1 T_1}{\sum T_1}}{\dfrac{\sum q_0 T_0}{\sum T_0}}$$

式中:$\bar{q}_1$ 为报告期平均劳动生产率;$\bar{q}_0$ 为基期平均劳动生产率;q_1 为报告期劳动生产率;q_0 为基期劳动生产率;$\sum T_1$ 为报告期工人总数;$\sum T_0$ 为基期工人总数;$\sum q_1 T_1$ 为报告期产量;$\sum q_0 T_0$ 为基期产量。

上式也可改写为:

$$k=\frac{\sum q_1\cdot\dfrac{T_1}{\sum T_1}}{\sum q_0\cdot\dfrac{T_0}{\sum T_0}}$$

显而易见,劳动生产率指数反映两个因素变动的影响,即各种工人劳动生产率变动的影响和各组工人数在全部工人总数中所占比重变动的影响。这是因为加权算术平均数本身包括标志值和权数两个因素,所以平均指标指数所反映的变动程度也包括两个因素的影响,即不仅受所平均的经济指标变动的影响,而且还受所研究总体内部单位数结构变动的影响。

因为平均指标指数受两个因素的影响,这又类似于综合指数中的两个因素间的关系,为了测定一个因素的变动情况,必须将另一个因素固定下来,因此,应利用因素分析法对平均指标指数进行分析。

二、平均指标指数的因素分析

平均指标指数变动既包括标志值也包括权数构成的变动。如表 9－10 资料所示,全厂劳动生产率的上升是由两个因素的共同影响所致:一是甲、乙两车间职工平均劳动生产率的变动;二是甲、乙两车间人员比重的变动。为了分析的方便,我们将通过计算下面三种指数形式来完成。

(一)可变构成指数

可变构成指数,是指现象总体的变动由各组平均水平和总体结构变动两个因素相互作用的结果的指数。根据表 9－10 的资料,可得全厂基期和报告期的劳动生产率分别为:

$$\bar{q}_1=\frac{\sum q_1 T_1}{\sum T_1}=\sum q_1\cdot\frac{T_1}{\sum T_1}=\frac{56\,000\text{ 万元}}{4\,000\text{ 人}}=14.0\text{ 万元/人}$$

$$\bar{q}_0=\frac{\sum q_0 T_0}{\sum T_0}=\sum q_0\cdot\frac{T_0}{\sum T_0}=\frac{37\,800\text{ 万元}}{3\,000\text{ 人}}=12.6\text{ 万元/人}$$

表 9 - 10

单位类别	工业增加值(万元)		平均人数				劳动生产率(万元/人)		劳动生产率指数(%)
			基期		报告期				
	基期 $Q_0(q_0T_0)$	报告期 $Q_1(q_1T_1)$	人数 T_0	所占比重(%) $T_0/\sum T_0$	人数 T_1	所占比重(%) $T_1/\sum T_1$	基期 q_0	报告期 q_1	q_1/q_0
甲车间	10 800	24 000	1 200	40	2 000	50	9	12	133.3
乙车间	27 000	32 000	1 800	60	2 000	50	15	16	106.7
全厂	37 800	56 000	3 000	100	4 000	100	12.6	14.0	111.1

劳动生产率可变构成指数为：

$$\frac{\bar{q}_1}{\bar{q}_0}=\frac{\dfrac{\sum q_1T_1}{\sum T_1}}{\dfrac{\sum q_0T_0}{\sum T_0}}=\frac{14.0}{12.6}=111.1\%$$

这说明全厂劳动生产率水平平均提高了 11.1%(111.1% - 100%)，全厂劳动生产率水平的绝对数增加了 1.4(14.0 - 12.6)万元/人。

这里不仅仅是为了研究全厂劳动生产率水平的变动程度和方向，更重要的是找出各车间职工劳动生产率水平变动和职工比重变动对全厂劳动生产率的影响情况。

同综合指数相似，在观察一个因素变化时，需将另一个因素固定。固定时期可以是报告期，也可以是基期。但一般情况下，在观察平均水平变化的时候，把结构固定在报告期；在观察结构变动时，把平均水平固定在基期。下面以这种方式来计算固定构成指数和结构影响指数。

(二)固定构成指数

为了观察各车间劳动生产率的变动影响，将职工结构假定在报告期情况下来计算劳动生产率指数，这个指数被称为劳动生产率固定构成指数。其计算公式为：

$$\text{劳动生产率固定构成指数}=\frac{\sum T_1q_1}{\sum T_1}\div\frac{\sum T_1q_0}{\sum T_1}$$

$$=\frac{56\,000}{4\,000}\div\frac{48\,000}{4\,000}=\frac{14.0}{12.0}=116.7\%$$

计算结果说明：由于两个车间劳动生产率水平平均提高了16.7%，使全厂劳动生产率水平提高的绝对数为 2.0(14.0 - 12.0)万元/人。

(三)结构影响指数

为了观察各车间人员比重结构对全厂劳动生产率变动的影响，将各车间劳动生产率水平假定在基期条件下来计算劳动生产率指数，这个指数被称为劳动生产率结构影响指数。其计算公式为：

$$\text{劳动生产率结构影响指数} = \frac{\Sigma T_1 q_0}{\Sigma T_1} \div \frac{\Sigma T_0 q_0}{\Sigma T_0}$$

$$= \frac{48\ 000}{4\ 000} \div \frac{37\ 800}{3\ 000} = \frac{12.0}{12.6} = 95.2\%$$

计算结果表明：两个车间人员比重的变动，使全厂劳动生产率下降了 4.8%（95.2% − 100%），下降的绝对数为 0.6（12.0 − 12.6）万元/人。

（四）上述三个指数之间的联系

可变构成指数、固定构成指数和结构影响指数三者之间具有一定的内在联系，形成一个指数体系，即

可变构成指数 = 固定构成指数 × 结构影响指数

$$\frac{\Sigma T_1 q_1}{\Sigma T_1} \div \frac{\Sigma T_0 q_0}{\Sigma T_0} = \left(\frac{\Sigma T_1 q_1}{\Sigma T_1} \div \frac{\Sigma T_1 q_0}{\Sigma T_1}\right) \times \left(\frac{\Sigma T_1 q_0}{\Sigma T_1} \div \frac{\Sigma T_0 q_0}{\Sigma T_0}\right)$$

从绝对数看：

$$\frac{\Sigma T_1 q_1}{\Sigma T_1} - \frac{\Sigma T_0 q_0}{\Sigma T_0} = \left(\frac{\Sigma T_1 q_1}{\Sigma T_1} - \frac{\Sigma T_1 q_0}{\Sigma T_1}\right) + \left(\frac{\Sigma T_1 q_0}{\Sigma T_1} - \frac{\Sigma T_0 q_0}{\Sigma T_0}\right)$$

根据上述计算结果，有如下关系：

111.1% = 116.7% × 95.2%

1.4 万元/人 = 2 万元/人 − 0.6 万元/人

第五节　指数体系和指数数列

一、指数体系和因素分析

社会经济现象的各种因素不是孤立存在的，而是相互联系和相互影响的。统计除了根据现象的内在因素的联系编制综合指数外，还应用指数体系来分析现象的各种因素对总体的影响程度。

（一）指数体系的含义和作用

我们把那些经济上有联系、在数量上保持一定关系的若干指数形成的整体，称为指数体系。比如：

商品销售额指数 = 商品价格指数 × 商品销售量指数

利润额指数 = 生产量指数 × 产品价格指数 × 销售利润率指数

另外，还有三个以上指数构成的指数体系。

需要注意的是：组成指数体系的指数必须满足两个条件，即各因素指数的乘积

应等于总变动指数，各因素指数分子、分母差额的总和应等于总量指标指数实际发生的总差额。

根据因素指数所采用的同度量因素的不同时期，通常组成两套指数体系。

1. 质量指数将同度量因素固定在报告期，而数量指数则将同度量因素固定在基期，形成的指数体系为：

$$\frac{\sum p_1 Q_1}{\sum p_0 Q_0} = \frac{\sum p_1 Q_1}{\sum p_0 Q_1} \cdot \frac{\sum p_0 Q_1}{\sum p_0 Q_0}$$

从绝对数看：

$$\sum p_1 Q_1 - \sum p_0 Q_0 = (\sum p_1 Q_1 - \sum p_0 Q_1) + (\sum p_0 Q_1 - \sum p_0 Q_0)$$

2. 质量指数将同度量因素固定在基期，而数量指数则将同度量因素固定在报告期，形成的指数体系为：

$$\frac{\sum p_1 Q_1}{\sum p_0 Q_0} = \frac{\sum p_1 Q_0}{\sum p_0 Q_0} \cdot \frac{\sum p_1 Q_1}{\sum p_1 Q_0}$$

从绝对数看：

$$\sum p_1 Q_1 - \sum p_0 Q_0 = (\sum p_1 Q_0 - \sum p_0 Q_0) + (\sum p_1 Q_1 - \sum p_1 Q_0)$$

在实际工作中，这两套指数体系要根据实际情况灵活选用。

指数体系的主要作用表现在两个方面，即根据指数体系中各指数间的相互联系，从任意两个已知的指数推算第三个指数；根据指数体系中因素指数与总指数的关系，分析各因素变动对总变动的影响方向和程度，以及影响的绝对值。

（二）指数体系的分析方法

指数体系是进行因素分析的基本依据。进行因素分析按包含因素的多少，可以是两因素的分析，也可以是两因素以上的因素分析；按分析指标的种类，可以是总量指标的因素分析，也可以是平均指标的因素分析。

1. 总量指标的两因素分析。它分析的对象是由两个因素组成的总量指标，分析的目的是分别测定这两个因素的变动对总量变动的影响程度和影响方向。

在表 9－11 的资料中，产品产值是总量指标，它包含价格和产量两个因素。根据表中资料，用第一套指数体系来分析产值的变动受价格和产量的影响程度。

表 9－11

产品类别	计量单位	产量		产品价格（元）		报告期产值 $p_1 Q_1$	基期产值 $p_0 Q_0$	假定产值 $p_0 Q_1$
		基期 Q_0	报告期 Q_1	基期 p_0	报告期 p_1			
A 类	吨	130	150	400	600	90 000	52 000	60 000

续表

产品类别	计量单位	产量		产品价格(元)		报告期产值 p_1Q_1	基期产值 p_0Q_0	假定产值 p_0Q_1
		基期 Q_0	报告期 Q_1	基期 p_0	报告期 p_1			
B类	件	5 000	6 000	10	8	48 000	50 000	60 000
C类	个	2 000	2 500	24	26	65 000	48 000	60 000
合计	—	—	—	—	—	203 000	150 000	180 000

指数体系用公式表示为：

$$\frac{\Sigma p_1 Q_1}{\Sigma p_0 Q_0}=\frac{\Sigma p_1 Q_1}{\Sigma p_0 Q_1}\cdot\frac{\Sigma p_0 Q_1}{\Sigma p_0 Q_0}$$

即　产值指数 = 价格指数 × 产量指数

从绝对数看：

$$\Sigma p_1 Q_1-\Sigma p_0 Q_0=(\Sigma p_1 Q_1-\Sigma p_0 Q_1)+(\Sigma p_0 Q_1-\Sigma p_0 Q_0)$$

即　实际增加或减少的产值 = 由于价格变动而增加或减少的产值 + 由于产量变动而增加或减少的产值

将表 9－11 中的资料代入公式计算：

$$\frac{203\ 000}{150\ 000}=\frac{203\ 000}{180\ 000}\times\frac{180\ 000}{150\ 000}$$

即

$$135.3\%=112.8\%\times120\%$$

产值指数为135.3%，说明产值实际增长了35.3%，增长额为53 000（203 000－150 000）元，这是由价格和产量两个因素共同作用的结果。

价格指数为112.8%，说明三类商品价格上涨了12.8%，使产值绝对数增加23 000(203 000－180 000)元。

产品产量指数为120%，说明三类产品产量总的增加了20%，使产值增长的绝对数为30 000(180 000－150 000)元。

绝对数的关系为：

53 000元＝23 000元＋30 000元

2. 总量指标的多因素分析。它分析的对象是三个或三个以上因素的总量指标，分析的目的是分别测定这些因素的变动对总量变动的影响程度和方向。这种分析方法在实际统计过程中有较强的现实意义。

多因素分析方法和两因素分析方法的基本原理是相同的。根据表9－12的资料举例说明如下。

表 9-12　　某厂生产甲、乙两种产品原材料消耗情况表

产品名称	原材料名称	产量		原材料单耗		原材料单价(元)		原材料支出总额(万元)			
		基期	报告期	基期	报告期	基期	报告期	基期	报告期	假定	
(甲)	(乙)	Q_0	Q_1	M_0	M_1	p_0	p_1	$Q_0M_0p_0$	$Q_1M_1p_1$	$Q_1M_0p_0$	$Q_1M_1p_0$
甲(万件)	A(千克)	10	12	10	9	14	15	1 400	1 620	1 680	1 512
乙(万袋)	B(米)	8	7	3.2	3.3	20	21	512	485.1	448	462
合计	—	—	—	—	—	—	—	1 912	2 105.1	2 128	1 974

在进行多因素现象分析时,必须注意两点。

第一,要对各个因素进行合理排列,也就是根据现象各因素的内在联系进行排列。一种方法是按数量因素顺次排列(如表9-12中的资料),对该厂原材料总支出额进行因素分析,即

$$\text{原材料支出总额} = \overbrace{\text{产品产量} \times \text{原材料单耗}}^{\text{原材料耗用量}} \times \text{原材料单价}$$

$$\text{原材料支出总额} = \text{产品产量} \times \underbrace{\text{原材料单耗} \times \text{原材料单价}}_{\text{单位产品原材料价}}$$

这样,产品产量相对于单位产品原材料价格是数量指标,原材料单价相对于原材料耗用量来说是质量指标,这就和前面所讲的两因素分析法一样了。另一种方法是按质量因素顺次排列,方法同上。

第二,分析某一因素变动对总变动的影响时,要固定其他因素。当测定数量因素变动时,将作为同度量因素的质量因素固定在基期;反之亦然。这是同度量因素选择的原则。

在多因素分析的指数体系中,总变动指数与各因素指数的乘积是相等的;实际发生的总变动额与各因素变动额的和也是相等的。这一基本原理通常可用来检验实际工作的正确性,可用公式来表示。

相对数可表示为:

$$\text{原材料支出总额指数} = \text{产量总指数} \times \text{原材料单耗总指数} \times \text{原材料单价总指数}$$

即

$$\frac{\sum Q_1M_1p_1}{\sum Q_0M_0p_0} = \frac{\sum Q_1M_0p_0}{\sum Q_0M_0p_0} \cdot \frac{\sum Q_1M_1p_0}{\sum Q_1M_0p_0} \cdot \frac{\sum Q_1M_1p_1}{\sum Q_1M_1p_0}$$

绝对数可表示为:

$$\sum Q_1M_1p_1 - \sum Q_0M_0p_0 = (\sum Q_1M_0p_0 - \sum Q_0M_0p_0) + (\sum Q_1M_1p_0 - \sum Q_1M_0p_0) + (\sum Q_1M_1p_1 - \sum Q_1M_1p_0)$$

下面根据表 9－12 中的资料进行多因素分析。

（1）原材料支出总额指数：

$$\overline{K}_{QMp} = \frac{\sum Q_1M_1p_1}{\sum Q_0M_0p_0} = \frac{2\ 105.1}{1\ 912} = 110.1\%$$

$$\sum Q_1M_1p_1 - \sum Q_0M_0p_0 = (2\ 105.1 - 1\ 912)\text{万元} = 193.1\text{万元}$$

说明该厂报告期生产的产品消耗 A 与 B 两种原材料总支出额增加了 10.1%，绝对数增加额为 193.1 万元。

（2）分析各因素对总变动的影响情况。

①产量总指数：

$$\overline{K}_{Q} = \frac{\sum Q_1M_0p_0}{\sum Q_0M_0p_0} = \frac{2\ 128}{1\ 912} = 111.3\%$$

$$\sum Q_1M_0p_0 - \sum Q_0M_0p_0 = (2\ 128 - 1\ 912)\text{万元} = 216\text{万元}$$

说明报告期产量比基期产量增多,使总支出额上升11.3%，绝对数增加额为216 万元。

②原材料单耗总指数：

$$\overline{K}_{M} = \frac{\sum Q_1M_1p_0}{\sum Q_1M_0p_0} = \frac{1\ 974}{2\ 128} = 92.76\%$$

$$\sum Q_1M_1p_0 - \sum Q_1M_0p_0 = (1\ 974 - 2\ 128)\text{万元} = -154\text{万元}$$

说明报告期比基期原材料单耗下降,使费用下降7.24%（100% －92.76%）,原材料费用减少 154 万元。

③原材料价格总指数：

$$\overline{K}_{p} = \frac{\sum Q_1M_1p_1}{\sum Q_1M_1p_0} = \frac{2\ 105.1}{1\ 974} = 106.64\%$$

$$\sum Q_1M_1p_1 - \sum Q_1M_1p_0 = (2\ 105.1 - 1\ 974)\text{万元} = 131.1\text{万元}$$

说明由于报告期原料价格上升,使原材料费用支出额上升了6.64%,增加支出费用 131.1 万元。

四种指数关系为：

$$110.1\% = 111.3\% \times 92.76\% \times 106.64\%$$

绝对数的关系为：

$$193.1\text{万元} = 216\text{万元} - 154\text{万元} + 131.1\text{万元}$$

将上述计算的有关数据,列于表 9－13 中。

表 9－13

项　　目	费用支出额（万元）		指数（%）	报告期比基期增减额（万元）
	基期	报告期		
原材料费用支出总额	1 912.0	2 105.1	110.1	193.1
其中：产量影响	1 912.0	2 128.0	111.3	216.0
原材料单耗影响	2 128.0	1 974.0	92.76	－154.0
原材料单价影响	1 974.0	2 105.1	106.64	131.1

3. 平均指标的多因素分析。平均指标会受到多个因素的影响。分析的目标是分别测定这些影响因素的变动对平均指标的变动的影响方向和影响程度。对于劳动生产率的变动、平均工资的变动等，运用这样的因素分析法具有重要的现实意义。

平均指标多因素分析方法的基本原理与总量指标多因素分析方法是一致的。

例如，某公司全员劳动生产率变动的多因素分析，如表 9－14 所示。

表 9－14　　某公司全员劳动生产率情况

	全部员工人数（人）	生产工人					全员劳动生产率（%）
		人数（人）	小时劳动生产率（元）	工作日实际长度（小时）	工作月实际长度（天）	占全员比重（%）	
	$\sum T$		a	b	c	d	$\bar{q}$
报告期	10 000	8 550	149.94	7.90	19.99	85.50	20 246
基期	9 899	8 634	136.34	7.82	20.40	87.22	18 970
指数（%）	101.02	98.92	109.98	101.02	97.99	98.03	106.73

从静态角度观察，全员劳动生产率与各影响因素之间的关系是：

$$\text{全员劳动生产率} = \text{小时劳动生产率} \times \text{工作日实际长度} \times \text{工作月实际长度} \times \text{生产工人在全员中比重}$$

$$\bar{q} = abcd$$

从动态角度观察，按照因果关系，构成一套指数体系：

$$\text{全员劳动生产率指数} = \text{生产工人小时劳动生产率指数} \times \text{生产工人工作日实际长度指数} \times \text{生产工人工作月实际长度指数} \times \text{生产工人在全员中比重指数}$$

$$\frac{\bar{q}_1}{\bar{q}_0} = \frac{a_1}{a_0} \times \frac{b_1}{b_0} \times \frac{c_1}{c_0} \times \frac{d_1}{d_0}$$

在分析各影响因素的变动影响程度时，要依序将其他因素固定，所以

$$\frac{\bar{q}_1}{\bar{q}_0}=\frac{a_1b_1c_1d_1}{a_0b_0c_0d_0}=\frac{a_1b_1c_1d_1}{a_0b_1c_1d_1}\times\frac{a_0b_1c_1d_1}{a_0b_0c_1d_1}\times\frac{a_0b_0c_1d_1}{a_0b_0c_0d_1}\times\frac{a_0b_0c_0d_1}{a_0b_0c_0d_0}$$

全员劳动生产率的实际变动绝对值，是各影响因素变化，影响全员劳动生产率变动绝对值之加总：

$$\begin{aligned}\bar{q}_1-\bar{q}_0&=a_1b_1c_1d_1-a_0b_0c_0d_0\\&=(a_1b_1c_1d_1-a_0b_1c_1d_1)+(a_0b_1c_1d_1-a_0b_0c_1d_1)+\\&\quad(a_0b_0c_1d_1-a_0b_0c_0d_1)+(a_0b_0c_0d_1-a_0b_0c_0d_0)\end{aligned}$$

该公司全员劳动生产率变动的多因素分析计算，利用表 9－14 的数据进行。

(1)公司全员劳动生产率指数：

$$K_{\bar{q}}=\frac{\bar{a}_1}{\bar{q}_0}=\frac{a_1b_1c_1d_1}{a_0b_0c_0d_0}=\frac{20\ 246}{18\ 970}=106.73\%$$

全员劳动生产率升降绝对值

$$\begin{aligned}\Delta_{\bar{q}}=\bar{q}_1-\bar{q}_0&=a_1b_1c_1d_1-a_0b_0c_0d_0\\&=20\ 246-18\ 970=1\ 276(\text{元})\end{aligned}$$

即报告期全员劳动生产率比基期提高了 1 276 元。

全员劳动生产率计算表参见表 9－15。

表 9－15　　全员劳动生产率计算表(元)

	全员劳动生产率(元)	$a_0b_1c_1d_1$	$a_0b_0c_1d_1$	$a_0b_0c_0d_1$	公司产值(万元)
报告期	20 246	18 408.96	18 222.54	18 596.29	20 246.0
基期	18 970				18 778.4

(2)各影响因素指数及升降绝对值：

$$K_a=\frac{a_1}{a_0}=\frac{149.94}{136.34}=109.98\%$$

可见，生产工人小时劳动生产率提升了 9.98%，使公司全员劳动生产率增长了

$$\Delta_a=(a_1-a_0)b_1c_1d_1=20\ 246-18\ 408.96=+1\ 837.04(\text{元})$$

$$K_b=\frac{b_1}{b_0}=\frac{7.90}{7.82}=101.02\%$$

可见，生产工人实际工作日长度提高了 1.02%，即延长了 0.08 小时，使公司全员劳动生产率增加了

$$\Delta_b=a_0(b_1-b_0)c_1d_1=18\ 408.96-18\ 222.54=+186.42(\text{元})$$

$$K_c=\frac{c_1}{c_0}=\frac{19.99}{20.40}=97.99\%$$

可见，生产工人实际工作月长度缩减了 2.01%，使全员劳动生产率减少了

$$\Delta_c = a_0 b_0 (c_1 - c_0) d_1 = 18\,222.54 - 18\,596.29 = -373.75(\text{元})$$

$$\bar{K}_d = \frac{d_1}{d_0} = \frac{0.855\,0}{0.872\,2} = 98.03\%$$

生产工人在公司全部员工中所占比重下降 1.72%，使全员劳动生产率减少了

$$\Delta_d = a_0 b_0 c_0 (d_1 - d_0) = 18\,596.29 - 18\,970 = -373.71(\text{元})$$

五种指数的关系式为：

$$106.73\% \approx 109.98\% \times 101.02\% \times 97.99\% \times 98.03\%$$

绝对值的关系式为：

$$1\,276 = (+1\,837.04) + (+186.42) + (-373.75) + (-373.71)$$

将前面的分析计算结果列于表 9－16，一目了然。

表 9－16

	全员劳动生产率(元)		指数(%)	报告期比基期增减额(元)	各因素影响比重(%)
	报告期	基期			
公司全员劳动生产率	20 246	18 970	106.73	1 276	100.00
其中：小时劳动生产率影响	20 246	18 408.96	109.98	1 837.04	143.97
工作日实际长度影响	18 408.96	18 222.54	101.02	186.42	14.61
工作月实际长度影响	18 222.54	18 596.29	97.99	−373.75	−29.29
生产工人占全员比重影响	18 596.29	18 970	98.03	−373.71	−29.29

公司全员劳动生产率的提高，主要是生产工人纯生产劳动时间的劳动生产率快速增长。

4. 总量指标与平均指标的多因素综合分析

总量指标的变动是纷繁复杂的，它的影响因素，包括次总量指标和平均指标等多种表现形式，因而影响因素会很多，往往在四个及以上。通过多因素分析，有利于辨析清楚矛盾的主要方面在哪里，为决策提供准确依据。

(1)确定影响因素，计算各因素相关指数，按照其经济联系编制指数体系，判断各因素对总量指标变动的影响方向。

(2)进行差额分析，计算出总差额及各因素变动对其影响的差额。

(3)进行影响因素主次作用的分析。

例如，根据表 9－14 资料，分析公司产值的变动。

计算出产值指数及各种影响因素指数，建立其指数体系：

$$\bar{K}_Q = \frac{Q_1}{Q_0} = \frac{\sum T_1}{\sum T_0} \times \frac{\bar{q}_1}{\bar{q}_0} = \frac{\sum T_1}{\sum T_0} \times \frac{a_1}{a_0} \times \frac{b_1}{b_0} \times \frac{c_1}{c_0} \times \frac{d_1}{d_0}$$

$$\frac{20\,246.0}{18\,778.4} = 101.02\% \times 106.72\%$$

$$107.81\% = 101.02\% \times 106.72\%$$
$$= 101.02\% \times 109.98\% \times 101.02\% \times 97.99\% \times 98.03\%$$

全公司产值增长1.02%，增加的绝对值为：

$$20\ 246.0 - 18\ 778.4 = +1\ 467.6(\text{万元})$$

其中，公司员工增加101人，增长1.02%，使公司产值增产101×18 970 = +191.6万元，占产值全部增长额的比重$\frac{+191.6}{1\ 467.6} = +13.06\%$。

全员劳动生产率增长6.72%，使公司产值增产(20 246 − 18 970)×1 万人 = +1 276万元，占总值全部增长额的比重为$\frac{+1\ 276}{1\ 467.6} = +86.94\%$。

下面分解全员劳动生产率增长的影响因素，说明各影响因素对公司产值增长的影响绝对值：

A)生产工人小时劳动生产率提高9.98%，使公司产值增长的绝对值为：

$$\Delta_a = (a_1 - a_0) b_1 c_1 d_1 \Sigma T_1$$
$$= (149.94 - 136.34) \times 7.9 \times 19.99 \times 85.5\% \times 10\ 000 = +1\ 837.04(\text{万元})$$

$$\text{占产值全部增长额的比重} = \frac{+1\ 837.04}{1\ 467.6} = +125.17\%$$

B)生产工人工作日实际长度提升1.02%，使公司产值增长绝对值为：

$$\Delta_b = a_0 (b_1 - b_0) c_1 d_1 \Sigma T_1$$
$$= 136.34 \times (7.9 - 7.82) \times 19.99 \times 85.5\% \times 10\ 000 = +186.42(\text{万元})$$

$$\text{占产值全部增长额比重} = \frac{+186.42}{1\ 467.6} = +12.70\%$$

C)生产工人工作月实际长度缩减2.01%，使公司产值减产绝对值为：

$$\Delta_c = a_0 b_0 (c_1 - c_0) d_1 \Sigma T_1$$
$$= 136.34 \times 7.82 \times (19.99 - 20.40) \times 85.5\% \times 10\ 000 = -373.75(\text{万元})$$

$$\text{占产值全部增长额比重} = \frac{-373.75}{1\ 467.6} = -25.47\%$$

D)生产工人占全部员工比重下降1.72%，使公司产值减产绝对值为：

$$\Delta_d = a_0 b_0 c_0 (d_1 - d_0) \Sigma T_1$$
$$= 136.34 \times 7.82 \times 20.401 \times (-1.72\%) \times 10\ 000 = -374.12(\text{万元})$$

$$\text{占产值全部增长额比重} = \frac{-374.12}{1\ 467.6} = -25.49\%$$

五个因素影响的绝对之和，即为公司产值增加的绝对值：

$$+1\ 467.6(\text{万元}) \approx 191.6 + 1\ 837.04 + 186.42 + (-373.75) + (-374.12)$$

各因素变动影响的比重之和为100%：

$$100.00\% \approx 13.06\% + 125.17\% + 12.70\% + (-25.47\%) + (-25.49\%)$$

公司产值的增加，主要是依靠生产工人的小时劳动生产率的近10%的提升幅度。生产工人劳动时间利用的缩水，人员结构的变化(即生产工人在全部员工中比重的下降等），这几个因素的影响也是不容小觑的。

将前面的影响因素分析结果列于表 9 – 17。

表 9 – 17

	全公司产值（万元）		指数（%）	报告期比基期增减额（万元）	各因素影响比重（%）
	报告期	基期			
全公司产值	20 246.0	18 778.4	107.81	1 467.6	100.00
其中（各影响因素）：					
小时劳动生产率	20 246.00	18 408.96	109.98	1 837.04	+125.17
工作日实际长度	18 408.96	18 222.54	101.02	186.42	+12.70
工作月实际长度	18 222.54	18 596.29	97.99	–373.75	–25.47
生产工人占全员比重	18 596.29	18 970.00	98.03	–373.71	–25.46
全员人数	18 970.00	18 778.40	101.02	191.60	+13.06

二、指数数列

指数数列，是指将各个时期的一系列指数，按时间的先后顺序进行排列而形成的数列。它是一种动态数列，即时间数列的表现。通过对指数数列的观察和分析，利于对数列所反映的现象或事物发展变化趋势有全面、完整和系统的了解和判断，这对于研究事物和现象的规律、预测事物和现象的演变趋势，都具有十分显著的意义。

由于指数数列中，各项指标都是以指数形式表述，而指数有着若干不同的分类方法，因而与之相适应，就产生了各样的指数数列。后面，就涉及指数数列的基本方面或问题，简要加以说明。

（一）定基指数数列和环比指数数列

指数数列按其所采用的基期固定与否，有定基指数数列与环比指数数列之分。

定基指数数列，是指由一系列定基指数，按时间先后顺序排列而成的数列。环比指数数列，是指由一系列环比指数，按时间先后顺序排列而成的数列。通常，编制出的定基指数数列，非常有利于研制现象较长期的纵向变化趋势，而环比指数数列的编制，更适应于分析现象短期（即同前一期）的动态变化情况。表 9 – 18 罗列了定基指数数列和环比指数数列案例。这里，用产量指数和价格指数分别表现两种指数数列的一般编制方法。

表 9－18

产量指数数列						
时间	0	1	2	…	$n-1$	n
定基	100	$\frac{\sum Q_1P_0}{\sum Q_0P_0}$	$\frac{\sum Q_2P_0}{\sum Q_0P_0}$	…	$\frac{\sum Q_{n-1}P_0}{\sum Q_0P_0}$	$\frac{\sum Q_nP_0}{\sum Q_0P_0}$
环比	—	$\frac{\sum Q_1P_0}{\sum Q_0P_0}$	$\frac{\sum Q_2P_1}{\sum Q_1P_1}$	…	$\frac{\sum Q_{n-1}P_{n-2}}{\sum Q_{n-2}P_{n-2}}$	$\frac{\sum Q_nP_{n-1}}{\sum Q_{n-1}P_{n-1}}$
价格指数数列						
时间	0	1	2	…	$n-1$	n
定基	100	$\frac{\sum P_1Q_1}{\sum P_0Q_1}$	$\frac{\sum P_2Q_2}{\sum P_0Q_2}$	…	$\frac{\sum P_{n-1}Q_{n-1}}{\sum P_0Q_{n-1}}$	$\frac{\sum P_nQ_n}{\sum P_0Q_n}$
环比	—	$\frac{\sum P_1Q_1}{\sum P_0Q_1}$	$\frac{\sum P_2Q_2}{\sum P_1Q_2}$	…	$\frac{\sum P_{n-1}Q_{n-1}}{\sum P_{n-2}Q_{n-1}}$	$\frac{\sum P_nQ_n}{\sum P_{n-1}Q_n}$

表中：Q 代表产量；P 代表价格；0，1，2…，$n-2$，$n-1$，n 代表时间。

（二）数量指数数列和质量指数数列

1. 数量指数数列。如前所述，计算数量指标时是以基期质量指标为权数，所以在数量指数数列中，定基指数的权数固定在基期，是不变权数，而环比指数的权数随基期的变动而变化，是可变权数。

定基指数数列：$\frac{\sum Q_1p_0}{\sum Q_0p_0},\frac{\sum Q_2p_0}{\sum Q_0p_0},\cdots,\frac{\sum Q_np_0}{\sum Q_0p_0}$；

环比指数数列：$\frac{\sum Q_1p_0}{\sum Q_0p_0},\frac{\sum Q_2p_1}{\sum Q_1p_1},\cdots,\frac{\sum Q_np_{n-1}}{\sum Q_{n-1}p_{n-1}}$。

在实际工作中，编制产品产量综合指数时，一般用不变价格 p_n 为权数，这样组成的指数数列中，定基指数和环比指数都用不变权数。

定基指数数列：$\frac{\sum Q_1p_n}{\sum Q_0p_n},\frac{\sum Q_2p_n}{\sum Q_0p_n},\cdots,\frac{\sum Q_np_n}{\sum Q_0p_n}$；

环比指数数列：$\frac{\sum Q_1p_n}{\sum Q_0p_n},\frac{\sum Q_2p_n}{\sum Q_1p_n},\cdots,\frac{\sum Q_np_n}{\sum Q_{n-1}p_n}$。

2. 质量指数数列。计算质量指数是以报告期的数量指标为权数，所以在一个质量指数数列中，不论是定基指数或环比指数，都是可变权数。

定基指数数列：$\frac{\sum Q_1p_1}{\sum Q_1p_0},\frac{\sum Q_2p_2}{\sum Q_2p_0},\cdots,\frac{\sum Q_np_n}{\sum Q_np_0}$；

环比指数数列：$\frac{\sum Q_1 p_1}{\sum Q_1 p_0}, \frac{\sum Q_2 p_2}{\sum Q_2 p_1}, \cdots, \frac{\sum Q_n p_n}{\sum Q_n p_{n-1}}$。

（三）定基指数和环比指数的关系

在指数数列中，由于指数的种类和权数不同，因而两者之间的联系也不相同。在总指数数列中，只有在采用不变权数的条件下，环比指数的连乘积才等于相应时期的定基指数。现举例如下：

$$\frac{\sum Q_2 p_n}{\sum Q_1 p_n} \cdot \frac{\sum Q_3 p_n}{\sum Q_2 p_n} \cdot \frac{\sum Q_4 p_n}{\sum Q_3 p_n} = \frac{\sum Q_4 p_n}{\sum Q_1 p_n}$$

利用这种联系，可以彼此推算，即利用环比指数求相应的定基指数，或利用定基指数求环比指数：

$$\frac{\sum Q_5 p_n}{\sum Q_1 p_n} \div \frac{\sum Q_4 p_n}{\sum Q_1 p_n} = \frac{\sum Q_5 p_n}{\sum Q_4 p_n}$$

这里应指出：不变价格不是始终不变的，当遇到不变价格更新时，必须先计算出换算系数。假定要计算 1991 年新、旧不变价格的产量指数，就应当先算出换算系数。该换算系数的计算式为：

$$换算系数 = \frac{按\ 1990\ 年不变价格计算的\ 1991\ 年总产值}{按\ 1980\ 年不变价格计算的\ 1991\ 年总产值}$$

再用这个换算系数去乘过去年份按 1980 年不变价格计算的产值，即可换算成按 1990 年不变价格计算的产值，这可以消除不变价格变动的影响；否则，编制的产品产量指数就缺乏可比性。

（四）指数中的基期更换

有时为了比较和研究的需要，要改变指数的基期，可用新定为基期的那个原来的指数去除各年原来的指数，即得基期更改后的各年指数，如表 9－19 所示。

表 9－19　　按不变价格计算的产量指数

	第一年	第二年	第三年	第四年	第五年	…
定基指数	100	$\frac{\sum Q_2 p_n}{\sum Q_1 p_n}$	$\frac{\sum Q_3 p_n}{\sum Q_1 p_n}$	$\frac{\sum Q_4 p_n}{\sum Q_1 p_n}$	$\frac{\sum Q_5 p_n}{\sum Q_1 p_n}$	…
环比指数	—	$\frac{\sum Q_2 p_n}{\sum Q_1 p_n}$	$\frac{\sum Q_3 p_n}{\sum Q_2 p_n}$	$\frac{\sum Q_4 p_n}{\sum Q_3 p_n}$	$\frac{\sum Q_5 p_n}{\sum Q_4 p_n}$	…

以表 9－19 中各年指数第三年为基期，则各年的指数为：

第一年的指数：

$$100\% \div \frac{\sum Q_3 p_n}{\sum Q_1 p_n} = \frac{\sum Q_1 p_n}{\sum Q_3 p_n}$$

第二年的指数：

$$\frac{\Sigma Q_2 p_n}{\Sigma Q_1 p_n} \div \frac{\Sigma Q_3 p_n}{\Sigma Q_1 p_n} = \frac{\Sigma Q_2 p_n}{\Sigma Q_3 p_n}$$

第三年的指数:

$$\frac{\Sigma Q_3 p_n}{\Sigma Q_1 p_n} \div \frac{\Sigma Q_3 p_n}{\Sigma Q_1 p_n} = 1(\text{或 } 100\%)$$

第四年的指数:

$$\frac{\Sigma Q_4 p_n}{\Sigma Q_1 p_n} \div \frac{\Sigma Q_3 p_n}{\Sigma Q_1 p_n} = \frac{\Sigma Q_4 p_n}{\Sigma Q_3 p_n}$$

第五年的指数:

$$\frac{\Sigma Q_5 p_n}{\Sigma Q_1 p_n} \div \frac{\Sigma Q_3 p_n}{\Sigma Q_1 p_n} = \frac{\Sigma Q_5 p_n}{\Sigma Q_3 p_n}$$

思考题与练习题

1. 统计指数的作用是什么?

2. 统计指数是如何分类的?

3. 编制综合指数的一般原则是什么?

4. 计算平均指数时,如何正确选择权数?

5. 统计指数体系有哪些作用?

6. 某地区农产品的收购情况为:甲、乙、丙三种农产品的收购量,报告期分别为10万担、29万千克、15万千克;基期分别为9万担、22万千克、18万千克。收购价格,报告期分别为100元/担、2元/千克、3元/千克;基期分别为95元/担、1.8元/千克、2.7元/千克。试计算:

(1)每种农产品的收购额;

(2)每种农产品的收购量个体指数;

(3)每种农产品的收购价格个体指数。

7. 某公司生产甲、乙、丙三种产品,报告期的生产量分别为1 200台、72吨、1 800件,生产成本依次为11 000元/台、8 000元/吨、2 100元/件,出厂价格依次为12 000元/台、9 200元/吨、2 300元/件;基期产量分别为1 000台、70吨、2 000件,生产成本依次为11 500元/台,7 500元/吨、2 200元/件,出厂价格分别为12 100元/台、8 500元/吨、2 300元/件。试计算:

(1)产量个体指数;

(2)单位成本个体指数;

(3)出厂价格个体指数。

8. 某企业生产情况如表9-20所示。试计算:

(1)产量个体指数;

(2)出厂价格个体指数;
(3)产量综合指数;
(4)出厂价格综合指数。

表 9-20

产品名称	产量(万千克)		出厂价格(元/千克)	
	基期	报告期	基期	报告期
甲	30	35	10.0	12.0
乙	72	80	8.0	10.0
丙	40	50	9.0	10.5

9. 某企业生产及成本情况如表 9-21 所示。试求:
(1)计算三种产品的个体成本指数;
(2)计算全厂成本指数;
(3)分析全厂产品总成本的变动原因。

表 9-21

产品名称	产量(万件)		单位成本(元/件)	
	基期	报告期	基期	报告期
A	12	15	2.5	2.6
B	20	25	2.8	3.0
C	40	50	1.8	2.0

10. 某公司的销售情况如表 9-22 所示。试求:
(1)用平均指数方法,分别计算全公司的销售量总指数与销售价格总指数;
(2)计算全公司销售额总指数;
(3)分析销售量变化和销售价格变化对公司销售额的影响程度。

表 9-22

产品名称	实际销售额(万元)		销售量个体指数(%)	销售价格降低的比率(%)
	1999 年	2000 年		
甲	200	240	125	4
乙	450	485	110	2
丙	350	480	140	2
合计	1 000	1 205	—	—

11. 某企业集团的有关资料如表9－23所示。试求：
(1)计算各企业的劳动生产率指数；
(2)计算集团的劳动生产率指数；
(3)计算集团劳动生产率的固定组成指数和结构影响指数；
(4)分析集团产值变化的各种影响因素。

表9－23

企业名称	劳动生产率(元/人)		职工人数(人)	
	基期	报告期	基期	报告期
甲企业	25 000	30 000	100	110
乙企业	24 000	22 000	80	100
丙企业	25 000	26 000	120	150
丁企业	24 000	25 000	100	120
集团合计	—	—	400	480

12. 某工厂的有关情况如表9－24所示。试求：
(1)计算全厂产量总指数；
(2)计算全厂工人人数指数；
(3)计算全厂工人劳动生产率指数；
(4)分析全厂总产量变动的影响因素。

表9－24

产品名称	生产工人数(人)		产量(万件)		不变价格(元/件)
	基期	报告期	基期	报告期	
甲	43	40	13.0	14.0	3.5
乙	17	14	12.5	10.5	3.0
丙	73	72	29.0	30.5	2.4
合计	133	126	—	—	—

13. 某厂生产及原材料消耗情况如表9－25所示。试求：
(1)计算全厂原材料单耗综合指数；
(2)计算全厂原材料单价综合指数；

(3)分析全厂原材料总费用是因什么而变动的。

表 9 - 25

产品名称	产量(台)		材料名称	单台产品消耗量(千克)		原材料单价(元/千克)	
	基期	报告期		基期	报告期	基期	报告期
甲	8	10	A B	120 90	150 100	20 25	21 28
乙	10	12	A B	200 150	200 180	20 25	21 28

14. 生产工人月平均工资的高低,会受到小时平均工资、工作日实际作业小时和工作月实际作业天数等的影响,如何分析?

提示:

$$\text{工作日实际作业小时} = \frac{\text{生产工人全月实际作业工时}}{\text{生产工人全月实际作业工日}}$$

$$\text{工作月实际作业天数} = \frac{\text{生产工人全月实际作业工日}}{\text{生产工人月平均人数}}$$

$$\text{小时平均工资} = \frac{\text{生产工人全月实际工资总额}}{\text{生产工人全月实际作业工时}}$$

15. 运用指数体系的推演分析。

表 9 - 26　　1978—2017 年北京居民人均收入变化

年　　度	2017 年	1978 年	2017 年为 1978 年(倍)	扣除价格因素后 1978—2017 年年均增长%
城镇居民人均可支配收入(元)	62 406	365		8.1
农村居民人均可支配收入(元)	24 240	225		6.8

(1)城镇居民人均可支配收入 2017 年比 1978 年增长多少?计算平均年增长率、1978—2017 年物价的总变化。

(2)农村居民人均可支配收入 2017 年比 1978 年增长多少倍?计算平均年增长率、1978—2017 年物价的变化情况。

16. 2017 年,我国全国居民人均消费支出较上年增长 7. 1% ,扣除价格因素,实际增长 5. 4% 。按常住地分,城镇居民人均消费支出比上年增长 5. 9% ,扣除价格因素,实际增长 4. 1% ;农村居民人均消费支出比上年增长 8. 1% ,扣除价格因素,实际增长 6. 8% 。

判断居民消费价格的两年间走向;并计算 2017 年居民消费价格的涨跌幅度。

第十章　时间数列

内容提要

● 社会经济现象是在不断变化的，统计学将客观社会经济现象在时间上的变化进程视为动态。编制时间数列，对其各项数据加以计算、处理，并根据此数据的特征和发展趋势进行分析、推算和预计的方法，称为动态分析法。

● 时间数列的意义、种类和编制原则；时间数列的基础指标、比较指标、平均指标及其计算与分析；现象的趋势分析方法主要有长期趋势分析、季节变动分析和循环波动分析等。

第一节　时间数列的意义

一、时间数列的含义

运用时间数列和动态分析方法，对社会经济现象的永恒运动及其过程给予显示、观察和研究，揭示其发展演变轨迹、趋势及规律性，对社会经济的宏观调控与微观管理都有着深刻的意义。

时间数列是一种统计数列，它是将反映某类现象在时间上变化和发展的一系列指标数值，按其时间先后顺序排列而形成的统计数列。由于时间数列表现了现象在时间上的动态变化，故又称为动态数列。

时间数列由两个基本要素构成，一是时间名称，即现象所属的时间；二是指标数值，即表明现象特点的各项指标数值。

由于时间数列可以反映社会经济现象的发展过程及其规律性，所以在统计分析中具有重要的作用：①对于不同时期的社会经济现象，就其发展水平、发展变化方向及发展速度进行研究，可以从中找寻各个历史阶段现象发展的特点和变化的数量特征；②分析不同时间现象内部的结构及其变化，客观现象之间的比例及依存关系的变化，预估现象的变动趋势；③通过分析研究，揭示社会经济现象的某种演变规律，有利于实现宏观调控。

二、时间数列的分类

时间数列按其所采用的统计指标形式的不同,可分为绝对数时间数列、相对数时间数列和平均数时间数列三类。其中,绝对数时间数列是基本数列,而相对数时间数列与平均数时间数列则是依据绝对数时间数列计算而得出的派生数列。

(一)绝对数时间数列

由总量指标所组成的时间数列,称为绝对数时间数列。它反映某一社会经济现象在各个时期所达到的绝对水平及其发展的趋势。绝对数时间数列根据所反映的社会经济现象的时间性质不同,又可分为时期数列与时点数列。

1. 时期数列。它所用的总量指标是时期指标,反映某种现象在一段时期内发展过程的累计总量。例如,表 10 - 1 的时间数列资料即为时期数列。

表 10 - 1 的时期数列,显示出我国在 21 世纪的前 17 年间,社会经济快速发展的过程,到 2017 年国内生产总值突破 80 万亿元大关,跻身全球第二位。足见其发展势头之强劲。

表 10 - 1　　2006—2017 年我国经济总量　　(亿元)

年份	2006	2010	2011	2012	2013	2017
国内生产总值	216 314	401 513	473 104	519 470	568 845	827 122
第一产业	24 040	40 534	47 486	52 374	56 957	65 468
第二产业	103 719	187 383	220 413	235 162	240 684	334 622
第三产业	88 555	173 596	205 205	231 395	262 204	427 032

时期数列中,每一项指标数值所包含的时间长短,称为“时期”,时期长短依其实际需要而定。两项相邻时期之间的时间距离,称为“时期距离”。表 10 - 1 的中间四项指标数值的时期和时期距离为 1 年。

时期数列具有三个特征:一是可加性,即时期数列中各个指标值可以相加,加总后的数值表明现象在更长时期的指标值;二是同方向关系,时期数列中每一指标值的大小与其时期长短是同方向关系,即时期越长,指标值越大,反之亦然;三是指标数值是连续观察计算取得的,因为时期指标是表明现象在一段时期内发展过程的总量,所以,必须逐一将发生数量进行连续登记并累积,形成总量指标数值。

2. 时点数列。它所用的总量指标是时点指标,表明社会经济现象在一定时点瞬间所达到的总量水平。比如,表 10 - 2 的时间数列即属时点数列。

表 10 - 2 的时点数列说明我国自 1990 年以来的近 30 年间人口规模的扩大过程,每年新增人口,由 20 世纪八九十年代的 1 500 多万人减少到 2000—2017 年的 721

万人,呈现出人口增长减缓的势头。

表 10－2　　我国各年年末人口及分布　　（万人）

年度	1990	2000	2010	2013	2014*	2017*
全国总人口	114 333	126 743	134 091	136 072	136 782	139 008
其中:0－14 岁	31 659	29 012	22 259	22 329	23 957	24 719
15－64 岁	76 306	88 910	99 938	100 582	91 583	90 199
65 岁及以上	6 368	6 821	11 894	13 161	21 242	24 090
其中:城镇	30 195	45 906	66 978	73 111	74 916	81 347
乡村	84 138	80 837	67 113	62 961	61 866	57 661

注:* 年龄是 0～15 岁、16～59 岁、60 周岁及以上。

统计研究分析,通常将“时点”的概念限定为一天。比如,“月末人数”就是指每月最后一天的人数,同样,季末或年末的人数也如是,在这一天内不再细分。

时点数列有连续时点数列和非连续时点数列之分。一般在两个时点之间不可能存在别的数值时,就称为连续时点数列,否则,就是非连续时点数列或间断时点数列。表 10－2 的人口资料,只反映相关年度的年末人口数目,而其余每日的人口数目未列出,所以是间断时点数列。在间断时点数列中,每两相邻时点之间的时距称为“间隔”。表 10－2 的间隔并不一样,有 10 年、1 年和 3 年等状况,故称为间隔不相等的间断时点数列。假若它们每两时点之间的时距都相同,就称为间隔相等的间断时点数列。

时点数列具有三个特点:一是不可加性,时点总量指标表明的是现象在各时点上的数量状况,各个指标数值相加后,无法说明所得数值的时间状况,并且可能会重复计算,无任何经济意义。二是指标数值的大小和时点间隔长短无必然联系,如企业 12 月末职工人数,未必会比各月末人数多(或少)。若现象存在着长期变化趋势,即长期增长趋势或长期下降趋势,则指标数值大小与时点间隔长短会有一定关系。三是指标数值是非连续计算取得的,时点总量指标具有间断统计的特点,因为,它表明现象在某一时刻的数量状况,所以取得时点资料,而不必进行连续统计。

(二)相对数时间数列

相对数时间数列是由不同时间的同类相对指标,按时间先后顺序排列而成的时间数列。它反映现象在时间上的结构、比例和强度等的发展变化过程及其特征的情况。

表 10－3 是相对数时间数列,具体是:结构相对数时间数列,比例相对数时间数列,强度相对数时间数列和利用程度相对数时间数列等。这些时间数列,从不同侧面

表明了自1978年以来的近40年间,我国人均占有GDP、城乡居民收入比、电话普及率等的演变态势。

表10-3　　我国1978—2017年社会经济状况

年份	1978	1990	2000	2013	2017
人均国内生产总值(元)	381	1 644	7 858	41 908	59 505
进出口总额与GDP之比(%)	9.70	29.80	39.60	45.40	33.60
城乡居民收入比(农村为1)	2.57	2.20	2.79	3.03	2.82
电话普及率(部/百人)	0.40	1.10	19.10	109.90	115.90
小学学龄儿童净入学率(%)	95.50	97.80	99.10	99.70	

各种相对数相间数列,各个时间上的指标数值是不能相加的,因为没有任何实际意义,并且与数学性质的规定性要求是相悖的。

(三)平均数时间数列

时间数列中的各项指标,可以采用各种平均指标给予表现,所以,称为平均数时间数列。平均数时间数列是研究和分析社会经济现象一般水平的变化的重要工具之一。平均指标有静态平均指标与动态平均指标等,因之,相应的有静态平均数时间数列和动态平均数时间数列两种(如表10-4和表10-5所示)。

表10-4　　我国历年就业人员的全员劳动生产率

年　度	2013	2014	2015	2016	2017
全员劳动生产率(元)	78 182	83 586	89 080	94 851	101 231

表10-5　　我国历年农村贫困人口　　(万人)

年　度	2013	2014	2015	2016	2017
年末人数	8 249	7 017	5 575	4 335	3 046
年平均人数	—	7 633	6 296	4 955	3 690

当然,按平均指标的计算方法划分,有算术平均数、调和平均数、众数和中位数的不同平均指标的时间数列等。

一般说来,平均指标时间数列中,各项指标数值具有不可加性。这在计算和分析时是一定要注意的。

三、时间数列的编制原则

时间数列是运用同一指标不同时间的数值动态比较，来反映社会经济的发展过程及其某种规律性，因此，必须遵守时间数列编制的基本原则，即必须保证各个时期或时点的统计数值具有可比性。其具体原则有如下几个方面。

（一）时间的可比性原则

时期数列中的时间可比，包括时期和距离两方面的可比性。因为时期数列中各指标数值的大小和时期长短呈同方向的关系，因而时期长短一般应该相等，只有如此才能保证各指标值的可比性。在时期数列中，还须保持距离相等，以利于对比分析。对于时点数列，要求注意各项指标数值的间隔可比，因为，时点间隔相等，更能准确反映现象发展的过程及其规律性。

（二）现象总体范围的可比性原则

时间数列中的各类统计指标所反映的总体范围前后应该一致。尽管指标一样，其含义也无差别，但若前后总体范围有出入，这样的时间数列就失去了存在的意义。

（三）指标的计算方法的可比性原则

时间数列中各项指标的计算方法前后应该保持一致，这是确保时间数列科学性的重要问题，当然，也要注意计量单位的一贯性。

（四）指标的经济内容的可比性原则

时间数列中各项指标所包含的经济内容不是随意的，应该符合其现象的本质要求，所以，指标的经济内容前后是一致的，若有某种出入，必须注意调整，以保证其前后的可比性。

第二节　时间数列的比较分析

通过时间数列对社会经济现象的发展变化的轨迹和规律进行研究，可以计算一系列动态分析指标。运用动态分析指标来研究社会经济现象发展变化的数量特征，可进一步揭示现象发展变化的趋势和规律。

时间数列的比较分析指标有时间数列的绝对数分析指标和时间数列的相对数分析指标。前者有发展水平和增减量等指标；后者有发展速度和增减速度等指标。

一、发展水平

（一）发展水平指标的意义

在时间数列中，每一个指标数值反映社会经济现象在各个不同时期或不同时点上发展所达到的水平，因而称为发展水平指标。发展水平指标一般是指时间数列的总量指标。例如，国内生产总值、从业人员人数、社会商品零售总额和工资总额等，这都说明现象在不同时间所达到的规模和总水平。

发展水平指标是表明社会经济现象动态的重要基础指标。若发展水平指标计算不准确，进行有关的动态分析就会失真，甚至会得出错误的结论。

（二）发展水平指标的表示

发展水平指标一般用符号 a 表示。

1. 在时间数列中，发展水平指标所处的位置不同，居于时间数列首项的发展水平为最初水平，用 a_0 表示；处于时间数列末项的发展水平是最末水平，用 a_n 表示；时间数列中间的发展水平是中间水平，用 $a_1, a_2, a_3, \cdots, a_{n-1}$ 表示。

2. 进行对比分析时，通常将所要研究的某个时间的发展水平称为报告期水平；用于比较标准的某个时间的发展水平称为基期水平。

发展水平指标的实例如表 10 - 6 所示。

二、增减量

（一）增减量指标的意义

增减量即增加或减少量。它是每两两不同时间发展水平比较的绝对相差量，表明某种现象在一定时期内增长或减少的绝对量。

增减量指标的一般计算公式为：

$$\Delta_a = a_i - a_{i-1}$$

式中：Δ_a 为增减量；a_i 为报告期水平；a_{i-1} 为基期水平。

两个时期发展水平相减后，若出现正值，则为增长量；若出现负值，则为减少量。

（二）逐期增减量和累积增减量

在比较发展水平时，按采用基期的固定与否，增减量可分为逐期增减量和累积增减量两种。

1. 逐期增减量。它是说明本期发展水平比上期发展水平增长或减少的绝对量。用符号表示为：

$$a_1 - a_0, a_2 - a_1, a_3 - a_2, \cdots, a_{n-1} - a_{n-2}, a_n - a_{n-1}$$

2. 累积增减量。它是指以某一时期固定为基期，用以后各个时期发展水平减去固定期发展水平的差数，表明现象在一段时间内的增减总量。用符号表示为：

$$a_1 - a_0, a_2 - a_0, a_3 - a_0, \cdots, a_{n-1} - a_0, a_n - a_0$$

3. 逐期增减量和累积增减量的经济联系。这两类增减量之间存在着一定的经济联系，各个逐期增减量的加总之和等于累积增减量，即

$$(a_1-a_0)+(a_2-a_1)=a_2-a_0$$
$$(a_1-a_0)+(a_2-a_1)+(a_3-a_2)=a_3-a_0$$
$$\vdots$$
$$(a_1-a_0)+(a_2-a_1)+(a_3-a_2)+\cdots+(a_n-a_{n-1})=a_n-a_0$$

相邻的每两个累积增减量之差,就是相应的逐期增减量,即

$$(a_2-a_0)-(a_1-a_0)=a_2-a_1$$
$$(a_3-a_0)-(a_2-a_0)=a_3-a_2$$
$$\vdots \qquad \vdots$$
$$(a_n-a_0)-(a_{n-1}-a_0)=a_n-a_{n-1}$$

三、发展速度

(一)发展速度指标的一般计算方法

发展速度指标是反映社会经济发展的重要指标,是反映某类社会经济现象发展程度的相对指标,是时间数列中每两两时间发展水平对比的结果,说明报告期水平已发展为基期水平的若干倍或百分之若干。

发展速度指标的标准计算公式为:

$$\text{发展速度}(x)=\frac{\text{报告期发展水平}}{\text{基期发展水平}}$$

(二)发展速度指标的不同表示

在计算发展速度指标时,由于选择对比标准的基期不同,因而有环比发展速度、定基发展速度和同比发展速度三种形式。

1. 环比发展速度指标。环比发展速度是相邻的两个时间上的发展水平之比。它反映逐期的发展变化程度。用公式表示为:

$$\text{环比发展速度}=\frac{\text{本期发展水平}(a_i)}{\text{上期发展水平}(a_{i-1})}$$

用符号表示为:

$$\frac{a_1}{a_0},\frac{a_2}{a_1},\frac{a_3}{a_2},\cdots,\frac{a_{n-1}}{a_{n-2}},\frac{a_n}{a_{n-1}}$$

2. 定基发展速度指标。定基发展速度是时间数列中各时间的发展水平和一固定的时间(基期)发展水平之比。它反映出较长时间内现象的总发展变化程度。用公式表示为:

$$\text{定基发展速度}=\frac{\text{本期发展水平}(a_i)}{\text{基期发展水平}(a_0)}$$

用符号表示为:

$$\frac{a_1}{a_0},\frac{a_2}{a_0},\frac{a_3}{a_0},\cdots,\frac{a_{n-1}}{a_0},\frac{a_n}{a_0}$$

3. 同比发展速度指标。社会经济现象的发展往往具有季节性变动的特点，如果仅和相邻时期水平对比或与某一固定时期水平对比，会出现季节性变化的影响因素。为了消除这种影响，通常会以过去的同季度或同月份为基期，反映现象的动态演变程度。其计算公式为：

$$\text{同比发展速度}=\frac{\text{本年某季度（或某月）发展水平}}{\text{上年同季度（或同月）发展水平}}$$

4. 环比发展速度和定基发展速度的关系。环比发展速度和定基发展速度之间存在着一定的经济联系，即时间数列中的各个环比发展速度的连乘积，等于相应的定基发展速度，所以，定基发展速度又称为“总速度”。其计算公式为：

$$\frac{a_n}{a_0}=\frac{a_1}{a_0}\cdot\frac{a_2}{a_1}\cdot\frac{a_3}{a_2}\cdot\cdots\cdot\frac{a_n}{a_{n-1}}$$

相邻的每两两定基发展速度相除的商，就是相应的环比发展速度，即

$$\frac{a_2}{a_0}\div\frac{a_1}{a_0}=\frac{a_2}{a_1}$$

$$\frac{a_3}{a_0}\div\frac{a_2}{a_0}=\frac{a_3}{a_2}$$

$$\vdots$$

$$\frac{a_n}{a_0}\div\frac{a_{n-1}}{a_0}=\frac{a_n}{a_{n-1}}$$

四、增减速度

（一）增减速度指标的一般计算方法

增减速度是报告期发展水平与基期发展水平相减的差额，即增减量和基期发展水平的对比值。它是反映社会经济现象的报告期比基期发展水平增减变化程度的相对指标。

增减速度指标与发展速度指标的作用一样，都是显示社会经济现象在不同时间上的演变程度，它们在表达方式上有区别，两者相差一个基数（1 或 100%），即增减速度表明现象发展水平报告期比基期增长几倍（或降低百分之几）；发展速度表明现象发展水平报告期相当于基期的几倍（或百分之几）。

在实际运用时，计算结果是正值，则称为增长速度，计算结果是负值，则称为降低速度。增减速度指标的标准计算公式是：

$$\text{增减速度}(\Delta_x)=\frac{\text{增减量}(\Delta_a)}{\text{基期发展水平}(a_{i-1})}$$

或

$$\text{增减速度}(\Delta_x)=\text{发展速度}(x)-1\text{（或 100\%）}$$

上述两个公式的计算结果是一样的：

$$\text{增减速度}=\text{发展速度}-1=\frac{\text{报告期水平}}{\text{基期水平}}-1$$

$$=\frac{\text{报告期水平}-\text{基期水平}}{\text{基期水平}}=\frac{\text{增减量}}{\text{基期水平}}$$

（二）增减速度指标的不同表示

与发展速度指标相对应，增减速度指标分别有环比增减速度、定基增减速度和同比增减速度三种形式。

1. 环比增减速度指标。环比增减速度是逐期增减量与相应的基期发展水平之比值，表明发展水平逐期增减的相对程度。其计算公式为：

$$\text{环比增减速度}(\Delta_x)=\frac{\text{逐期增减量}(\Delta_a)}{\text{上期发展水平}(a_{i-1})}=\text{环比发展速度}(x)-1(\text{或}100\%)$$

$$=\frac{a_i}{a_{i-1}}-1(\text{或}100\%)$$

2. 定基增减速度指标。定基增减速度是各期累积增减量与固定的基期发展水平之比值，说明发展水平滚动累积增减的相对程度。其计算公式为：

$$\text{定基增减速度}(\Delta_x)=\frac{\text{累积增减量}(\Delta_a)}{\text{固定基期发展水平}(a_0)}$$

$$=\text{定基发展速度}-1(\text{或}100\%)$$

$$=\frac{a_i}{a_0}-1(\text{或}100\%)$$

3. 环比增减速度和定基增减速度的关系。两种不同形式的增减速度存在着必然的经济联系，可以互相推算。当然，不同于两种发展速度的连乘或相除的推算方式，两种增减速度之间不能直接推算，而须还原为发展速度，依靠两种发展速度的推算解决其互相推算的问题。

4. 同比增减速度指标。同比增减速度是同比发展速度扣去基数1或100%，以说明两年的相同月份（或季度）现象发展水平的相对程度。一般将本期发展水平与去年同期发展水平相减后的差额（即增减额），与去年同期发展水平对比。计算公式为：

$$\text{同比增减速度}=\frac{\text{本年某月份（或某季度）与去年同期增减量}}{\text{上年某月份（或某季度）发展水平}}$$

因为是两年同期的比较，故又称为“年距环比增减速度”指标。

必须指出，发展速度指标和增减速度指标，通常多用来分析绝对数时间数列与平均数时间数列，一般不用于分析相对数时间数列，因为计算基础不同。何况也没有经济意义可言。当然，强度相对指标时间数列某些情况下属于例外，可用发展速度指标和增减速度指标表明其现象的演变程度，因为，强度相对指标具有某种平均性质，并且是用一定计量单位表示的。

五、增减一个百分点绝对值含量的分析

发展水平和增减量，说明的是社会经济现象所达到的一定水平及其增减的绝对量；发展速度和增减速度，表明的是社会经济现象的发展与增减变化的相对程度。因为速度指标是相对指标，它用抽象化的百分比来说明客观现象的发展或增减程度时，会掩饰其所依据的绝对量水平。换言之，高速度可能掩盖了低水平，而低速度后面可能隐藏着高水平。这就是速度与水平之间存在着的矛盾的一面。在进行经济分析时，速度与水平必须统一，实现有机的结合，利于正确和全面描述社会经济现象的发展变化状态，以诠释一个百分点速度所包含的绝对量水平，从而利于进行科学比较和准确描述。这种分析方法有两种计算公式可采用。

按增减量指标计算的公式：

$$1\%\text{的绝对值含量}=\frac{\text{逐期增减量}}{\text{环比增减速度}}$$

按基期发展水平指标计算的公式：

$$1\%\text{的绝对值含量}=\frac{\text{基期发展水平}}{100}$$

现在以我国2013—2017年的全国一般公共预算收入为例，演示时间数列的比较分析指标的具体计算。

【例10-1】表10-6列出了各年的全国一般公共预算收入水平，其逐年增加量的计算如下：

表10-6　我国历年全国一般公共预算收入

年　度		2013	2014	2015	2016	2017
一般公共预算收入（亿元）		a_0	a_1	a_2	a_3	a_4
		129 210	140 370	152 269	159 605	172 567
增减量（亿元）	逐期	—	11 160	11 899	7 336	12 962
	累积	—	11 160	23 059	30 395	43 357
发展速度（%）	环比	—	108.64	108.48	104.82	108.12
	定基	100.00	108.64	117.85	123.52	133.56
增长速度（%）	环比	—	8.64	8.48	4.82	8.12
	定其	100.00	8.64	17.85	23.52	33.56

2014年比2013年增加 $a_1-a_0=140\ 370-129\ 210=11\ 160$（亿元）

2015年比2014年增加 $a_2-a_1=152\ 269-140\ 370=11\ 899$（亿元）

……

累计增加量的计算如下：

2014 年比 2013 年增加 $a_1 - a_0 = 140\ 370 - 129\ 210 = 11\ 160$(亿元)

2015 年比 2013 年增加 $a_2 - a_0 = 152\ 269 - 129\ 210 = 23\ 059$(亿元)

……

计算结果列入表 10 - 6 中。全国一般公共预算收入逐年增长，四年间累积增长 43 357 亿元。

【例 10 - 2】承例 10 - 1，全国一般公共预算收入各年发展速度的计算：

(1)环比发展速度：

$$2014\text{ 年相当于 }2013\text{ 年的}\frac{a_1}{a_0} = \frac{140\ 370}{129\ 210} = 1.086\ 4\text{ 或 }108.64\%$$

$$2015\text{ 年相当于 }2014\text{ 年的}\frac{a_2}{a_1} = \frac{152\ 269}{140\ 370} = 1.084\ 8\text{ 或 }108.48\%$$

……

(2)定基发展速度：

$$2014\text{ 年相当于 }2013\text{ 年的}\frac{a_1}{a_0} = \frac{140\ 370}{129\ 210} = 1.086\ 4\text{ 或 }108.64\%$$

$$2015\text{ 年相当于 }2013\text{ 年的}\frac{a_2}{a_0} = \frac{152\ 269}{129\ 210} = 1.178\ 5\text{ 或 }117.85\%$$

……

计算结果列入表 10 - 6 中。

【例 10 - 3】全国一般公共预算收入的每年增长速度的计算：

(1)环比增长速度：

$$2014\text{ 年较 }2013\text{ 年增长}\frac{a_1 - a_0}{a_0} = \frac{140\ 370 - 129\ 210}{129\ 210} = 0.086\ 4\text{ 或 }8.64\%$$

或

$$108.64\% - 100.00\% = 8.64\%$$

$$2015\text{ 年较 }2014\text{ 年增长}\frac{a_2 - a_1}{a_1} = \frac{152\ 269 - 140\ 370}{140\ 370} = 0.084\ 8\text{ 或 }8.48\%$$

或

$$108.48\% - 100.00\% = 8.48\%$$

……

(2)定基增长速度：

$$2014\text{ 年较 }2013\text{ 年增长}\frac{a_1 - a_0}{a_0} = \frac{140\ 370 - 129\ 210}{129\ 210} = 0.086\ 4\text{ 或 }8.64\%$$

或 $$108.64\% - 100.00\% = 8.64\%$$

$$2015\text{ 年较 }2013\text{ 年增长}\frac{a_2 - a_0}{a_0} = \frac{152\ 269 - 129\ 210}{129\ 210} = 0.178\ 5\text{ 或 }17.85\%$$

或 117.85% -100.00% =17.85%

……

计算结果列入表 10 -6 中。

【例 10 -4】全国一般公共预算收入，每年增长 1%（即 1 个百分点）所增加的绝对量的计算：

(1)按逐期增加量计算的各年 1% 增长的绝对量：

2014 年比 2013 年是 11 160 ÷8.64% =1 291.67(亿元)

2015 年比 2014 年是 11 899 ÷8.48% =1 403.18(亿元)

2016 年比 2015 年是 7 336 ÷4.82% =1 521.99(亿元)

2017 年比 2016 年是 12 962 ÷8.12% =1 596.31(亿元)

(2)按基期发展水平计算的各年 1% 增长的绝对量：

2014 年比 2013 年是 129 210 ÷100 =1 292.10(亿元)

2015 年比 2014 年是 140 370 ÷100 =1 403.70(亿元)

2016 年比 2015 年是 152 269 ÷100 =1 522.69(亿元)

2017 年比 2016 年是 159 605 ÷100 =1 596.05(亿元)

可以看到，这两种方法的计算会有误差，因而，实际分析时，尽可能利用基期发展水平计算。本例用各年的全国一般公共预算收入（亿元），计算相应的每增长 1% 的绝对量是更接近实际状况的。将最终结果列入表 10 -7。

表 10 -7　　全国一般公共预算收入增长 1% 的绝对量　　（亿元）

年　度		2013	2014	2015	2016	2017
一般公共预收入		a_0 129 210	a_1 140 370	a_2 152 269	a_3 159 605	a_4 172 567
1% 的绝对量	按逐期增量算	—	1 291.67	1 401.38	1 521.99	1 596.31
	按发展水平算	—	1 291.30	1 403.70	1 522.69	1 596.05

第三节　时间数列的平均分析

在分析研究社会经济动态状况时，一般要将时间数列中的各个指标数值在时间上的变动加以平均，计算出平均数，以此表明社会经济现象在某一段时间内的一般水平和平均速度。这就是对时间数列的平均分析。

一、平均发展水平

采用序时平均法计算和确定社会经济现象在时间上的平均变动状况，由于时间数列的各项指标运用了不同的综合指标，所以具体计算是不一样的。

（一）时期数列的序时平均数的计算

将时期数列中各项时期指标加总平均，求出其平均发展水平。其计算公式为：

$$\bar{a}=\frac{a_1+a_2+a_3+\cdots+a_{n-1}+a_n}{n}=\frac{\sum a_i}{n}$$

式中：$\bar{a}$ 为平均发展水平；a_i 为各期发展水平；n 为时期数列的项数。

（二）时点数列的序时平均数的计算

由于时点数列有连续时点数列与间断时点数列之别，所以其计算方法是不同的。

1. 连续时点数列序时平均数的计算。由于连续时点数列有连续变动和非连续变动两种情况，所以分别有两种不同的计算方法。

（1）对于一个完整的连续变动时点数列，如某基本单位某月每天有从业人员在册人数的记录，则某月按日历顺序排列的每天在册人数数列是连续变动时点数列，其平均某月每天从业人员在册人数的计算公式为：

$$\bar{a}=\frac{\text{按日历天数的每天人数加总}}{\text{日历天数}}=\frac{\sum a_i}{n}$$

（2）对于非连续变动的连续时点数列中，各时点值的持续时间长短不等，可编成单项数列，以持续时间作为各时点值的权数（f）计算其序时平均数：

$$\bar{a}=\frac{\sum a_i f_i}{\sum f_i}$$

例如，某基本单位三月份从业人员在册人数为：1 ~ 6 日，每天有 500 人；7 ~ 10 日，每天有 510 人；11 ~ 19 日，每天有 540 人；20 ~ 24 日，每天有 530 人；25 ~ 31 日，每天有 520 人。则该单位三月份平均每天在册人数为：

$$\bar{a}=\frac{(500\times6+510\times4+540\times9+530\times5+520\times7)\text{人}}{31}=522\text{ 人}$$

2. 间断时点数列序时平均数的计算。间断时点数列有时点间隔相等和时点间隔不相两种情况，故有两种计算方法。

（1）时点间隔相等的间断时点数列的序时平均数的计算公式为：

$$\bar{a}=\frac{\frac{a_1}{2}+a_2+\cdots+a_{n-1}+\frac{a_n}{2}}{n-1}$$

这种计算方法又称为首尾折半法。

【例 10 - 5】某企业第二季度各月末职工人数的资料如表 10 - 8 所示，求第二季度平均人数。

表 10 - 8　　　某企业职工人数

月　份	3 月	4 月	5 月	6 月	第二季度平均
月末人数（人）	2 000	2 500	2 300	2 200	2 300

解：

$$\text{第二季度平均人数}=\frac{\left(\frac{2\,000}{2}+2\,500+2\,300+\frac{2\,200}{2}\right)\text{人}}{4-1}=2\,300\text{ 人}$$

（2）时点间隔不相等的间断时点数列的序时平均数的计算公式为：

$$\bar{a}=\frac{\frac{a_1+a_2}{2}\cdot f_1+\frac{a_2+a_3}{2}\cdot f_2+\cdots+\frac{a_{n-1}+a_n}{2}\cdot f_{n-1}}{\Sigma f_i}$$

公式中的$f_1,f_2,\cdots,f_{n-1}$是两两时点指标值的时点间隔数。由于时点间隔不相等，所以不同的间隔起着权数的作用。这种计算方法通常称为加权序时平均法。

【例 10－6】某企业某种原材料的库存情况资料如表 10－9 所示，求该种原材料全年平均库存量。

表 10－9　　某企业某种原材料库存量　　（千克）

月　份	上年末	2 月	6 月	7 月	9 月	12 月
月末库存量	1 000	1 100	1 400	1 300	1 200	1 000

解：

$$\text{某种原材料全年平均库存量}=\left(\frac{1\,000+1\,100}{2}\times2+\frac{1\,100+1\,400}{2}\times4+\frac{1\,400+1\,300}{2}\times1+\frac{1\,300+1\,200}{2}\times2+\frac{1\,200+1\,000}{2}\times3\right)\text{千克}\div12$$

$$=14\,250\text{ 千克}\div12\approx1\,188\text{ 千克}$$

（三）静态相对数时间数列序时平均数的计算

静态相对数是由两个总量指标对比得到的，因此，计算静态相对数时间数列的序时平均数的基本原则是：先分别计算出构成相对数时间数列的子项和母项绝对数时间数列的序时平均数；然后，再将这两个序时平均数对比，即得到静态相对数时间数列的序时平均数。

静态相对数时间数列序时平均数计算的一般公式为：

$$\bar{c}=\frac{\bar{a}}{\bar{b}}$$

式中：$\bar{c}$ 为静态相对数时间数列的序时平均数；$\bar{a}$ 为分子项绝对数时间数列的序时平均数；$\bar{b}$ 为分母项绝对数时间数列的序时平均数。

对于时点数列或时期数列，可运用前述有关计算公式分别计算。

（四）平均数时间数列序时平均数的计算

平均数时间数列有静态平均数时间数列和动态平均数时间数列两类，因此，各有不同的序时平均数的计算方法。

1. 静态平均数时间数列的序时平均数的计算。其基本原则和方法与静态相对数时间数列序时平均数的计算一致，不能直接根据各个平均数得出。其一般计算公式为：

$$\bar{c} = \frac{\bar{a}}{\bar{b}}$$

2. 动态平均数时间数列序时平均数的计算。根据动态平均数组成的时间数列，要计算其序时平均数，则直接将各项动态平均数相加后除以项数得出。其计算公式为：

$$\bar{a} = \frac{\sum a_i}{n}$$

式中：$\bar{a}$ 为序时平均数；a_i 为各动态平均数；n 为动态平均数的项数。

二、平均增减量

平均增减量又称平均增减水平，它表明客观现象在各时间上发展水平的一般平均增加或减少的绝对量。平均增减量指标分别有两种计算方法。

（一）根据逐期增减量计算的方法

运用简单算术平均数方法，将时间数列中比较出的各时间发展水平的逐期增减量加总，再除以逐期增减量的项数，即取得平均增减量。计算公式为：

$$\text{平均增减量}(\bar{\Delta}_a) = \frac{\sum(a_i - a_{i-1})}{n} = \frac{\sum \Delta_a}{n}$$

【例 10－7】依据表 10－6 的逐期增长量资料，可以计算出 2014—2017 年的全国一般公共预算收入年平均增长量：

$$\bar{\Delta}_a = \frac{11\ 160 + 11\ 899 + 7\ 336 + 12\ 962}{4} = \frac{43\ 357}{4} = 10\ 839.25(\text{亿元})$$

（二）根据累积增减量计算的方法

将时间数列中比较得出的累积增减量，即最末发展水平与最初发展水平的差额，除以时间数列中的时间间隔数，即取得平均增减量。其计算公式是：

$$\text{平均增减量}\ \bar{\Delta}_a = \frac{a_n - a_0}{n}$$

【例 10－8】依据表 10－6 的累积增长量资料，可计算出 2014—2017 年的全国一般公共预算收入年平均增长量：

$$\bar{\Delta}_a = \frac{43\ 357}{4} = 10\ 839.25(\text{亿元})$$

上述两列的计算表明，其计算结果是一致的。因为：

$$\text{平均增减量}\ \bar{\Delta}_a = \frac{\sum(a_i - a_{i-1})}{n} = \frac{a_n - a_0}{n}$$

$$=\frac{\text{逐期增减量之和}}{\text{逐期增减量的项数}}=\frac{\text{累积增长量}}{\text{时间数列的时间间隔数}}$$

三、平均发展速度

（一）平均发展速度的意义

由于社会经济现象在各个时期所处的历史条件不同，所以它们的发展速度是有差别的。为了观察其在一个较长时期内逐年平均发展变化的程度，就应将逐个环比发展速度的差异抽象化，计算出各个环比发展速度的序时平均数。这个序时平均数就是平均发展速度指标。

平均发展速度指标可以用来比较和说明各个历史发展阶段社会经济的一般发展状况；可以在制定社会经济发展规划时，被用作预测的依据；还可以被用来和国际对比，以便找出差距。

（二）平均发展速度指标的计算方法

计算平均发展速度指标有两种方法：用几何平均数计算的水平法和用高次方程计算的累积法。

1. 水平法。运用几何平均数法计算平均发展速度指标的数理根据是：从最初水平出发，逐期按其环比速度发展，就可以到达末期的发展水平。

平均发展速度是各期环比发展速度的序时平均数。当然，若按平均发展速度发展，由最初水平同样可实现末期的发展水平。

具体计算时，可根据所掌握的时间数列的资料不同，分别选择如下三种计算公式。

（1）当已知各环比发展速度的情况时：

$$\bar{x}=\sqrt[n]{x_1\cdot x_2\cdot\ \cdots\ \cdot x_n}=\sqrt[n]{\Pi x} \tag{10.1}$$

式中：$\bar{x}$ 为平均发展速度；$x_1,x_2,\cdots,x_n$ 为各时期的环比发展速度；n 为环比发展速度项数；Πx 为环比发展速度的连乘积。

（2）当已知时间数列最后的总速度（即定基发展速度）时：

$$\bar{x}=\sqrt[n]{R} \tag{10.2}$$

式中：R 为总速度，即最后的定基发展速度。

（3）当已知时间数列的最初发展水平与最末发展水平时：

$$\bar{x}=\sqrt[n]{\frac{a_n}{a_0}} \tag{10.3}$$

式中：a_n 为最末水平；a_0 为最初水平。

式（10.1）（10.2）（10.3）中，式（10.1）是几何平均数法的基本公式，n 个环比发展速度的连乘积的 n 次根就是平均发展速度。为了简化运算，可以分别采用对数进行计算。

【例 10－9】全国一般公共预算收入情况如表 10－6 所示，计算 2013—2017 年的年平均发展速度。

解：a. 按公式（10.1）计算：

$$\bar{x} = \sqrt[n]{\pi x}$$
$$= \sqrt[4]{1.0864 \times 1.0848 \times 1.0482 \times 1.0812}$$
$$= 1.0750 \text{ 或 } 107.50\%$$

可以采用对数运算，其结果是一样的（见表 10－10）。

表 10－10　　平均发展速度对数运算表

年　度	2014	2015	2016	2017	合计
环比发展速度 x	1.086 4	1.084 8	1.048 2	1.081 2	—
$\lg x$	0.035 99	0.035 35	0.020 44	0.033 91	0.125 69

$$\lg\bar{x} = \frac{\sum \lg x}{n} = \frac{0.12569}{4} = 0.03142$$

查反对数表得知年平均发展速度是

$$\bar{x} = 1.0750 \text{ 或 } 107.50\%$$

b. 按公式（10.2）计算：

$$\bar{x} = \sqrt[n]{R}$$
$$= \sqrt[4]{1.3356} = 1.0750 \text{ 或 } 107.50\%$$
$$\lg\bar{x} = \frac{\sum \lg x}{n} \quad (\text{或 } \lg\bar{x} = \frac{\lg R}{n})$$
$$= \frac{\lg 1.3356}{4} = 0.03142$$

查反对数表得知年平均发展速度是：

$$\bar{x} = 1.0750 \text{ 或 } 107.50\%$$

c. 按公式（10.3）计算：

$$\bar{x} = \sqrt[n]{\frac{a_n}{a_0}}$$
$$= \sqrt[4]{\frac{172567}{129210}} = 1.0750 \text{ 或 } 107.50\%$$
$$\lg\bar{x} = \frac{\lg a_n - \lg a_0}{n}$$
$$= \frac{\lg 172567 - \lg 129210}{4} = \frac{5.23696 - 5.11130}{4} = 0.03142$$

查反对数表得知年平均发展速度是：

$$\bar{x} = 1.075\ 0 \text{ 或 } 107.50\%$$

(4)预测总速度的实现所需时间的计算方法。

已掌握平均发展速度,计算实现总速度需用若干时间的计算公式为:

$$n = \frac{\lg R}{\lg \bar{x}} \tag{10.4}$$

【例 10－10】若按年平均发展速度 107.50%,全国一般公共预算收入在 2017 年的发展水平上实现翻一番,预计将需用多少年?

解:按公式(10.4)计算:

$$n = \frac{\lg 2}{\lg 1.075\ 0} = \frac{0.301\ 03}{0.031\ 42} = 9.58(\text{年})$$

若按年平均发展速度 107.50% 运行,欲实现全国一般公共预算收入较 2017 年翻一番,估计需要近 10 年的时光。

2. 累积法,又称方程式法。它是运用高次方程求解的方法来计算平均发展速度指标的。其数理依据是:从时间数列的最初水平出发,各期按照平均发展速度发展,计算出的各期发展水平之和,应等于其实际发展水平之和。其计算公式为:

$$(\bar{x}) + (\bar{x})^2 + (\bar{x})^3 + \cdots + (\bar{x})^{n-1} + (\bar{x})^n = \frac{\sum_{i=1}^{n} a_i}{a_0} \quad (i = 1,2,\cdots,n)$$

这个方程式的正根,就是所求的平均发展速度。下面对此公式进行简要推导:

$$a_1 + a_2 + a_3 + \cdots + a_n = \sum_{i=1}^{n} a_i \quad (i = 1,2,\cdots,n)$$

因为 $a_1 = a_0 x_1, a_2 = a_0 x_1 x_2, \cdots, a_n = a_0 x_1 x_2 \cdots x_n$

所以 $a_0 x_1 + a_0 x_1 x_2 + a_0 x_1 x_2 x_3 + \cdots + a_0 x_1 x_2 \cdots x_n = \sum_{i=1}^{n} a_i \quad (i = 1,2,\cdots,n)$

用平均发展速度 $\bar{x}$ 取代式中各环比发展速度 x_i,即

$$a_0 \bar{x} + a_0 \bar{x}\,\bar{x} + a_0 \bar{x}\,\bar{x}\,\bar{x} + \cdots + a_0 \bar{x}\,\bar{x}\,\bar{x} \cdots \bar{x} = \sum_{i=1}^{n} a_i$$

$$a_0[(\bar{x}) + (\bar{x})^2 + (\bar{x})^3 + \cdots + (\bar{x})^n] = \sum_{i=1}^{n} a_i$$

$$(\bar{x}) + (\bar{x})^2 + (\bar{x})^3 + \cdots + (\bar{x})^n = \sum_{i=1}^{n} a_i / a \quad (i = 1,2,\cdots,n)$$

解此高次方程,除了借助计算机外,往往通过查《平均增长速度查对表》求得结果。运用时,首先须判断客观现象是递增或是递减,当 $\frac{\sum_{i=1}^{n} a_i}{a_0} \div n > 1$ 时,表明现象是递增的,应查找递增部分;当 $\frac{\sum_{i=1}^{n} a_i}{a_0} \div n < 1$ 时,表明现象是递减的,应查找递减部分。

例如,某市固定资产投资 2013—2017 年共完成 6 771.2 亿元,2012 年完成

989.7 亿元。因此：

$$\frac{\sum_{i=1}^{n}a_i}{a_o}=\frac{6\ 771.2}{989.7}=6.841\ 7(\text{或}684.17\%)$$

由于684.17% ÷5 >1，故为递增型发展，查《平均增长速度查对表》(如表10 -11所示)。

表10 -11　　　　平均增长速度查对表(局部)

平均每年增长(%)	各年发展水平总和为基期的%				
	1 年	2 年	3 年	4 年	5 年
10.5	110.50	232.60	367.52	516.61	681.35
10.6	110.60	232.92	368.21	517.84	683.33
10.7	110.70	233.24	368.89	519.05	685.28
10.8	110.80	233.57	369.60	520.32	687.32

得知684.17%居于683.33%和685.28%之间，对应的平均增长速度是10.6% ~10.7%。若按比例推算，某市固定资产投资的年平均增长速度为10.64%。

水平法和累积法分别计算出的平均发展速度各有所向，至于采用何种方法，须根据现象分析的具体要求来决定。

四、平均增减速度

平均增减速度是平均发展速度的另一类表述，它表明社会经济现象在一较长历史时段内，平均每年增减变化的相对程度。其实质是环比增减速度的平均值。

平均增减速度指标的计算公式为：

$$\text{平均增减速度}(\Delta_{\bar{x}})=\text{平均发展速度}(\bar{x})-1(\text{或}100\%)$$

具体计算结果，若是正值，称为平均增长速度或递增速度，若是负值，称为平均降低速度或递减速度。

例如，我国交通事故从1975年算起，正处于“特殊阶段”，特别在1985年以后，道路交通事故出现了大幅和高速增长的势头。全国交通事故总量由1986年的29万起上升到2002年的77万起，年平均增长6.29%，即

$$\text{年平均增长速度}(\Delta\bar{x})=\sqrt[16]{\frac{77}{29}}-100\%=106.29\%-100\%=6.29\%$$

我国道路交通事故死亡人数，连续十多年位居全球第一。在滚滚车轮下丧生的人数，从1986年的5万人上升到2002年的10.9万人，在短短的十几年里，平均每年以4.99%的速度递增。据权威人士分析，这种增长势头还会持续10余年，预计2015—2020年，我国交通事故死亡人数可能达到峰值。

五、正确运用平均速度指标

时间数列的平均速度指标是由发展水平指标对比计算出来的，往往都是用倍数或百分数显示，因而将现象的具体规模或水平抽象掉了，反映不出其绝对量的差异，影响全真的揭示和正确的判断。所以，在计算和运用时，应考虑如下几个方面。

第一，要根据研究的目的选择适当的基期，在观察的时期中，各期发展水平因特殊因素影响反差太大，用这样的资料计算出的平均速度指标的代表性和实际意义会大打折扣。

第二，平均发展速度或平均增减速度指标，要用各个时期的环比速度来补充，即两者结合运用给予分析和说明。

第三，深入了解社会经济现象全面发展的具体过程和特点，须将平均速度指标与其依据的各个基本指标（如发展水平、增减量、环比及定基发展速度等）结合起来进行研究分析。

第四节 长期趋势分析

社会经济现象会产生多种形式的波动，按波动的原因可分为长期趋势、季节变动、循环波动和不规则波动。若将各种波动原因影响的结果进行数学处理，可把时间数列总波动分解成加法模型与乘法模型。

加法模型的数学表达式为：

$$y = T + S + C + I$$

式中：y 为时间数列的总波动；T 为时间数列的长期趋势；S 为时间数列的季节变动；C 为时间数列的循环波动；I 为时间数列的不规则波动。

乘法模型的数学表达式为：

$$y = T \cdot S \cdot C \cdot I$$

反映社会经济现象变化的时间数列的总波动，不一定完全包含四种原因的波动。

当时间数列是年度资料时，无法反映季节变动的影响，其乘法模型表现为：

$$y = T \cdot C \cdot I$$

当时间数列中不存在循环波动时，乘法模型表现为：

$$y = T \cdot S \cdot I$$

当时间数列是月（或季）度资料时，一般长期趋势和循环波动都不明显，其乘法模型表现为：

$$y = S \cdot I$$

本节着重长期趋势分析的论述,关于季节变动和循环波动的分析放在第五节论述。

长期趋势是指社会经济现象在较长时期内表现出持续向上或向下发展的变化趋势。例如,新中国成立60多年来,我国的国内生产总值、粮食产量和全国人口的变化,尽管在某些年代起伏异常,但总的来说向上发展的趋势很明显。我国第一产业的产值和从业人员在整个国民经济中的比重,总的呈下降趋势。也有的经济现象在这几十年中向上向下变化的趋势不清晰。例如,人口的男女性别比例,我国长期呈现出相对稳定的水平趋势。

认识和了解社会经济现象的长期趋势,使我们能够把握客观现象的基本特点和长期趋势,预测现象的发展趋势。通过长期趋势的测定,可以了解社会经济现象的发展进程和前景。

测定长期趋势的方法主要有时距扩大法、移动平均法、指数平滑法和最小平方法等。

一、时距扩大法

运用时距扩大法对时间数列进行修匀,是测定长期趋势最原始和最简单的方法。它是将原来的时间数列中各个时期的指标,适当加以合并,形成时距较长的指标,从而消除因时距较短所引发的各种偶然因素影响的波动,以显示现象变动的基本趋势。

时间数列经时距扩大法修匀后,形成的新时间数列的各项指标值,可以用时距扩大后的总数,也可以用时距扩大后的平均数。前者只适用于编制时期数列,而后者对时期数列和时点数列都适用。

比如,以某公司2015—2017年各月的销售收入为例,资料见表10-12。

表10-12　　某公司2015—2017年各月销售收入　　(万元)

年份	1月	2月	3月	4月	5月	6月	7月	8月	9月	10月	11月	12月
2015	33	34	37	34	41	44	50	46	47	52	45	55
2016	45	47	50	46	53	57	63	58	60	67	57	71
2017	54	56	60	55	62	67	74	67	71	78	66	80

表10-12的资料,反映了某公司2015—2017年各月的销售收入有升有降,但有以一年为周期的重复变动,并且有持续增长的趋势。运用时距扩大法,可剔除其他因素的干扰,以显现其长期趋势。现将其月的时距扩大为年,如表10-13所示。

表 10-13	时距扩大计算表	（万元）
年　份	全年销售收入	平均每月销售收入
2015	518	43.2
2016	674	56.2
2017	790	65.8

无论是以总量表现或以月平均数表现，都凸显了该公司销售收入的长期增长趋势。

将表 10-12 的原始数据与表 10-13 时距扩大后的数据以图形显示（见图 10-1），可清楚地见到时距扩大法的修匀作用。

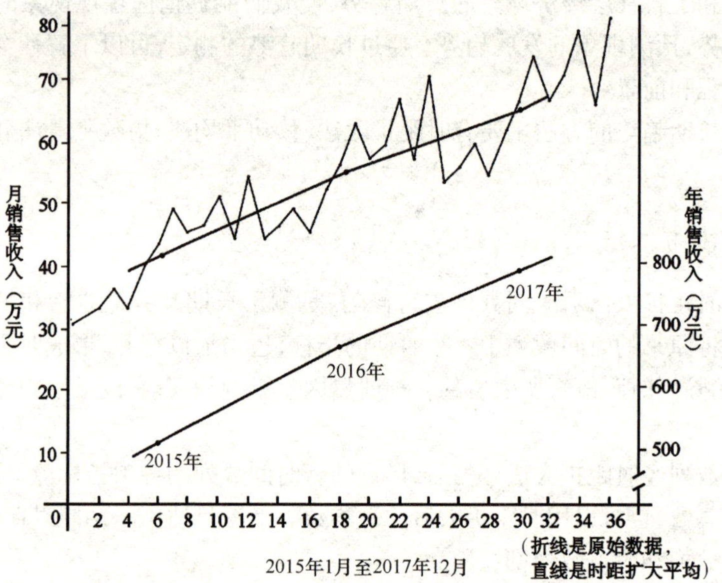

图 10-1　某公司销售收入曲线图

二、移动平均法

移动平均法是将时间数列的各期指标值，根据确定的时间长度，用逐项移动方法计算序时平均数，形成一个消除了偶然因素影响的新的时间数列。表 10-14 即是移动平均法运用的实例。

表 10-14　某公司某年各月销售收入资料　（万元）

月　份	月销售收入	三项移动平均	五项移动平均	月　份	月销售收入	三项移动平均	五项移动平均
1	33	—	—	7	50	46.7	45.6
2	34	34.7	—	8	46	47.7	47.8

续表

月　份	月销售收入	三项移动平均	五项移动平均	月　份	月销售收入	三项移动平均	五项移动平均
3	37	35.0	35.8	9	47	48.3	48.0
4	34	37.3	38.0	10	52	48.0	49.0
5	41	39.7	41.2	11	45	50.7	—
6	44	45.0	43.0	12	55	—	—

现以 $a_1, a_2, a_3, \cdots, a_n$ 代表不同月份的销售额，采用三项移动平均，$\bar{a}_2, \bar{a}_3, \bar{a}_4, \cdots, \bar{a}_{n-1}$ 代表移动平均后的销售额，n 代表移动的项数，其计算公式为：

$$\bar{a}_i = \frac{a_{i-1} + a_i + a_{i+1}}{n}$$

则

$$\bar{a}_2 = \frac{a_1 + a_2 + a_3}{3} = \frac{(33 + 34 + 37)\text{万元}}{3} = 34.7\text{ 万元}$$

$$\bar{a}_3 = \frac{a_2 + a_3 + a_4}{3} = \frac{(34 + 37 + 34)\text{万元}}{3} = 35.0\text{ 万元}$$

$$\bar{a}_4 = \frac{a_3 + a_4 + a_5}{3} = \frac{(37 + 34 + 41)\text{万元}}{3} = 37.3\text{ 万元}$$

$$\vdots$$

$$\bar{a}_{11} = \frac{a_{10} + a_{11} + a_{12}}{3} = \frac{(52 + 45 + 55)\text{万元}}{3} = 50.7\text{ 万元}$$

采用五项移动平均，其计算公式为：

$$\bar{a}_i = \frac{a_{i-2} + a_{i-1} + a_i + a_{i+1} + a_{i+2}}{n}$$

则

$$\bar{a}_3 = \frac{a_1 + a_2 + a_3 + a_4 + a_5}{5}$$

$$= \frac{(33 + 34 + 37 + 34 + 41)\text{万元}}{5} = 35.8\text{ 万元}$$

$$\bar{a}_4 = \frac{a_2 + a_3 + a_4 + a_5 + a_6}{5}$$

$$= \frac{(34 + 37 + 34 + 41 + 44)\text{万元}}{5} = 38.0\text{ 万元}$$

$$\vdots$$

$$\bar{a}_{10} = \frac{a_8 + a_9 + a_{10} + a_{11} + a_{12}}{5}$$

$$= \frac{(46 + 47 + 52 + 45 + 55)\text{万元}}{5} = 49.0\text{ 万元}$$

根据表 10－14 资料画成折线图（如图 10－2 所示）。

从图 10－2 可以看出：

（1）移动平均法可以对短期不规则变动修匀。在某种现象的发展变化中，当

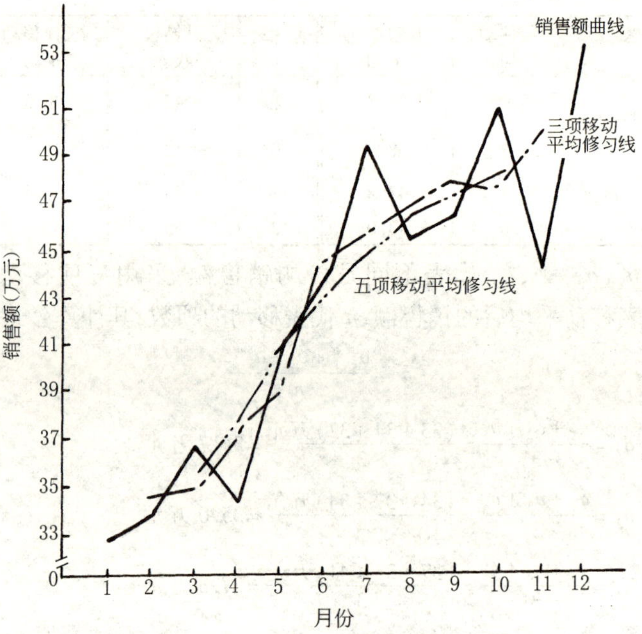

图 10－2　某公司某年各月销售收入曲线图

要突出现象的长期发展趋势时，可以把短期变动看成是受偶然因素影响的结果，通过简单算术平均将其修匀。移动的项数越多，对原数列波动的曲线修匀得越光滑，也就越能显示出现象的长期发展趋势。从图 10－2 可见，五项移动平均后的数列比三项移动平均后的数列更能显示现象的线性上升趋势。

(2)通过移动平均产生的时间数列的项数比原数列的项数要少，二项或三项移动平均，首尾比原数列各少一项数据，四项或五项移动平均，首尾各失去两项数据。移动的项数越多，首尾丢失的项数也就越多，进行趋势外推预测时的误差也就越大。

(3)移动项数的多少要依据现象发展的特点和统计分析的要求确定。如果移动平均的目的是为了消除短期偶然因素的影响，可采用三项移动或五项移动；如果移动平均的目的是为了消除原数列中季节变动的影响，可采用四项移动平均或十二项移动平均；如果移动平均的目的是为了消除循环波动的影响，则需进一步分析现象的循环周期长度；如果移动平均的项数与循环波动的周期相同，移动平均后的数列能消除循环波动的影响，就能较好地显示现象的长期趋势。由于循环波动的周期常常是不规则的，移动平均往往只能消除原数列中的一部分循环波动内容，残余的循环波动仍将存在于长期趋势之中。在实际应用中，移动平均法主要用来有效地消除不规则变动和季节变动对原数列的影响。

4. 移动平均采用奇数项移动能一次对准被移动数据的中间位置，比较方便。如果采用偶数项移动平均，一次移动平均后的数值将置于居中的两项数值之间。

以表 10－15 的资料为例，若采用四项移动平均，则：

$$\frac{a_1+a_2+a_3+a_4}{4}=\frac{(33+34+37+34)\text{万元}}{4}=34.5\text{ 万元}$$

该数值对准 2 月份和 3 月份之间。

$$\frac{a_2+a_3+a_4+a_5}{4}=\frac{(34+37+34+41)\text{万元}}{4}=36.5\text{ 万元}$$

该数值对准 3 月份和 4 月份之间。

因此，需要再次进行二项移动平均，求 34.5 和 36.5 的平均数，使之对准 3 月份的位置，作为该月的趋势代表值。依此类推，这样便于数据的进一步计算与分析（见表 10－15）。

表 10－15　　偶数项移动平均　　（万元）

月份	销售额	四项移动平均	二项移动平均	月份	销售额	四项移动平均	二项移动平均
1	33		—	7	50	45.25 46.75	46.00
2	34	34.50	—	8	46	48.75	47.75
3	37	36.50	35.50	9	47	47.50	48.13
4	34	39.00	37.75	10	52	49.75	48.63
5	41	42.25	40.63	11	45		—
6	44		43.75	12	55		—

三、指数平滑法

指数平滑法是对不同时期的观察值用递减加权的方法修匀时间数列的波动，从而对现象的发展趋势进行预测的方法。

从某种意义上说，指数平滑法是对移动平均法的改进，因为移动平均法是用简单算术平均数对不同时间的观察值进行修匀。在简单移动平均时，各期观察值的权数都是一样的。按照事物发展由量变到质变，趋势变化由远期到近期逐步演进的过程，不同时期的观察值资料对现象的趋势发展产生不同强度的影响，因此，在进行趋势分析或趋势预测时，应对不同时期的资料赋予不同的权数，方能体现远期资料的长期影响和近期资料的突出影响。指数平滑法对每期的资料分别赋予大小不同的权数，越是近期资料赋予的权数越大，越是远期资料赋予的权数越小。这种趋势修匀方法计算简便、实用，在各种社会经济现象的预测中得到了广泛应用。

一次指数平滑法的基本公式为：

$$\hat{y}_{t+1}=\alpha y_t+(1-\alpha)\hat{y}_t$$

式中：y 为实际观察值；$\hat{y}$ 为预测值；t 为不同时期（t 可理解为本期，$t+1$为下一期或预测期，$t-1$为上一期）；α 为平滑系数或比重权数（$0\leqslant\alpha\leqslant1$）。

预测期的预测值是根据本期实际发生的数值与本期预测值加权平均的结果。这是由于本期实际发生的数值反映现象的最新信息，而本期预测值则是以往长期资料提供的各种信息的综合结果。选用一个大于0、小于1的比重权数加权计算本期的观察值和预测值，可以排除最新信息中偶然因素的影响和长期信息中陈旧信息的影响，得出的加权平均数可以较好地代表下一期的预测结果。

公式中 α 的取值是人为主观确定的；本期观察值是已取得的统计资料，本期预测值则可根据公式递推产生，即

$$\hat{y}_t=\alpha y_{t-1}+(1-\alpha)\hat{y}_{t-1}$$

上期预测值可由上上期的观察值和预测值加权产生，即

$$\hat{y}_{t-1}=\alpha y_{t-2}+(1-\alpha)\hat{y}_{t-2}$$

由此，每期的预测值都可以照此上推。把上述指数平滑公式逐项展开，可构成如下计算式：

$$\begin{aligned}\hat{y}_{t+1}&=\alpha y_t+(1-\alpha)\hat{y}_t\\&=\alpha y_t+(1-\alpha)[\alpha y_{t-1}+(1-\alpha)\hat{y}_{t-1}]\\&=\alpha y_t+\alpha(1-\alpha)y_{t-1}+(1-\alpha)^2\hat{y}_{t-1}\\&=\alpha y_t+\alpha(1-\alpha)y_{t-1}+(1-\alpha)^2[\alpha y_{t-2}+(1-\alpha)\hat{y}_{t-2}]\\&=\alpha y_t+\alpha(1-\alpha)y_{t-1}+\alpha(1-\alpha)^2y_{t-2}+(1-\alpha)^3\hat{y}_{t-2}\\&=\alpha y_t+\alpha(1-\alpha)y_{t-1}+\alpha(1-\alpha)^2y_{t-2}+(1-\alpha)^3[\alpha y_{t-3}+(1-\alpha)\hat{y}_{t-3}]\\&=\alpha y_t+\alpha(1-\alpha)y_{t-1}+\alpha(1-\alpha)^2y_{t-2}+\alpha(1-\alpha)^3y_{t-3}+(1-\alpha)^4\hat{y}_{t-3}\\&\quad\vdots\end{aligned}$$

如此上推，一直可以推到原始资料穷尽。

从以上递推展开的指数平滑公式可以看出：

(1)指数平滑法是一种以 α 为权数的特殊加权平均数，它对不同时期的数据资料分别赋予不同的权数。由于 α 是一个介于0与1之间的小数，α 与$(1-\alpha)$的乘积必小于 α，因此，随着时间的往后推移，权数中 α 值最大，$\alpha(1-\alpha)$次之，$\alpha(1-\alpha)^2$，$\alpha(1-\alpha)^3$，$\alpha(1-\alpha)^4$，…按此顺序越来越小。如果远期资料的权数太小，以致对预测值的影响微不足道，则可以省略不计。

(2)α 的取值是由人们主观决定的，如果 α 取值大一些，可以加强近期资料对预测值的影响，远期资料的影响将弱一些；如果 α 取值小一些，则可加强长期资料对预测值的影响。一般情况下，当时间数列波动不大时，α 取值可小一些（如0.1~0.3），这样可以突出以往资料中长期趋势对预测值的影响；当现象发展变化起伏较

大时,α取值可大一些(如0.6～0.8),这样可以加强近期观察值对预测值的影响。实际工作中,当不能做出很有把握的判断时,可以试算几个不同的α值,计算不同α值条件下每期观察值与预测值的离差平方和或离差绝对值总和,即计算$\Sigma(y-\hat{y})^2$或$\Sigma|y-\hat{y}|$,然后取离差平方和或离差绝对值总和较小的α值作为平滑系数。

(3)从公式(指数平滑法的展开式)可见,指数平滑法对预测值的逐步递推,必然要涉及一个最早的预测值,称为初始预测值或启动值。当时间数列无明显线性趋势,而呈水平状波动时,或当时间数列的项数较多(如$n\geqslant30$),或α取值较大($\alpha\geqslant0.6$)时,经过长期平滑或一段时间平滑递推,初始值的影响往往变得很小,以致对预测期预测值不产生多少影响,此时可用第一期的数据或最初几期资料的平均数作为初始预测值。如果数列表现为明显的线性趋势,且数列项数不多,或α的取值不太大,则可用如下估计公式推算初始预测值:

$$\hat{y}_1=y_1-\frac{b}{\alpha}$$

式中:y_1为第一期的观察值;α为平滑系数;$b=\dfrac{y_n-y_1}{n-1}$(其中,y_n为最近一期的观察值,n为数据项数)。

设某企业2018年各月销售额资料如表10－16所示,取α为0.7,试计算各月的趋势预测值,并推算2019年1月该企业销售额的预测值(用最初期3个月的平均数做初始值和用估计公式推算初始预测值两种方法计算)。

表10－16　　某企业2018年各月销售额预测值计算表

($\alpha=0.7$)　　(万元)

月份	销售额 y	按第一种方法计算的预测值 $\hat{y}$	按第二种方法计算的预测值 $\hat{y}$
1	16.8	—	16.38
2	15.6	—	16.67
3	17.1	—	15.92
4	16.9	16.5	16.75
5	17.6	16.78	16.86
6	17.4	17.35	17.38
7	18.5	17.39	17.39
8	19.2	18.17	18.17
9	19	18.89	18.89
10	18.4	18.97	18.97
11	19.6	18.57	18.57
12	20	19.29	19.29

按第一种方法确定初始预测值,是以1,2,3月的销售额平均数作为4月份的预测值,即

$$\hat{y}_{4月}=\frac{(16.8+15.6+17.1)万元}{3}=16.5万元$$

以后各月的预测值为:

$$\hat{y}_{5月}=\alpha y_{4月}+(1-\alpha)\hat{y}_{4月}=(0.7\times16.9+0.3\times16.5)万元=16.78万元$$

$$\hat{y}_{6月}=\alpha y_{5月}+(1-\alpha)\hat{y}_{5月}=(0.7\times17.6+0.3\times16.78)万元=17.35万元$$

按此推算,2019年1月该企业销售额预测值为:

$$\hat{y}_{2019.1}=\alpha y_{2018.12}+(1-\alpha)\hat{y}_{2018.12}=(0.7\times20+0.3\times19.29)万元=19.79万元$$

按第二种方法确定初始预测值,是以下述估计公式推算的。

$$b=\frac{y_n-y_1}{n-1}=\frac{20-16.8}{12-1}=0.2909$$

$$\hat{y}_{1月}=y_1-\frac{b}{\alpha}=\left(16.8-\frac{0.2909}{0.7}\right)万元=16.3844万元$$

以后各月仍按指数平滑公式推算:

$$\begin{aligned}\hat{y}_{2月}&=\alpha y_{1月}+(1-\alpha)\hat{y}_{1月}\\&=(0.7\times16.8+0.3\times16.38)万元=16.67万元\end{aligned}$$

$$\hat{y}_{3月}=(0.7\times15.6+0.3\times16.67)万元=15.92万元$$

2019年1月的预测值为:

$$\hat{y}_{2019.1}=(0.7\times20+0.3\times19.29)万元=19.79万元$$

本例销售额资料呈线性发展趋势,且α取值又比较大,所以根据两种方法确定的初始值对预测结果的影响几乎没有什么区别。

若用公式(指数平滑法的展开式)直接预测2019年1月份的销售额,则:

$$\begin{aligned}\hat{y}_{2019.1}&=\alpha y_{12}+\alpha(1-\alpha)y_{11}+\alpha(1-\alpha)^2y_{10}+\alpha(1-\alpha)^3y_9+\cdots+\alpha(1-\alpha)^8y_4\\&=(0.7\times20+0.7\times0.3\times19.6+0.7\times0.3^2\times18.4+0.7\times0.3^3\times19+\cdots+\\&\quad0.7\times0.3^8\times16.9)万元\\&=19.79万元\end{aligned}$$

由于α值较大,公式展开到4月时,平滑系数$0.7\times0.3^8=0.000045927$,与实际观察值16.9相乘后,只对2019年1月的预测值产生0.000 776 166的微小影响。因此不必再往上展开,计算结果与逐月往下递推的计算方法基本一致。

用原销售额资料与预测值资料进行比较可以看出,经过指数平滑后的预测值数列,修匀了原数列的波动程度。

从图10-3可以看出,预测值曲线比原销售额曲线光滑,因而能更直观地反映现象的长期发展趋势。

从图10-3还可以看出,当原始数列存在线性发展趋势时,预测值往往存在滞后效应,即预测值小于实际值。这是因为在指数平滑法的公式中,$t+1$期的预测值

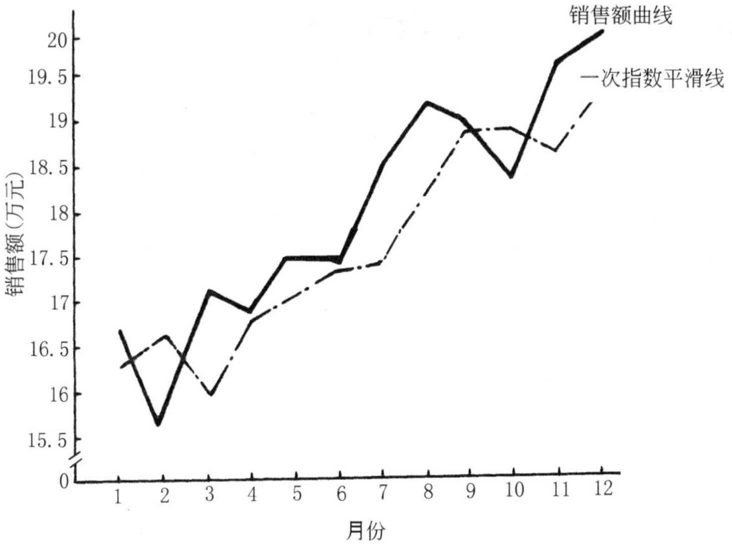

图 10-3　某企业销售额曲线与一次指数平滑曲线

($\hat{y}_{t+1}$)是根据 t 期的观察值和预测值计算的,而 t 期的预测值又是根据 $t-1$ 期的观察值、预测值计算的。依此类推,预测值在时间上始终落后了一期,由此造成预测值偏小,这正是一次指数平滑法的局限性。因此,上述方法仅适用于分析呈水平状态波动且无明显线性趋势变动的资料。当原始数列有较明显的长期线性趋势时,需在一次指数平滑的基础上进行二次、三次指数平滑。二次指数平滑适用于建立直线趋势方程,能比较有效地克服一次指数平滑的滞后效应,且能进行隔月或隔年的跳跃式预测。三次指数平滑适用于建立曲线趋势方程。二次和三次指数平滑法比一次指数平滑法具有更多的使用价值。

二次指数平滑的计算公式为:

$$\hat{y}'_{t+1}=\alpha\hat{y}_t+(1-\alpha)\hat{y}_t{}'$$

式中:$\hat{y}$ 为一次指数平滑预测值;$\hat{y}'$ 为二次指数平滑预测值;$t,t+1$ 为不同的预测期;α 为平滑系数。

用估计公式推算二次指数平滑的初始预测值:

$$\hat{y}'=2\hat{y}_1-\frac{\Sigma y}{n}+\frac{n+1}{2}\cdot b$$

式中:$b=\dfrac{y_n-y_1}{n-1}$。

仍以表 10-16 的资料为例,计算二次指数平滑初始值,并按月推算各月的二次指数平滑预测值(详见表 10-17)。

表 10－17　　　　指数平滑计算表

（$\alpha=0.7$）　　　　（万元）

月　份	销售额 y	一次指数平滑预测值 $\hat{y}$	二次指数平滑预测值 $\hat{y}'$
1	16.8	16.38	16.66
2	15.6	16.67	16.46
3	17.1	15.92	16.61
4	16.9	16.75	16.13
5	17.6	16.86	16.56
6	17.4	17.38	16.77
7	18.5	17.39	17.20
8	19.2	18.17	17.33
9	19	18.89	17.92
10	18.4	18.97	18.60
11	19.6	18.57	18.86
12	20	19.29	18.66

$$\hat{y}_1{}' = 2\hat{y}_1 - \frac{\sum y}{n} + \frac{n+1}{2}\cdot b$$

$$=(2\times16.3844-\frac{216.1}{12}+\frac{12+1}{2}\times0.2909)\text{万元}$$

$$=16.6593\text{ 万元}$$

$$\hat{y}_2{}'=\alpha\hat{y}_1+(1-\alpha)\hat{y}_1{}'$$

$$=(0.7\times16.38+0.3\times16.66)\text{万元}=16.46\text{ 万元}$$

$$\hat{y}_3{}'=(0.7\times16.67+0.3\times16.46)\text{万元}=16.61\text{ 万元}$$

$$\vdots \qquad\qquad \vdots$$

$$\hat{y}_{12}'=(0.7\times18.57+0.3\times18.86)\text{万元}=18.66\text{ 万元}$$

根据二次指数平滑预测值建立直线方程：

$$\hat{y}_{t+T}'=a_t+b_tT$$

式中：T 为需要预测的递推时期数；a_t，b_t 为直线方程的两个待定参数。

$$a_t=2\hat{y}_t-\hat{y}_t{}'$$

$$b_t=\frac{\alpha}{1-\alpha}(\hat{y}_t-\hat{y}_t{}')$$

现以表 10－17 中的资料建立直线方程，并预测 2019 年 3 月、4 月的销售额。

$$a_{12}=2\hat{y}_{12}-\hat{y}_{12}'=2\times 19.29-18.66=19.92$$

$$b_{12}=\frac{\alpha}{1-\alpha}(\hat{y}_{12}-\hat{y}_{12}')=\frac{0.7}{1-0.7}(19.29-18.66)=1.47$$

$$\hat{y}_{t+T}=19.92+1.47T$$

当 $T=3$ 时：

$$\hat{y}_{12+3}'=(19.92+1.47\times 3)\text{万元}=24.33(\text{万元})$$

当 $T=4$ 时：

$$\hat{y}_{12+4}'=(19.92+1.47\times 4)\text{万元}=25.8(\text{万元})$$

即根据二次指数平滑推算，该企业 2019 年 3 月销售额预计为24.33万元，2019 年 4 月销售额预计为 25.8 万元。

四、最小平方法

最小平方法又称最小二乘法，是分析和预测现象长期趋势常用的方法之一。它的基本思想是：通过对原始数列的数学处理，拟合一条比较理想的趋势直线或趋势曲线，使原数列各数据点与趋势线垂直距离的离差平方和为最小。

根据最小平方法的要求，建立直线趋势方程：

$$\hat{y}=a+bx$$

式中：$\hat{y}$ 为时间数列 y 的理论趋势值；x 为时间序号；a，b 为直线方程的两个待定参数。

a 表示直线的截距，即当 $x=0$ 时 $\hat{y}$ 的数值，b 表示直线的斜率，即 x 每变动一个单位，$\hat{y}$ 的平均增加量或减少量。

$$\sum (y-a-bx)^2=\text{最小值} \tag{10.5}$$

如果把 Q 看成是待定参数 a 和 b 的函数，要使 Q 等于最小值，可对式(10.5)的 a 和 b 分别求偏导数，并使其等于 0，即

$$\frac{\partial Q}{\partial a}=2\sum (y-a-bx)(-1)=0$$

$$\frac{\partial Q}{\partial b}=2\sum (y-a-bx)(-x)=0$$

经整理，可得如下两个标准方程式：

$$\left.\begin{aligned}\sum y &= na+b\sum x\\ \sum xy &= a\sum x+b\sum x^2\end{aligned}\right\} \tag{10.6}$$

求解式(10.6)，可得待定参数 a 和 b 的计算公式：

$$\left.\begin{aligned}b &= \frac{\sum xy-(\sum x)(\sum y)/n}{\sum x^2-(\sum x)^2/n}\\ a &= \bar{y}-b\bar{x}\end{aligned}\right\} \tag{10.7}$$

【例 10－11】依据我国 2001—2017 年的各年粮食产量资料(见表 10－18)，运

用最小平方法，建立直线趋势方程，预测我国粮食产量的长期趋势值。

表 10－18　　2001—2017 年我国各年粮食产量（最小平方计算表）

年度	序号 x	粮食产量（万吨）y	xy	x^2	$\hat{y}$
2001	1	45 264	45 264	1	46 475.80
2002	2	45 706	91 412	4	47 375.81
2003	3	43 070	129 210	9	48 275.82
2004	4	46 947	187 788	16	49 175.83
2005	5	48 402	242 010	25	50 075.84
2006	6	49 804	298 824	36	50 975.85
2007	7	50 160	351 120	49	51 875.86
2008	8	52 871	422 968	64	52 775.87
2009	9	53 082	477 738	81	53 675.88
2010	10	54 648	546 480	100	54 575.89
2011	11	57 121	628 331	121	55 475.90
2012	12	58 958	707 496	144	56 375.91
2013	13	60 194	782 522	169	57 275.92
2014	14	60 703	849 842	196	58 175.93
2015	15	62 144	782 160	225	59 075.94
2016	16	61 625	986 000	256	59 975.95
2017	17	61 791	1 050 447	289	60 875.96
合计	153	912 490	8 579 612	1 785	

按照表 10－18 各栏的计算结果，依（10.7）计算公式，分别得 a 与 b 的参数值：

$$b=\frac{\sum xy-\frac{(\sum x)(\sum y)}{n}}{\sum x^2-\frac{(\sum x)^2}{n}}=\frac{8\ 579\ 612-153\times\frac{912\ 490}{17}}{1\ 785-(153)^2\div 17}$$

$$=\frac{8\ 579\ 612-8\ 212\ 410}{1\ 785-1\ 377}=\frac{367\ 202}{408}=900.01$$

$$a=\bar{y}-b\bar{x}$$

$$=\frac{912\ 490}{17}-900.01\times\frac{153}{17}=53\ 675.88-8\ 100.09$$

$$=45\ 575.79$$

根据计算出的参数 a、b 值，建立直线趋势方程：

$$\hat{y} = 45\ 575.79 + 900.01x \tag{10.8}$$

将各年的序号 x 值代入式(10.8)，可计算出各年的 $\hat{y}$ 趋势值。比如 2014 年序号为 14，代入公式(10.8)计算 $\hat{y}_{2014} = 45\ 575.79 + 900.01 \times 14 = 58\ 175.93$(万吨)。计算出的各年趋势值已罗列在表 10－18 中。

假如，对 2023 年粮食产量进行长期的推预测，按建立的直线趋势方程估计(2023 年序号 $x = 23$)：

$$\hat{y}_{2023} = 45\ 575.79 + 900.01 \times 23 = 66\ 276.02\text{(万吨)}$$

描绘我国 2001—2017 年历年粮食产量的趋势曲线图参见图 10－4。

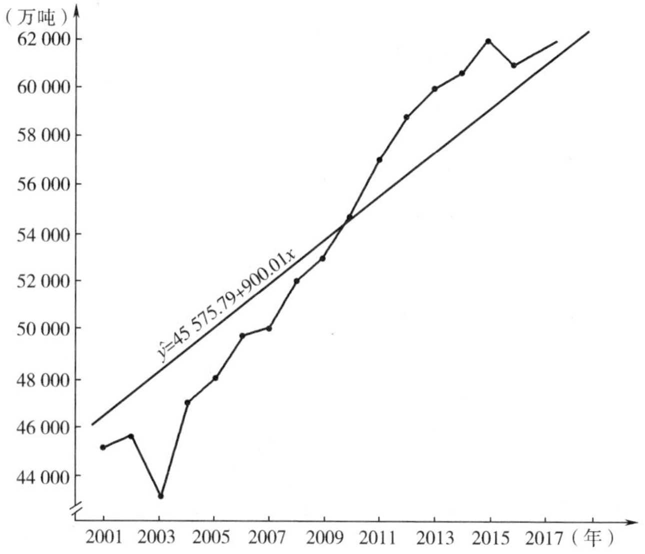

图 10－4　2001—2017 年全国粮食产量

关于直线趋势方程的参数 a、b 值的求解，还可以采用简化公式计算。

$$\left.\begin{aligned} b &= \frac{\sum xy}{\sum x^2} \\ a &= \bar{y} \end{aligned}\right\} \tag{10.9}$$

但是，时间数列的项数是任意的，所以，当时间数列是奇数项时，将时间数列居中的一项，序号确定为 0，其以前的各项序号，依次为 －1，－2，－3，－4，…其以后的各项序号，依次为 1，2，3…这样，$\sum x = 0$ 是成立的。

当时间数列是偶数项时，将时间数列居中的两项序号，分别确定为 －1 与 1，然后，时间序号以间隔 2 的顺序重新排列，其前的各项序号依次为 －3，－5，－7，…其后的各项序号依次为 3，5，7…同样，$\sum x = 0$ 也成立。现在，试以两个案例分别演示之。

【例 10－12】我国 2006—2014 年的公共财政收入见表 10－19。据此，运用简化计算公式，求解直线趋势方程的参数 a、b 值，建立直线趋势方程，并外推预测公共财政收入的发展趋势。

表 10－19　　我国 2006—2014 年公共财政收入（最小平方法简化计算表）

年度	序号 x	公共财政收入（亿元）y	xy	x^2	$\hat{y}$
2006	－4	38 700	－154 800	16	35 679.29
2007	－3	51 322	－153 966	9	48 804.44
2008	－2	61 330	－122 660	4	61 929.59
2009	－1	68 477	－68 477	11	75 054.74
2010	0	83 102	0	0	88 179.89
2011	1	103 874	103 874	1	1101 305.04
2012	2	117 254	234 508	4	114 430.19
2013	3	129 210	387 630	9	127 555.34
2014	4	140 350	561 400	16	140 680.49
合计	—	793 619	787 509	60	793 619.01

将计算表 10－19 的相关数据代入式（10.9）计算：

$$b=\frac{\sum xy}{\sum x^2}=\frac{787\ 509}{60}=13\ 125.15$$

$$a=\bar{y}=\frac{\sum y}{n}=\frac{793\ 619}{y}=88\ 179.89$$

据此参数值，建立直线趋势方程：

$$\hat{y}=88\ 179.89+13\ 125.15\ x$$

按直线趋势方程，可计算出每年的 $\hat{y}$ 趋势值，如 2009 年的公共财政收入趋势值为：

$$\hat{y}_{2009}=88\ 179.89+13\ 125.15\times(-1)=75\ 054.74（亿元）$$

各年趋势值已罗列在表 10－19 中。

若以此直线趋势方程，估计 2018 年公共财政收入，将可能达：

$$\hat{y}_{2018}=88\ 179.89+13\ 125.15\times 8=193\ 181.09（亿元）$$

【例 10－13】我国 2006—2014 年的公共财政支出见表 10－20。据此，选择偶数项计算参数 a、b 值。

将计算表 10－20 的相关数据式代入式(10.9)计算：

$$b=\frac{\sum xy}{\sum x^2}=\frac{1\ 270\ 516}{168}=7\ 562.59$$

$$a=\bar{y}=\frac{\sum y}{n}=\frac{805\ 196}{8}=100\ 649.5$$

建立预测公共财政支出的直线趋势方程：

$$\hat{y}=100\ 649.5+7\ 562.59x$$

据此方程，可计算出每年的 $\hat{y}$ 趋势值。如 2010 年的公共财政支出趋势值是：

$$\hat{y}_{2010}=100\ 649.5+7\ 562.59\times(-1)=93\ 086.91(\text{亿元})$$

若以此直线趋势方程预测，估计 2018 年公共财政支出为($x=11$)：

$$\hat{y}_{2018}=100\ 649.5+7\ 562.59\times 11=183\ 841.95(\text{亿元})$$

表 10－19 所列为我国公共财政收入的趋势值，表 10－20 所列为我国公共财政支出的趋势值，可以用统计图给予展现，让公众一目了然。

表 10－20　　我国 2007—2014 年公共财政支出(最小平方法简化计算表)

年度	序号 x	公共财政收入(亿元)y	xy	x^2	$\hat{y}$
2007	－7	49 781	－348 467	49	47 711.37
2008	－5	62 593	－312 965	25	62 836.55
2009	－3	75 874	－227 622	9	77 961.73
2010	－1	89 874	－89 874	1	93 086.91
2011	1	109 248	109 248	1	108 212.09
2012	3	125 953	377 859	9	123 337.27
2013	5	140 212	701 060	25	138 462.45
2014	7	151 661	1 061 277	49	153 587.63
合计	—	805 196	1 270 516	168	805 196.00

图 10－5 描绘的是 2006—2014 年我国公共财政收入的趋势曲线图；而图 10－6描绘的是 2007—2014 年我国公共财政支出的趋势曲线图。

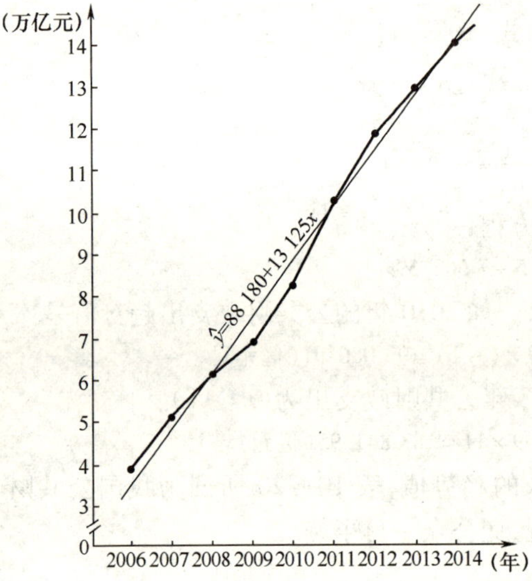

图 10－5　2006—2014 我国公共财政收入曲线

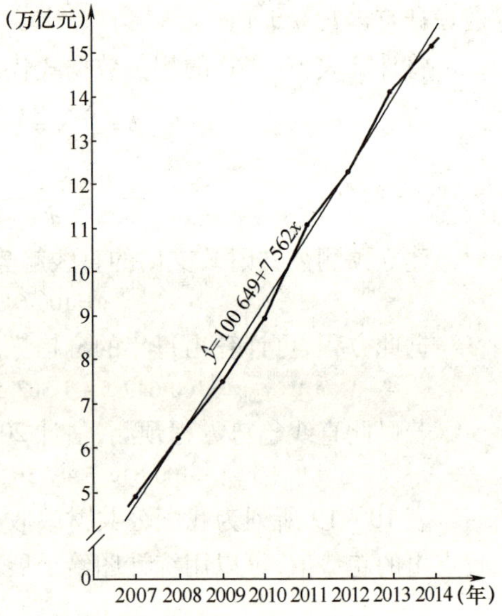

图 10－6　2007—2014 我国公共财政支出曲线

五、半数平均法

半数平均法,也称平均法。它是分析和预测现象长期趋势的重要方法之一。这种预测方法的数理依据是运用数学上两点可以确定一条直线的原理而建立的。

按照半数平均法的要求,建立直线趋势方程为:

$$\hat{y}=a+bt \tag{10.10}$$

式中:$\hat{y}$ 为时间数列中 y 的理论(或估计)趋势值;t 为时间顺序;a,b 为直线方程的待定参数。

配合的直线趋势方程,一定要符合所研究现象的发展趋势,必须根据掌握的实际资料,正确估计出方程中的参数 a 和 b。

按照半数平均法的要求,最佳的一条直线应是:

$$\sum(y-\hat{y})=0$$

即实际值与估计趋势值之间的离差总和等于零。

将式(10.10)代入上式可得:

$$\sum[y-(a+bt)]=0$$

则

$$\sum y-\sum a-\sum bt=0$$

$$\sum y-na-b\sum t=0$$

两端除以 n,得:

$$\frac{\sum y}{n}-a-b\frac{\sum t}{n}=0$$

式中:$\frac{\sum y}{n}=\bar{y}$;$\frac{\sum t}{n}=\bar{t}$。

将原时间数列分成相等的两部分,假若实际的时间数列是奇数项,则取消最早的那项数据,然后,按两部分的平均数建立一组联立方程式,即

$$\begin{cases}\bar{y}_1-b\bar{t}_1=a\\ \bar{y}_2-b\bar{t}_2=a\end{cases}$$

解此联立方程组,得出求参数 a 与 b 值的公式,即

$$\left.\begin{aligned}b&=\frac{\bar{y}_1-\bar{y}_2}{\bar{t}_1-\bar{t}_2}\\ a&=\bar{y}_1-b\bar{t}_1\end{aligned}\right\}\tag{10.11}$$

$$\left.\begin{aligned}b&=\frac{\bar{y}_2-\bar{y}_1}{\bar{t}_2-\bar{t}_1}\\ a&=\bar{y}_2-b\bar{t}_2\end{aligned}\right\}\tag{10.12}$$

根据求出的参数值 a,b,建立直线趋势方程,即

$$\hat{y}=a+bt\tag{10.13}$$

据此,可以外推出各个时间上的估计趋势值,并进行趋势预测分析。

【例 10-14】我国 2005—2014 年社会消费品零售总额如表 10-21 所列。用半数平均法预测未来。

表 10-21　我国 2005—2014 年社会消费品零售总额(半数平均法计算)

年份	时间序号 t	社会消费品零售总额(亿元) y	$\sum y$	$\sum t$	$\hat{y}$
2005	1	67 177	$\bar{y}_1=93\ 325.6$	$\bar{t}_1=3$	46 541.6
2006	2	76 410			69 933.6
2007	3	89 210	466 628	15	93 325.6
2008	4	108 488	(前 5 年合计)	(前 5 年合计)	116 717.6
2009	5	125 343			140 109.6
2010	6	156 998	$\bar{y}_2=210\ 285.6$	$\bar{t}_2=8$	163 501.6
2011	7	183 919			186 893.6
2012	8	210 307			210 285.6
2013	9	237 810	1 051 428	40	233 677.6
2014	10	262 394	(后 5 年合计)	(后 5 年合计)	257 069.6

将表 10-21 的相关数据代入公式(10.11):

$$b=\frac{\bar{y}_1-\bar{y}_2}{\bar{t}_1-\bar{t}_2}=\frac{93\ 325.6-210\ 285.6}{3-8}=-\frac{116\ 960}{-5}=23\ 392$$

$$a=\bar{y}_1-b\bar{t}_1=93\ 325.6-23\ 392\times 3=23\ 149.6$$

若用公式(10.12)计算:

$$b=\frac{\bar{y}_2-\bar{y}_1}{\bar{t}_2-\bar{t}_1}=\frac{210\ 285.6-93\ 325.6}{8-3}=\frac{116\ 960}{5}=23\ 392$$

$$a=\bar{y}_2-b\bar{t}_2=210\ 285.6-23\ 392\times 8=23\ 149.6$$

两个公式的结果是一致的。根据这样的结果,建立直线趋势方程:

$$\hat{y}=23\ 149.6+23\ 392t$$

按此直线趋势方程,依次代入 $t=1,2\cdots$ 值,可得知 2005—2014 年,各年的社会消费品零售总额的趋势值,如 $t=4$ 代入方程,2008 年的社会消费品零售总额趋势值是:

$$\hat{y}_{2008}=23\ 149.6+23\ 392\times 4=116\ 717.6(\text{亿元})$$

各年的趋势值见表 10-21 中 $\hat{y}$ 栏所列。

依据所建立方程,外推 2017 年的社会消费品零售总额,按 $t=13$,估计为:

$$\hat{y}_{2017}=23\ 149.6+23\ 392\times 13=327\ 245.6(\text{亿元})$$

图 10-7 描绘出 2005—2014 年我国社会消费品零售总额的趋势曲线。

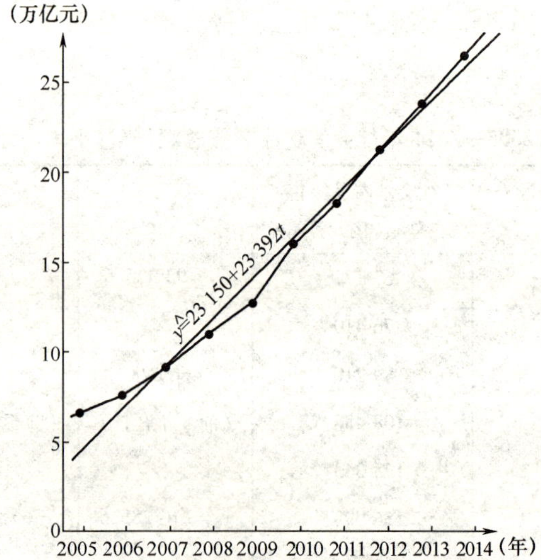

图 10-7　我国 2005—2014 年社会消费品零售额曲线

运用公式(10.13),进行点预测。根据实际需要,还可以进行区间预测。其计算公式是:

$$\hat{Y} = \hat{y} \pm tS_y \tag{10.14}$$

式中，$\hat{Y}$ 为预测值范围，$\hat{y}$ 为趋势值点值，t 为概率值，S_y 为估计标准误差。估计标准误差的计算公式：

$$S_y = \sqrt{\frac{\Sigma(y-\hat{y})^2}{n}} \tag{10.15}$$

如若对 2005—2014 年社会消费品零售总额进行区间预测，将表 10 – 22 的有关数据代入式（10.15），计算出估计标准误差：

$$S_y = \sqrt{\frac{867\ 051\ 928}{10}} = 9\ 312(\text{亿元})$$

假若可信度为 95.45%，概率度 $t=2$，则 2017 年社会消费品零售总额预测区间值为：

$$\text{上限}\ \hat{Y} = \hat{y} + 2S_y = 327\ 245 + 2 \times 9\ 312 = 345\ 869(\text{亿元})$$

$$\text{下限}\ \hat{Y} = \hat{y} - 2S_y = 327\ 245 - 2 \times 9\ 312 = 308\ 621(\text{亿元})$$

若可信度为 99%，概率度 $t=2.58$，相应区间值为：

$$\text{上限}\ \hat{Y} = \hat{y} + 2S_y = 327\ 245 + 2.58 \times 9\ 312 = 351\ 270(\text{亿元})$$

$$\text{下限}\ \hat{Y} = \hat{y} - 2S_y = 327\ 245 - 2.58 \times 9\ 312 = 303\ 220(\text{亿元})$$

表 10 – 22　　我国 2005—2015 年社会消费品零售总额（区间预测）

年份	社会消费品零售总额（亿元）y	$\hat{y}$	$(y-\hat{y})$	$(y-\hat{y})^2$
2005	67 177	46 542	20 635	425 803 225
2006	76 410	69 934	6 476	41 938 576
2007	89 210	93 326	–4 116	16 941 456
2008	108 488	116 718	–8 230	67 732 900
2009	125 343	140 110	–14 767	218 064 289
2010	156 998	163 502	–6 504	42 302 016
2011	183 919	186 894	–2 975	8 850 625
2012	210 307	210 286	21	441
2013	237 810	233 678	4 132	17 073 424
2014	262 394	257 070	5 324	28 344 976
合计				867 051 928

六、发展速度预测法

一些社会经济现象的发展可能保持相对稳定的发展速度,因此,利用其环比发展速度或平均发展速度对它未来的趋势进行预测,不失为一可行的方法。

(一)按环比发展速度预测

按环比发展速度预测是在本期实际值的基础上,按本期的实际环比发展速度,估计下期的预测值,依此类推。

$$\hat{y} = y_t \cdot \frac{y_t}{y_{t-1}}$$

式中:y_t 为本期实际值;y_{t-1}为上期实际值。

这种方法是很简便,但会存在较大的偶然性,务必谨慎使用。一般适用于短期或近期预测。

(二)按平均发展速度预测

对社会经济现象的中长期趋势的预测,采用平均发展速度的预测方法较为可取。平均发展速度预测法,是以本期实际值为基数,按过去一段时期的平均发展速度考量,估计出后期可能达到的水平。预测计算公式是:

$$\hat{y}_{t+k} = y_t \cdot b^k$$

式中:b 为一定时期的平均发展速度;y_t 为本期实际值;k 为预测期的时期间隔;$\hat{y}_{t+k}$ 为预测各时期的估计值。

由于平均发展速度是在某些偶然因素被消除后,代表一相对长的历史时期的一般发展速度,所以,可用来预测以后各个时期的发展状况。

例如,以表 10-21 的资料,预测 2017 年的社会消费品零售总额将会是什么水平。

2005—2014 年的平均发展速度为:

$$b = \sqrt[9]{\frac{262\ 394}{67\ 177}} = 1.163\ 4 \text{ 或 } 116.34\%$$

据 $b = 116.34\%$ 的平均发展速度,预测 2017 年全国社会消费品零售总额可达到($k=3$):

$$\hat{y}_{2017} = 262\ 394 \times (1.163\ 4)^3 = 413\ 181(\text{亿元})$$

第五节　季节变动分析与循环波动分析

一、季节变动分析

社会经济现象受自然因素和社会因素的影响,在一年内随着时间变化而发生比较有规律的周期性变化,称为季节变动。季节变动随着时间推移,年复一年,周而复始，不断重复出现。例如，四季气候变化及由此引起的农副产品收购、供应的淡旺季变化，对春夏秋冬不同服装、食品的需求变化和价格变化，春节、国庆、寒暑假与平时的不同客运量变化，节假日和周末与平时的旅游、购物、娱乐的高低峰变化，都有明显的季节变动特征。认识并掌握不同社会经济现象季节变动的规律性，能更好地利用季节变动带来的有利发展时机，克服季节变动带来的消极影响，主动安排人力、物力、财力，合理组织生产、物流，保持市场供需平衡，使社会生产和社会生活正常、有序、顺利地进行。

不同社会经济现象具有不同的季节变动周期：有的以一年为循环周期，以月或季为变动单位；有的以一个月为循环周期，以日为变动单位；有些社会经济现象的变动甚至表现为以一天为循环周期，以小时为变动单位。

测定季节变动的方法很多，常用的方法有同期平均法、趋势剔除法、图解法、环比法等。本章主要介绍前两种方法。

（一）同期平均法

同期平均法是把3年或3年以上同月（或同季）的资料按年排列，计算出各月（或各季）的同期平均数，并与月（季）总平均数进行对比而得出的相对数，即为反映季节变动的测定指标——季节比率。其具体测定步骤如下：

1. 分别求出3年或3年以上各年同月（或同季）资料的简单算术平均数。

2. 求出3年(36个月)或3年以上各月的月总平均数(或季总平均数)。

3. 用各年同月（同季）平均数分别除以月（季）总平均数，得出12个月（或4季）的百分数，这些百分数就是季节比率。

4. 把各月（季）季节比率绘制成季节变动曲线图，可以更直观地显示出季节的变动趋势。

【例10－15】某地农贸批发市场羊肉交易量资料如表10－23所示，试按月平均法计算季节比率，并绘制季节变动图。

表10－23　　某农贸批发市场羊肉交易量情况

（按月平均法计算）　　（吨）

月份	2016年	2017年	2018年	月平均数	季节比率(%)
	(1)	(2)	(3)	$(4)=\frac{(1)+(2)+(3)}{3}$	$(5)=\frac{(4)}{\text{月总平均数}}$
1月	54	58	68	60	116.94
2月	52	54	70	58.67	114.34
3月	50	58	64	57.33	111.73
4月	48	54	62	54.67	106.55

续表

月份	2016 年	2017 年	2018 年	月平均数	季节比率(%)
	(1)	(2)	(3)	$(4)=\frac{(1)+(2)+(3)}{3}$	$(5)=\frac{(4)}{\text{月总平均数}}$
5 月	44	48	56	49.33	96.14
6 月	42	44	48	44.67	87.06
7 月	36	38	44	39.33	76.65
8 月	32	36	40	36	70.16
9 月	37	42	46	41.67	81.21
10 月	46	54	58	52.67	102.65
11 月	50	56	60	55.33	107.83
12 月	58	64	76	66	128.63
合计	549	606	692	51.31(月总平均数)	1 199.89

根据表 10－23 计算：

$$\text{三年的月总平均数}=\frac{(549+606+692)\text{吨}}{36\text{ 个月}}=51.31\text{ 吨/月}$$

各月份的季节比率或高于 100%，或低于 100%，高低相抵，12 个月的季节比率之和应等于 1 200%。计算各月平均数、月总平均数时，由于小数点 4 舍 5 入，有时会产生一定的误差，误差较大时，应予以调整。用调整系数分别乘以每个季节比率，可得调整后的季节比率。

$$\text{调整系数}=\frac{1\ 200}{\text{季节比率之和}}$$

例 10－15 中，季节比率合计数 1 199.89% 与 1 200% 误差不大，不再予以调整。

把各月的季节比率绘成图，如图 10－8 所示。

从图 10－8 季节比率变动图中可以看出，该农贸批发市场羊肉成交量有明显的季节变动趋势。在 1 年 12 个月的交易量中，每年 9 月、10 月成交量上升，12 月、1 月为成交量高峰，然后逐月回落，7 月、8 月交易量最少。

用同期平均法测定季节变动，方法简单、易于掌握。如果被测定的社会经济现象总波动中未发现有明显的长期趋势和循环波动，即可通过算术平均法消除同期不规则变动，从而显现出现象的季节变动趋势。但如果社会经济现象存在明显的

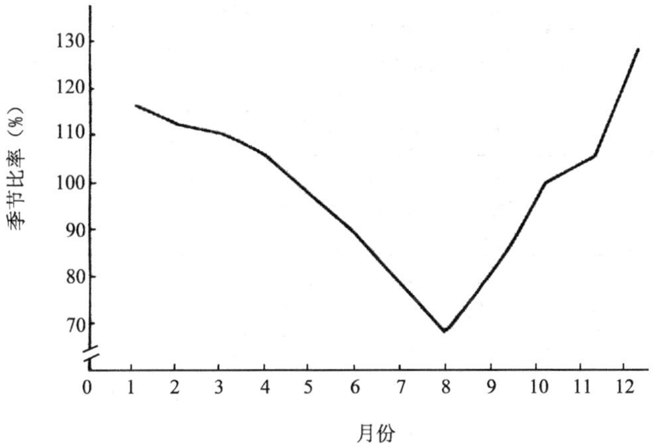

图 10－8 季节比率变动图

长期趋势，各年同月的指标数值前后会有较大的差距，用简单算术平均数计算的季节变动比率就会掩盖长期趋势对现象发展的推动作用，使季节比率的准确性受到影响。若要克服长期趋势对测定季节变动的影响，可采用趋势剔除法计算季节比率。

（二）移动平均趋势剔除法

趋势剔除有多种不同的方法，如趋势比率法、环比法、移动平均法等。现以12个月移动平均为例，说明趋势剔除过程和季节比率的测定方法。

12个月移动平均法是把时间数列资料按年、月顺序排列，以12个月为一期，逐项移动求平均数。由于12个月的时间与1年、4季的周期相等，通过12个月移动平均产生的新数列，消除了以月或季为变动单位，以1年为循环周期的季节变动影响和部分不规则影响，突出了现象的长期变动趋势和循环变动的影响。根据加法公式、乘法公式进行等式变换，可得：

$$\frac{y}{T \cdot C} = S \cdot I$$

$$\frac{y}{T} = S \cdot I$$

即用时间数列除以长期趋势值（或再除以循环变动值），可消除长期趋势（或循环变动）对季节变动的影响，这就是趋势剔除。剩下季节变动与不规则变动，可采用同月简单平均的方法消除不规则变动，剩余即是季节比率。

【例10－16】仍以表10－23资料为例，采用12个月移动平均趋势剔除法计算季节比率（见表10－23和表10－24）。

表 10-24　　12 个月移动平均趋势剔除计算表　　（吨）

年、月	羊肉成交量 y	12 个月移动平均	二项移动平均（趋势值）T	趋势剔除（%）$\frac{y}{T}=S\cdot I$
甲	(1)	(2)	(3)	(4)=(1)÷(3)
2016 年 1 月	54	—	—	—
2 月	52	—	—	—
3 月	50	—	—	—
4 月	48	—	—	—
5 月	44	—	—	—
6 月	42	45.75	—	—
7 月	36	46.08	45.92	78.40
8 月	32	46.25	46.17	69.31
9 月	37	46.92	46.59	79.42
10 月	46	47.42	47.17	97.52
11 月	50	47.75	47.59	105.06
12 月	58	47.92	47.84	121.24
2017 年 1 月	58	48.08	48	120.83
2 月	54	48.42	48.25	111.92
3 月	58	48.83	48.63	119.27
4 月	54	49.5	49.17	109.82
5 月	48	50	49.75	96.48
6 月	44	50.5	50.25	87.56
7 月	38	51.33	50.92	74.63
8 月	36	52.67	52	69.23
9 月	42	53.17	52.92	79.37
10 月	54	53.83	53.5	100.93
11 月	56	54.5	54.17	103.38
12 月	64	54.83	54.67	117.07
2018 年 1 月	68	55.33	55.08	123.46

续表

年、月	羊肉成交量 y	12 个月移动平均	二项移动平均（趋势值）T	趋势剔除（%）$\frac{y}{T}=S\cdot I$
甲	（1）	（2）	（3）	（4）=（1）÷（3）
2 月	70	55.67	55.5	126.13
3 月	64	56	55.8	114.61
4 月	62	56.33	56.17	110.38
5 月	56	56.67	56.5	99.12
6 月	48	57.67	57.17	83.96
7 月	44	—	—	—
8 月	40	—	—	—
9 月	46	—	—	—
10 月	58	—	—	—
11 月	60	—	—	—
12 月	76	—	—	—

表 10－24 中，第（1）栏为原始统计数据，第（2）栏用 12 个月移动平均消除季节变动，由于是偶数项移动，需再次采用二项移动平均，平均后的第（3）栏资料为长期趋势值。用第（1）栏资料除以第（3）栏资料为第（4）栏剔除了长期趋势的季节变动与不规则变动资料。

解：将表 10－25 第（4）栏资料排列成表 10－25，并用简单平均法计算季节比率。

表 10－25　　羊肉成交量趋势剔除后按月平均计算表　　（%）

年份 / 月份	2016	2017	2018	同月平均	调整后的季节比率
1	—	120.83	123.46	122.15	122.193
2	—	111.92	126.13	119.03	119.072
3	—	119.27	114.61	116.94	116.981
4	—	109.82	110.38	110.1	110.139
5	—	96.48	99.12	97.8	97.834

续表

年份 / 月份	2016	2017	2018	同月平均	调整后的季节比率
6	—	87.56	83.96	85.76	85.790
7	78.40	74.63	—	76.52	76.547
8	69.31	69.23	—	69.27	69.294
9	79.42	79.37	—	79.4	79.428
10	97.52	100.93	—	99.23	99.265
11	105.06	103.38	—	104.22	104.256
12	121.24	117.07	—	119.16	119.202
合计	—	—	—	1 199.58	1 200.0

用简单平均法计算同月平均数，可剔除同月不规则变动对季节变动的影响：

$$1\text{ 月份季节比率}=\frac{120.83+123.46}{2}=122.15\%$$

$$2\text{ 月份季节比率}=\frac{111.92+126.13}{2}=119.03\%$$

$$\vdots$$

12 个月季节比率的合计数 1 199.58% 与 1 200% 相比误差较大，需用调整系数加以调整。

$$\text{调整系数}=\frac{1\ 200}{1\ 199.58}=1.000\ 350$$

1 月份调整后的季节比率为：

$$122.15\times1.000\ 350=122.193\%$$

2 月份调整后的季节比率为：

$$119.03\times1.000\ 350=119.072\%$$

以下各月依此类推，结果见表 10－25 的末栏。

二、循环波动分析

循环波动是以若干年为一个周期，涨落起伏、扩张与收缩交替出现的一种周期性变动现象。这种现象在自然界和人类社会生活中时有发生。例如，各种自然灾害的发生，时多时少，时强时弱，以若干年为一个循环周期；果树生产有大、小年的轮回；工业新产品从试制、投产到销售高峰，从少到多，由盛至衰，有各自的产品寿命周期。经济运行中的循环波动，则更为人们所常见和熟悉。马克思、恩格斯称之为“资本主义经济危机”，西方经济学家称之为“经济周期性波动”。

“商业循环”的理论研究已有100多年的历史，形成了几十种内容各异的经济周期理论。由于历史原因，我们对中国社会主义经济周期的理论研究，20世纪80年代中后期刚刚起步。随着改革的深化和市场经济体制的建立，越来越多的理论工作者和实际工作者认识到了研究我国经济运行中确实存在的周期性循环波动的重要性。正确认识我国社会主义条件下周期性经济波动的客观规律性，掌握波动的方向、特点，分析循环波动可能产生的各种社会、经济影响，是实际工作者和理论工作者面临的新课题。利用经济调控措施弱化波动可能带来的消极影响，针对循环波动中不同时期的特点，适时出台改革措施，则是各级政府需予以充分注意的重要问题。

（一）循环波动的测定指标

循环波动虽与季节变动一样，表现为周而复始的周期性波动，但循环波动每个周期长短不一，每次波动都不是前次波动的简单重复，它们表现出不同的波动特点，显示出不同的波动曲线。由于循环波动的不规则性，要保证对其测定和分析的准确性困难更大。常用的测定循环波动的指标有：

1. 周期时间，即某个周期从开始到结束的时间。
2. 周期长度，即周期从开始到结束的时间长度。
3. 波峰时间，即达到周期高潮或周期顶点的时间。
4. 峰值，即周期顶点的循环波动数值。
5. 谷底时间，即进入周期低潮或周期谷底的时间。
6. 谷值，即周期谷底的循环波动数值。
7. 扩张长度，即从周期起点到顶点的时间长度。
8. 扩张差，即周期顶点的峰值与谷底谷值之差。
9. 收缩长度，即从周期顶点到谷底的时间长度。
10. 收缩差，即周期顶点的峰值与谷底谷值之差。

对每一循环周期都可用上述指标进行测定，并可进一步计算各个循环周期的平均周期长度、平均峰值、平均谷值、平均扩张长度、平均扩张差、平均收缩长度、平均收缩差等。

（二）循环波动的测定方法

测定循环波动的主要方法有三种：剩余法、直接法和循环平均法。其中剩余法最为常用。现将用剩余法测定循环波动的方法介绍如下：

1. 如果时间数列是月份资料或季度资料，首先计算季节比率，用季节剔除法从时间数列中消除季节比率的影响。如果时间数列是年度资料，可直接进入下一步。

2. 用最小平方方法（或其他方法）建立与时间数列相适应的直线趋势方程或曲线方程，求出与时间数列 y 值相对应的趋势值，并用趋势剔除法从总波动中剔除长期趋势的影响。

3. 用移动平均法消除不规则变动，剩余即是循环波动值；再用循环波动值减去100，即为循环增减比率。

（三）循环波动分析的案例

现在以我国1978—2014年历年粮食产量数据为例（如表10－26所示），说明循环波动的测定与分析方法。

表10－26　　我国历年粮食产量循环波动计算表

年份	序号 x	粮食产量（万吨）y	趋势值（万吨）$\hat{y}$	趋势剔除（%）$y/\hat{y}$	三项移动平均（%）	循环增减比率（%）
甲	(1)	(2)	(3)	$(4)=\frac{(2)}{(3)}$	(5)	(6) = (5) − 100%
1978	1	30 477	35 442	85.99	—	—
1979	2	33 212	36 043	92.15	88.54	−11.46
1980	3	32 056	36 644	87.48	88.97	−11.03
1981	4	32 502	37 245	87.27	89.47	−10.53
1982	5	35 450	37 846	93.67	93.89	−6.11
1983	6	38 728	38 447	100.73	99.57	−0.43
1984	7	40 731	39 048	104.31	100.22	0.22
1985	8	37 911	39 649	95.62	99.07	−0.93
1986	9	39 151	40 250	97.27	97.18	−2.82
1987	10	40 298	40 851	98.65	97.00	−3.00
1988	11	39 408	41 452	95.07	96.88	−3.12
1989	12	40 755	42 053	96.91	98.87	−1.13
1990	13	44 624	42 654	104.62	100.72	0.72
1991	14	43 529	43 255	100.63	102.06	2.06
1992	15	44 266	43 856	100.94	101.42	1.42
1993	16	45 649	44 475	102.68	100	0.80
1994	17	44 510	45 058	98.78	101.22	1.22
1995	18	46 662	45 659	102.20	103.35	3.35
1996	19	50 454	46 260	109.07	105.57	5.57
1997	20	49 417	46 861	105.45	107.49	7.49
1998	21	51 230	47 462	107.94	106.00	6.00

续表

年份	序号 x	粮食产量（万吨）y	趋势值（万吨）$\hat{y}$	趋势剔除（%）$y/\hat{y}$	三项移动平均（%）	循环增减比率（%）
甲	(1)	(2)	(3)	$(4)=\frac{(2)}{(3)}$	(5)	(6) = (5) - 100%
1999	22	50 839	48 603	104.60	102.53	2.53
2000	23	46 251	48 664	95.04	97.17	-2.83
2001	24	45 264	49 265	91.88	92.86	-7.14
2002	25	45 706	49 866	91.66	89.66	-10.34
2003	26	43 070	50 467	85.34	89.64	-10.36
2004	27	46 947	51 068	91.93	90.32	-9.68
2005	28	48 402	51 669	93.68	93.63	-6.37
2006	29	49 804	52 270	95.28	94.61	-5.39
2007	30	50 160	52 871	94.87	96.34	-4.66
2008	31	52 871	53 472	98.88	97.31	-2.69
2009	32	53 082	54 073	98.17	99.00	-1.00
2010	33	54 648	54 674	99.95	100.49	0.49
2011	34	57 121	55 275	103.34	102.94	2.94
2012	35	58 958	55 876	105.52	105.15	5.15
2013	36	60 194	56 477	106.58	106.15	6.15
2014	37	60 710	57 078	106.36	—	—

从表 10－26 的第(1)栏和第(2)栏的数据，可测算出时间数列的相关系数 $r=0.99$ 左右。这说明 37 年间，我国粮食产量与时间延续呈现出高度显著的线性相关。

下面用“半数平均法”，建立直线趋势方程。

1979—1996 年的粮食年平均产量为 40 550 万吨；1997—2014 年为 51 371 万吨。1979—1996 年序号平均值为 9.5；1997—2014 年序号平均值为 27.5。则参数值是：

$$b=\frac{40\,550-51\,371}{9.5-27.5}=601$$

$$a=40\,550-601\times 9.5=34\,841$$

建立直线趋势方程：

$$\hat{y}=34\,841+601t$$

根据上述方程，依次代入 $t=1,2,\cdots,37$，可得出 1978—2014 年的各年粮食产量趋势值 $\hat{y}$，列入表 10－26 的第(3)栏。表 10－26 中第(4)栏是剔除长期趋势的波动,第(5)栏是剔除不规则变动后的循环波动,第(6)栏为循环波动增减比率。

1978—2014 年各年粮食产量循环增减比率,可用折线图表示(见图 10-9)。将表 10-26 的第(6)栏循环增减比率与图 10-9 比照分析,可得出各项循环波动分析指标(见表 10-27)。

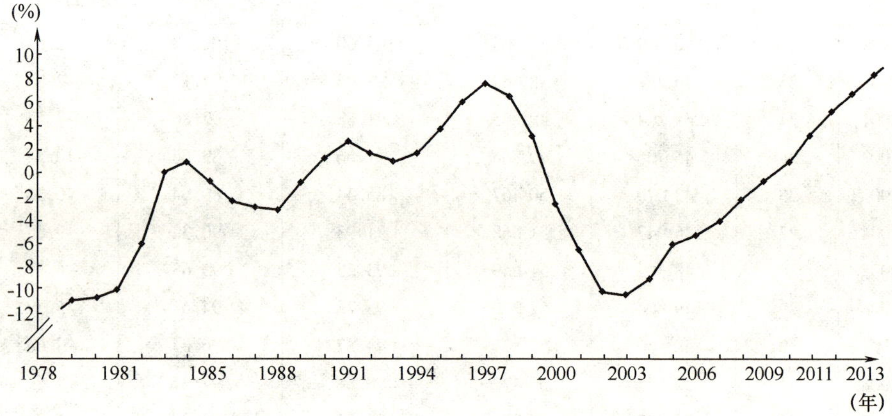

图 10-9　1978—2014 年我国粮食产量循环波动比率图

图 10-10 描述的是改革开放近 40 年间,我国粮食产量的变化曲线。它形象地表明自 1978 年以来,每年粮食产量虽有阶段性跳跃或回落,但其波动形式依然表现为线性的增长性波动。

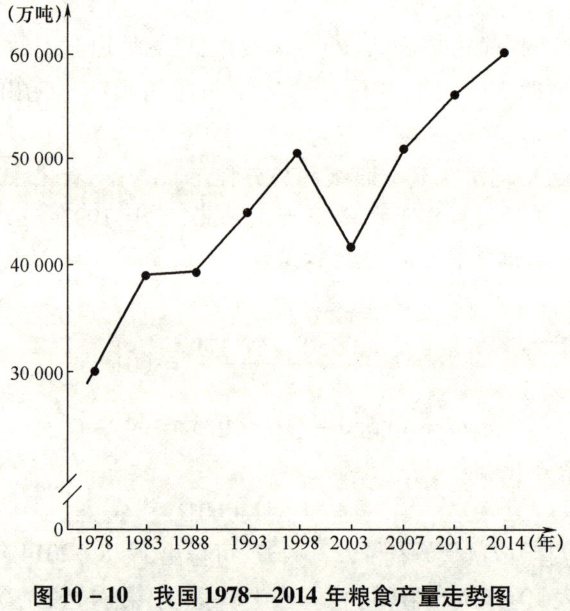

图 10-10　我国 1978—2014 年粮食产量走势图

表 10－27　　我国 1978—2014 年各年粮食产量循环波动分析指标

循环周次	1	2	3	4
周期起止年限	1979—1988	1988—1993	1993—2003	2003—
周期长度(年)	9	5	10	
波峰年度	1984	1991	1997	
循环周次	1	2	3	4
峰值(%)	0.22	2.06	7.49	
谷底(起点)年度	1979	1988	1993	2003
谷值(%)	－11.46	－3.12	0.80	－10.36
扩张年度(年)	5	3	4	
扩张差(%)	11.68	5.18	6.69	
收缩年度(年)	4	2	6	
收缩差(%)	3.34	1.26	17.85	

依据表 10－27 的指标值,试简要分析:

第一,1978—2014 年,全国粮食产量前后经历了四次不同周期的循环,第四次周期尚未摸顶。第一次、第三次为中周期值,第二次周期循环波动稍缓,第三次周期循环波动幅度较大;从目前观察,第四次还在爬升,过去的十多年是年年增产增收。

第二,在四次循环波动中,平均扩张长度达 5.5 年,平均收缩长度为 4 年,说明在近 40 年里粮食产量波动频仍,产量扩张或上升年度较多,特别是从 2003 年以后,连续 11 年增产。

第三,在四次循环波动里,平均每出现一次粮食生产高峰间隔 4.3 年,而谷底的平均间隔时间是 6 年,表明波峰之间的间隔时间低于谷底之间的间隔时间,相对而言,粮食产量的徘徊年度较少些。

第四,从波动周期观察,第三次波动周期长达 10 年,扩张长度是 4 年,而收缩期却持续了 6 年,收缩差高达 17.85%,从峰顶的 7.49%,下滑到－10.36%! 第一次、第二次的循环波动,两个波峰之间相隔 7 年,收缩长度持续了 4 年,收缩差为 3.34%。

当然,这仅为初步分析,深入分析还须结合更多的相关资料。

思考题与练习题

1. 时间数列的含义和编制原则是什么?

2. 时间数列的种类有哪些?

3. 比较时点数列和时期数列的异同点。

4. 如何区别发展水平的种类?

5. 计算平均发展水平的具体方法是什么?

6. 发展速度和增减速度的种类有哪些? 其计算方法是什么?

7. 平均发展速度的计算方法有几种?

8. 常用的趋势分析方法有哪些?

9. 某企业某年 1 ~ 12 月的产量分别为:185 台、190 台、236 台、240 台、230 台、255 台、272 台、270 台、275 台、280 台、278 台和 285 台。试计算:

(1)各季度的月平均产量;

(2)全年的月平均产量。

10. 某单位某年各时点上的流动资金余额:1 月 1 日为 52 万元,1 月 31 日为 48 万元,2 月 28 日为 44 万元,3 月 31 日为 36 万元,4 月 30 日为 32 万元,5 月 31 日为 30 万元,6 月 30 日为 40 万元,7 月 31 日为 36 万元,8 月 31 日为 34 万元,9 月 30 日为 42 万元,10 月 31 日为 46 万元,11 月 30 日为 50 万元,12 月 31 日为 56 万元。试计算:

(1)各季度的平均余额;

(2)全年平均余额。

11. 我国 2009—2014 年各年末就业人数资料如表 10 - 28 所示。

表 10 - 28　　2009—2014 年各年末就业人数　　(万人)

年度	2009	2010	2011	2012	2013	2014
年末就业人数	75 828	76 105	76 420	76 704	76 977	77 253
其中:第三产业	25 857	26 332	27 282	27 690	29 636	30 129

计算:(1)2010—2014 年每年平均就业人数;

(2)2010—2014 年每年第三产业平均就业人数;

(3)2010—2014 年间第三产业就业人员比重。

12. 我国 2009—2014 年城镇就业人员比重见表 10 - 29。

表 10－29　　2009—2014 年城镇就业人员比重　　（%）

年度	2009	2010	2011	2012	2013	2014
城镇就业人员比重	43.9	45.6	47.0	48.4	49.7	50.9

结合表 10－28 的资料，计算 2010—2014 年的城镇就业人员比重。

13. 我国 2009—2014 年，每年人口自然增长率资料如表 10－30 所示。

表 10－30　　2009—2014 年人口自然增长情况

年度	2009	2010	2011	2012	2013	2014
年末全国总人口（万人）	133 450	134 091	134 735	135 404	136 072	136 782
人口自然增长率（‰）	4.87	4.79	4.79	4.95	4.92	5.21
人口出生率（‰）	11.95	11.90	11.93	12.10	12.08	12.37

注：2009 年年初全国总人口为 132 802 万人。

计算：（1）2009—2014 年的人口自然增长率；

（2）2009—2014 年的人口出生率。

14. 我国建筑业增加值（亿元）：2010 年 27 178，2011 年 32 840，2012 年 36 805，2013 年 40 807，2014 年 44 725。计算：

（1）每年的增长量；

（2）每年的发展速度；

（3）平均每年的增长速度。

15. 利用时间数列分析指标的相互关系，将表 10－31 中空格填出，并计算。

表 10－31

年度	旅游外汇收入（亿美元）	与上年比较		
		增长量（亿美元）	发展速度（%）	增长速度（%）
2009	397			
2010				15.5
2011			105.9	
2012		15		
2013			103.4	
2014	569			

16. 我国固定资产投资，2011 年比 2010 年增长 23.76%，2012 年比 2010 年增

长48.88%,2013年比2012年增长18.66%,2014年比2012年增长36.85%。

(1)编制环比发展速度和定基发展速度的时间数列;

(2)分别按环比发展速度和定基发展速度计算2011—2014年的年平均增长速度。

17. 我国2014年全国人口为13.58亿人,若2025年人口自然增长率调控在5.21‰,到2025年全国总人口会是多少?若平均每人占有粮食不低于500千克,2014年全国粮食产量为60 710万吨,欲2025年实现此目标,今后粮食产量会怎样?

18. 我国社会消费品零售额2014年为262 394亿元,比2010年增长67.15%,2013年比2010年增长51.48%。分别计算2010—2014年与2010—2013年的平均发展速度,若分别按此两个平均发展速度发展,估计2020年的社会消费品零售总额将是多少?

19. 贵客隆商厦某类商品历年分季销售情况如表10-32所示。

表10-32 (万件)

年　度	2005	2006	2007	2008	2009
第一季度	2	3	3	5	6
第二季度	4	4	5	6	7
第三季度	10	12	13	13	15
第四季度	1	2	4	2	3

(1)采用按季平均法计算各季节比率;

(2)对季节变动规律简要说明。

20. 我国2000—2007年固定电话用户情况如表10-33所示。

表10-33 (万户)

年　度	2000	2001	2002	2003	2004	2005	2006	2007
固话年末用户数	14 482.9	18 036.8	21 422.2	26 274.7	31 175.6	35 044.5	36 778.5	36 545.0
其中:城市	9 311.6	11 193.7	13 579.1	17 109.7	21 025.1	23 975.3	25 132.9	24 859.4
农村	5 171.3	6 843.1	7 843.1	9 165.0	10 150.5	11 069.2	11 645.6	11 685.6

(1)全国哪一年固定电话用户增长最快?

(2)固定电话用户增长最快的是农村吗?

21. 某公司某年各季度销售额和利润率依次为：第一季度250 万元,30%；第二季度360 万元,32%；第三季度400 万元,35%；第四季度420 万元,36%。计算该公司全年平均利润率。

22. 2017 年,北京市地区生产总值为28 014.9 亿元,是1978 年的41.2 倍;城镇居民人均消费支出40 346 元,是1978 年的112.1 倍;农村居民人均消费支出18 810元,是1978 年的101.78 倍,分别计算三个指标的年平均增长率。

23. 2017 年,我国国内生产总值827 122 亿元,人均国内生产总值59 660 元。

(1)若年均增长率为6.9%,到2030 年国内生产总值为多少?

(2)若年增增长率为6.3%,到2030 年人均国内生产总值为多少?

(3)按国内生产总值和人均国内生产总值的增长要求,全国人口自然增长率如何控制?

第十一章　平衡分析

内容提要

● 平衡关系是社会经济现象之间相互依存、相互制约的一种重要关系。平衡分析是研究社会经济现象客观存在的各种构成要素的数量联系和数量对等关系的统计分析方法。

● 平衡分析的作用和种类。

● 平衡表是进行平衡分析的主要工具之一，它不同于一般的统计表。国民经济平衡表体系的内容。

● 投入产出平衡是运用投入产出法研究国民经济各部门联系的分析方法。它用一定的表格形式来反映各部门的联系，这种表格称为部门联系平衡表，即投入产出表。投入产出表有实物形态和价值形态两种。

第一节　平衡分析的种类

一、平衡分析的意义

（一）平衡分析的含义

社会经济现象是十分复杂的，各种现象之间相互依存、互相制约，其表现形式主要有因果关系、相关关系和平衡关系等。其中，平衡关系又可分为相等关系、衔接关系、协调比例关系和相应的发展关系等具体形式。

平衡分析是用来研究社会经济现象及其发展变化过程中，客观存在的各构成要素的数量联系和数量对等关系的统计分析方法。

社会经济现象在数量上的增减变化经常表现为对等的关系，例如，人口的增加与减少，物资的生产与需要，货币的投放与回笼，财政的收入与支出，等等。平衡分析法是按照平衡的原理，把影响某一社会经济现象变动的若干因素在数量上的等式关系，用平衡式或平衡表显示出来，以反映社会经济现象的发展变化过程，为国民经济综合平衡及统计工作提供依据。比如，社会产品的生产、消费和积累之间的平衡关系是：

社会总产品 = 生产消费 + 非生产消费 + 积累 + 出口 - 进口

能源资源和使用之间的平衡关系是：

年初库存量 + 本年生产量 + 进口量 + 其他收入量
= 本年消费量 + 出口量 + 其他支出量 + 年末库存量

（二）平衡分析的特征

1. 分析的对象必须具有数量上的对等关系和比例关系。平衡分析研究的现象，无论是一个总体内部各组成部分之间的平衡关系，或是不同总体之间的关系，都必须具有数量上的对等关系和比例关系，两方面的总量一定相等。例如，反映总体内部各构成部分之间的数量对等关系是：

增加值 = 劳动者报酬 + 生产税净额 + 固定资产折旧 + 营业盈余

反映总体之间的数量对等关系是：

期初结存量 + 本期收入量 = 本期销售量 + 期末结存量

2. 分析方法必须运用指标体系。平衡分析法是分析现象之间的平衡关系，它不能只以一个指标来说明问题，而是需要运用一系列相互联系的指标所组成的统计指标体系来进行分析。

3. 以全面资料为分析的依据。平衡分析法应根据全部有关资料来分析才有意义，这样才能从整体上分析各指标之间的比例关系。

（三）平衡分析的作用

1. 研究国民经济活动的全过程，发现薄弱环节，挖掘潜力，总结工作中的经验，促进国民经济的健康发展。

2. 研究国民经济发展中的主要比例关系和经济效益，促进国民经济的协调发展。

3. 对国民经济发展前景进行展望。通过平衡分析，可以了解国民经济中已实现的各种比例关系的资料，结合具体情况对国民经济未来的状况进行预测，从而为党和国家的决策提供可靠根据。

4. 有利于企业管理工作的改善。在企业的管理工作中，存在各种综合平衡的问题。例如：产销关系，原材料的供应、消费和库存的关系，以及生产任务与生产设备能力之间的平衡关系，等等。这些都需要进行平衡分析，找出主要矛盾并加以解决，以提高企业管理的水平。

（四）平衡分析须注意的问题

运用平衡分析研究问题，始终要以唯物辩证法为指导，注意处理好如下问题：

1. 解决好平衡和不平衡的关系。平衡是指相互联系的各事物之间，在数量上保持一定合理的比例关系；不平衡则是这种合理的比例遭到破坏。唯物辩证法指出，事物是发展变化的，各种合理的比例关系也不可能一成不变。可见，平衡不是绝对的,而只能是相对的,需要不断地以新的平衡去代替旧的平衡,事物才能持续发展。

2. 解决好积极平衡与消极平衡的关系。在组织、企业或整个国民经济平衡时,要充分调动各方面的积极因素,克服困难,改进工作,提倡积极平衡,不要迁就后进搞消极平衡。当然,这里的积极平衡应是实事求是的,而不是冒进的。

3. 解决好全局平衡与局部平衡的关系。倡导局部平衡要服从全局平衡,根据“全国一盘棋”的精神,保证重点,照顾一般。

二、平衡分析的种类

平衡分析的种类,可从不同角度进行如下划分。

(一)按平衡分析研究的范围进行划分

按平衡分析研究的范围可分为:国民经济平衡、部门平衡、地区平衡和企业平衡等。

(二)按平衡分析研究的性质进行划分

按平衡分析研究的性质划分,可分为单项平衡和综合平衡。

1. 单项平衡。它是指对个别产品或某项生产要素(如劳动力)的资源与需要的平衡,以及供、产、销等方面的平衡。

2. 综合平衡。它是对各种产品或各项生产要素相互之间的平衡分析,包括人力、物力和财力相互之间的平衡。

(三)按平衡分析的内容进行划分

按平衡分析的内容可分为劳动力平衡、物资平衡和财政平衡等。

(四)按平衡分析的具体方法进行划分

按平衡分析的具体方法可分为:平衡公式法、平衡表法、投入产出法和账户法等。

其中,平衡公式法是用数学恒等式、函数式或方程组来表示各种现象之间的平衡关系,并进行计量的一种平衡分析方法。其平衡公式可以是含义比较明确、运算较为简单的一般平衡公式。例如:

总产出 = 物质生产部门总产出 + 非物质生产部门总产出

物质生产部门总产出 = 农业总产出 + 工业总产出 + 建筑业总产出 + 交通运输邮电业总产出 + 贸易业总产出

平衡公式有时表现为含义和运算都比较复杂的经济计量模型。例如,国民收入决定消费的经济模型为:

$$c = a + by$$

式中:c 为消费额,y 为国民收入,两者均属于经济变量;a 为截距,表示收入为零时的消费水平,b 为斜率,表示收入每增加 1 元,消费所增加的金额,a 和 b 是参数,

$a>0, 1>b>0$。

所以,经济计量模型就是表示经济现象及其主要因素之间关系的公式。其基本组成要素有变量、参数及方程式或方程组等。

第二节　平衡表

一、平衡表的意义

平衡分析的有关指标,按收支对等的顺序排列成的表格称为平衡表。平衡表是进行平衡分析的主要工具之一。

平衡表是统计表的一种,表中包括主词和宾词两部分。主词是平衡分析的对象,宾词是说明分析对象的统计指标体系。

平衡表有别于一般的统计表,其主要区别在于:平衡表有两个相对应的平衡方面(如收入与支出、生产与需要、资源与消费等),它们构成了相应的平衡关系。

二、平衡表的结构

(一)平衡表的应用结构

平衡表的应用范围广泛,其应用结构包括:国民经济平衡表、地区经济平衡表、部门经济平衡表和企业平衡表,此外还有部门联系平衡表。

(二)平衡表的表式结构

平衡表按其表式结构的形式不同,可分为收付式平衡表、平列式平衡表和棋盘式平衡表。

1. 收付式平衡表。它是最基本的平衡表,是用来反映一个部门(或单位或某类物资)收支平衡关系的平衡表,如表 11-1 所示。

表 11-1　　某种产品平衡表

收方项目	数量	支方项目	数量
		6. 生产维修耗用	
1. 期初结存		7. 基本建设耗用	
2. 本期生产		8. 生活消费耗用	
3. 接受进口		9. 出口	
4. 动用国家储备		10. 补充国家储备	
5. 其他来源		11. 其他支出	
		12. 期末结存	
合　计		合　计	

收付式平衡表是根据国民经济活动有收有支且收支相等的原则编制的。这种平衡表有左右排列（如表 11－1）和上下排列（如表 11－2）两种格式。左右排列的平衡表的左方为“收”，右方为“付”，左右两方的合计数相等。上下排列的收付式平衡表是将收方项目放在表内的上方，将付方项目列在表的下方。这种表可为多栏式，如表 11－2 所示。

表 11－2　　人口平衡表

项　　目	合计	按城乡分		按是否为农业人口分	
		城镇人口	乡村人口	非农业人口	农业人口
年初总人口					
本年增加人口：					
出生					
国外迁入					
省外迁入					
本年减少人口：					
死亡					
迁居国外					
迁居省外					
年末总人口					

2. 并列式平衡表。它是多个收付式平衡表的结合。表的主词通常是产品或部门，放在表的左端；宾词是收支平衡项目，放在表的上端，用以反映不同部门对同一产品或同一部门对不同产品的收支平衡关系，如表 11－3 所示。

表 11－3　　主要产品平衡表

产品名称	单位	资　源					使　用				
		期初结存	生产	调入	进口	其他收入	消费	调出	出口	其他支出	期末结存

并列式平衡表的主词要建立在科学分组的基础上，宾词和主词的分组或分类，随研究的目的和资料的情况可粗可细。

3. 棋盘式平衡表。它是用来反映各部门或各地区之间的收支平衡关系的，故又称为部门联系平衡表或地区联系平衡表。投入产出法运用的投入产出模型，就是棋盘式平衡表的发展。

棋盘式平衡表的主词和宾词的分类项目和排列顺序是完全一致的，纵横交错，犹如棋盘，故被形象地称为棋盘式平衡表。如表11－4所示。

表11－4　　某产品地区产销平衡表

生产地区	分配地区				调出合计
	甲　地	乙　地	丙　地	丁　地	
甲地					
乙地					
丙地					
丁地					
调入合计					

三、国民经济平衡表体系的内容

国民经济平衡表是国民经济核算的重要工具，因此，国民经济平衡表体系的内容是由国民经济核算体系的内容所决定的。《中国国民经济核算体系2002》规定了我国国民经济核算体系的宏观表式，共有五个组成部分。

（一）社会生产条件的核算

社会生产条件的核算包括人力资源、人力资本和自然资源与资产等生产基本要素。这部分的平衡表有：自然资源实物量核算表和人口资源与人力资本实物量核算表。

（二）生产、分配和使用的核算

核算社会生产成果、分配及使用，即主要核算以国内生产总值（GDP）反映的国民经济运行过程的最终成果，与此同时核算国民经济各行业的增加值，还有反映国内生产总值的使用于消费和投资的情况。这部分核算表有：国内生产总值总表，生产法国内生产总值表，收入法国内生产总值表，支出法国内生产总值表，投入产出表、供给表、使用表与产品部门×产品部门表等。

（三）流通的核算

流通的核算主要以收入分配和资金运动为核算对象。这部分的平衡表有：资金流量表（实物交易）和资金流量表（金融交易）等。

（四）国际收支核算

国际收支核算反映在国际交往中，以什么形式得到收入，以什么形式对外进行支付，收支结果是顺差或逆差，年末外汇储备增减变动的结果。这部分的平衡表有：国际收支平衡表和国际投资头寸表等。

（五）经济资产存量的核算

采用国际上通用的矩阵结构，资产负债采用复式记账原则，表现某一时点上机构部门及经济总体所拥有的资产和负债的历史积累状况。

第三节　投入产出平衡

一、投入产出法

（一）投入产出法的概念

投入产出法，亦称部门联系平衡法。它是利用一定的表格形式和数学方法，研究国民经济各部门之间技术经济联系和经济结构的数量分析方法。

投入产出法是依据国民经济各部门之间生产投入与产出的数量关系，编制部门联系平衡表来模拟和综合分析现实国民经济结构和再生产过程。此法以使用现代数学方法和电子计算机为前提。

投入产出法是国民经济综合平衡的重要工具，它用于研究整个国民经济的平衡关系，各部门、各地区间的平衡关系以及“人、财、物”的综合平衡。

（二）投入产出法的作用

1. 全面地反映国民经济各部门的相互依存关系，说明经济结构，进行综合分析。

2. 剖析价格的形成过程，为制定价格和进行价格管理提供依据。

3. 用于编制社会经济发展规划和检查其执行情况。

4. 用于经济预测。

二、投入产出表

（一）投入产出表的概念

投入产出法被用于研究分析国民经济过程时，需用一定的表格形式来反映各部门的联系，这种表格就被称为部门联系平衡表，即投入产出表。

（二）投入产出表的种类

1. 按计量单位不同，有实物形态表和价值形态表等。

2. 按作用不同，有报告表和计划表等。

3. 按编制范围不同，有全国表、地区表、部门表和大型联合企业表等。

（三）实物形态的投入产出表

实物形态的投入产出表是国民经济中各大类产品采用不同的实物计量单位来编制的。据此可综合研究国民经济各主要产品的生产与使用情况，以及它们的相互联系和比例关系。其形式及内容如表 11－5 所示。

表 11－5　　实物形态投入产出表

产品名称	计量单位	中间产品					最终产品						总产品
		1	2	…	n	合计	生活消费	新增固定资产	净增加的国家储备	期末与期初库存差额	出口减进口的差额	合计	
甲	乙					(1)	(2)	(3)	(4)	(5)	(6)	(7)	(8)
1													
2													
⋮													
n													

表 11－5 从横行看，平衡关系是(8)＝(1)＋(7)；纵列无法相加，所以，此类表只有第一象限和第二象限。

（四）价值形态的投入产出表

价值形态的投入产出表，又称价值表。它是以国民经济的各部门为单位来编制的，将各部门的生产成果用价值形式表示出来。其内容与形式如表 11－6、表 11－7 和表 11－8 所示。

表 11－6 的横行，反映各部门产品生产出来后，是如何分配给各部门使用的，即按其实物运动过程进行排列。其平衡关系式为：

中间使用＋最终使用＋进口＝总产出

表 11－6 的纵列，反映各部门产品的价值构成，即按其价值形成过程排列。其平衡关系式为：

中间投入＋增加值＝总投入

表 11－6　　　　投入产出表（产品部门×产品部门表）

投入＼产出		中间使用				最终使用										进口	总产出
		产品部门1	…	产品部门 n	中间使用合计	最终消费					资本形成总额			出口	最终使用合计		
						居民消费			政府消费	合计	固定资本形成总额	存货增加	合计				
						农村居民消费	城镇居民消费	小计									
中间投入	产品部门1																
	⋮	第Ⅰ象限				第Ⅱ象限											
	产品部门 n																
	中间投入合计																
增加值	劳动者报酬																
	生产税净额																
	固定资产折旧	第Ⅲ象限															
	营业盈余																
	增加值合计																
	总投入																

表 11－7　　　　供给表（Ⅴ表）

产品部门＼产业部门	产业部门1	…	产业部门 j	…	产业部门 m	产品部门总产出	进　口（到岸价）	按生产者价格计算的总供给	商业和运输费用	按购买者价格计算的总供给
产品部门1										
⋮										
产品部门 i										
⋮										
产品部门 n										
产业部门总产出										

表 11－8　　使用表(U 表)

<table>
<tr><td colspan="2" rowspan="4">产业部门
产品部门</td><td colspan="4">中间使用</td><td colspan="11">最终使用</td><td rowspan="4">总使用（购买者价格）</td></tr>
<tr><td rowspan="3">产业部门1</td><td rowspan="3">…</td><td rowspan="3">产业部门 m</td><td rowspan="3">中间使用合计</td><td colspan="5">最终消费</td><td colspan="3">资本形成总额</td><td rowspan="3">出口</td><td rowspan="3">最终使用合计</td></tr>
<tr><td colspan="3">居民消费</td><td rowspan="2">政府消费</td><td rowspan="2">合计</td><td rowspan="2">固定资本形成总额</td><td rowspan="2">存货增加</td><td rowspan="2">合计</td></tr>
<tr><td>农村居民消费</td><td>城镇居民消费</td><td>小计</td></tr>
<tr><td rowspan="2">中间投入</td><td>产品部门1
⋮
产品部门 n</td><td colspan="4">第Ⅰ象限</td><td colspan="12">第Ⅱ象限</td></tr>
<tr><td>中间投入合计</td><td colspan="4"></td><td colspan="12"></td></tr>
<tr><td rowspan="2">增加值</td><td>劳动者报酬
生产税净额
固定资产折旧
营业盈余</td><td colspan="4">第Ⅲ象限</td><td colspan="12" rowspan="3"></td></tr>
<tr><td>增加值合计</td><td colspan="4"></td></tr>
<tr><td colspan="2">总投入
（生产者价格）</td><td colspan="4"></td></tr>
</table>

表 11－7 的平衡关系式，横行是：

$$\text{产品部门总产出} + \text{进口（到岸价）} + \text{商业和运输费用} = \text{按购买者价格计算的总供给}$$

纵列是：

$$\Sigma\ \text{产品部门}_i = \text{产业部门总产出} \qquad (i = 1,2,\cdots,n)$$

表 11－8 的平衡关系式，横行是：

$$\text{中间使用} + \text{最终消费} + \text{资本形成总额} + \text{出口} = \text{总使用（购买者价格）}$$

纵列是：

$$\text{中间投入} + \text{增加值} = \text{总投入（生产者价格）}$$

$$\text{增加值} = \text{劳动者报酬} + \text{生产税净额} + \text{固定资产折旧} + \text{营业盈余}$$

三、直接消耗系数和完全消耗系数

（一）直接消耗系数

直接消耗系数，表现每生产单位产品的物质消耗量。它在投入产出表上表示

生产每单位 j 部门产品，需要直接消耗 i 部门产品的数量。以 a_{ij} 代表直接消耗系数，其计算公式为：

$$a_{ij}=\frac{x_{ij}}{x_i}\qquad (i,j=1,2,\cdots,n)$$

直接消耗系数反映国民经济各部门之间的直接生产联系。在实物表中，直接消耗系数就是产品的生产消耗定额；在价值表中，它则是以价值形式表现的部门平均消耗定额。

因为直接消耗系数公式可以调整为：$x_{ij}=a_{ij}x_i$，所以，代入各部门的产品分配使用方程组 $\Sigma x_{ij}+y_i=x_i$，得：

$$\Sigma a_{ij}x_i+y_i=x_i$$

即

$$y_i=x_i-\Sigma a_{ij}x_i$$

运用此公式，可以根据各部门的总产品计划指标，预测计划期内各部门的最终产品。

（二）完全消耗系数

国民经济各部门之间的生产与消耗，除了直接消耗以外，还有间接消耗。直接消耗与全部间接消耗的总和就是完全消耗。完全消耗系数，就是生产每单位某种产品需要消耗另一种产品的全部数量。在投入产出表上表现为：j 部门生产每单位最终产品，对 i 部门产品的完全消耗量，其中包括对 i 部门产品的直接消耗量和通过中间产品产生的对 i 部门产品的间接消耗量。完全消耗系数（b）是根据直接消耗系数（a）计算的。其一般方程组是：

$$\begin{aligned}
b_{i1}&=a_{i1}+a_{11}b_{i1}+a_{21}b_{i2}+\cdots+a_{n1}b_{in}\\
b_{i2}&=a_{i2}+a_{12}b_{i1}+a_{22}b_{i2}+\cdots+a_{n2}b_{in}\\
&\vdots\\
b_{in}&=a_{in}+a_{1n}b_{i1}+a_{2n}b_{i2}+\cdots+a_{nn}b_{in}
\end{aligned}$$

式中，$i=1,2,\cdots,n$，代表 n 个部门。每个部门各有 n 个完全消耗系数，因此，要建立 n 个方程式的联立方程组。求解 n 个方程式，必须借助于矩阵和电子计算机。

思考题

1. 平衡分析有何特征和作用？
2. 平衡分析有哪几种分类方法？
3. 平衡表和一般统计表有何异同之处？
4. 平衡表的表式结构有哪几种？
5. 什么是投入产出法？
6. 投入产出表的种类有哪些？
7. 什么是直接消耗系数和完全消耗系数？

第十二章　统计分析

内 容 提 要

● 统计分析是统计活动中的重要活动阶段之一。它是以特有的统计研究方法,对社会经济现象进行系统和科学分析的工作过程。

● 统计分析的作用以及必须注意的五原则。

● 统计分析的四种不同分类。

● 统计分析的方法有基础分析方法、综合分析方法和现代分析方法等。

● 统计分析的工作步骤和统计分析报告。

第一节　统计分析的概念和作用

一、统计分析的概念

统计分析是统计活动中的一个重要阶段,是在统计调查和统计整理的基础上进行的。因此,统计分析是根据统计研究的目的和任务,以统计资料为基础,在正确的实质性科学理论的指导下,运用特有的统计研究方法,对所研究的社会经济现象进行系统分析的工作过程,其目的在于要得到正确的深入的认识,从而用于社会实践。

统计分析与前几个阶段的工作有着密切的联系:统计设计本身就包含了对分析工作方向和内容的要求;调查搜集资料就是为了了解情况和进行研究;而统计整理实际上就是统计分析的准备和前提。

统计分析的主要特点表现在三个方面。

其一,统计分析是在正确理论指导下进行的。在进行统计分析工作时,必须在一定的理论指导下,才能有正确的分析方向和分析思路,才能做出正确的判断。这是由于客观的社会经济现象是错综复杂、千变万化的,而正确的理论是人们从实践中总结出来又在实践中证明了的关于社会经济活动的规律性的系统认识,所以,有关经济理论,如政治经济学、宏观经济学、微观经济学、邓小平经济理论等,是统计分析的理论指导。

其二,统计分析是以经济统计数据资料为基础进行的。统计分析自始至终离不开统计数据,分析从数字资料入手,结果还是用统计数字说话。统计分析有别于一般的理论分析,它是从统计数据中发现问题、提出问题,运用统计方法,对数字进行计算和分析,从中认识问题的本质,最后还用数据阐明自己的观点。

其三,统计分析是将数字与情况相结合的分析。统计数字不是抽象的数,不是孤立的数,统计数字背后有生动的实际情况。因此,统计分析不能离开实际情况,单纯地就数字论数字,何况有些复杂的情况不可能用数字来反映,为了做到分析深入、结论正确,在统计分析中,要将数字资料与其背后的实际情况紧密结合。

二、统计分析的原则

统计分析要取得预期效果和卓有成效,必须注意以下原则问题。

(一)统计分析的指导思想

统计分析要以马克思主义、邓小平理论为指针,按照辩证法和历史唯物主义的科学原理去观察问题和分析问题。唯物辩证法告诉人们,在统计分析中,一定要坚持实事求是的观点、全面的观点和发展的观点,从事物的发展变化中洞察问题,从现象和事物的相互依存、相互制约关系角度分析问题。那种把事物看成是静止僵化或一成不变,认为是一些偶然因素简单堆积的观点,以及片面、孤立地列举个别事实代替总体的观点,都是错误和有害的。

(二)坚持实事求是的原则

实事求是是搞好统计分析的基础。首先,情况要真实,数字要准确。准确是统计的生命线,统计分析是用统计数据作为立论的依据,只有正确的统计数据,才能做出符合客观实际的结论;否则,分析会导致错误的结论。统计分析要进行情况的搜集与调查,调查情况要真实,要确凿无误,不能捕风捉影,道听途说,要经得起推敲和历史的检验。其次,要尊重客观实际,防止主观臆断,切忌想当然和凭印象。因此,必须具备优良的业务素质和健康的思想素质。再次,要讲真话,讲实话,一是一,二是二,不能随波逐流,有成绩讲成绩,有缺点谈缺点,既不夸大、渲染,也不缩小、掩盖。这就必须具备优良的职业道德和高尚的品格。

(三)坚持全局的观点

社会经济现象是错综复杂的,其发展演变过程是在多种因素相互依存、互相制约中进行的。如果只从局部看问题,就会只见树木,不见森林,在认识事物时不免失之偏颇。所以,必须搜集大量原始资料和统计资料,进行科学而认真的处理,进而综合、分析。即依据研究的目的,综合运用有关的各种分析方法和分析指标,将大量的材料和具体情况结合起来,按照党的方针、政策、路线,从各方面对所研究的现象进行分析、概括，使之对所研究的事物由感性认识上升到理性认识，及时发现并分析事物发展过程中的新情况、新问题，宣传先进思想和行为，揭露薄弱环节，促使事物向积极方面转化。

（四）坚持量变和质变统一的观点

研究和分析社会经济现象的数量关系，一定要坚持量变和质变的辩证统一。毛泽东在《党委会的工作方法》一文中指出："胸中有'数'。这是说对情况和问题一定要注意到它们的数量方面，要有基本的数量分析。任何质量都表现为一定的数量，没有数量就没有质量。我们有许多同志至今不懂得注意事物的数量方面，不懂得基本统计、主要的百分比，不懂得注意决定事物质量的数量界限，一切都是胸中无'数'，结果就不能不犯错误。"[①]这段睿智的名言，精辟地阐明了事物数量和质量的辩证关系，说明了从数量方面入手研究问题的重要性。在统计分析中，要把握好量变到质变的"度"，从而求得对客观事物本质的认识。

此外，进行统计分析还应做到数字和情况、论点和论据的有机结合。

（五）必须以党和国家的方针政策为准绳

检查与监督政策方针的贯彻实施，是统计工作的重要任务之一。在建立和完善社会主义市场经济体制，推进社会主义现代化建设的进程中，统计分析新问题，昭示新事物，充分发挥促进作用，必须认真学习和领会党和国家的各项方针政策，吃透精神实质，从而有利于正确评价和预估社会经济发展前景。分析什么问题，就应掌握好这方面的政策、方针、路线，以避免失误。

三、统计分析的作用

（一）可以充分发挥统计工作的管理职能

参与社会经济的管理是统计部门的重要功能之一，主要表现为反馈信息、提供咨询、实行监督、参与决策。统计部门已经发展成为国家的综合性信息库，各单位的统计部门是本单位的信息库。这些统计部门的统计人员掌握丰富的资料，分析社会经济运行情况并反映给有关部门，利用现代传输技术，提供各种咨询服务。统计监督职能，是对国民经济运行和社会发展过程中的情况，通过统计分析，提出意见和建议，揭示问题和不足，主动积极、千方百计寻求问题的妥善解决。

（二）可以充分发挥统计工作的服务与教育的职能

统计部门掌握了大量的统计信息，统计分析运用丰富的、无可争辩的、有强大说服力与感召力的事实和数据，为公众了解、认识社会和参与社会管理提供了极为方便的条件。这对每个劳动者明了国家或本单位的建设成就、工作成果、前进中的

---

① 《毛泽东选集》第4卷，人民出版社，1991年版，第1442页。

困难和问题，从而促进他们的主人翁意识的发挥、劳动积极性的充分调动，无疑是有重大现实意义的。

（三）有利于加快统计工作的改革与发展，更好地为社会主义市场经济服务

统计分析工作的开展，对于提高统计工作的整体水平，增强统计工作在整个社会经济管理工作系统中的地位是十分有利的，对于统计工作体制的改革，使统计工作更贴近现实生活，真正成为社会和公众须臾不可离的手段，其意义是不可估量的。

通过统计分析的实践活动，为改进和完善统计指标体系、计算方法、计算标准、数据质量等提供了现实的依据，以便改进工作，高质量地为建立与健全社会主义市场经济体制服务。

（四）有利于提高统计人员的全方位素质

统计工作人员的全方位素质，包括政治思想品德素质、业务素质、应变能力和洞察力素质、心理素质和组织管理素质等。要做好统计分析工作，这些都是不可或缺的。通过统计分析实践活动，可以促进统计人员提高这些方面的素质，从而逐步提高统计工作水平。

第二节　统计分析的类别和方法

一、统计分析的类别

统计分析的社会经济现象相当广泛，内容极为丰富。分析研究可以是多方位的、含蓄的，深度是多层次的。所以，统计分析按划分的标志不同有不同的分类方法，主要有以下四种。

（一）按涉及问题的范围分类

按涉及问题的范围划分，统计分析可分为专题分析和综合分析两类。

1. 专题分析是就某个专门问题或专门现象进行的统计研究。比如：对某一种产品生产经营情况的分析、对工人劳动生产率水平的分析、对城市居民住房情况的分析等，均属于专门问题性质的分析。

由于分析的问题相当专，所以，这种分析有别于综合分析。其特殊性表现在：①分析的针对性很强，不是泛泛地“蜻蜓点水”式的，因此要求分析的选题要准；②分析的灵敏度高，往往具有典型意义，因此要求分析有全局观点；③分析深入透彻，不是“水过地皮湿”，不痛不痒，因此要求分析要有深度。通常，专题分析可以是对现实性问题进行分析，也可以是对长远性问题进行分析。

2. 综合分析是一种全局性的分析研究，是指对国民经济或企业中综合性问题的分析。例如:对社会总供给和总需求的平衡分析、对国民经济发展速度与效益关系的综合分析、对社会人口增长与经济增长关系的分析、对国民经济各部门比例平衡的分析以及对企业产供销的平衡分析、企业市场竞争力的分析等,都属于综合分析。

可见,统计综合分析是把某一个“全局”当作一个整体,从多方面、多环节联系起来进行的分析研究,其分析的目的是要对全局做出总的评价,反映总的发展趋势。发现在全局上出现的问题,找到原因和解决问题的对策。在综合分析的基础上,也可能形成若干个专题,进一步从全局的角度深入研究这些问题。

(二)按涉及对象的层次分类

按涉及对象的层次划分,统计分析可分为宏观分析和微观分析两类。

1. 宏观分析是对社会再生产过程或国民经济体系整体所进行的实证分析。例如:国民经济形势分析、经济结构分析、经济发展速度分析、投入产出分析、国民经济效益分析、资金流量分析和综合国力分析等,都是对国民经济活动的分析,属宏观分析。

宏观分析具有如下两个主要特点:①宏观性。分析是运用宏观经济统计资料,从宏观经济总量和结构等角度来分析整个国民经济的规模、速度、结构、水平和比例关系的现状及变化,从中认识客观经济规律;②实证性。宏观分析是在国民经济活动现实的基础上所进行的统计分析,它能帮助人们认识客观实际。

2. 微观分析是指在企业范围内所做的各种统计分析,即以某个社会基本经济单位的经济活动为分析研究对象。例如:对工业企业的竞争能力分析、消化能力分析,对商业企业的商品购销活动分析,对企业的劳动力资源分析和经济效益分析等均是微观分析的重要内容。通过微观分析,可以对企业生产、经营活动的过程和结果有一个较全面和科学的认识,为企业正确进行经营决策及制定规划提供依据。此外,微观分析又是宏观分析的前提和补充。

(三)按涉及现象的时态分类

按涉及现象的时态划分,统计分析可分为静态分析和动态分析两类。

1. 静态分析是对总体在一定时点或时期上的状态进行总量、水平、结构、相关关系等方面的分析,可以反映某总体的特征以及用于不同总体间的对比分析等。例如:对某年国内生产总值的产业构成分析及各地区劳动生产率对比分析、调查时点人口性别构成和年龄构成分析、彩色电视机产量和价格的关系分析等均属静态分析。这种分析常用的方法有:综合指标法、统计分组法、对比分析法、相关关系分析和平衡分析法等。

2. 动态分析是对总体发展变化的过程、趋势及其规律性进行的统计分析研究。在动态分析的基础上,还可以进行趋势预测。例如:某市商品房价格变动的分析和预测、宏观经济效益变动分析、历年国内生产总值增长率分析、三次产业构成变动分析等，均属动态分析。动态分析的方法，通常是利用时间数列中的资料，计算一系列的分析指标（如序时平均数、增长量、发展速度、增长速度等），以及运用数列分析方法（如时距扩大法、最小二乘法等）进行现象的动态分析。同时，指数分析法也是统计特有的重要的动态分析方法。

（四）按对管理的作用分类

按对管理的作用划分，统计分析可分为：现状分析、目标分析、规律性分析、预测和决策分析四类。

1. 现状分析是指对社会经济活动当前的实际状况和存在的矛盾的统计分析。现状分析的目的在于：对现实状况有正确的认识，做出判断，发现问题的关键，分析原因，提出解决问题办法的建议。这种分析有助于改进国民经济和企业的管理，促进社会和企业经济活动的正常运行和发展。

2. 目标分析是指对预先制定的经济活动目标的完成情况进行的统计分析。目标分析包括在实现过程中的分析和执行结果总结性的分析两部分。前者分进度分析和预计分析。进度分析是在目标执行过程中，逐旬、逐月的检查和分析完成进度和程度，发现问题可以及时分析原因，采取有效措施，保证顺利实现目标。预计分析也是在执行过程中的分析，它是在执行的后期，对目标执行情况提前做出的预警分析。对于保证目标顺利实现，预计分析发挥了“气象台”的预警作用。执行结果总结性分析要判定目标是否实现，评价工作的好与差、正常与不正常等，分析原因，总结经验和教训，为今后的工作提出建议。

3. 规律性分析是指通过对大量统计数据的分析研究，认识社会经济现象在发展中的一般关系（如劳动生产率和劳动报酬的关系）、现象之间的一般关系（如各生产部门之间的关系）等。这种一般关系具有一定的普遍性和相对稳定性，是规律性认识，属于规律性分析。

4. 预测和决策分析。根据社会经济活动的现状和发展的数量规律性，对现象的未来发展进行预计是预测分析。例如，根据人口的有关数据资料，预测未来某个时点的人口总量和年龄构成情况以及劳动力资源的总量和年龄、性别的构成情况。

决策分析则是指在对现状认识、对社会经济现象规律性认识和对未来预测的基础上，进一步做出科学的决策。决策分析能使统计在实际中起到参与决策的作用。

上述几个方面的作用是相互联系的。现状分析和目标分析是统计实际工作中的重点，是基础分析；现象规律性是现状分析和目标分析中做出判断的重要标准；预测和决策是建立在对现状、目标和规律性分析的基础上的。一项统计分析研究经常是包括几种分析内容，起到几个方面的作用。

二、统计分析的方法

统计是为了帮助人们认识错综复杂、变化多端的社会经济现象的本质，所以统计分析的方法是多姿多彩的。分析方法的采用是否正确直接关系到统计分析的质量，因此，在进行分析时，要按照不同的分析目的和不同分析对象的特点，科学地选择相应的分析方法，并注重方法的综合运用，从而使统计分析达到一定的深度。

统计分析方法归纳起来看，主要有统计基础分析方法、统计综合分析方法和统计现代分析方法。

（一）统计基础分析方法

统计基础分析方法，是对社会经济现象分析中的分析对象进行基本描述时所采用的一系列分析方法。经过基础分析方法的分析，人们对被分析的对象有了一个基础的认识，可见，这种方法是进一步做综合分析的前提和基础。社会经济统计分析中常用的统计基础分析方法主要有：分组分析法（类型分组分析、结构分组分析和相关关系分组分析等有关指标的计算和运用）；对比分析法（各种相对指标的计算和运用）；集中趋势分析法（算术平均数、中位数、众数、几何平均数等的计算和运用）；离中趋势分析法（方差、标准差和离散系数等的计算和运用）；时间数列分析法（时间数列的编制、各种动态比较指标和动态平均指标的计算和运用、各种动态趋势分析法）。上述的各种统计基础分析方法在本书前面有关章节中已有详细介绍。

（二）统计综合分析方法

统计综合分析方法是把相互联系的一些社会经济现象综合起来，以揭示社会经济现象间的本质联系，从而对分析对象整体做出综合分析和综合评定的分析方法。

统计综合分析方法主要包括：指数分析法、抽样推断法、相关与回归分析法、方差分析法和多元分析法等。综合评定的分析方法在此从略。

指数分析法包括数量指标指数和质量指标指数及利用指数体系进行因素分析的内容。相关与回归分析是分析研究各变量之间统计相依关系的重要手段。这两部分和抽样推断法的内容在本书已设专章讲述。方差分析法和多元分析法属于应用数理统计学的内容，在此不做细述。

（三）统计现代分析方法

随着现代科学技术的飞速进步，统计分析的方法也在不断充实和发展。统计现代分析方法是指在社会经济统计分析中运用的与经济统计学有关联的一些学科中的定量分析方法。这些学科主要有：计量经济学、运筹学、技术经济学和投入产出分析等。其中，计量经济学模型是经济学、数学和经济统计学三者结合为一体的专门分析技术,可以用来揭示社会经济活动中主要变量的基本特征和数量关系,着重用于结构分析、经济预测和政策评价等方面。随着计量经济学理论本身的发展,计量经济学还将在许多新领域得到广泛应用,在统计分析中也会占有比较重要的地位。总的来说,运筹学是研究资源优化配置的方法,运筹学分析为统计提出了更高的要求,可以说,运筹学是统计分析强有力的手段,为科学决策提供了有力的辅助工具。此外,技术经济学和投入产出分析的有关理论和方法与统计分析有着紧密的联系,它们的一些分析方法和分析指标在实际统计部门的分析工作中有着广阔的应用天地。

现代统计分析方法,往往要处理大量的数据,要用各种复杂的模型进行数据的推算与分析,人工完成的难度很大,无法保证时效性和准确性,只能借助于计算机。可以说,计算机在统计分析中的应用大大提高了统计工作的效率,提高了统计数据处理的速度和准确性,提高了数据加工的深度和精度,能够使统计现代分析方法的作用得到充分发挥。

第三节　统计分析的步骤

一、统计分析的一般步骤

开展统计分析工作,通常分为如下四步。

(一)要选好题目,明确分析目的

选好题目是进行统计分析的第一步,只有明确了分析的目的和要求,选好题目,才能恰当地运用有关方法和途径,有的放矢地对资料进行甄别、分析和研究。要选准题目,需要从两个方面认真考虑,即分析的目的性和可行性。目的性是讲统计分析为了什么。统计分析有自身的特定要求,是为了解决实际问题,满足实际工作和理论研究的需要,离开这个客观需求,会出现选题的不准或失误,劳而无功。可行性是指统计分析所要求的客观条件的具备。某些问题,尽管客观上很需要,但还应具备一定的条件,要拥有相应的大量统计资料和情况。这两方面都齐备了,选出的题目才会切合实际,既能满足需要,又能适时提供,实现分析的目的。选题可以从以下几方面入手:

1. 围绕党和政府的方针、政策的贯彻执行情况,以及一定时期内的中心工作来选题。我国重大的社会、政治和经济活动,通常是围绕党和政府在各个时期的方针、政策运行的。各个时期,党和政府的方针政策的贯彻执行情况,当然也是各级领导十分关注的大事,因而,围绕这个主体来反映与分析,就能使选题具有很强的时效性。

2. 抓住人民群众比较关心的热点和焦点来选题。人民群众是国家的主人，历来党和政府的工作都是为了加快我国社会经济的发展，不断提高劳动者的物质文化生活水平。党提出到2020年实现全面建设小康社会的奋斗目标，就反映了人民群众的意愿。由于时期不同、情况各异，各阶层的群众所关心的问题是不一致的，因此，要善于抓住带普遍性的、人们比较关心的迫切问题，如就业、物价、工资分配、社会保障等焦点、热点问题，开展认真的分析研究，就会受到各方面的重视，因其有较强的针对性，定能收到较好的效果。

3. 要从社会经济运行过程中，针对出现的新情况、新动向和新问题去选好题目。当前，我国正处在重要的历史关头，改革开放的不断深入，社会主义市场经济体制的建立和逐步走向完善，新旧运行机制的碰撞，必然会给社会经济发展带来很大的影响，并且无时无刻不在发生一些新情况，出现一些新问题，而这些新情况、新问题，又往往是我们改革开放前进道路上所需要提倡、发扬或防止、纠正的。抓住新问题和新情况进行研究分析，为各级领导提供新信息，必然会受到欢迎。

4. 从社会经济发展中的重大比例、宏观结构、微观运作方面选择题目。这是一种高层次的研究分析，对其力度和深度有很高的要求，但其影响巨大，且实用性强，例如，劳动力结构的配置，就业结构的设想，都是关系到国民经济和社会发展全局的大问题。围绕这些方面选题，分析研究其变化规律，对各方面的作用是不可低估的。

（二）收集、整理有关的资料

统计分析的突出特点，就是对问题的分析要从统计资料出发，从定量分析入手，进行剖析，以完成对事物的判断。因此，拥有大量经过加工整理的统计资料是完成统计分析的基础，同样也是分析客观事实的根据。

分析的题目确定后，随之而来的就是收集资料的问题，以及对收集的资料进行必要的加工整理、分组综合的问题，要用科学的方法对统计资料进行深入的加工整理和分析研究，用以揭露事物的本质。

对于收集到的大量统计资料，必须弄清楚这些资料的调查、整理过程是否和原定的分析目的相吻合。必要时，有些资料还要加以核算，或者重新分组整理，或者还需再到实践中去核实或补充，也有可能人们经过研究之后，发现其与分析要求不合而弃之不用。如果要用新中国成立前的资料或国外资料，则更应注意鉴别资料的真实性和可比性。

总之，在收集整理资料的过程中，要认真甄别，对资料的来龙去脉有所了解，对资料的准确性要有把握，要对资料去粗取精、去伪存真，要能揭示统计数据所反映的各种内在因素和问题，由表及里，由此及彼，从大量数据中发现问题，寻找矛盾，分析原因，研究规律，以揭示问题的实质，实现从量到质的升华。加工整理统计数据,实际上也是对问题的分析研究和对客观事物从量到质的认识过程,所以,它是进行统计分析研究的关键性一步,是保证分析深度具有决定性的一环。

各种专门分析的具体内容不同,因而收集和整理加工的方法有差异,但也存在共性。

1. 要收集、整理能反映分析主题总体情况的资料。分析某个问题,一般要介绍这个问题的总体概念。例如,分析劳动者生活水平的变化情况,首先要有反映当前劳动者生活水平一般状况的资料。这就是一个总体概念,也是分析问题或写分析文章时不可或缺的。因为,没有某一问题的总体概念,就不可能引出问题的内涵,所以,在收集整理资料时,一定要有与分析主题有关的基本情况和数据。

2. 要收集、整理足以反映分析内在矛盾或问题特征的资料,这是分析研究问题能否深入的关键。分析研究要深入,就要有足以反映矛盾和问题特征的统计资料。例如,分析研究社会分配不公的问题,不仅仅是平均人们收入的悬殊差别,而应深层次分析这种悬殊差别的影响因素及其内在矛盾的特征。

3. 要注意收集、整理与分析主题相关的一些理论数据和经验数据。经济活动和社会活动都有其内在的规律性,有的已形成理论,有的正在形成理论,已具有共同经验的性质,对深入进行分析研究,解剖事物的内在矛盾,往往具有相当重要的意义。

4. 要收集、整理与分析主题相关的活情况、活资料。社会经济现象是相当复杂的,运用统计资料,要和生动活泼的活情况相结合,以此作为统计数据的补充与衬托,这样的分析研究才具有说服力。在进行统计资料的加工整理时,对有关情况的收集、积累,应注意将数据和情况紧密结合起来,这不仅能丰富统计分析研究的内容,提高分析研究的质量,而且通过有关情况的收集,可进一步启发对问题的深入认识,强化分析的深度和力度。

分析问题切忌先入为主,以主观的臆想去收集统计资料,也要避免用孤立的或特殊的某些情况或资料作为依据,否则,就会以偏概全,得出不符合客观实际甚至是错误的结论。社会经济现象复杂多变,因此,在收集整理资料时必须十分注意资料的准确性、代表性和科学性。

(三)进行系统周密的分析

分析目的明确,占有相当丰富的材料,对占有的材料进行了鉴别和整理,紧接着就是运用各种统计分析方法进行系统而严密的分析研究。统计分析过程,必须是加工整理大量统计资料与收集情况相结合,经过分析研究,消化吸收,形成概念,再通过判断推理,形成观点,从感性认识提高到理性认识,以达到观点与材料的统一。这样的统计分析才能确切反映客观实际。正如马克思所指出的:“研究必须充分地占有材料,分析它的各种发展形势,探寻这些形式的内在联系。只有这项工作完成以后，现实的运动才能适当地叙述出来。”①

（四）得出结论，提出成果

通过对现象和事物的解剖，并进行了各种各样的比较分析以后，应对所分析的问题做出实事求是的结论，结合有关的数据与情况，综合各种比较的结果，从中概括出事物矛盾运动的内在联系，揭示其发展演变的规律性。

分析得出的结论和提出的成果，应该用文字报告表述，注意写作方法和技巧。一篇上乘的分析研究报告必须做到：

1. 要选用具有新意和简练的题目和标题。人们看文章往往先看题目和标题，一个题目或标题欲吸引人，必须将文章的主题思想鲜明地表达出来，成为文章的高度概括，具有新意并表现新颖，做到精干短小，切勿拖泥带水。因而，在选用题目时多用“论点题”和“事实题”，尽量避免用“对象题”。所谓“论点题”，就是将文章的论点提炼成标题。例如，分析奖金支付不正常的文章，就可用“奖金和标准工资为什么会平分秋色？”若用“关于奖金支付的分析”，就大为逊色了。

2. 合理安排分析文章的层次结构。统计分析是一种认识活动，是从众多事实形成判断，由判断展开推理，再由此引出结论而提出建议或意见，其中包含着多层次的结构。分析文章要主次分明，主题上多着笔墨，结构严谨，层次清楚，条理清晰，论点论据安排合理，清新流畅。进行文章的层次安排有两种方法：一是渐进法，即归纳法。此法是先叙述情况和提问题，其次是分析问题，最后提出意见和看法。二是倒叙法，即演绎法。此法是先摆出观点和结论，然后再用材料来论证。

3. 统计数据的运用需和论点有机结合。一定量的统计数据作为论述的依据，恰到好处地说明主题的内容，融合于观点之中，而不是简单罗列一大堆数字，游离于论点之外。在文章中，数据和情况要综合得体，反映全面情况和论述总体时，需采用显示总体特征的资料，论证某一观点或阐明具体事物时，可以采用密切相关的典型数据加以说明。当然，局部和典型的数据要联系到总体概念，不能互不相干，陷于油水状态。在论述与主题关系密切或涉及观点时，所用的数据宜细些，而作为陪衬的数据宜粗些。有时说明问题运用的数据较多，不妨设计出统计表，使之一目了然。

4. 深化分析需有一定的抽象概括。写分析文章，要跳出就事论事的“泥沼”，需从一定理论高度来探究。对宏观分析或某些相当重要问题的分析，要注意从个别到一般的推理，从定量到定性的升华，从感性到理性的抽象，做到科学的凝聚，要举一反三，触类旁通，窥一斑见全豹。归纳、演绎可以推理，由表及里可以深化，从而加大分析的力度和分量。

① 《马克思、恩格斯全集》第23卷，人民出版社，1972年版，第23页。

5. 分析文字要简练，文笔通顺流畅。分析文章除了内容的高质量外，文字写作水平也须是上乘的。写作要讲究技巧技法，层次结构安排要精彩，语言要生动，遣词要准确，文笔练达通顺，文风健康端庄，要能抓住读者，引人入胜。写作中要反复推敲，仔细斟酌，使文章具有“准、深、新、明、活”的特点，即数据情况准确，问题解析深入，论述主题新颖，目的清楚明了，语句生动活泼。

二、统计分析成果的表达方式

统计分析的结构，应根据分析的目的和内容，灵活多样地给予表现。其表达方式通常有如下四种。

（一）统计分析报告

统计分析报告是表现统计分析成果的主要方式之一。它可以是涉及问题广泛、内容多样、篇幅较大的综合分析报告，也可以是一事一议、扼要精炼的专题分析报告。

（二）文字说明

文字说明是结合统计报表所做的分析或报表中主要内容的文字解释与引申。但文字说明不是报表数字的简单搬家或重复叙述，而应当用精辟的言辞和鲜明的文字来表述分析的结果。

（三）口头报告

对分析结果需要及时反映时，采用口头报告是一种最便当的方式，它具有灵活、及时和方便的特点，是提供给各级领导了解情况、指导工作、及时解决重要紧迫问题的好形式。

（四）其他方式

运用简报、黑板报、统计图表和公报等方式，将统计分析结果适时向公众通报，这些方式不失为表达的补充和灵活适应的表述。

三、统计分析报告的评价

评价统计分析报告质量的高低，一般从两个方面进行：一是统计分析报告的深度和广度（即报告内容的丰富程度），对资料的分析水平和写作技巧如何；二是统计分析报告的时效性和产生的社会影响。

将其评价标准进一步具体化，就是评估统计分析报告的准确性、时效性、针对性和逻辑性的问题。

（一）准确性

要求分析报告的数字要准确，情况要真实，观点要正确，选题要符合党政领导部门决策的需要或切中时弊。

（二）时效性

统计分析报告提出的时间要“快”或“适时”。统计分析资料要有权威性，要讲究及时，若提供不及时，权威也不复存在了。所以，争分夺秒，越快越好，这样才能充分发挥它的社会效益。

（三）针对性

统计分析报告的编写目的必须十分明确，要解决什么，要证明什么，为谁服务，有的放矢，才能发挥统计分析报告外延效益的作用。

（四）逻辑性

统计分析报告的判断要准确，推理要合乎逻辑，结构要严密，层次要清晰，“言之有理，言之有物，言之有序”，令人心悦诚服。

思考题

1. 统计分析应注意的重要问题是什么？
2. 为什么要进行统计分析？
3. 什么是专题分析和综合分析？
4. 什么是宏观分析和微观分析？
5. 什么是静态分析和动态分析？
6. 试述统计分析按管理作用的划分。
7. 如何评价统计分析的三种方法？
8. 统计分析的一般步骤是什么？
9. 试述统计分析报告的评价内容。

第十三章 统计体制和法制

内容提要

● 统计工作体制是国家组织和管理统计活动的体系与制度。建立统计工作体制,必须遵守职、权、责一致,精简与效能、层次管理和管理幅度协调等一般原则。统计工作体制的模式有集中型体制和分散型体制两种。

● 统计法制是国家制定的统计法律、法规和制度的总称。统计法制在我国源远流长。《中华人民共和国统计法》是新中国成立后首部完整的专门统计法律,是从事统计活动的基本法规。

第一节 统计工作体制

一、统计工作体制的一般意义

有效、科学地组织和管理全国的统计活动,是一项十分复杂而又浩繁的社会系统工程,涉及的范围相当广泛,意义极为深刻,因此,必须进行长期艰苦而又细致的工作。

统计工作体制是国家组织和管理统计活动的体系与制度,它包括全国各级统计机构的设置、隶属关系、职权职责、管理方式、信息运作等一系列问题。建立统计工作体制是为了有效地建设统计工作,正确地界定统计关系和规范统计活动,充分发挥统计的职能,以便对统计活动的组织、领导、协调、监督、管理进行统筹安排。

现代国家的统计活动,要把统计体制建设、统计法制建设、统计方法制度建设、统计科学研究建设、统计教育培训建设、统计队伍建设、统计业务技术建设、统计思想和职业道德建设等多方面、多层次的工作管理好,从而为实现全国统计工作科学与有效的管理充分发挥其职能和作用,为保证顺利完成任务奠定坚实的基础。

统计活动涉及国民经济各个部门、各个地区、各个单位,面广、量大、纷繁的信息源于万千基本单位与上亿居民住户。现代国家的统计活动丝毫离不开广大群众的支持和合作,应在全国范围内建立和健全密切合作的科学分工的统计活动系统,制定科学、统一的统计制度、统计标准、统计方法,完善和健全社会经济发展统计指标体系,实行对全国统计调查和资料信息的统一协调管理,保证工作条件,建立健全法制,依法行使职权和履行职责,确保真正实现统计活动的有效管理。健全统计管理体制,将统计活动纳入法治是使国家统计活动进入科学有效管理的最根本途径。

二、统计工作体制的科学原则

建立统计工作体制,必须遵守职、权、责一致,精简与效能、层次管理和管理幅度协调等一般原则。此外,还应结合统计活动的特点,注意依循以下四项原则。

(一)顺应经济体制的原则

统计是国家管理的一项基础性工作,是为管理国家、管理社会经济提供服务的工具之一。因此,解决好内部关系,协调运转,发挥整体功能,实现"工具"的作用以及统计工作体制的建立健全,都特别需要注意顺应经济体制的要求。

我国实行社会主义市场经济体制,政府的职能在转变,企业独立自主经营,成为真正的不依附于政府的独立商品生产者,因而,政府综合统计在强化,部门统计在弱化。在政府综合统计内部,也出现了综合统计机构强化和专业统计机构相对弱化的趋势。这是经济体制改革对统计体制变革的必然。

(二)适应经济与技术发展水平的原则

随着经济的发展,国家管理对统计的要求会日益增强,要求统计部门提供更多、更精细、更系统的反映社会经济发展情况的统计资料;同时,科技和装备水平的提高,在物质技术条件上为实现这一目标提供了某种可能。显然,经济与科学技术的发展是影响统计工作体制的重要因素,统计工作体制的建立,必须和经济与技术发展水平相适应。

(三)完整统一的原则

从事统计活动,建立统计工作体制,完整统一的原则是必须遵循的重要原则之一。统计调查必须制定统一贯彻实施的统计调查方案,否则,定量认识就失去了定性规范操作的前提,搜集的数据和资料就无法加工整理和分析比较。统计调查的任务必须由遍布全国各地的统计工作机构去完成,否则,搜集资料就会是残缺不全的,必然影响全国的统一汇总与应用。所以,统计工作体制的完整统一,就是统计资料特点在组织上的反映,也是从组织上保证统计资料的合格。

(四)相对独立的原则

统计工作体制的任务是搜集和提供准确的统计信息。为了保证统计信息的客观性和准确性,统计工作体制必须遵循相对独立的原则。《中华人民共和国统计法》(以下简称《统计法》)明确规定,国家建立"集中统一的统计系统",国家统计局负责组织领导和协调全国统计工作,“县级以上地方各级人民政府设立独立的统计机构”;同时,规定统计工作机构和统计工作人员,依法独立行使统计调查、统计报告、统计监督的职权。这些规定体现了现阶段我国统计工作体制的某种相对独立性。

三、统计工作体制的模式

当今,各国的统计工作体制有两种模式:一种是集中型体制;另一种是分散型体制。采用什么模式,是和本国的社会制度、政治与经济体制紧密相关的。

(一)集中型统计体制

国家设置集中统一的综合统计组织,作为全国统计工作的中心,负责领导和协调全国统计活动,担负统计标准的制定和管理任务,负责搜集、整理、提供各项统计资料,各部门不设立统计工作组织。例如,加拿大、挪威、丹麦、澳大利亚等国家都采用此种模式。

集中型体制的长处是:有利于全国统计工作集中统一的组织领导;政策、制度、方法、标准能统一贯彻;在节约统计工作的人力、物力和财力的情况下,有利于国家进行规划、调控、管理和监督。其不足之处是:难以完全满足各部门、各地方行政管理和业务管理对统计信息的多种、复杂和特殊的要求。

(二)分散型统计体制

全国统计工作由政府的许多部门分头管理、分工负责、分散进行。政府综合机构负责重大国情国力的普查以及各部门不便进行的某些专项调查,并综合整理各部门提供的统计资料;属于各行业的统计,分别由主管部门设立统计组织办理,并向政府综合统计组织提供资料。为了避免各种部门统计资料的重复,防止全国范围内统计制度、方法和标准等方面可能发生的矛盾与失衡,另由国家设立统计协调机构(如统计协调委员会、统计审议会等),负责协调各部门的统计工作。采取这种体制的国家有印度、美国和日本等。

分散型体制的优点是:能使统计工作同各部门的行政管理、业务管理密切结合,更加适应各部门专业管理的需要。其缺点在于:容易各自为政,各行其是,只考虑本部门情况,分头开展统计调查,各自确定自己的统计制度、方法、标准,倘若国家统计的协调工作跟不上,会导致全国统计工作的重复调查,标准不一致,数据矛盾,无法对比,甚至还会留下一些重要的统计调查的空白。

四、我国的统计工作体制

新中国成立以来,我国的统计工作体制经历了数次变化。1950—1957 年,实行“统一领导,分散管理”的统计工作体制,使当时各地区的分散统计向建立全国统一的统计工作方向发展。其标志是设置了由中央政府统一领导和组织管理全国统计业务的国家统计局。全国统计工作在这一时期迅速开展。1958—1965年,由于“大跃进”和严重自然灾害的影响,统计工作的集中统一原则受到严重削弱,相当多的地方、部门和单位,擅改国家的统计制度,杜撰编造统计数字,大刮“浮夸风”,统计活动中的弄虚作假登峰造极。1962年4月4日,党中央和国务院发布《关于加强统计工作的决定》(以下简称《决定》),严格要求纠正统计工作中的种种失误。《决定》指出,迅速建立一个强有力的集中统一的统计系统,各级国家统计机构在业务上接受国家统计局的垂直领导,在编制、干部、经费方面由国家统计系统统一管理。统计数据的真实性,由统计负责人负责,党政部门不得横加干涉。贯彻执行后,全国统计工作重新步入健康发展轨道。1966—1976年,整个政治经济生活的严重混乱使得统计活动停止,这是我国统计工作最艰难的历史时期。1978年,国家统计局重新设置,政府重申建立国家统计系统的重要意义。1984年《中华人民共和国统计法》的颁布实施,迎来了我国统计工作发展的春天。

(一)我国统计工作体制的现状

1983年全国人大常委会通过的《中华人民共和国统计法》明确规定:“国家建立集中统一的统计系统,实行统一领导、分级负责的统计管理体制。”这就从法律上明确了我国现行的统计体制。“统一领导、分级负责”的统计管理体制的含义是:国家统一领导、组织、协调、管理和监督全国统计工作;各级人民政府统计机构、各主管部门统计机构或统计负责人、基本单位(如企业、事业单位)的统计机构或统计负责人,在各地方、各部门、各单位的具体领导下,在法定的职责权限内统一领导(或指导)、组织、协调和管理本地区、本部门、本单位的统计工作;各地方、各部门、各单位在完成国家统计工作任务的同时,还要完成各自相应范围的统计工作任务。

1. 我国统计机构的设置。按照《统计法》和其他有关统计法规的规定,我国统计机构的设置是:

(1)在国务院设立直属的国家统计局,县级以上地方各级政府设立独立的统计机构,乡镇人民政府设置专职或兼职统计员。另外,国家统计局设社会经济调查总队,各省、市、自治区及有关的市、县设社会经济调查队,实行垂直领导。

(2)国务院及地方各级政府的各部门,根据统计任务的需要设立统计机构,或者在有关机构中设置统计人员,并指定统计负责人。

(3)企业、事业组织根据统计任务的需要设立统计机构,或者在有关机构中设置统计人员,并指定统计负责人。

2. 我国统计机构之间的关系。按照我国行政管理体制和《统计法》的规定,统计机构之间贯彻集中统一领导、分级管理的原则,形成以国家统计系统为主干,以部门统计系统为支柱,以企业、事业组织为基石的由国家集中统一领导的我国统计系统。

(1)国家统计系统。我国的国家统计系统如图13-1所示。国家统计局在国务院的直接领导下,负责组织领导和协调全国的统计工作。县级以上地方政府统计机构,是同级政府的统计行政主管部门,接受双重领导,在统计业务上以上级统计机构的领导为主。乡镇统计机构的统计员和统计信息网络,在统计业务上受县人民政府统计机构领导,同时协调和组织领导本乡镇的统计工作。

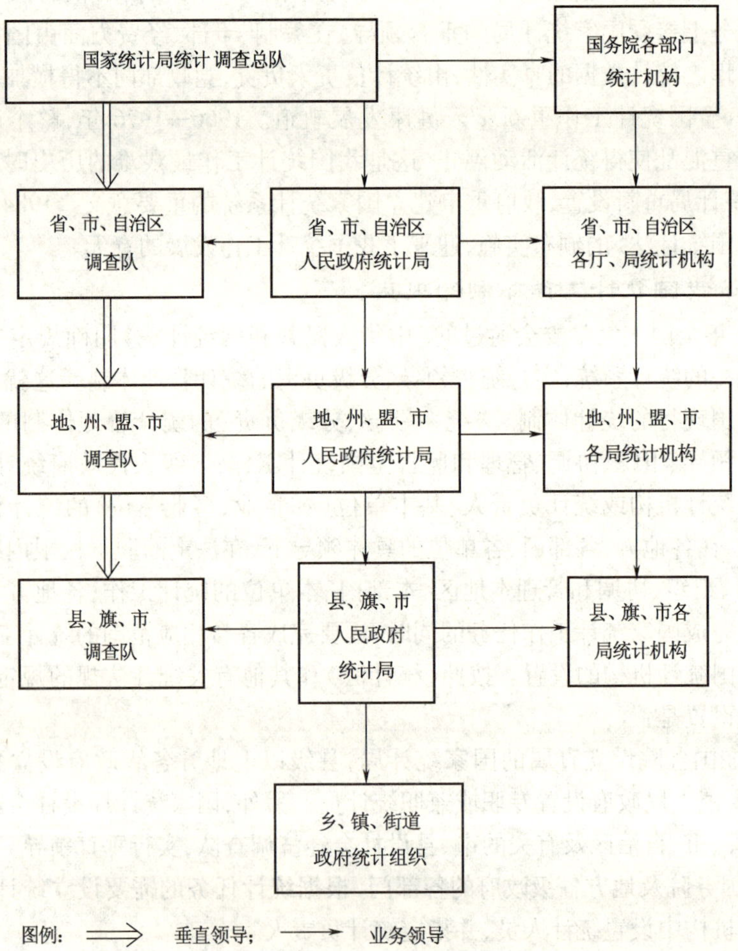

图13-1 我国国家统计系统

(2)部门统计系统。国务院和地方政府的各部门统计机构是本部门的组成部分,在统计业务上受国家统计局或者同级地方政府统计机构和上级对口业务部门的指导,同时组织协调本部门各职能机构和本部门管辖系统内企业、事业组织的统计工作。

(3)企事业单位的统计机构和统计负责人,在统计业务上受所在地政府统计机构或乡镇统计员的指导,同时组织协调本单位的统计工作,完成国家统计调查、部门统计调查和地方统计调查任务。

3. 我国统计机构的职责。我国统计机构的职责主要可概括为以下三方面。

(1)国家统计局和地方各级政府统计机构的主要职责是:制订统计调查计划,部署和检查全国或者本行政区域内的统计工作;组织国家统计调查和地方统计调查,搜集、整理、提供全国或本行政区域内的统计资料;对国民经济和社会发展情况进行统计分析,实行统计监督,依照规定组织国民经济核算;管理和协调各部门制定的统计调查表和统计标准。

(2)国务院和地方各级政府的各部门的统计机构,其主要职责是:组织、协调本部门各职能机构的统计工作,完成国家统计调查和地方统计调查任务,制定和实施本部门的统计调查计划,搜集、整理和提供资料;对本部门及辖区系统内企事业单位的计划执行情况进行统计分析,实行统计监督;组织与协调本部门管辖系统内企事业单位的统计工作,管理本部门的统计调查表。

(3)企事业单位的统计机构的主要职责是:组织和协调本单位的统计工作,完成国家统计调查、部门统计调查和地方统计调查任务,搜集、整理和提供统计资料;对本单位的计划执行情况进行统计分析,实行统计监督;管理本单位的统计调查表,建立健全统计台账制度,会同有关机构或人员建立健全原始记录制度。

(二)我国统计工作体制的改革方向

我国社会主义市场经济体制的逐步建立和完善,政治体制改革的渐进推行,客观上要求统计工作体制顺应历史潮流。特别是中共十五大为进一步深化经济体制改革,加快建立社会主义市场经济体制指明了方向,它同时对统计工作也提出了新的更高要求。

目前,我国统计还处于新旧体系转轨的过程之中,现行的国家统计制度还很不适应形势发展的要求。因此,必须对现行的国家统计制度(包括统计调查内容和调查方法,以及统计组织方式)进行全面、系统的改革。统计制度改革的总体目标是:在21世纪初或用更长一些时间,初步建立起适应我国社会主义市场经济发展要求的科学高效的国家统计制度。通过改革,提高统计信息的质量,强化统计的整体功能,更好地为党政领导决策和宏观调控服务,更好地为社会公众服务。据此,国家统计制度改革的主要任务是:完善我国国民经济核算体系,加快统计指标体系和统计调查方法体系的配套改革,加快统计标准体系和国际标准的接轨,建立健全统计调查的科学管理机制。

完善国民经济核算体系是改革现行统计制度的重要内容之一。首先,要调整和完善核算体系的基本框架,即以联合国 1993 年 SNA 为蓝本,对我国国民经济核算体系进行修订和补充。其次,要改进国民经济核算的编制工作。再次,要加强与其他核算和统计之间的协调与衔接,进一步规范地区国民经济核算工作,加强国家和地区间的衔接,不断提高国民经济核算体系的科学性和系统性。

对现有统计指标体系进行全面改革和重新组合,逐步建立和完善两大类统计指标体系:一类是反映国情国力,适应我国社会主义市场经济运行机制的基本统计指标体系,它是以反映我国社会主义市场经济的基本特征为主,系统描述社会生产的过程、成果、效益以及社会发展的基本状况;另一类是能够及时反映经济体制改革进程的专项统计指标体系,它以及时跟踪和反映我国在经济体制转变过程中出现的新情况、新问题为主。两套指标体系相互吻合,形成一套全面、准确、系统、灵活地反映我国国民经济和社会发展的科学的统计指标体系。

当前,主要是加快与国际标准的接轨进程,提高统计标准化水平。依据经济体制改革和统计制度改革的总体需要,逐步制定和修订一些重要的统计分类标准:一是改革现行的经济类型分类,制定企业(单位)经营组织形式划分标准;二是制定与联合国标准产品分类 CPC 基本接轨的一、二、三产业所有主要产品的分类与代码标准;三是制定基本单位划分标准,由统计、工商、税务等有关部门共同执行;四是修订和完善国民经济行业分类标准;五是制定与国际标准基本接轨的职业分类与代码标准;六是拟定基本统计调查区划分标准与代码。

改革统计调查方法,进一步改进和完善各项普查制度,在经常性调查中加快推行抽样调查、重点调查等各种统计调查方法,逐步改变层层汇总、逐级上报的单一的全面调查模式。一要改进和规范周期性普查制度;二要积极推广和应用抽样调查;三要灵活运用不同的调查方法,以提高统计调查的质量和效率;四要进一步完善基本单位名库。

统计制度改革要分阶段组织实施,在 21 世纪初叶,初步建立起适应社会主义市场经济发展需要的统计制度基本框架。

统计制度的改革应该依循以下要求:①符合发展社会主义市场经济,完善社会主义民主,促进社会主义现代化建设,增强国情国力透明度的要求。②符合国家建立新的宏观调控机制,组成严密的监督系统,保障统计机构和统计工作人员依法行使独立统计调查、统计报告和统计监督职权不受侵犯的要求。③符合统计工作集中统一领导、科学分工、密切协作配合,建立和健全全国城乡现代化统计信息网络,克服重复调查、报表多乱、数出多门的弊病,提高统计整体效益的要求。因此,在统计制度改革过程中,必须做到:立足我国国情,借鉴国外经验与教训;提高调查效率,减轻基层负担;统筹规划,科学分工;突出重点,分步实施。此外,还要建立统计调查经费保障制度,加快统计信息现代化建设,为统计改革提供优质服务和高效率支持，以保证统计制度改革的顺利进行。

统计工作体制的改革，按照国家统计工作机构职能从主要主管经济统计，向主管社会、经济、科技统计的转化，必须强化国家统计机构，从根本上提高国家统计机构在国家管理系统中的地位、职权和作用。企事业单位的统计要符合建立现代企业制度、完善基层单位决策、管理民主化和科学化的要求，向管理统计深化的方面发展。企事业单位的统计、会计和业务核算必须协调一致，以满足国民经济核算的要求。积极探索组织民间统计信息事业的途径，及时总结经验和教训，以满足社会公众对统计信息的多样性需求，发挥对国家统计的某种补充作用。

第二节　统计法制

一、统计法制的意义

统计法制是国家制定的统计法律、统计法规、统计制度的总称。统计法制是调整国家统计体制，指导和保障各种统计关系和统计活动的法律规范与行为准则。

统计法制是国家法制整体的一项重要组成内容。因此，统计法制的建设和实际运作，必须服从宪法，与整个国家法制的要求保持一致。

统计法制的功能和作用主要是：

第一，有效地、科学地组织统计工作，推进整个统计事业的现代化进程。

第二，规范国家机关、社会团体、各类经济组织与单位和公民在统计活动中的行为，保证统计资料的准确性、及时性和完整性，以提高统计数据质量为中心，不断提高统计服务水平。

第三，实现对统计改革和统计现代化建设的引导及“保驾护航”。

统计法治是统计法制的具体行动化，它是依照统计法律、法规和法令进行统计活动的。开展统计活动，实现有法可依、有法必依、执法必严、违法必究，将其纳入法制轨道，这是一切现代文明国家统计活动的普遍特征。

二、我国统计法制的沿革

统计法制在我国源远流长，有着几千年的发展历程。

早在 2000 多年前的西周时期，就已有关于统计制度的规定。据《周礼・天官・冢宰》和《周礼注疏》等史书记载，“司会主天下之大计，计官之长，以参互考日成，以月要考月成，以岁会考岁成之事”。这里的“天官”是辅佐周王治国的太宰，太宰治国有“八法”，第八法是“官计”，即用计算的方法考核业绩。从此以后，历代都有相关规定。

辛亥革命后,民国政府于1932年10月公布《统计法》,1938年12月修正重新公布;1934年4月公布《统计法实施细则》,1938年12月修正又重新公布。

1949年,中华人民共和国宣告成立,随即于10月在中央财政经济委员会设立统计处(后改为统计总处),各大行政区、省、直辖市人民政府及各专业部门,都先后设立了统计机构,开展了统计工作。1951年7月召开了全国财经统计会议,这是新中国成立后的第一次全国性的统计会议。会议主要讨论了统计工作的方针、任务、方法、机构以及干部等问题。党和政府十分重视统计工作,积极加强组织建设和法制建设,使我国统计工作在国民经济三年恢复时期有了很大的发展。

1952年9月,成立了国家统计局。1953年1月,中央人民政府政务院发布了《关于充实统计机构加强统计工作的决定》,该决定指出,"国家统计局为国家统计工作的领导机关,所有财政、经济、文化、教育、卫生及社会情况等基本统计工作,均由国家统计局负责领导"。它以国家名义颁布的一切统计制度、统计方法和统计表式等,"所有各级地方政府、中央及地方各业务部门及各公私企业必须遵照执行"。这个决定还规定,要迅速配备必要的干部,使统计人员专业化。各地方、各部门认真地贯彻执行了这个决定,在短时期内统计机构得到普遍建立,统计队伍得到充实,统计人员得到培训,开始形成集中统一、遍布全国的统计系统,基本上适应了统计工作任务的需要。这为我国统计工作的组织建设和制度建设打下了基础。

1953年9月,政务院颁布了《关于清理现行调查统计表格及禁止乱发调查统计表格的指示》(以下简称《指示》)。《指示》要求各级政府、统计部门及各业务部门必须对已泛滥的调查统计表格进行认真清理,并对以后颁发调查统计表格加以严格的控制。

国家统计局依据政务院的指示,在1954年6月颁发了《关于制定及审批调查统计报表的暂行办法》和《关于调查统计报表制定及送审的几项规定》,对各地、各部门制定和审批统计报表的权限做出了明确规定。

1954年,根据中央《关于在报刊上发表国民经济统计数字应遵守原则的通知》,国家计划委员会《关于各级计划机关采用统计数字的决定》《关于计划工作与统计工作若干问题的统一规定》等文件的精神,一些统计数字的统一管理工作得以开展,从而提高了统计数字的统一性和正确性。

为了密切各省市统计局与国有企业、建设单位双方的工作联系,发挥统计双轨制度的优越性,满足当地党政领导对统计资料的需要,国家统计局于1954年7月发出了《各省市(包括省辖市)统计局(处)与国有企业、建设单位统计工作关系的几项具体规定》。

1962年4月4日,针对全国统计工作的削弱,党中央和国务院发出《关于加强统计工作的决定》(以下简称《决定》),即有名的"四四决定"。《决定》正确解决了统计工作的管理体制，统计资料的准确性和及时性，统计机构的设置，统计力量的充实和统计干部专业化，以及统计工作中党的领导等一系列根本问题，对于推动我国调整时期统计工作的发展起到了重大作用，开辟了我国统计工作的“黄金时代”。

1963 年 3 月，国务院发布了《统计工作试行条例》（以下简称《条例》）。这是中国有史以来的第一个比较完整、严密的统计法规。《条例》是以“四四决定”为指针，在总结新中国成立 13 年统计工作经验的基础上制定的。《条例》明确规定了我国社会主义统计工作的性质、任务，统计业务的基本要求和基本做法；同时，《条例》还规定了各级统计组织机构、各级统计部门和统计人员的职责，使统计部门、统计工作人员在实际工作中有所遵循，具有很大的现实意义。

国家统计局提出《关于改进农产量调查统计工作的报告》和《关于成立全国农产量调查队的设想》，1962 年末到 1963 年初，全国农产量调查总队和各省、市、自治区分队相继成立。至此，我国农业产量统计同时采用两种办法：一种是逐级上报统计资料；另一种是由农产量调查队到农村去进行实割实测的抽样调查。

十年动乱中，国家级综合统计中断了三年。1970 年 5 月 14 日，国家计委发出《关于建立统计报表制度的通知》（以下简称《通知》），要求自当年 5 月份开始恢复工业、农业、基本建设、职工人数和工资总额、社会商品零售额、工业财务成本和物资定期统计报表制度。《通知》对于十年动乱中后七年统计工作的恢复与坚持，无疑起了重要作用。

1978 年 2 月 9 日，国务院批转了国家计委《关于整顿和加强统计工作的报告》，这是十年动乱以后有关统计工作的第一个重要文件。该报告要求各级领导机关加强对统计工作的领导，发扬实事求是的优良传统，反对弄虚作假，并恢复了国家统计局。

1979 年 10 月 31 日，国务院发布了《关于加强统计工作充实统计机构的决定》。这是十一届三中全会以来，为加强统计工作建设，推动统计工作更好地为社会主义现代化建设服务的一个重要文件。

1980 年 11 月，国务院批转国家统计局《关于加强统计报表管理的报告》和《关于统计报表管理的暂行规定》。同年还颁布了《统计干部技术职称暂行规定》的行政法规。

1981 年 9 月，国务院批转了国家统计局的《关于加强和改革统计工作的报告》。该报告指明了统计工作今后努力的方向，提出了加强和改革统计工作的初步蓝图，大大加快了统计工作前进的步伐。

1983 年 8 月，国务院办公厅转发了国家统计局《关于加强农村统计工作等问题的报告》。该报告指出，根据农村多种经营发展的新情况，农村统计首先要认真搞准粮食产量和经济作物产量。

这些决定、条例和法规,对于加强我国统计工作的法制建设和依法统计,建立和健全统计制度,保证统计资料和数据的准确可靠、及时报告,发挥了非常重要的作用。

三、中华人民共和国统计法

《中华人民共和国统计法》是由国家立法机构通过实施的,从事统计活动的基本法规。统计法是一定社会经济基础的产物。为了有效地组织全国统计工作,准确、及时和完整地取得国家和人民所需要的统计资料和统计信息,国家必须制定统计法规和统计制度,作为全国各种统计关系和统计活动的规范与准则,使之为全社会所遵循并以法律强制其实现。《中华人民共和国统计法》是我国第一部社会主义统计大法,是我国统计工作迈向法治的重要里程碑。

1983 年 12 月 8 日,第六届全国人民代表大会常务委员会第三次会议通过了《中华人民共和国统计法》,从 1984 年 1 月 1 日起实施。这是新中国成立后首部完整的专门的统计法律。这部统计法从 1978 年开始起草,到 1983 年全国人大常委会审议通过并于 1984 年实施,历时五年。1987 年 1 月 19 日经国务院批准,2 月 15 日国家统计局发布了《中华人民共和国统计法实施细则》。

在首部统计法实施的二十余年间,紧随我国社会经济文化等各方面的飞速发展,统计法制建设也扎实推进,统计法律制度不断完善,统计法治观念不断提升,统计执法有序开展,对于规范、引导、保障和推动统计活动健康发展,提高统计工作水平和强化统计数据质量,发挥了重大作用。在这期间,统计工作的内外环境也发生了深刻变化,调整统计法、修订统计法也势在必行。1996 年全国人大常委会对《中华人民共和国统计法》加以修订;2009 年 6 月 27 日,十一届全国人大常委会审议通过了全面修订的《中华人民共和国统计法》。这次的全面修订,夯实了统计工作的法治基础,对保障统计数据的真实性和政府统计的公信力,具有很重要的意义。

2009 年修订后重新公布的《统计法》共有 7 章 50 条,修订的主要内容是:第一,进一步完善遏制在统计上弄虚作假的行政问责制度;第二,进一步完善统计数据质量责任制度;第三,进一步加强对统计调查活动的管理;第四,完善统计资料管理和公布制度;第五,严格对单个统计调查对象资料的保密制度;第六,强化对监督检查工作的组织领导和管理;第七,进一步完善统计法律责任制度。统计数据质量是统计工作的生命,完善保障统计数据质量的法律制度,乃是这次《统计法》修订的重中之重。

为了确保修订的《中华人民共和国统计法》的全面贯彻实施,国务院于 2017 年 4 月 12 日公布了《中华人民共和国统计法实施条例》(后文简称《实施条例》),从

2017 年 8 月 1 日起施行。《实施条例》共 8 章 55 条。在此之前，1987 年、2000 年和 2005 年均制定和修订过《中华人民共和国统计法实施细则》。

切实使我国的统计工作走上法制轨道，进一步完善统计法制，任重而道远。提高国家统计机构在贯彻与监督执行统计法规上应有的执法权、制裁权，加强统计法律监督，实行统计法律监督的公开化，真正实现统计法律监督的功能，使其行之有效，还要假以时日，需要付出更大的努力。

四、我国统计法的其他形式

我国现行的统计法的形式，除了《中华人民共和国统计法》这种统计法律形式外，还有其他的一些形式，如行政统计法规、地方统计法规和统计规章等。

（一）行政统计法规

行政统计法规是国务院制定或批准的统计法律规范性文件。它是依据宪法和统计法律（即《中华人民共和国统计法》）规定行政措施，制定行政法规，发布决定和命令的。行政统计法规不得与宪法和统计法律相抵触，其制定的目的是保证宪法和统计法律的实施。

1987 年 1 月 19 日国务院批准的《中华人民共和国统计法实施细则》就是根据《中华人民共和国统计法》制定的，它将《统计法》的规定具体化了，为保证《统计法》的贯彻实施发挥了积极作用。现行的《中华人民共和国统计法实施细则》共有 6 章 35 条，包括总则、统计调查计划和统计制度、统计资料的管理和公布、统计机构和统计人员、奖励与惩罚、附则等。

（二）地方统计法规

地方统计法规是由地方人大及其常委会制定和发布并在本地区范围内实施的统计法律规范性文件。

地方统计法规要服从宪法、统计法律和行政统计法规的要求，不得与之抵触。目前，在全国除个别省、自治区外，都制定了地方统计法规，对全国的统计法制建设和调整规范各地方的统计工作起到了巨大的作用。

（三）统计规章

统计规章是由国务院各部门和省、市、自治区人民政府制定的统计法律规范性文件。统计规章尽管不同于法律、法规，但它是法律、法规的具体化规定，是实现或补充法律、法规的必要手段，实际上可以认为是宪法、法律授权行政机关制定的法律文件，当然具有法律效力。它是在一定范围内必须遵守的行为准则，同样具有国家强制性。

统计规章有两类：一类是部门统计规章，即由国务院各部门所制定的统计规章；另一类是地方统计规章，它是由省、市、自治区人民政府所制定的统计规章。在实践中,部门统计规章和地方统计规章都起着补充统计法律和贯彻执行统计法律的作用。

思考题

1. 建立统计工作体制的科学原则是什么?
2. 统计工作体制的模式有几种?
3. 统计法制的功能是什么?
4. 为什么《中华人民共和国统计法》是从事统计活动的基本法规?

第十四章　国民经济核算体系的主要指标

内容提要

● 国民经济核算体系的两层含义及其作用;国民经济核算体系在经济统计体系中处于核心地位;世界上的两大核算体系及两者的区别;我国新国民经济核算体系建立的必要性及其指导思想;基本核算表和国民经济账户的内容;国民经济核算统计报表制度的内容。

● 国内生产总值(GDP)是国民账户体系(SNA)中一个重要的综合性指标,也是我国新国民经济核算体系中的核心指标。它有三种计算方法,即生产法、收入法和支出法。此外,国民经济核算体系中的主要指标还有:总产出、中间投入、国民生产总值(国民总收入)和国民生产净值(国民净收入)等。

● 总产出等指标的含义和计算方法。

第一节　国民经济核算的一般问题

一、国民经济核算体系的概念和作用

(一)国民经济核算的概念

国民经济核算是以整个国民经济和社会再生产为对象的宏观核算。它以一定的经济理论为指导,综合应用统计、会计和数学等方法,对一国或一地区在一定时间内的经济活动及其结果进行全面、系统的计算、测定和描述。它通过具有内在联系的指标体系和科学的核算方法,从数量上反映国民经济运行状况及社会再生产过程中生产、分配、交换、使用各个环节之间以及国民经济各个部门之间的内在联系,为国家进行宏观经济管理和决策提供依据。

(二)国民经济核算体系的概念

国民经济核算体系是对国民经济运行或社会再生产过程进行全面、系统的计算、测定和描述的宏观经济信息系统,它是整个经济信息系统的核心。

国民经济核算体系有两层含义。一是指为进行国民经济核算而制定的标准和规

范。这个标准和规范是由国家和国际组织制定的,它以一定的经济理论为基础,明确规定一系列核算概念、定义和核算原则,制定一套反映国民经济运行的指标体系、分类标准和核算方法以及相应的表现形式(平衡表、账户、矩阵等),形成一套逻辑一致和结构完整的核算框架。这些标准和规范是保证国民经济核算的科学性、统一性和可比性所不可缺少的,同时也是正确理解和使用国民经济核算资料并进行国际比较所必需的。二是指全面、系统地反映国民经济运行的数据体系。它是根据上述标准和规范对国民经济进行核算的结果,是一整套国民经济核算资料,形成宏观经济信息系统,成为国家宏观经济决策和调控的重要基础。以上两层含义是统一的,第一层含义是前提,第二层含义是结果。

图 14－1 是国民经济核算体系两层含义的图示。

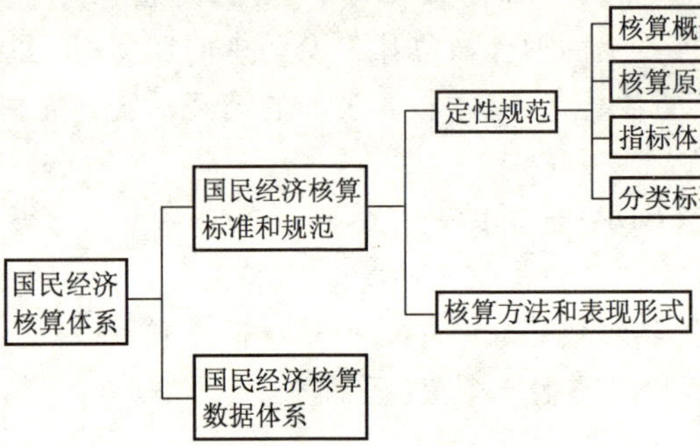

图 14－1　国民经济核算体系的含义

(三)国民经济核算体系的作用

国民经济核算体系是国家对国民经济进行现代化管理的重要工具,它的作用主要表现在以下几方面:

1. 为宏观决策和制定国民经济发展规划提供科学依据。正确的决策和规划必须建立在对实际情况全面认识和对未来发展科学预测的基础上。国民经济核算体系既是全面、系统、综合地反映国民经济运行和结果的数据体系,又可为各项预测提供宏观经济模型。可见,国民经济核算体系为宏观决策和规划提供了科学依据。

2. 对国民经济运行进行监测。国民经济核算体系按年、季定时提供各种信息,能经常反映国民经济运行的总体情况及各个环节、各个部门的动态,据以及时监测国民经济发展是否正常,以及哪些环节和部门有不协调的现象,从而能及时进行调控,促进国民经济持续、协调发展。

3. 为宏观经济分析提供基础数据。有关部门及研究人员根据国民经济核算体系的资料,可以对整个国民经济发展的规模、速度、结构、比例及效益等进行分析和评价,并对宏观经济活动中各有关方面的平衡关系及各部门之间的相互依存关系进行定量和定性分析,为改善宏观经济管理提供依据。

4. 为国际对比提供依据。按照国际标准核算出来的数据具有广泛的可比性,是国际进行经济交流的一种共同语言。

(四)国民经济核算体系在经济统计体系中的地位

经济统计体系包括 4 个体系内容,即统计指标体系、统计分类与编码标准体系、统计调查方法体系和国民经济核算体系。其中,国民经济核算体系在整个统计体系中处于核心地位,对其他体系发挥统帅和导向的作用,具体表现为:

1. 国民经济核算体系界定了社会生产的范围,包括货物和服务的生产,同时也就决定了分配、交换、消费的范围,这就给经济统计提供了明确的界限,使统计指标体系、统计分类与编码标准体系、统计调查方法体系有了共同的研究范围。

2. 国民经济核算体系规定了国民经济核算的基本单位为常住单位,这也就相应决定了经济统计调查的基本单位。

3. 国民经济核算体系统一确定了从宏观上反映社会再生产全过程的指标体系,具体包括投入、产出、收入、分配、消费、积累、金融交易、国际收支、资产负债等,这些方面最重要的综合指标就构成了各项经济统计指标体系的骨架。

4. 国民经济核算体系使用的协调一致的国民经济各项分类标准,为统计分类体系提供了统一的分类标准,包括机构部门分类、产业部门分类、产品分类、资产分类、居民消费按用途分类、政府职能分类、生产支出分类,等等。

5. 国民经济核算体系对经济统计的调查方法提出了一定的要求,这是由于其资料来源于各项经济统计和部分社会统计。

二、世界上两大核算体系的形成和发展

国民经济核算体系是 20 世纪 30 年代以来随着国家对宏观经济管理的加强,在国民收入统计的基础上逐步发展起来的。国民经济核算体系作为国际标准是 20 世纪 50 年代才开始形成的,由于各国经济运行机制和经济管理体制不同,形成了两种不同的国民经济核算体系,即物质产品平衡表体系和国民账户体系。这两种体系都是依照一定的经济理论和经济管理职能的特点而建立的,它们曾在相当长的时期里并存发展。下面对其分别介绍并进行比较。

(一)物质产品平衡表体系(The System of Material Product Balances,简称 MPS)

从 20 世纪 20 年代中期开始,苏联为适应高度集中的计划经济管理的需要,开始编制国民经济平衡表,在 30 年代初步形成了体系,到 50 年代末基本定型。以后逐渐为东欧各国、古巴、蒙古等国所采用。物质产品平衡表体系是以物质产品的生产、分配、交换和使用为主线,侧重反映物质产品再生产过程

的主要方面。核算范围主要包括农业、工业、建筑业、货物运输业及邮电业、商业等物质生产部门；核算方法主要采用平衡表法，由一系列平衡表所组成。MPS的主要总量指标有社会总产品（社会总产值）、物质消耗和国民收入等。苏联解体后，俄罗斯和东欧各国为适应向市场经济过渡，已不再使用物质产品平衡表体系。

（二）国民账户体系（The System of National Accounts，简称SNA）

国民账户体系是适用于市场经济的国民经济核算体系，首创于英国，继而在经济发达国家推行，现已为世界上绝大多数国家和地区所采用。国民经济账户体系以全面生产的概念为基础，把国民经济的各行各业都纳入核算范围，将社会产品分为货物和服务两种表现形态，完整地反映全社会的生产活动成果及其分配和使用的过程，并注重社会再生产过程中的投入和产出核算、资金流量核算和资产负债核算。SNA的核算方法是运用复式记账法的原理，建立一系列宏观经济循环账户和核算表式，组成结构严谨、逻辑严密的体系。SNA的主要总量指标有总产出、国内生产总值和国民生产总值等。

第一套国民账户体系于1953年发布，随后在1968年、1993年和2008年经过了三次大的修订。国民账户体系2008（SNA2008）是SNA1993的更新版本，这是SNA的第五个版本。自SNA1993发布以来，许多国家的经济环境发生了显著变化，同时，在过去的十多年里，对该账户体系中一些组成部分，相关的方法论研究在核算方法改进上，业已取得很多成果。在2003年第33届联合国统计大会上，统计委员会决定对SNA1993进行更新，以使国民经济核算框架与数据用户的需要相适应。

SNA2008是在国民经济核算秘书处工作组的支持下完成的。该工作组是由联合国（统计司和地区委员会）、欧盟委员会（统计办公室）、经济合作与发展组织、国际货币基金组织及世界银行组成的。2009年，这五大国际组织联合发布了SNA2008。

SNA的更新主要包括以下五个方面：资产；金融部门；全球化及其相关问题；一般政府和公共部门；非正规部门等。

（三）两大核算体系的比较

MPS和SNA都是适应国家宏观经济管理需要而建立和发展起来的国民经济核算体系，但两者是不同的经济体制和经济运行机制下的产物。由上面的介绍可知，MPS与苏联和东欧各国高度集中的计划经济体制相适应，而SNA则与市场经济条件下的国家宏观管理要求相适应，因此，两者在核算的范围、内容和方法上都存在很大的差异，具体表现为：

1.在核算范围上，MPS只限于对物质产品的核算，而把非物质生产性质的服务活动排除在生产领域之外；SNA的核算范围覆盖整个国民经济，不受物质生产领域的局限,所以,保证了对国民经济总量核算的完整性和再生产各环节核算的协调一致。

2. 在核算内容上,MPS 主要反映物质产品的生产、分配、交换和使用的实物运动;SNA 除了对货物和服务的实物流量进行核算外,还注重收入、支出和金融交易等资金流量以及资产负债存量的核算,因此,能更深入和更好地反映社会再生产中实物运动与价值运动交织在一起的复杂的运动过程。

3. 在核算方法上,MPS 主要采用平衡表法,侧重各平衡表内的平衡,而各平衡表之间缺乏有机的联系,整个结构不够紧密;SNA 主要采用复式记账法,通过账户体系把社会再生产各环节、国民经济各部门紧密衔接起来,能更好地反映国民经济运行中的内在联系,提高了国民经济核算的科学水平。

MPS 和 SNA 都是长期以来各国理论研究和实践经验的结晶,是国际性的科研成果。从各国的实际情况来看,SNA 的应用正日益广泛。随着世界市场经济的迅速发展,国际上加快了国民经济核算体系一体化的进程。1993 年,联合国统计委员会通过了新修订的 SNA,它已经成为适用于世界各国的统一的国民经济核算国际标准。

三、建立我国新国民经济核算体系的必要性

新中国成立以来,我国所采用的国民经济核算制度基本属于 MPS,而且很不完整。它是与高度集中的计划管理体制相适应的,在过去的经济管理中曾发挥重要的作用。但自改革开放以来,我国的经济体制格局和经济运行机制发生了深刻变化,原有核算制度的缺陷日益突出。为加强宏观决策和宏观调控,必须改革原有核算制度,建立新的国民经济核算体系。其必要性具体表现在以下四方面。

(一)原有的国民经济核算制度不能适应实现我国经济发展战略目标的要求

中共中央根据社会主义现代化建设的全局要求,科学地提出了我国经济发展的战略目标和分三步走的战略部署。这都是从整个国民经济的发展出发,包括物质生产活动和非物质生产活动两个方面。所以,以国内生产总值作为衡量指标,要求在不断促进物质生产增长的同时,加快发展以非物质生产活动为主要内容的第三产业。而我国原有的国民经济核算制度却主要反映物质产品的生产和使用,不能全面反映国民经济的发展情况,因而不能适应实现我国经济发展战略目标的要求,所以必须改革原有制度,建立新的国民经济核算体系。

(二)原有的国民经济核算制度不能适应深化改革的需要

随着社会主义市场经济体制的建立,我国的所有制结构、分配方式、流通渠道以及整个经济管理体制和经济运行机制都发生了深刻的变化。国家管理经济主要是借

助市场机制运用经济杠杆和经济政策,间接引导企业的决策和经营方向。为此,必须加强国民间接运行的以价值形式表现的总量指标的核算,特别是反映社会资金运动的资金流量核算和资产负债核算。然而,原有的核算制度侧重于实物流量核算,不能完整地反映社会资金运动和社会分配、再分配的情况。因此,为了有利于国家通过财政、金融、物价、税收、工资等经济杠杆对经济运行进行调控,为了全面反映社会再生产的各个环节以及国民经济各个部门之间的衔接和总体的平衡,为了深化改革,必须建立符合实际需要的新的国民经济核算体系。

(三)原有的国民经济核算制度不能适应扩大对外开放的需要

我国实行对外开放以来,同世界各国的对外贸易、非贸易往来、资金融通和技术交流合作的规模日益扩大,这些对外交易活动对我国国民经济的促进作用和影响程度越来越明显,这就要求加强我国与其他国家和地区的经济技术往来的核算,以综合反映我国的国际收支状况,为制定对外经济政策和战略提供重要依据。同时,还要求将我国的核算体系与国际标准接轨,便于进行国际对比,有利于发展对外经济合作与国际市场的竞争。但原有的国民经济核算制度不能综合反映对外经济交往,因此,有必要建立新的国民经济核算体系,以适应扩大对外开放的需要。

(四)原有的国民经济核算制度不能适应对国民经济运行综合协调和总体平衡的需要

原有的核算制度的基本核算方法是平衡表法,它只注重各个局部核算内容自身的平衡,各平衡表之间缺乏紧密的联系,所以,不能适应对国民经济运行综合协调和总体平衡的需要。国民经济是复杂的有机整体,社会再生产各环节之间、各部门之间存在着紧密的联系,为了全面反映社会主义市场经济条件下这些经济联系的数量表现,必须采用科学的核算方法,以国际上通用的国民账户方法为主,建立新的核算体系,这对于观察和研究社会总需求与总供给总量平衡和财政、信贷、国际收支平衡状况,以及社会再生产各环节之间的衔接和各部门之间的联系,促进国民经济协调发展,都具有重要的意义。

四、建立我国新国民经济核算体系的指导思想

我国新国民经济核算体系的研制是从1984年末开始的,历时7年完成。研制过程大体经历了理论研究、方案设计和试点运算三个阶段。在理论研究阶段,经研讨确立了建立我国新国民经济核算体系的指导思想。该指导思想是:从我国发展社会主义市场经济的实际出发,以马克思主义理论为指导,在总结我国实践经验的基础上,吸取国际上科学的核算方法和有益的经验,建立适合中国国情的新的国民经济核算体系。

理解上述指导思想,需要抓住以下三个要点。

第一，建立新的国民经济核算体系必须从我国由计划经济向社会主义市场经济过渡的实际情况出发。新体系应反映整个国民经济运行的全貌，为宏观管理和决策提供依据，以满足建立和完善社会主义市场经济体制的要求。

第二，坚持以马克思主义的经济理论体系为指导，并吸收现代宏观经济学中符合市场经济运行规律的理论为我所用。具体地讲，就是要把马克思主义再生产的基本原理同我国发展社会主义市场经济的实际相结合，在新的形势下加以具体运用。现代宏观经济学中，符合市场经济运行规律的理论是人类历史经验的总结，也是建立新国民经济核算体系的理论基础之一。

第三，在总结我国实践经验的基础上，吸取国际上科学的核算方法，建立既适应中国国情又符合国际标准的新国民经济核算体系。鉴于 MPS 已不适用于社会主义市场的经济体制，新 SNA 即将成为世界各国通用的国民经济核算标准与规范，所以，我国新国民经济核算体系应当以新 SNA 为基本框架，向国际标准靠拢；同时，为便于进行历史对比和满足当前宏观经济分析的一些特殊需要，可保留原有 MPS 的核算口径和某些核算内容。

我国新国民经济核算体系自 1992 年颁布实施以来，国际、国内形势都发生了重大变化。在新形势下，中国新国民经济核算体系需进一步改革和完善。在 1996 年 11 月中国国民经济核算研究会第一次学术研讨会上，与会的专家、学者一致认为，中国国民经济核算体系改革的目标模式是：以 1993 年 SNA 为蓝本，结合我国的实际情况，对中国的国民经济核算体系（试行方案）进行全面修订和补充，使之成为适应我国建立社会主义市场经济体制需要并与国际标准接轨的国民经济核算体系。按照这一目标模式，中国的国民经济核算体系应采用 1993 年 SNA 中符合国际惯例的概念、定义、核算规则和中心框架；同时，根据中国的实际情况灵活地采用这一体系，尤其是基本分类的灵活处理和中心框架以外的附属体系的灵活设置，这样才有利于反映社会主义市场经济运行的基本特征。

1999 年，国家统计局针对国内外客观情况的变化，对《中国国民经济核算体系（试行方案）》进行了全面系统的修订，取消了其中的 MPS 核算内容，理清了基本概念，修订了机构部门和产业部门分类，调整了基本框架，补充了核算内容，修改和细化了有关表式的指标设置，基本上与新的国际标准相衔接。《中国国民经济核算体系（2002）》就是这次修订的最终成果，是我国国民经济核算工作新的规范性文本。

五、我国新国民经济核算体系的结构

新国民经济核算体系，将国民经济作为一个有机联系的整体，对国民经济循环进行了完整的描述。在社会主义市场经济条件下，国民经济循环表现为产品实物

运动和货币资金运动交织在一起的统一运动过程。实物运动体现产品的生产、流通和使用过程,资金运动体现收入与分配和资金融通过程。

我国新国民经济核算体系由基本核算表、国民经济账户和附属表三部分组成。基本核算表包括国内生产总值表、投入产出表、资金流量表、国际收支表和资产负债表;国民经济账户包括经济总体账户、国内机构部门账户和国外部门账户;附属表包括自然资源实物量核算表和人口资源与人力资本实物量核算表。基本核算表和国民经济账户是本体系的中心内容,它通过不同的方式对国民经济运行过程进行全面的描述。附属表是对基本核算表和国民经济账户的补充,它对国民经济运行过程所涉及的自然资源和人口资源与人力资本进行描述。图 14－2 描述了国民经济核算体系的基本框架。

在新国民经济核算体系中,基本核算表与国民经济账户都是对国民经济运行过程及结果的描述,两者之间既密切联系,又相对独立。每种基本核算表侧重于经济活动某一方面的核算,所有的基本核算表构成一个有机整体,对国民经济活动进行全面的核算。国民经济账户则侧重于对经济循环过程的核算,各个账户按生产、收入分配、消费、投资和融资等环节设置,相互之间通过平衡项来衔接,既系统地反映了经济循环过程中每个环节的基本内容,又清楚地反映了各环节之间的有机联系。

（一）基本核算表

1. 国内生产总值表。它是按市场价格计算的一个国家的所有常住单位,在一定时期内生产活动的最终成果的总汇。它包括国内生产总值表、生产法国内生产总值表、收入法国内生产总值表和支出法国内生产总值表等。国内生产总值表以国内生产总值为核心,对国民经济生产与使用指标进行全面系统的核算,综合反映国民经济发展的规模和结构。其他三种国内生产总值表,分别从价值构成、收入形式和使用去向角度,反映国内生产总值的形成过程。

2. 投入产出表。它是以矩阵形式,描述国民经济各部门在一定时期内生产中的投入来源和产出使用去向,揭示国民经济各部门间相互依存、相互制约的数量关系。

3. 资金流量表。资金流量核算主要以收入分配和资金运动为核算对象。它表明一定时期各机构部门收入的形成、分配、使用,资金的筹集和运用,以及各机构部门间的资金流入和流出情况。

4. 国际收支表。包括国际收支平衡表和国际投资头寸表。国际收支平衡表反映一定时期内常住单位和非常住单位之间产生的交易。国际投资头寸表反映特定时点上,常住单位对外金融资产和负债的存量状况,以及在一定时期内由交易、价格变化、汇率变化和其他调整引起的存量变化。

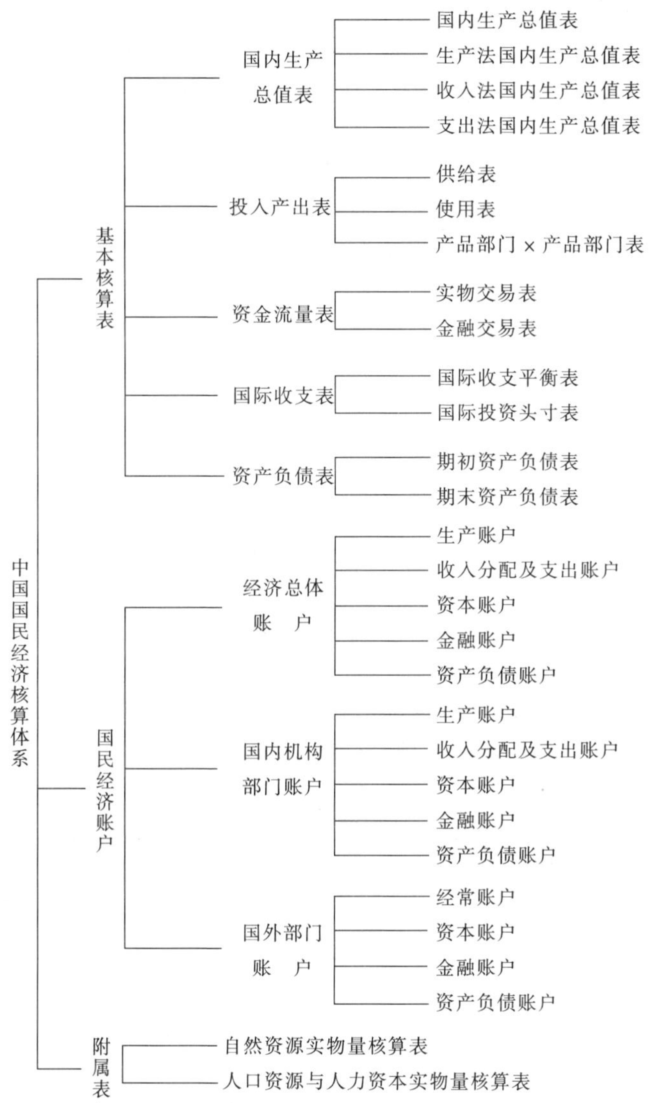

图 14–2　中国国民经济核算体系基本框架

5. 资产负债表。它是以经济资产存量为核算对象，反映某一时点上，机构部门及经济总体拥有的资产和负债的历史积累状况。期初资产负债规模和结构是当期经济活动的初始条件，经过一个核算期的经济活动和非经济活动（如自然灾害、战争等）形成了期末资产负债的规模和结构。所以，资产负债核算与经济流量核算之间有着密切的联系。

（二）国民经济账户

与整个体系的机构部门分类相对应，国民经济账户针对每个机构部门及经济总体，都设置一套完整账户。国民经济账户的基本格式如表 14－1 所示。

表 14－1　国民经济账户（基本格式）

使　　用	来　　源
1. 支出	1. 收入
2. 资产变动	2. 负债变动
（1）资产增加	（1）负债增加
（2）资产减少	（2）负债减少
3. 资产存量	3. 负债存量

1. 国内机构部门账户，从机构部门角度，观察从生产、收入分配、消费到投资的整个循环过程。它包括生产账户、收入分配及支出账户、资本账户、金融账户和资产负债账户等。国内机构部门账户分为非金融企业部门账户、金融机构部门账户、政府部门账户和住户部门账户。经济总体账户与国内机构部门账户之间的关系是总体与部分的关系。

（1）生产账户。它反映国内机构部门在核算期内，通过生产过程所创造的价值，以及与此价值对应的收入形态。账户格式如表14－2 所示。

表 14－2　生产账户

使　　用	来　　源
1. 增加值	1. 总产出
（1）劳动者报酬	2. 减：中间投入
（2）生产税净额	
（3）固定资产折旧	
（4）营业盈余	
合　　计	合　　计

（2）收入分配及支出账户。它反映国内机构部门在核算期内，通过生产过程形成的收入如何在拥有生产要素的相应机构部门之间进行分配，收入如何在不同机构部门之间进行转移，机构部门如何将它们的可支配收入在消费和储蓄之间进行分配。账户格式如表14－3所示。

（3）资本账户。反映国内机构部门，可用于资本形成的资金来源、资本形成的规模以及资金剩余或短缺的规模。账户格式如表14－4 所示。

表 14－3　收入分配及支出账户

使　　用	来　　源
1. 财产收入支付	1. 营业盈余
2. 经常转移支出	2. 固定资产折旧
3. 可支配总收入	3. 财产收入
4. 最终消费	4. 劳动者报酬
5. 总储蓄	5. 生产税净额
	6. 经常转移收入
合　　计	合　　计

表 14－4　资本账户

使　　用	来　　源
1. 资本形成总额	1. 总储蓄
2. 其他非金融资产获得减处置	2. 资本转移收入净额
3. 资金余缺	
合　　计	合　　计

(4)金融账户。反映国内机构部门,通过各种金融工具所发生的各种金融交易,以及这些交易的净成果,即资金的净借入或净借出。账户格式如表 14－5 所示。账户左边表明各种类型金融资产的净增加额,右边表明各种类型负债的净增加额及资金余缺。

表 14－5　金融账户

使　　用	来　　源
1. 通货	1. 通货
2. 存款	2. 存款
3. 贷款	3. 贷款
4. 证券(不含股票)	4. 证券(不含股票)
5. 股票及其他股权	5. 股票及其他股权
6. 保险准备金	6. 保险准备金
7. 其他金融资产	7. 其他负债
8. 国外直接投资	8. 国外直接投资
9. 其他对外债权	9. 其他对外债务
10. 储备资产	10. 国际收支净税误差与遗漏小计
	11. 资金余缺
合　　计	合　　计

(5)资产负债账户。反映国内机构部门,在核算期初或期末的资产负债存量。账户中的资产负债差额,是非金融资产存量加金融资产存量减去负债存量的余额。说明机构部门在核算期初或期末拥有的净财富状况。账户格式如表14－6所示。

表14－6　　资产负债账户

使　用	来　源
1. 非金融资产	1. 国内金融负债
(1)固定资产	(1)通货
(2)存货	(2)存款
(3)其他非金融资产	(3)贷款
2. 金融资产	(4)证券(不含股票)
(1)国内金融资产	(5)股票和其他股权
通货	(6)保险准备金
存款	(7)其他负债
贷款	2. 国外金融负债
证券(不含股票)	(1)直接投资
股票和其他股权	(2)证券投资
保险准备金	(3)其他投资
其他金融资产	小　计
(2)国外金融资产	3. 资产负债差额
直接投资	
证券投资	
其他投资	
3. 储备资产	
合　计	合　计

2. 国外部门账户。它是从非常住者角度表明常住者与非常住者之间发生的各种交易活动,以及相应的存量状况。它由经常账户、资本账户、金融账户和资产负债账户等组成。除了经常账户外,其他三种账户的表式和内涵基本与国内机构部门的对应账户相差无几。

经常账户反映国外部门与国内机构部门之间的经常性交易。账户格式如表14－7所示。

经常往来差额是“来源”合计减“使用”前五项小计的余额。其值是正值时,表示经济总体从国外净借入资金;是负值时,表示经济总体向国外净借出资金。

表 14－7　经常账户

使　用	来　源
1. 货物和服务出口	1. 货物和服务进口
2. 来自国外的劳动者报酬	2. 支付国外的劳动者报酬
3. 来自国外的财产收入	3. 支付国外的财产收入
4. 来自国外的生产税净额	4. 支付国外的生产税净额
5. 来自国外的经常转移收入	5. 支付国外的经常转移
6. 经常往来差额	
合　计	合　计

（三）附属表

附属表是对国民经济核算体系核心部分的补充，用来描述我国自然资源和资源资产、人口资源和人力资本的规模、结构和变动，以及经济、资源与人口之间的相互关系，为制定和实施社会经济可持续发展战略提供科学依据。

附属表共有两张表。

一是自然资源实物量核算表，它反映主要自然资源在核算期期初和期末两个时点的实物存量，以及在核算期内的变动情况。表的主栏分为期初存量、本期增加、本期减少、调整变化和期末存量等；表的宾栏依据自然资源性质，分别列出土地资源、森林资源、矿产资源和水资源等。

二是人口资源与人力资本实物量核算表，它反映人口资源与人力资本在期初、期末两个时点的存量状况，以及在核算期内的变动情况。表的主栏分列期初人口、本期增加人口、本期减少人口和期末人口等指标；表的宾栏根据人口与经济活动的相关关系设置两个基本部分：0～15 岁人口，16 岁及其以上人口。特别突出其受教育程度，因为它是构成人力资本的最主要的内容。人口资源与人力资本实物量核算表分五个部分，分别反映我国 0～15 岁人口、就业人口、失业人口、非经济活动人口、总人口的期初期末存量、结构及其变动情况。

国民经济核算体系的基本核算表、国民经济账户和附属表，是对同一国民经济运行过程进行系统核算而采用的不同方法。基本核算表和附属表采用的是平衡表和矩阵表核算形式，其中每张表都具有相对的独立性，彼此衔接，联成一体，可根据需要和可能进行比较精细的核算，提供丰富的资料。国民经济账户采用复式记账方法，将经济运行中国民经济及各部门的基本指标连接成有机的指标链，能更好地反映出国民经济运行中各环节之间、各部门之间的内在联系，并可通过比较和检验各账户之间的关系，提高数据的准确性。因此，将三者结合起来，可以在内容上、功能上互相补充、互相验证，从而有利于提高国民经济核算水平。

在联合国、欧洲联盟委员会、经济合作与发展组织、国际货币基金组织和世界银行集团的共同主持下，现已完成《2008 年国民账户体系》（2008 年 SNA）的编制并已发布，它对 1993 年 SNA 进行了更新修订。2008 年 SNA 为政策的制定、数据分析与科学研究提供了一个全面的、连贯的和灵活的宏观经济核算方法。根据 2008 年 SNA 的变化和我国经济社会发展中出现的新情况，为了更好地落实十八届三中全会的精神，国家统计局于 2013 年年底已经制定了修订《中国国民经济核算体系（2002）》的初步计划和初步框架。按照工作计算，拟于 2014 年下半年提出初稿，经论证和修改，拟在 2014 年年底或 2015 年年初形成最终文本，并按程序对外公布。

六、中国国民经济核算统计报表制度

为了全面、系统、完整地反映我国国民经济运行状况，为各级政府制定政策和规划、进行宏观管理和决策提供依据，国家统计局根据《中华人民共和国统计法》，制定了国民经济核算统计报表制度，于 2015 年 1 月 5 日发布。

国民经济核算统计报表制度，是国家统计报表制度的重要组成部分，是国家统计局对各省、自治区、直辖市、计划单列市、新疆生产建设兵团统计局在国民经济核算方面的综合要求，各地区应按照全国统一要求，认真组织实施，按时填报。

国民经济核算统计报表制度包括五个部分，即地区生产总值核算制度、投入产出核算制度、资金流量核算制度、国民资产核算制度和国民经济账户制度等。

国民经济核算统计报表制度综合范围为各省、自治区、直辖市、计划单列市、新疆生产建设兵团辖区内的地区生产总值的生产、分配和支出情况，投入产出关系，社会资金的流量和流向，国民资产存量状况，以及各机构部门从生产、收支、资本、金融活动到资产负债的循环全过程。

七、《中国国民经济核算体系（2016）》的印发和实施

根据国务院的批复文件精神，国家统计局下发了“关于印发《中国国民经济核算体系（2016）》的通知”，要求各有关部门和各地区，对 2016 年核算认真贯彻落实。

2002 年核算体系实施十多年来，随着我国社会主义经济的发展，出现了许多新情况，发生了不少新变化，使宏观经济管理和社会公众对国民经济核算产生了新需求。2009 年，联合国等五大国际组织颁布了国民经济核算新的国际标准——《国民经济账户体系 2008》。为了适应我国经济发展的新情况和新需求，以及实现与新的国际标准相衔接，提高我国国民经济核算方法和核算数据的国际可比性，有必要对我国现行的《中国国民经济核算体系（2002）》进行修订。

在 2002 年核算体系的基础上，2016 年核算体系主要在基本框架、基本概念和

核算范围、基本分类、基本核算指标以及基本核算方法五个方面进行系统修订。2016 年核算体系分为基本核算和扩展核算两大部分；针对经济发展出现的新情况、新变化和 2008 年 SNA 的建议，2016 核算体系引入了一些新的概念，拓展了核算范围；参照 2008 年 SNA，结合我国分类标准的变化，2016 年核算体系调整和细化了一些基本分类；2016 年核算体系修订了一些重要的国民经济核算指标的定义和核算范围；采用与 2008 年 SNA 基本一致的核算方法。

实施《中国国民经济核算体系（2016）》意义重大，主要在于它是反映国民经济运行情况的工具，是经济统计的基本框架和开展国际比较的重要依据等。实施 2016 年核算体系是一项系统工程。国家统计局根据其内容，结合实际情况，制定出实施方案，从而保证了《中国国民经济核算体系（2016）》的顺利有效推行。

第二节　国民经济核算体系的主要指标

国民经济核算体系中的指标是按照社会再生产过程来设置的，包括社会生产、分配、交换和使用等流量指标，以及资产负债等存量指标。这些指标分布在有关的社会再生产核算表和各经济循环账户中。下面分别介绍其中的几个主要指标。

一、总产出、中间投入和增加值

（一）总产出

1. 总产出的概念。总产出是指核算期内全部生产活动的总成果，包括本期生产的已出售和可供出售的物质产品和服务、在建工程以及自产自用消费品和自制固定资产价值。总产出是新核算体系中反映社会总产品价值量的指标。

在掌握总产出的概念时，必须先明确生产活动的含义。新核算体系定义的生产活动包括货物生产和服务生产，即不仅包括物质生产部门的生产活动，而且包括非物质生产部门的生产活动。货物生产的基本特点是：具有一定的实物形态，可以用实物量单位进行计量，生产过程从制作到使用可以分阶段独立进行，并可以在不同单位之间进行移动。例如，汽车、粮食的生产属于货物生产。服务生产的基本特点是：成果不具有实物形态，提供服务与使用服务一般在同一时间内完成。在明确了上述生产活动的基础上，就可理解总产出是反映国民经济各个部门在一定时期内生产的物质产品和服务价值的总量；同时应了解总产出一般按生产者价格计算。

2. 总产出的计算。

（1）一般公式：

$$总产出 = 中间投入 + 增加值$$

（2）国民经济各部门根据本部门的特点还有计算总产出的具体公式。例如：

农业总产出 = Σ(农产品产量×单位产品价格) = 农业总产值

工业总产出 = 工业中间投入 + 工业增加值 = 工业总产值

居民服务业总产出 = 营业收入

金融业总产出 = 各项利息收入 + 手续费收入 + 信托业务收入 +
融资租赁业务收入 + 外汇业务收入 +
投资分红收入 - 各项利息支出

(3)由对生产的定义所引出的计算总产出的公式为:

总产出 = 物质生产部门总产出 + 非物质生产部门总产出

上式中,总产出是全社会的总产出,也就是整个国民经济的总产出。其中,物质生产部门总产出等于物质生产部门的社会总产值。

(二)中间投入

中间投入是指在生产经营过程中消耗或转换的物质产品和服务价值,也称为中间产品或中间消耗。记入中间投入必须具备两个条件:一是与总产出相对应的生产过程所消耗或转换的物质产品和服务;二是本期消耗的不属于固定资产的非耐用品。

中间投入分为物质产品投入和服务投入。物质产品投入指生产过程中消耗或转换的物质产品,包括货物和物质性服务(货运、邮电通信、商业和饮食等服务)的消耗,但不包括固定资产损耗;服务投入指在生产过程中消耗的除物质性服务以外的各种服务,包括金融保险、文化教育、科学研究、医疗卫生、行政管理等。

以总产出和中间投入的概念及两者的关系,可得出下列计算公式:

中间投入 = 总产出 - 增加值

或

$$\underset{(中间消耗)}{中间投入} = \underset{(中间物质产品消耗)}{物质产品投入} + \underset{(中间服务消耗)}{服务投入}$$

(三)增加值

增加值是指总产出的价值扣除中间投入价值后的余额。它反映生产单位或部门生产活动的最终成果,也是本单位或部门对国内生产总值的贡献。增加值由固定资产损耗、劳动者报酬、生产税净额、营业盈余四个项目构成。各部门增加值之和就是国内生产总值(下面将重点介绍国内生产总值指标)。增加值计算的一般公式为:

增加值 = 总产出 - 中间投入

二、国内生产总值和国民生产总值

(一)国内生产总值

1. 国内生产总值的概念。国内生产总值(GDP)指按市场价格计算的一个国家(或地区)所有常住单位在一定时期内生产活动的最终成果。国内生产总值有三种表现形态,即价值形态、收入形态和产品形态。从价值形态看,它是所有常住单位的增加值之和;从收入形态看,它是所有常住单位在一定时期内创造并分配给常住单位和非常住单位的初次收入之和;从产品形态看,它是所有常住单位在一定时期内最终使用的货物和服务价值与货物和服务净出口价值之和。

对上述概念需作三点说明:

(1)国内生产总值是 SNA 核算体系中一个重要的综合性指标,也是我国新国民经济核算体系中的核心指标。

(2)国内生产总值是反映常住单位生产活动成果的指标。常住单位是指在一国经济领土内具有经济利益中心的经济单位。经济领土是由一国政府控制或拥有的地理领土,也就是在本国地理范围的基础上,还应包括该国驻外使领馆、科研站和援助机构等,并相应的扣除外国驻本国的上述机构。经济利益中心是指某一单位或个人在一国经济领土内拥有一定活动场所,从事一定的生产和消费活动,并持续经营或居住 1 年以上的单位和个人。

(3)规范地区 GDP 及相关指标的中文译名。过去我国不管是国家还是地区甚至县,习惯上都把 GDP 叫作国内生产总值。从 2004 年开始,国家统计局决定将地区 GDP 的中文名称作如下调整:地区 GDP 的中文名称改为“地区生产总值”;特定地区的 GDP 用行政区的名字作定语,如“×××省生产总值”等称“×××省 GDP”;各地 GDP 称为各地生产总值;各地区自己也可以叫省内、区内、市内生产总值。

2. 国内生产总值指标的作用。计算国内生产总值指标的作用主要表现在:它能综合国民经济活动的最终成果;是衡量国民经济发展规模、速度的基本指标;是分析经济结构和宏观经济效益的基础数据;有利于分析研究社会最终产品的生产、分配和最终使用情况;有利于进行国际的经济对比,等等。

3. 国内生产总值的计算方法。国内生产总值有三种计算方法,即生产法、收入法和支出法。这三种方法分别从不同角度反映国内生产总值及其构成。

(1)生产法,又称部门法或增加值法。生产法是从生产的角度计算国内生产总值。其计算公式为:

$$国内生产总值 = 国民经济各部门增加值之和$$

$$增加值 = 总产出 - 中间消耗$$

(2)收入法,又称分配法或成本法。它是从分配或收入的角度来计算国内生产总值的。按这种方法计算,首先是各个部门根据生产要素在初次分配中应得到的收入份额来计算增加值,然后再加总各部门的增加值而得到国内生产总值。增加值的计算公式为:

$$增加值=\frac{固定资产}{损耗}+\frac{劳动者}{报\ 酬}+\frac{生产税}{净\ 额}+\frac{营业}{盈余}$$

式中的营业盈余是营业利润与其他盈余。

(3)支出法,又称最终产品法或使用法。它是从最终使用的角度反映一个国家(或地区)一定时期内生产活动最终成果的一种方法。具体包括最终消费支出、资本形成总额及货物和服务净出口三部分。其计算公式为:

$$\frac{国内生产}{总值}=\frac{最终消费}{支出}+\frac{资本形成}{总额}+\frac{货物和服务}{净出口}$$

式中:最终消费支出包括居民消费支出和政府消费支出;资本形成总额包括固定资本形成总额和存货变动两部分;货物和服务净出口指货物和服务出口减货物和服务进口的差额,货物的出口和进口都按离岸价格计算。

以上三种方法计算出的国内生产总值,从理论上讲应当相等,称为"三面等值",但是,由于资料来源的不同,实际上三种计算结果往往会出现差异,它属于统计误差。

【例 14-1】某地区某年的国民经济有关资料如表 14-8 所示。试根据表中资料,用三种方法计算该地区该年的地区生产总值。

表 14-8 (亿元)

生　产	金额	使　用	金额
总产出	2 822	最终消费	800
中间消耗(-)	1 566	居民消费	654
固定资产损耗	132	政府消费	146
劳动者报酬	648	资本形成总额	480
生产税净额	88	固定资本形成总额	417
生产税	157	存货增加	63
补贴(-)	69	货物和服务净出口	-24
营业盈余	388	货物和服务出口	173
		货物和服务进口	197

解:

(1)生产法:

$$\begin{aligned}地区生产总值&=总产出-中间消耗\\&=(2\ 822-1\ 566)亿元=1\ 256\ 亿元\end{aligned}$$

(2)收入法:

$$\frac{地区生产}{总值}=\frac{固定资}{产损耗}+\frac{劳动者}{报酬}+\frac{生产税}{净额}+\frac{营业}{盈余}$$

$$=(132+648+88+388)\text{亿元}=1\ 256\text{亿元}$$

(3)支出法:

$$\begin{matrix}\text{地区生产}\\\text{总值}\end{matrix}=\begin{matrix}\text{最终}\\\text{消费}\end{matrix}+\begin{matrix}\text{资本形成}\\\text{总额}\end{matrix}+\begin{matrix}\text{货物和服务}\\\text{净出口}\end{matrix}$$

$$=[800+480+(-24)]\text{亿元}=1\ 256\text{亿元}$$

【例 14－2】表 14－9 所示为我国 2009—2013 年支出法国内生产总值资料。

表 14－9　　支出法国内生产总值

年份	支出法国内生产总值(亿元)	最终消费支出(亿元)	资本形成总额(亿元)	货物和服务净出口(亿元)	资本形成率(投资率)(%)	最终消费率(消费率)(%)
2009	348 775.1	169 274.8	164 463.2	15 037.0	47.2	48.5
2010	402 816.5	194 115.0	193 603.9	15 097.6	48.1	48.2
2011	472 619.2	232 111.5	228 344.3	12 163.3	48.3	49.1
2012	529 399.2	261 993.6	252 773.2	14 632.4	47.7	49.5
2013	586 673.0	292 165.6	280 356.1	14 151.3	47.8	49.8

注:1. 本表按当年价格计算。
2. 资本形成率指资本形成总额占支出法 GDP 的比重;最终消费率指最终消费支出占支出法 GDP 的比重。
3. 资料来源:《2014 中国统计年鉴》。

【例 14－3】2012 年我国四个直辖市的地区生产总值有关资料见表 14－10。

表 14－10　　2012 年地区生产总值收入法构成项目　　(亿元)

地区	地区生产总值	劳动者报酬	生产税净额	固定资产折旧	营业盈余
北京	17 879.40	9 102.64	2 894.58	2 268.61	3 612.57
天津	12 893.88	5 040.37	2 138.15	1 506.75	4 208.61
上海	20 181.72	8 389.14	4 022.74	2 460.38	5 309.46
重庆	11 409.60	5 679.13	1 664.96	1 240.30	2 825.21

注:1. 本表按当年价格计算。
2. 资料来源:《2014 中国统计年鉴》。

(二)国民总收入

1. 国民总收入的概念。国民总收入(GNI)即国民生产总值(GNP),是指一个国家(或地区)所有常住单位在一定时期内收入初次分配的最终结果。一国常住单位从事生产活动所创造的增加值在初次分配中主要分配给该国的常住单位，但也有一部分以生产税及进口税（扣除生产和进口补贴）、劳动者报酬和财产收入等形式分配给非常住单位，同时，国外生产所创造的增加值也有一部分以生产税及进口税（扣除生产和进口补贴）、劳动者报酬和财产收入等形式分配给该国的常住单位，从而产生了国民总收入的概念。它等于国内生产总值加上来自国外的净要素收入。与国内生产总值不同，国民总收入是一个收入概念，而国内生产总值是一个生产概念。

2. 国民总收入的计算。国民总收入可以通过其与国内生产总值的关系来计算，具体公式如下：

$$\text{国民总收入}=\text{国内生产总值}+\text{来自国外的净要素收入}$$

$$\text{来自国外的净要素收入}=\text{来自国外的劳动者报酬和财产收入}-\text{国外从本国获得的劳动者报酬和财产收入}$$

$$=\text{来自国外的劳动者报酬净额}+\text{来自国外的财产收入净额}$$

上面公式中的“国外”指非常住单位；“财产收入”包括利息、红利和租金等。来自国外的劳动者报酬净额，指常住居民从非常住单位获得的劳动报酬与非常住居民从常住单位获得的劳动报酬相抵后的差额；来自国外的财产收入净额，指常住单位从非常住单位获得的财产收入与非常住单位从常住单位获得的财产收入相抵后的差额。

三、国内生产净值和国民生产净收入

国内生产净值和国民生产净收入是通过国内生产总收入与国民生产总收入来计算的，具体公式为：

$$\text{国内生产净值}=\text{国内生产总值}-\text{固定资产损耗}$$

$$\text{国民生产净收入}=\text{国民生产总收入}-\text{固定资产损耗}$$

国内生产净值（NDP）反映一定时期内全社会新创造的价值；国民生产净收入（NNI）反映一定时期内本国获得的原始净收入。

四、国民可支配总收入和国民可支配净收入

国民可支配收入是指本国在一定时期内获得的原始收入的基础上，经过与国外的经常转移收支之后可最终用于消费和投资的收入。

经常转移包括国外的经常转移和国内部门间的经常转移。国外的经常转移，如与国际组织间的往来、无偿援助和捐赠、侨汇以及向国外征收或缴纳的收入税等。国内部门之间的经常转移包括以现金和实物方式互相转移收入，如社会保险、社会补助等。这种转移在汇总国内各部门资料时将被互相抵消。所以，国民可支

配收入只包括与国外的经常转移。

国民可支配收入可按总额计算,也可以按净额计算。其计算公式为:

$$\text{国民可支配总收入}=\text{国民生产总值（国民总收入）}+\text{来自国外的经常转移净额}$$

$$\text{国民可支配净收入}=\text{国民生产净值（国民净收入）}+\text{来自国外的经常转移净额}$$

式中:

$$\text{来自国外的经常转移净额}=\text{来自国外的经常转移}-\text{支付国外的经常转移}$$

五、固定资产损耗、劳动者报酬、生产税净额和营业盈余

(一)固定资产损耗

固定资产损耗是指核算期内生产中因耗用固定资产而磨损的价值。按SNA的核算要求,应按固定资产重估价的价值和使用年限计算,我国限于条件,暂以固定资产折旧代替。固定资产损耗是社会最终产品价值的组成部分,而不是中间投入。

(二)劳动者报酬

劳动者报酬是指劳动者因从事生产活动所获得的全部报酬,包括各种形式的工资、奖金和津贴,既包括货币形式的,也包括实物形式的,还包括劳动者所享受的公费医疗和医药卫生费,以及上下班交通补贴和单位支付的社会保险费、住房公积金等。

(三)生产税净额

生产税净额是指生产税减生产补贴后的余额。生产税是指政府对生产单位生产、销售和从事经营活动以及因从事生产活动使用某些生产要素(如固定资产、土地、劳动力)所征收的各种税、附加费和规费。生产补贴与生产税相反,它是指政府对生产单位的单方面转移支出,因此可视为负的生产税,包括:政策亏损补贴、价格补贴等。

六、最终消费和资本形成总额

(一)最终消费

最终消费是指常住单位在一定时期内对于货物和服务的全部最终消费支出。它是常住单位为满足物质、文化和精神生活的需要,从本国经济领土和国外购买的货物和服务的支出,不包括非常住单位在本国经济领土内的消费支出。最终消费的计算公式为:

$$\text{最终消费}=\text{居民消费}+\text{政府消费}$$

对上式需作两点说明。

1. 居民消费，是指常住住户对货物和服务的全部最终消费支出。居民消费除了直接以货币形式购买货物和服务的消费之外，还包括以其他方式获得的货物和服务的消费支出，即所谓的虚拟消费支出。居民虚拟消费支出包括以下几种类型：单位以实物报酬及实物转移的形式提供给劳动者的货物和服务；住户生产并由本住户消费了的货物和服务，其中的服务仅指住户的自有住房服务；金融机构提供的金融媒介服务；保险公司提供的保险服务。

2. 政府消费，是指政府部门为全社会提供公共服务的消费支出和免费或以较低价格向住户提供的货物和服务的净支出。前者等于政府服务的产出价值减去政府单位所获得的经营收入的价值，政府服务的产出价值等于它的经常性业务支出加上固定资产折旧；后者等于政府部门免费或以较低价格向住户提供的货物和服务的市场价值减去向住户收取的价值。

（二）资本形成总额

资本形成总额，是指常住单位在一定时期内获得减去处置的固定资产，和存货的净额，包括固定资本形成总额和存货变动两部分。资本形成总额的计算公式为：

$$资本形成总额 = 固定资本形成总额 + 存货增加$$

对此公式也需做两点说明。

1. 固定资本形成总额，是指常住单位购置、转入和自产自用的固定资产，扣除固定资产的销售和转出后的价值，并划分为有形固定资产形成总额和无形固定资产形成总额两类。有形固定资产形成总额包括一定时期内完成的建筑工程、安装工程和设备器具购置（减处置）价值，以及土地改良、新增用于役、种、奶、毛、娱乐的牲畜和新增的经济林木价值。无形固定资产形成总额包括矿藏的勘探、计算机软件、娱乐和文学艺术品原件等获得（购置）减处置（售出）。

2. 存货增加，是指常住单位存货实物量变动的市场价值，即期末价值减期初价值的差额。存货增加可以是正值，也可以是负值，正值表示存货上升，负值表示存货下降。它包括生产单位购进的原材料、燃料和储备物资等存货，以及生产单位生产的产成品、在制品等存货。

七、总储蓄和净储蓄

（一）总储蓄

总储蓄是指国民可支配总收入扣除最终消费后的余额。总储蓄分为净储蓄和固定资产损耗。前者在企业可理解为经营盈余，后者是用于补偿资产损耗的。总储蓄的计算公式为：

$$总储蓄 = 国民可支配总收入 - 最终消费$$

或　　　　　　　　　　　　总储蓄 = 净储蓄 + 固定资产损耗

（二）净储蓄

净储蓄是指国民可支配净收入减去最终消费后的余额或总储蓄扣除固定资产损耗后的余额。用公式表示为：

净储蓄 = 国民可支配净收入 - 最终消费

或　　　　　　　　　　　　净储蓄 = 总储蓄 - 固定资产损耗

以上介绍了新国民经济核算体系中从社会生产至最终使用的主要指标。下面举例说明各个指标之间的数量关系。

【例 14 - 4】设某地区某年国民经济有关总量指标之间的关系如表 14 - 11 所示。

表 14 - 11 中资料反映出该年的国内生产总值，经过分配、再分配和扣除消费之后，能用于投资的储蓄小于实际投资支出，这部分差额是通过国外金融交易弥补（净贷入）而达到平衡的。

表 14 - 11　　　　　　　　　　　　　　　　　　　　（亿元）

指　标　名　称	总值	净值
①国内生产总值	1 256.0	—
②固定资产损耗	132.0	—
③国内生产净值（① - ②）	—	1 124.0
④来自国外的要素净收入	-0.6	—
⑤国民生产总值（国民总收入）（① + ④）	1 255.4	—
⑥国民生产净值（国民净收入）（③ + ④或⑤ - ②）	—	1 123.4
⑦来自国外的经常转移净额	0.9	—
⑧国民可支配总收入（⑤ + ⑦）	1 256.3	—
⑨国民可支配净收入（⑥ + ⑦）	—	1 124.3
⑩最终总消费	800.0	—
⑪总储蓄（⑧ - ⑩）	456.3	—
⑫净储蓄（⑨ - ⑩）	—	324.3
⑬资本形成总额	480.0	—
⑭净投资（⑬ - ②）	348.0	—
⑮储蓄与投资差（⑪ - ⑬）或（⑫ - ⑭）	-23.7	-23.7

思考题与练习题

1. 试述国民经济核算体系的两层含义以及它们之间的关系。

2. 国民经济核算体系在国民经济现代化管理中的作用主要表现在哪些方面?

3. 论述国民经济核算体系在经济统计体系中的地位。

4. 试述 MPS 与 SNA 的主要区别。

5. 说明我国国民经济核算统计报表制度的主要内容。

6. 简述社会再生产核算表的组成部分。

7. 试述经济循环账户的特点及所包括的内容。

8. 何谓"三面等值"?

9. 国内生产总值与国民生产总值有何区别和联系?

10. 国内生产总值指标的作用。

11. 某地区报告年的国民经济有关资料如下:社会总产出为3 161.68亿元,中间物质消耗为 1 613.905 亿元,中间服务消耗为 140.34 亿元,固定资产折旧为 148.085 亿元,劳动者报酬为725.40亿元,生产税为 175.93 亿元,政府补贴为 77.245亿元,营业盈余为435.265 亿元。试按生产法和收入法计算该地区报告年的 GDP。

12. 已知某国 2009 年度国内生产总值指数为 111.3%,国内生产总值价格指数为 105%,试计算该国 2009 年度的国内生产总值物量指数。

13. 已知某地区某年的 GDP 为 1 800 亿元,中间投入总值为 350 亿元,其中服务投入为 36 亿元,试计算该地区的总产出。

14. 某地区按当年价格计算的第一产业、第二产业、第三产业的增加值分别是 335 亿元、570.2 亿元和 217.4 亿元。与上年比较,第一产业、第二产业、第三产业的价格指数分别是 112.7%,115.8%和 116.5%。试编制 GDP 价格指数。

15. 已知某地区 2009 年国内生产总值使用的构成资料如表 14-12 所示。请据此编制该地区 2009 年度国内生产总值价格指数。

表 14-12　　某地区 2009 年度 GDP 使用情况表　　(亿元)

项　　目	现价值	按上年价格计算值
最终消费	1 501.2	1 404.0
资本形成总额	628.8	600.0
出口	114.0	110.4
进口	55.2	52.8

16. 设某年某地区有以下资料(单位为亿元)：

总产出	5 600.0
中间消耗	3 520.0
最终消费	1 610.8
资本形成总额	509.2
出口	420.0
进口	460.0
固定资产损耗	262.0
劳动者报酬	1 210.0
生产税净额	194.4
营业盈余	413.6
国外净要素收入	-9.0

试求：(1)分别按生产法、收入法和支出法计算国内生产总值；

(2)计算国民总收入和国民净收入。

17. 设某年某国家国民经济的有关资料如下：

国内生产总值	1 836 亿美元
国外从本国获得的劳动者报酬和财产收入	144 亿美元
来自国外的劳动者报酬和财产收入	117 亿美元
固定资产折旧	162 亿美元
来自国外的经常转移净额	9.6 亿美元

试根据上述资料计算：

(1)国民生产总值(即国民总收入)；

(2)国民生产净值(即国民净收入)；

(3)国民可支配总收入；

(4)国民可支配净收入。

附录 1

正态分布概率表

t	F(t)	t	F(t)	t	F(t)	t	F(t)
0.00	0.000	0.24	0.1897	0.48	0.3688	0.72	0.5285
0.01	0.0080	0.25	0.1974	0.49	0.3759	0.73	0.5346
0.02	0.0160	0.26	0.2051	0.50	0.3829	0.74	0.5407
0.03	0.0239	0.27	0.2128	0.51	0.3899	0.75	0.5467
0.04	0.0319	0.28	0.2205	0.52	0.3969	0.76	0.5527
0.05	0.0399	0.29	0.2282	0.53	0.4039	0.77	0.5587
0.06	0.0478	0.30	0.2358	0.54	0.4108	0.78	0.5646
0.07	0.0558	0.31	0.2434	0.55	0.4177	0.79	0.5705
0.08	0.0638	0.32	0.2510	0.56	0.4245	0.80	0.5763
0.09	0.0717	0.33	0.2586	0.57	0.4313	0.81	0.5821
0.10	0.0797	0.34	0.2661	0.58	0.4381	0.82	0.5878
0.11	0.0876	0.35	0.2737	0.59	0.4448	0.83	0.5935
0.12	0.0955	0.36	0.2812	0.60	0.4515	0.84	0.5991
0.13	0.01034	0.37	0.2886	0.61	0.4581	0.85	0.6047
0.14	0.01113	0.38	0.2961	0.62	0.4647	0.86	0.6102
0.15	0.1192	0.39	0.3035	0.63	0.4713	0.87	0.6157
0.16	0.1271	0.40	0.3108	0.64	0.4778	0.88	0.6211
0.17	0.1350	0.41	0.3182	0.65	0.4843	0.89	0.6265
0.18	0.1428	0.42	0.3255	0.66	0.4907	0.90	0.6319
0.19	0.1507	0.43	0.3328	0.67	0.4971	0.91	0.6372
0.20	0.1585	0.44	0.3401	0.68	0.5035	0.92	0.6424
0.21	0.1663	0.45	0.3473	0.69	0.5098	0.93	0.6476
0.22	0.1741	0.46	0.3545	0.70	0.5161	0.94	0.6528

续表

t	$F(t)$	t	$F(t)$	t	$F(t)$	t	$F(t)$
0.23	0.1819	0.47	0.3616	0.71	0.5223	0.95	0.6579
0.96	0.6929	1.27	0.7959	1.58	0.8859	1.89	0.9412
0.97	0.6680	1.28	0.7995	1.59	0.8882	1.90	0.9426
0.98	0.6729	1.29	0.8030	1.60	0.8904	1.91	0.9439
0.99	0.6778	1.30	0.8064	1.61	0.8926	1.92	0.9451
1.00	0.6827	1.31	0.8098	1.62	0.8948	1.93	0.9464
1.01	0.6875	1.32	0.8132	1.63	0.8969	1.94	0.9476
1.02	0.6923	1.33	0.8165	1.64	0.8990	1.95	0.9488
1.03	0.6970	1.34	0.8198	1.65	0.9011	1.96	0.9500
1.04	0.7017	1.35	0.8230	1.66	0.9031	1.97	0.9512
1.05	0.7063	1.36	0.8262	1.67	0.9051	1.98	0.9523
1.06	0.7109	1.37	0.8293	1.68	0.9070	1.99	0.9534
1.07	0.7154	1.38	0.8324	1.69	0.9090	2.00	0.9545
1.08	0.7199	1.39	0.8355	1.70	0.9109	2.02	0.9566
1.09	0.7243	1.40	0.8385	1.71	0.9127	2.04	0.9587
1.10	0.7287	1.41	0.8415	1.72	0.9146	2.06	0.9606
1.11	0.7330	1.42	0.8444	1.73	0.9164	2.08	0.9625
1.12	0.7373	1.43	0.8473	1.74	0.9181	2.10	0.9643
1.13	0.7415	1.44	0.8501	1.75	0.9199	2.12	0.9660
1.14	0.7457	1.45	0.8529	1.76	0.9216	2.14	0.9676
1.15	0.7499	1.46	0.8557	1.77	0.9233	2.16	0.9692
1.16	0.7540	1.47	0.8584	1.78	0.9249	2.18	0.9707
1.17	0.7580	1.48	0.8611	1.79	0.9265	2.20	0.9722
1.18	0.7620	1.49	0.8638	1.80	0.9281	2.22	0.9736
1.19	0.7660	1.50	0.8664	1.81	0.9297	2.24	0.9749
1.20	0.7699	1.51	0.8690	1.82	0.9312	2.26	0.9762
1.21	0.7737	1.52	0.8715	1.83	0.9328	2.28	0.9774

续表

t	$F(t)$	t	$F(t)$	t	$F(t)$	t	$F(t)$
1.22	0.7775	1.53	0.8740	1.84	0.9342	2.30	0.9786
1.23	0.7813	1.54	0.8764	1.85	0.9357	2.32	0.9797
1.24	0.7850	1.55	0.8789	1.86	0.9371	2.34	0.9807
1.26	0.7923	1.57	0.8836	1.88	0.9399	2.38	0.9827
1.25	0.7887	1.56	0.8812	1.87	0.9385	2.36	0.9817
2.40	0.9836	2.60	0.9907	2.80	0.9949	3.00	0.9973
2.42	0.9845	2.62	0.9912	2.82	0.9952	3.20	0.9986
2.44	0.9853	2.64	0.9917	2.84	0.9955	3.40	0.9993
2.46	0.9861	2.66	0.9922	2.86	0.9958	3.60	0.99968
2.48	0.9869	2.68	0.9926	2.88	0.9960	3.80	0.99986
2.50	0.9876	2.70	0.9931	2.90	0.9962	4.00	0.99994
2.52	0.9883	2.72	0.9935	2.92	0.9965	4.50	0.999993
2.54	0.9889	2.74	0.9939	2.94	0.9967	5.00	0.999999
2.56	0.9895	2.76	0.9942	2.96	0.9969		
2.58	0.9901	2.78	0.9946	2.98	0.9971		

附录 2

随机数字表

03 47 43 73 86	36 96 47 36 61	46 98 63 71 62	33 26 16 80 45	60 11 14 10 95
97 74 24 67 62	42 81 14 57 20	42 53 32 37 32	27 07 36 07 51	24 51 79 89 73
16 76 62 27 66	56 50 26 71 07	32 90 79 78 53	13 55 38 58 59	88 97 54 14 10
12 56 85 99 26	96 96 68 27 31	05 03 72 93 15	57 12 10 14 21	88 26 49 81 76
55 59 56 35 64	38 54 82 46 22	31 62 43 09 90	06 18 44 32 53	23 83 01 30 30
16 22 77 94 39	49 54 43 54 82	17 37 93 23 78	87 35 20 96 43	84 26 34 91 64
84 42 17 53 31	57 24 55 06 88	77 04 74 47 67	21 76 33 50 25	83 92 12 06 76
63 01 63 78 59	16 95 55 67 19	98 10 50 71 75	12 86 73 58 07	44 39 52 38 79
33 21 12 34 29	78 64 56 07 82	52 42 07 44 38	15 51 00 13 42	99 66 02 79 54
57 60 86 32 44	09 47 27 96 54	49 17 46 09 62	90 52 84 77 27	08 02 73 43 28
18 18 07 92 45	44 17 16 58 09	79 83 86 19 62	06 76 50 03 10	55 23 64 05 05
26 62 38 97 75	84 16 07 44 99	83 11 46 32 24	20 14 85 88 45	10 93 72 88 71
23 42 40 64 74	82 97 77 77 81	07 45 32 14 08	32 98 94 07 72	93 85 79 10 75
52 36 28 19 95	50 92 26 11 97	00 56 76 31 38	80 22 02 53 53	86 60 42 04 53
37 85 94 35 12	83 39 50 08 30	42 34 07 96 88	54 42 06 87 98	35 85 99 48 39
70 29 17 12 13	40 33 20 38 26	13 89 51 03 74	17 76 37 13 04	07 74 21 19 30
56 62 18 38 35	96 83 70 87 75	97 12 25 93 47	70 33 24 03 54	97 77 46 44 80
99 49 57 22 77	88 42 95 45 72	16 64 36 16 00	04 43 18 66 79	94 77 24 21 90
16 08 15 04 72	33 27 14 34 09	45 59 34 68 49	12 72 07 34 45	99 27 72 95 14
31 16 93 32 43	50 27 89 87 19	20 15 37 00 49	52 85 66 60 44	38 68 88 11 80
68 34 30 13 70	55 74 30 77 40	44 22 78 84 26	04 33 46 09 52	68 07 97 06 57
74 57 25 65 76	59 29 97 68 60	71 91 38 67 54	13 58 18 24 76	15 54 55 95 52
27 42 37 86 53	48 55 90 65 72	96 57 69 36 10	96 46 92 42 45	97 60 49 04 91
00 39 68 29 61	66 37 32 20 30	77 84 57 03 29	10 45 65 04 26	11 04 96 67 24
29 94 98 94 24	68 49 69 10 82	53 75 91 93 30	34 55 20 57 27	40 48 73 51 92

续表

16 90 82 66 59	83 62 64 11 12	67 19 00 71 74	60 47 21 29 63	02 02 37 03 31
11 27 94 75 06	06 09 19 74 66	02 94 37 34 02	76 70 90 30 86	38 45 94 30 38
35 24 10 16 20	33 32 51 26 38	79 78 45 04 91	16 92 53 56 16	02 75 50 95 98
33 23 16 86 38	42 38 97 01 50	87 75 66 81 41	40 01 74 91 62	48 51 84 08 32
31 96 25 91 47	96 44 33 49 13	34 86 82 53 91	00 52 43 48 85	27 55 26 89 62
66 67 40 67 14	64 05 71 95 86	11 05 65 09 68	76 83 20 37 90	57 16 00 11 66
14 90 84 45 11	75 73 88 05 90	52 27 41 14 86	22 98 12 22 08	07 52 74 95 80
68 05 54 18 00	33 96 02 75 19	07 60 62 93 55	59 33 82 43 90	49 37 38 44 59
20 46 78 73 90	97 51 40 14 02	04 02 33 31 08	39 54 16 49 36	47 95 93 13 30
64 19 58 97 79	15 06 15 93 20	01 90 10 75 06	40 78 78 89 62	02 67 74 17 33
05 06 93 70 60	22 35 85 15 13	92 03 51 59 77	59 56 78 06 83	52 91 05 70 74
07 97 10 88 23	09 98 42 99 64	61 71 62 99 15	06 51 29 16 93	58 05 77 09 51
68 71 86 85 85	54 87 66 47 54	73 32 08 11 12	44 95 92 63 16	29 56 24 29 48
26 99 61 65 53	58 37 78 80 70	42 10 50 67 42	32 17 55 85 74	94 44 67 16 94
14 65 52 68 75	87 59 36 22 41	26 78 63 06 55	13 08 27 01 50	15 29 39 39 43
17 53 77 58 71	71 41 61 50 72	12 41 94 96 26	44 95 27 36 99	02 96 74 30 83
90 26 59 21 19	23 52 23 33 12	96 93 02 18 39	07 02 18 36 07	25 99 32 70 23
41 23 52 55 99	31 04 49 69 96	10 47 48 45 88	13 41 43 89 20	97 17 14 49 17
60 20 50 81 69	31 99 73 68 68	35 81 33 03 76	24 30 12 48 60	18 99 10 72 34
91 25 38 05 90	94 58 28 41 36	45 37 59 03 09	90 35 57 29 12	82 62 54 65 60
54 50 57 74 37	98 80 33 00 91	09 77 93 19 82	74 94 80 04 04	45 07 31 66 49
85 22 04 39 43	73 81 53 94 79	33 62 46 86 28	08 31 54 46 31	53 94 13 38 47
09 79 13 77 48	73 82 97 22 21	05 03 27 24 83	72 89 44 05 60	35 80 39 94 88
88 75 80 18 14	22 95 75 42 49	39 32 82 22 49	02 48 07 70 37	16 04 61 67 87
90 96 23 70 00	39 00 03 06 90	55 85 78 38 36	94 37 30 69 32	90 89 00 76 33
53 74 23 99 67	61 32 28 69 84	94 62 67 86 24	98 33 41 19 95	47 53 53 38 09
63 38 06 86 54	99 00 65 26 94	02 82 90 23 07	79 62 67 80 60	75 91 12 81 19
35 30 58 21 46	06 72 17 10 94	25 21 31 75 96	49 28 24 00 49	35 65 79 78 07
63 43 36 82 69	65 51 18 37 88	61 38 44 12 45	32 92 85 88 65	54 34 81 85 35
98 25 37 55 26	01 91 82 81 46	74 71 12 94 97	24 02 71 37 07	03 92 18 66 75
02 63 21 17 69	71 50 80 89 56	38 15 70 11 48	43 40 45 86 98	00 83 26 91 03

续表

64 55 22 21 82	48 22 28 06 00	61 54 13 43 91	82 78 12 23 29	06 66 24 12 27
85 07 26 13 89	01 10 07 82 04	59 63 69 36 03	69 11 15 83 80	13 29 54 19 28
58 54 16 24 15	51 54 44 82 00	62 61 65 04 69	38 18 65 18 97	85 72 13 49 21
34 85 27 84 87	61 48 64 56 26	90 18 48 13 26	37 70 15 42 57	65 65 80 39 07
03 92 18 27 46	57 99 16 96 56	30 33 72 85 22	84 64 38 56 93	99 01 30 98 64
62 93 30 27 59	37 75 41 66 48	86 97 80 61 45	23 53 04 01 63	45 76 08 64 27
08 45 93 15 22	60 21 75 46 91	98 77 27 85 42	28 88 61 08 84	69 62 03 42 73
07 08 55 18 40	45 44 75 13 90	24 94 96 61 02	57 55 66 83 15	73 42 37 11 61
01 85 89 95 66	51 10 19 34 88	15 84 97 19 75	12 76 39 43 78	64 63 91 08 25
72 84 71 14 35	19 11 58 49 26	50 11 17 17 76	86 31 57 20 18	95 60 78 46 75
88 78 28 16 84	13 52 53 94 53	75 45 69 30 96	73 89 65 70 31	99 17 43 48 76
45 17 75 65 57	28 40 19 72 12	25 12 74 75 67	60 40 60 81 19	24 62 01 61 16
96 76 28 12 54	22 01 11 94 25	71 96 16 16 88	68 64 36 74 45	19 59 50 88 92
43 31 67 72 30	24 02 94 08 63	38 32 36 66 02	69 36 38 25 39	48 03 45 15 22
50 44 66 44 21	66 06 58 05 62	68 15 54 35 02	42 35 48 96 32	14 52 41 52 48
22 66 22 15 86	26 63 75 41 99	58 42 36 72 24	58 37 52 18 51	03 37 18 39 11
96 24 40 14 51	23 22 30 88 57	95 67 47 29 83	94 69 40 06 07	18 16 36 78 86
31 73 91 61 19	60 20 72 93 48	98 57 07 23 69	65 95 39 69 58	56 80 30 19 44
78 60 73 99 84	43 89 94 36 45	56 69 47 07 41	90 22 91 07 12	18 35 34 08 72
84 37 90 61 56	70 10 23 98 05	85 11 34 76 60	76 48 45 34 60	01 64 18 39 96
36 67 10 08 23	98 93 35 08 86	99 29 76 29 81	33 34 91 58 93	63 14 52 32 52
07 28 59 07 48	89 64 58 89 75	83 85 62 27 89	30 14 78 56 27	86 63 59 80 02
10 15 83 87 60	79 24 31 66 56	21 48 24 06 93	91 98 94 05 49	01 47 59 38 00
55 19 68 97 65	03 73 52 16 56	00 53 55 90 27	33 42 29 38 87	22 13 88 83 34
53 81 29 13 39	35 01 20 71 34	62 33 74 82 14	53 73 19 09 03	56 54 29 56 93
51 86 32 69 92	33 98 74 66 99	40 14 71 94 58	45 94 19 38 81	14 44 99 81 07
35 91 70 29 13	80 03 54 07 27	96 94 78 32 66	50 95 52 74 33	13 80 55 62 54
37 71 67 95 13	20 02 44 95 94	64 85 04 05 72	01 32 90 76 14	53 89 74 60 41
93 66 13 83 27	92 79 64 64 72	28 54 96 53 84	48 14 52 98 94	56 07 93 89 30
02 96 08 45 65	13 05 00 41 84	93 07 54 72 59	21 45 57 09 77	19 48 56 27 44
49 83 43 48 35	82 88 33 69 96	72 36 04 19 76	47 45 15 18 60	82 11 08 95 97

续表

84 60 71 62 46	40 80 81 30 37	34 39 23 05 38	25 15 35 71 30	88 12 57 21 77
18 17 30 88 71	44 91 14 88 47	89 29 30 63 15	56 34 20 47 89	99 82 93 24 98
79 69 10 61 78	71 32 76 95 62	87 00 22 58 40	92 54 01 75 25	43 11 71 99 31
75 93 36 57 83	56 20 14 82 11	74 21 97 90 65	96 42 68 63 86	75 54 13 26 94
38 30 92 29 03	06 28 81 39 38	62 25 06 84 63	61 29 08 93 67	04 32 92 08 09
51 29 50 10 34	31 57 75 95 80	51 97 02 74 88	76 15 48 49 44	18 55 63 77 09
21 31 38 86 24	37 79 81 53 74	73 24 16 10 33	52 83 90 94 76	70 47 14 54 36
29 01 23 87 88	58 02 39 37 67	42 10 14 20 92	16 55 23 42 45	54 96 09 11 06
95 33 95 22 00	18 74 72 00 18	38 79 58 69 32	81 76 80 26 92	82 80 84 25 39
90 84 60 79 80	24 36 59 87 38	82 07 53 89 35	96 35 23 79 18	05 98 90 07 35
46 40 62 98 82	54 97 20 56 95	15 74 80 08 32	16 46 70 50 80	67 72 16 42 79
20 31 89 03 43	38 46 82 68 72	32 14 82 99 70	80 60 47 18 97	63 49 30 21 30
71 59 73 05 50	08 22 23 71 77	91 01 93 20 49	82 96 59 26 94	66 39 67 98 60

附录 3

F 分布临界值表($\alpha=0.01$)

λ n_1 / n_2	1	2	3	4	5	6	7	8	12	24	∞
1	4052	4999	5403	5625	5764	5859	5928	5982	6106	6234	6366
2	98.5	99.0	99.2	99.2	99.3	99.3	99.4	99.4	99.4	99.5	99.5
3	34.1	30.8	29.5	28.7	28.2	27.9	27.7	27.5	27.1	26.6	26.1
4	21.2	18.0	16.7	16.0	15.5	15.2	15.0	14.8	14.4	13.9	13.5
5	16.3	13.3	12.1	11.4	11.0	10.7	10.5	10.3	9.89	9.47	9.02
6	13.7	10.9	9.78	7.15	8.75	8.47	8.26	8.10	7.72	7.31	6.88
7	12.2	9.55	8.45	7.85	7.46	7.19	6.99	6.84	6.47	6.07	5.65
8	11.3	8.65	7.59	7.01	6.63	6.37	6.18	6.03	5.67	5.28	4.86
9	10.6	8.02	6.99	6.42	6.06	5.80	5.61	5.47	5.11	4.73	4.31
10	10.0	7.56	6.55	5.99	5.64	5.39	5.20	5.06	4.71	4.33	3.91
11	9.65	7.21	6.22	5.67	5.32	5.07	4.89	4.74	4.40	4.02	3.60
12	9.33	6.93	5.95	5.41	5.06	4.82	4.64	4.50	4.16	3.78	3.36
13	9.07	6.70	5.74	5.21	4.86	4.62	4.44	4.30	3.96	3.59	3.17
14	8.86	6.51	5.56	5.04	4.69	4.46	4.28	4.14	3.80	3.43	3.00
15	8.68	6.36	5.42	4.89	4.56	4.32	4.14	4.00	3.67	3.29	2.87
16	8.53	6.23	5.29	4.77	4.44	4.20	4.03	3.89	3.55	3.18	2.75
17	8.40	6.11	5.18	4.67	4.34	4.10	3.93	3.79	3.46	3.08	2.65
18	8.29	6.01	5.09	4.58	4.25	4.01	3.84	3.71	3.37	3.00	2.57
19	4.38	3.52	3.13	2.90	2.74	2.63	2.54	2.48	2.31	2.11	1.88
20	4.35	3.49	3.10	2.87	2.71	2.60	2.51	2.45	2.28	2.08	1.84
21	4.32	3.47	3.07	2.84	2.68	2.57	2.49	2.42	2.25	2.05	1.81
22	4.30	3.44	3.05	2.82	2.66	2.55	2.46	2.40	2.23	2.03	1.78
23	4.28	3.42	3.03	2.80	2.64	2.53	2.44	2.37	2.20	2.01	1.76
24	4.26	3.40	3.01	2.78	2.62	2.51	2.42	2.36	2.18	1.98	1.73

续表

n_2 \ n_1 (λ)	1	2	3	4	5	6	7	8	12	24	∞
25	4.24	3.39	2.99	2.76	2.60	2.49	2.40	2.34	2.16	1.96	1.71
26	4.23	3.37	2.98	2.74	2.59	2.47	2.39	2.32	2.15	1.95	1.69
27	4.21	3.35	2.96	2.73	2.57	2.46	2.37	2.31	2.13	1.93	1.67
28	4.20	3.34	2.95	2.71	2.56	2.45	2.36	2.29	2.12	1.91	1.65
29	4.18	3.33	2.93	2.70	2.55	2.43	2.35	2.28	2.10	1.90	1.64
30	4.17	3.32	2.92	2.69	2.53	2.42	2.33	2.27	2.09	1.89	1.62
40	4.08	3.23	2.84	2.61	2.45	2.34	2.25	2.18	2.00	1.79	1.51
60	4.00	3.15	2.76	2.53	2.37	2.25	2.17	2.10	1.92	1.70	1.39
120	3.92	3.07	2.68	2.45	2.29	2.17	2.09	2.02	1.83	1.61	1.25
∞	3.84	3.00	2.60	2.37	2.21	2.10	2.01	1.94	1.75	1.52	1.00

注：n_1 是第一自由度（分子的自由度）；n_2 是第二自由度（分母的自由度）；λ 是临界值；$P\{F>\lambda\}=\alpha=0.05$。

附录 4

t 分布临界值表

n \ α (λ)	0.10	0.05	0.01	n \ α (λ)	0.10	0.05	0.01
1	6.314	12.706	63.657	18	1.734	2.101	2.878
2	2.920	4.303	9.925	19	1.729	2.093	2.861
3	2.353	3.182	5.841	20	1.725	2.086	2.845
4	2.132	2.776	4.604	21	1.721	2.080	2.831
5	2.015	2.571	4.032	22	1.717	2.074	2.819
6	1.943	2.447	3.707	23	1.714	2.069	2.807
7	1.895	2.365	3.499	24	1.711	2.064	2.797
8	1.860	2.306	3.355	25	1.708	2.060	2.787
9	1.833	2.262	3.250	26	1.706	2.056	2.779
10	1.812	2.228	3.169	27	1.703	2.052	2.771
11	1.796	2.201	3.106	28	1.701	2.048	2.763
12	1.782	2.179	3.055	29	1.699	2.045	2.756
13	1.771	2.160	3.012	30	1.697	2.042	2.750
14	1.761	2.145	2.977	40	1.684	2.021	2.704
15	1.753	2.131	2.947	60	1.671	2.000	2.660
16	1.746	2.120	2.921	120	1.658	1.980	2.617
17	1.740	2.110	2.898	∞	1.645	1.960	2.576

注：n 为自由度；λ 为临界值；$P\{|t|>\lambda\}=\alpha$。

附录 5

检验相关系数 $\rho=0$ 的临界值(r_α)表

$P(|r|>r_\alpha)=\alpha$

f \ α	0.10	0.05	0.02	0.01	0.001
1	0.98769	0.99692	0.999507	0.999877	0.9999988
2	0.90000	0.95000	0.98000	0.99000	0.99900
3	0.8054	0.8783	0.93433	0.95873	0.99116
4	0.7293	0.8114	0.8822	0.91720	0.97406
5	0.6694	0.7545	0.8329	0.8745	0.95074
6	0.6215	0.7067	0.7887	0.8343	0.92493
7	0.5822	0.6664	0.7498	0.7985	0.8982
8	0.5494	0.6319	0.7155	0.7646	0.8721
9	0.5214	0.6021	0.6851	0.7348	0.8471
10	0.4973	0.5760	0.6581	0.7079	0.8233
11	0.4762	0.5529	0.6339	0.6835	0.8010
12	0.4575	0.5324	0.6120	0.6614	0.7800
13	0.4409	0.5139	0.5923	0.6411	0.7603
14	0.4259	0.4973	0.5742	0.6226	0.7420
15	0.4124	0.4821	0.5577	0.6055	0.7246
16	0.4000	0.4683	0.5425	0.5897	0.7084
17	0.3887	0.4555	0.5285	0.5751	0.6932
18	0.3783	0.4438	0.5155	0.5614	0.6787

续表

α / f	0.10	0.05	0.02	0.01	0.001
19	0.3687	0.4329	0.5034	0.5487	0.6652
20	0.3598	0.4227	0.4921	0.5368	0.6524
25	0.3233	0.3809	0.4451	0.4869	0.5974
30	0.2960	0.3494	0.4093	0.4487	0.5541
35	0.2746	0.3246	0.3810	0.4182	0.5189
40	0.2573	0.3044	0.3578	0.3932	0.4896
45	0.2428	0.2875	0.3384	0.3721	0.4648
50	0.2306	0.2732	0.3218	0.3541	0.4433
60	0.2108	0.2500	0.2948	0.3248	0.4078
70	0.1954	0.2319	0.2737	0.3017	0.3799
80	0.1829	0.2172	0.2565	0.2830	0.3568
90	0.1726	0.2050	0.2422	0.2673	0.3375
100	0.1638	0.1946	0.2301	0.2540	0.3211

附录 6

企业(单位)登记注册类型的规定

企业登记注册类型分为三大类。

一、内资企业

国有企业

集体企业

股份合作企业

联营企业

有限责任公司

股份有限公司

私营公司

其他企业

二、港澳台商投资企业

与港澳台商合资经营企业

与港澳台商合作经营企业

港澳台商独资经营企业

港澳台商投资股份有限公司

三、外商投资企业

中外合资经营企业

中外合作经营企业

外资企业

外商投资股份有限公司

机关事业单位参照企业登记注册类型,分为三类,即行政机关、事业单位和社会团体。

附录 7

国民经济行业分类(2017 年版)

A. 农业
B. 采矿业
C. 制造业
D. 电力、热力、燃气及水生产和供应业
E. 建筑业
F. 批发和零售业
G. 交通运输、仓储和邮政业、铁路运输业
H. 住宿和餐饮业
I. 信息传输、软件和信息技术服务业
J. 金融业
K. 房地产业
L. 租赁和商务服务业
M. 科学研究和技术服务业
N. 水利环境和公共设施管理业
O. 居民服务、修理和其他服务业
P. 教育
Q. 卫生和社会工作
R. 文化体育和娱乐业
S. 公共管理、社会保障和社会组织
T. 国际组织

附录 8

三次产业的划分

三次产业的划分是世界上较为常用的产业结构分类,我国三次产业划分是:
第一产业是指农业、林业、畜牧业、渔业和农林牧渔服务业;
第二产业是指采矿业,制造业,电力、煤气及水的生产和供应业,建筑业;
第三产业是指除第一、第二产业以外的其他行业。

附录 9

练习题参考答案

第四章

第 1 ~5 题答案略。

6. (1)表中分组标志是劳动生产率。

   (2)分配次数是职工人数。

   (3)各组组中值依次是:1.75,2.25,2.75。

   (4)全公司增加值为 30 650 万元。

7. (1)在校学生按性别分为:男生与女生。

   (2)在校学生分为:

   男生:汉族

   少数民族

   女生:汉族

   少数民族

   (3)职工分为:

   男性:中青年

   老年

   女性:中青年

   老年

   (4)职工分为:

   中青年:工龄 10 年以下

   工龄 10 年及以上

   老年:工龄 10 年以下

   工龄 10 年及以上

8. 某专业一年级学生年龄分布见下表。

按岁数分组	学生人数	频率(%)
17	3	8.33
18	14	38.89
19	12	33.33
20	5	13.89
21	2	5.56
合　计	36	100.00

9. 按载重量编制的次数分布见下表。

按载重吨位分组	产量(辆)	各型产量占总产量的比重(%)
1	750	48.39
2	450	29.03
4	350	22.58
合　计	1 550	100.00

10. 某作业班组工资水平的分配数列如下表。

按工资水平分组(元)	工人数
3 000 ~ 4 000	7
4 000 ~ 5 000	7
5 000 ~ 6 000	4
6 000 ~ 7 000	7
7 000 ~ 8 000	4
8 000 ~ 10 000	5
合　计	34

11. 按工资水平的分配数列如下表：

按工资水平分组(元)	工人数	频率(%)
3 000 ~ 5 000	14	41.18
5 000 ~ 8 000	15	44.12
8 000 ~ 9 000	5	14.70
合　计	34	100.00

12. 参见第 11 题表。

第五章

第 1 ~5 题答案略。

6. 发电机总产量为 95 台/156 000 千瓦。

7. 计划完成程度：矿泉水 118.0%，汽水 113.0%，水果汁96.0%，全公司113.6%。动态相对指标：矿泉水121.1%，汽水127.3%，水果汁107.6%，全公司121.0%。

8.

甲	(1)	(2)	(3)	(4)	(5)	(6)
第一分厂			32.51	120.00		160.00
第二分厂		5 500	18.62			137.50
第三分厂	12 500		33.87			125.00
第四分厂	4 429	4 429			4 218	
合　　计	29 929	29 529		98.7	22 218	132.90

第(2)栏是总量指标，第(3)栏是结构相对指标，第(4)栏是计划完成相对指标，第(5)栏是总量指标，第(6)栏是动态相对指标。

9. (1)女性人口数：全国 65 245 万人，北京市 949 万人，上海市1 116万人。

(2)男性人口数及其比重：全国 68 727 万人，占 51.3%；北京市1 012万人，占 51.6%；上海市 1 186 万人，占 51.5%。

10. 大学及其以上程度有 11 964 万人，高中文化程度有 18 799 万人，初中文化程度有 51 965 万人，小学文化程度有 35 876 万人。

11. (1)出生率 13.7‰、死亡率 8.8‰；

(2)强度相对指标。

第六章

第 1 ~6 题答案略。

7. 职工周平均工资为 840 元。

8. 众数为 850 元。

9. 中位数为 833 元。

10. 甲地平均销售价格为 12 元/千克；乙地平均销售价格为 11.75 元/千克。

11. 甲组工人平均日产量为70件，全距为100件，平均差为22.5件，标准差为29.6件，标准差系数为42.29%。

乙组工人平均日产量为70件，全距为6件，平均差为1.5件，标准差为3.5件，标准差系数为5.00%。

甲、乙两组工人平均日产量一样，但乙组的平均日产量代表性比甲组好，因为所有标志变异指标值乙组均小于甲组。

12. 甲厂全距150元，平均差34.03元，标准差50.52元，标准系数18.02%。乙厂全距150元，平均差56.52元，标准差64.95元，标准差系数23.84%。周平均工资的代表性，甲厂比乙厂好些。

第七章

第1~6题答案略。

7.(1)每袋奶重量的极限误差为0.261 6克。

(2)该批袋奶平均每袋重量范围在150.038 4至150.561 6克之间。

(3)该批袋奶平均每袋重量合格率范围在56.26%至83.74%之间。

8. 这种零件次品数量在2 876至5 124个之间。

9.(1)该校全部学生的身高范围在163.96至166.84厘米之间。

(2)该校身高在170厘米以上的学生在1 200至2 800人之间。

10. 抽样单位数增加2倍，抽样平均误差将比原来缩小42.3%；抽样单位数减少到原来的75%，抽样平均误差将比原来扩大15.5%。

11.(1)这批产品的废品率在4.64%至15.36%之间，即废品率会超过15%。

(2)废品量在23至77件之间。

(3)应抽检产品数为112件。

12. 重复抽样时的抽样平均误差为10千克；不重复抽样时的抽样平均误差为9.3千克。

第八章

第1~5题答案略。

6.(1)相关系数为-0.963 6，高度负相关。

(2)直线回归方程为：

$$\hat{y}=76.236\,6-1.394\,7x$$

$b=-1.394\,7$，即产量每增加1万件时，单位成本平均将下降1.394 7元。

(3)产量上升为6.5万件时，单位成本为：

$$\hat{y}=76.236\,6-1.394\,7\times 6.5=67.171\,1\text{ 元}$$

7.(1)相关系数为0.848 5；

(2)相关系数为0.8。

8.(1)相关系数为0.987 5,高度正相关。

(2)直线回归方程为:

$$\hat{y} = -0.385 + 2.293x$$

(3)利润率为:

$$\hat{y} = -0.385 + 2.293 \times 6.5 = 14.5\%$$

(4)估计标准误差为0.772 8。

9.(1)相关系数为0.813 5,高度正相关。

(2)直线回归方程为:

$$\hat{y} = 3.593 + 1.332\,9x$$

回归系数说明,设备生产能力每提高1千瓦/人,劳动生产率平均提高1.332 9万元/人。

(3)估计标准误差为0.626 5。

10.(1)相关系数为0.982 3。

(2)直线回归方程为:

$$\hat{y} = 0.282\,2 + 2.573\,2x$$

非商品支出将是5.43亿元。

(3)估计标准误差为0.158 1,预测有较好的可信度。

11.(1)相关系数为0.956 5。

(2)依据直线回归方程:

$$\hat{y} = 1.147\,4 \times 0.064\,9x$$

计算出各年y的趋势值:2.769 9 … 4.067 9。

(3)达50百万元时,货运量是4.4万吨。

(4)估计标准误差为0.122 5。

12.(1)单位成本会下降1.394 7元;

(2)产量会是8 100件;

(3)估计标准误差为0.505 7。

第九章

第1~5题答案略。

6.(1)农产品收购额:报告期甲为1 000万元,乙为40万元,丙为45万元;基期甲为855万元,乙为39.6万元,丙为48.6万元。

(2)收购量个体指数:甲为 111.1%,乙为 90.9%,丙为83.3%。

(3)收购价个体指数:甲为 105.3%,乙为 111.1%,丙为111.1%。

7.(1)产量个体指数:甲为 120.0%,乙为 102.8%,丙为90.0%。

(2)单位成本个体指数:甲为 95.7%,乙为 106.7%,丙为95.5%。

(3)出厂价格个体指数:甲为 99.2%,乙为 108.2%,丙为100.0%。

8.(1)产量个体指数:甲为 116.7%,乙为 111.1%,丙为125.0%。

(2)出厂价格个体指数:甲为 120.0%,乙为 125.0%,丙为116.7%。

(3)产量综合指数为 116.5%。

(4)出厂价格综合指数为 121.2%。

9.(1)产品单位成本个体指数:A 为 104.0%,B 为 107.1%,C 为 111.1%。

(2)全厂成本综合指数为 108.4%。

(3)全厂总成本上升 35.4%,绝对额增加 56 万元。

其中:三种产品单位成本平均上升 8.4%,绝对额增加 16.5 万元;三种产品产量增长 25.0%,绝对额增加 39.5 万元。

10.(1)销售量总指数为 123.5%,销售价格总指数为 97.6%。

(2)全公司销售额总指数为 120.5%。

(3)全公司销售额增加 205 万元。其中:销售量增加 235 万元;销售价格下降,减少 30 万元。

11.(1)各企业劳动生产率指数:甲为 120.0%,乙为 91.7%,丙为 104.0%,丁为 104.2%。

(2)集团劳动生产率指数为 105.2%。

(3)集团劳动生产率固定组成指数为 105.3%,结构影响指数为 99.9%。

(4)集团产值增长 26.3%,绝对值增加 2 580 000 元。

其中:由于职工人数增加而增加 1 964 000 元;由于 4 个企业劳动生产率平均上升 5.2% 而增加 619 840 元;由于各企业职工比重变化而减少 3 840 元。

12.(1)全厂产量总指数为 100.7%;

(2)全厂工人人数指数为 94.7%;

(3)全厂工人劳动生产率指数为 106.3%。

(4)分析全厂产量增长 0.7%,绝对额增加了 1.1 万元。其中:由于生产工人减少,使产量减少了 8.0 万元;由于各种产品劳动生产率提高而使产量增加 11.8 万元;由于各种产品的工人比重变化而使产量减少了 2.7 万元。

13.(1)全厂原材料单耗综合指数为 110.6%;

(2)全厂原材料单价综合指数为 108.5%。

(3)分析原材料总费用增长 48.5%,绝对额增加 55 680 元。其中:由于单耗上升而增加 15 000 元;由于单价上调而增加 13 380 万元;由于产品多生产而增加 27 300 元。

14. 答案略。

15. (1)城镇居民人均可支配收入,2017 年比 1978 年增长 169.98 倍;平均年增长率为 14.09%;

1978—2017 年间,物价年均涨幅为 5.54%。

(2)农村居民人均可支配收入,2017 年比 1978 年增长 106.73 倍;平均年增长率为 12.75%;1978—2017 年间,农村物价年均涨幅为 5.57%。

16. 我国居民消费价格 2017 年较 2016 年是上涨了。

居民消费价格 2017 年比 2016 年涨幅为:

全国是 1.61%;

城镇是 1.73%;

农村是 1.22%。

第十章

第 1 ~8 题答案略。

9. (1)各季度平均每月产量:第一季度为 204 台,第二季度为 242 台,第三季度为 272 台,第四季度为 281 台。

(2)全年平均每月产量为 250 台。

10. (1)各季度平均余额:第一季度为 45 万元,第二季度为 33 万元,第三季度为 37 万元,第四季度为 48 万元。

(2)全年平均余额为 41 万元。

11. (1)2010—2014 年,每年平均就业 76 549 万人;

(2)2010—2014 年,每年第三产业平均就业 27 786.6 万人;

(3)2010—2014 年第三产业就业人员占全部就业人员的 36.3%。

12. 2010—2014 年的城镇就业人员占全部就业人员的 47.6%。

13. (1)2009—2014 年的平均年人口自然增长率 4.92‰;

(2)2009—2014 年的平均年人口出生率 12.06‰。

14. (1)每年的增长量(亿元):2011 年 5 662,2012 年 3 965,2013 年 4 042,2014 年 3 918;

(2)每年的环比发展速度(%):2011 年 120.8%,2012 年 112.1%,2013 年 110.9%,2014 年 109.6%;

(3)平均每年增长速度 113.3%。

15.

年度	旅游外汇收入（亿美元）	与上年比较		
		增长量(亿美元)	发展速度(%)	增长速度(%)
2009		—	—	—
2010	485.5	61.5	115.5	
2011	485.6	27.1		5.9
2012	500.6		103.1	3.1
2013	517.6	17.0		3.4
2014		51.4	109.9	9.9

16.(1)

年度		2010	2011	2012	2013	2014
发展速度(%)	环比	—	123.76	120.30	118.66	115.33
	定基	100.00	123.76	148.88	176.66	203.74

(2)2011—2014 年年平均增长速度 119.47%。

17.2025 年全国总人口为 14.48 亿人；

2014—2025 年粮食产量按 1.6% 递增。

18.2010—2014 年平均发展速度 113.7%，依此速度 2020 年为 566 913 亿元；2010—2013 年平均发展速度 114.8%，按此速度 2020 年为 600 627 亿元。

19.(1)各季度季节比率：第一季度 63.3%，第二季度 86.7%，第三季度 210.0%，第四季度 40.0%。

(2)说明第三季度是旺季，第四季度是淡季。

20.(1)2001 年增长 24.54%，是最快的一年。

(2)2000—2007 年的年平均增长率，城市 15.06%，乡村 12.35%，城市固话用户增长最快。

21. 公司全年平均利润率为 33.7%。

22. 年平均增长率：

地区生产总值是 10.0%；

城镇居民人均消费支出是 12.9%；

农村居民人均消费支出是 12.6%。

23.(1)1 969 154 亿元；

(2)132 012 元；

(3)控制在 5.64‰以下。

第十一章至第十三章答案略。

第十四章

第 1～10 题答案略。

11.(1)按生产法计算：

$$\begin{aligned}\text{国内生产总值} &= \text{总产出} - \left(\text{中间物质消耗} + \text{中间服务消耗}\right)\\ &= 3\ 161.68\text{ 亿元} - (1\ 613.905 + 140.34)\text{亿元}\\ &= 1\ 407.435\text{ 亿元}\end{aligned}$$

(2)按收入法计算：

$$\begin{aligned}\text{国内生产总值} &= \text{固定资产折旧} + \text{劳动者报酬} + \text{生产税净额} + \text{营业盈余}\\ &= [148.085 + 725.40 + (175.93 - 77.245) + 435.265]\text{亿元}\\ &= 1\ 407.435\text{ 亿元}\end{aligned}$$

12. $$\text{国内生产总值物量指数} = \frac{2009\text{ 年 GDP 指数}}{2009\text{ 年 GDP 价格指数}} = \frac{111.3\%}{105.0\%} = 106\%$$

13. $$\begin{aligned}\text{总产出} &= \text{中间投入} + \text{增加值(国内生产总值)}\\ &= (350 + 1\ 800)\text{亿元} = 2\ 150\text{ 亿元}\end{aligned}$$

14. $$\text{GDP 价格指数} = \frac{\text{按当年价格计算的 GDP}}{\text{按上年价格计算的 GDP}}$$

$$= \frac{335 + 570.2 + 217.4}{\dfrac{335}{112.7\%} + \dfrac{570}{115.8\%} + \dfrac{217.4}{116.5\%}}$$

$$= \frac{1\ 122.6}{976.26} = 114.99\%$$

15. $$\begin{aligned}\text{2009 年度国内生产总值价格指数} &= \frac{\text{按现价计算的国内生产总值}}{\text{按上年价格计算的国内生产总值}}\\ &= \frac{1\ 501.2 + 628.8 + (114 - 55.2)}{1\ 404 + 600 + (110.4 - 52.8)}\\ &= \frac{2\ 188.8}{2\ 061.6} = 106.17\%\end{aligned}$$

16.(1)按生产法计算：

$$\begin{aligned}\text{国内生产总值} &= \text{总产出} - \text{中间消耗}\\ &= (5\ 600 - 3\ 520)\text{亿元} = 2\ 080\text{ 亿元}\end{aligned}$$

按收入法计算：

$$\text{国内生产总值} = \text{固定资产损耗} + \text{劳动者报酬} + \text{生产税净额} + \text{营业盈余}$$

$= [262 + 1\,210 + 194.4 + 413.6]$ 亿元 $= 2\,080$ 亿元

按支出法计算：

国内生产总值 = 最终消费 + 资本形成总额 + (出口 - 进口)

$= [1\,610.8 + 509.2 + (420 - 460)]$ 亿元 $= 2\,080$ 亿元

(2) 国民总收入 = 国内生产总值 + 国外净要素收入

$= [2\,080 + (-9)]$ 亿元 $= 2\,071$ 亿元

国民净收入 = 国民总收入 - 固定资产损耗

$= (2\,071 - 262)$ 亿元 $= 1\,809$ 亿元

17. (1)

国民生产总值(国民总收入) = 国内生产总值 + 来自国外的劳动者报酬和财产收入 - 国外从本国获得的劳动者报酬和财产收入

$= (1\,836 + 117 - 144)$ 亿美元 $= 1\,809$ 亿美元

(2) 国民生产净值(国民净收入) = 国民生产总值 - 固定资产损耗

$= (1\,809 - 162)$ 亿美元 $= 1\,647$ 亿美元

(3) 国民可支配总收入 = 国民生产总值 + 来自国外的经常转移净额

$= (1\,809 + 9.6)$ 亿美元 $= 1\,818.6$ 亿美元

(4) 国民可支配净收入 = 国民生产净值 + 来自国外的经常转移净额

$= (1\,647 + 9.6)$ 亿美元 $= 1\,656.6$ 亿美元

后　记

改革开放 40 年,神州大地翻天覆地变新颜。

本书第八版的面世,只不过是中国改革开放汹涌大潮中的一朵小浪花。

第八版是由陈嗣成教授和黄书田教授共同完成的。加拿大多伦多大学陈妍积极参与,提供了有价值的信息和资料。首都经济贸易大学出版社社长助理、总编室主任赵杰大力协助,辛苦了。

陈嗣成 · 金台里

戊戌年腊八节